AF559204

Reden wir über Fotografie

Hans-Michael Koetzle

Reden wir über Fotografie

Herausgegeben von
Andreas J. Hirsch

KEHRƎR

Anhang

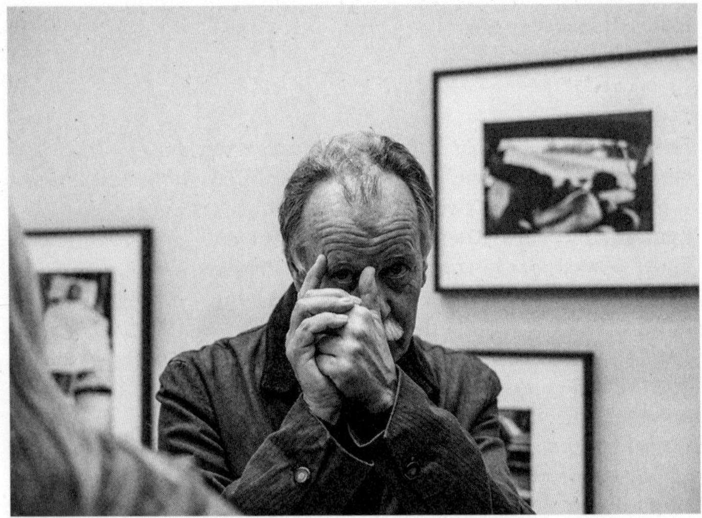

Hans-Michael Koetzle, Ausstellung 100 *Jahre Leica Fotografie*, Haus der Fotografie, Deichtorhallen, Hamburg, Oktober 2014 (Foto: Andreas J. Hirsch)

Versuch über Koetzle

Andreas J. Hirsch

Der Titel des Buches ist Aufforderung und Programm zugleich: „Reden wir über Fotografie". Sein Autor ist wohlbekannt und doch so etwas wie ein Enigma: Zweifellos ein Begriff ist der 1953 in Ulm geborene Hans-Michael Koetzle als Autor und Herausgeber zahlreicher, längst als Standardwerke etablierter Bücher zu handelnden Personen und wesentlichen Themen aus Geschichte und Gegenwart der Fotografie. Zumindest einem Fachpublikum ist er zudem als Kurator großer thematischer und monografischer Fotografieausstellungen und als Chefredakteur einer längst eingestellten, legendären Fotozeitschrift geläufig. Und doch ist der Mensch hinter all diesen Werken letztlich ein Unbekannter geblieben und bliebe es wohl gerne auch noch anlässlich des ihm 2022 verliehenen Kulturpreises der Deutschen Gesellschaft für Photographie (DGPh) und des vorliegenden Readers mit einem Querschnitt aus gut vier Jahrzehnten seines Schaffens.

Das „Reden über Fotografie" findet hier in einem Wechselspiel von Interviews, Essays und – aus gewichtigen Quellen zitierenden – Aufsätzen statt, also quasi einem Polylog der Stimmen, von denen nicht wenige längst verstummt sind. So manche von ihnen wurden auch zu Lebzeiten kaum gehört, bis eines Tages Hans-Michael Koetzle auf ihrer Türschwelle erschien, sie für ein Interview gewinnen und ihr fotografisches Werk vor den Vorhang des Vergessens holen konnte. Er tat dies stets mit dem Charme eines höflich-leidenschaftlichen und zugleich zurückhaltend-beharrlichen Herren mit einem Touch von „alter Schule", der mit der Eisenbahn anreist, auf einen gepflegten Petit crème auf den Terrassen der Pariser Cafés oder eine Melange in den Wiener Kaffeehäusern Wert legt und seine Texte gerne in seiner bayerischen Schreibklause voller Bücher, vorzugsweise aber ohne Telefon und Internet zu Papier bringt. Bei der Veröffentlichung der Interviews darf dann auch ein Stimmungsbild der Umstände des Gespräches in Form einer literarischen Miniatur nicht fehlen.

Wer aber ist nun dieser Autor, aus dessen Feder die Texte dieses Readers stammen, die so etwas wie einen kaleidoskopisch-panoramatischen Prospekt des Wissens entlang der Fotografiegeschichte des 20. Jahrhunderts aufspannen und zugleich in all ihrer Fülle doch nur eine schlanke Auswahl aus einem fotografiehistorischen Werk darstellen können, dessen Gesamtausgabe zahlreiche Bände, ja eine Bibliothek der „Koetzleriana“ füllen müsste? Wer ist diese moderne Inkarnation eines Polyhistors, der mit uns entscheidende Phasen in der Geschichte eines Mediums kultur- und zeithistorisch kontextualisierend abschreitet, eines Mediums schließlich, das so bemerkenswert viele Wandlungen durchlaufen hat und durchläuft? Wer ist eigentlich der, der hier zu uns „spricht“, der mit vielen Menschen – stets sorgfältig vorbereitet und einfühlsam – über Fotografie geredet hat und redet und uns zum Reden und Nachdenken darüber anregt? Was hat schließlich den geprägt, der Fotografinnen und Fotografen so oft nach ihren ersten Begegnungen mit Lehrer- und Mentorenfiguren, nach ersten Fotobüchern und ersten Kameras gefragt und deren frühe Neigungen zur bildenden Kunst und auch zur Literatur aufgespürt hat?

Hans-Michael Koetzle selbst war bereits in den Jahren seiner Jugend in Ulm dem Sturm und Drang hin zur Literatur und zu den Künsten gefolgt. Er begann als Zeichner, betrieb seine eigene kleine Puppenbühne und füllte in ihr alle Funktionen vom Prinzipal bis zum Gestalter der Puppen und Bühnenbilder und – selbstverständlich – Autor der Stücke aus. Jahre später gelangen ihm Texte, die es zur Veröffentlichung im Rundfunk und in Literaturzeitschriften wie *Sprache im technischen Zeitalter* und *Die Horen* brachten, einer Publikation, die sich aus der respektvollen Distanz von mehr als eineinhalb Jahrhunderten auf Friedrich Schiller als den Gründer des gleichnamigen, kurzlebigen Experimentes einer Kulturzeitschrift bezog. Im Ulm der 1950er und 60er Jahre aufzuwachsen, bedeutete auch, mit einem kulturellen Klima in Kontakt zu kommen, das nicht unwesentlich von zwei Institutionen geprägt wurde: Da war die in Koetzles Geburtsjahr 1953 von Inge Aicher-Scholl, Otl Aicher und Max Bill gegründete Hochschule für Gestaltung (HfG Ulm), die 1968 wieder geschlossen wurde. An dieser oft als international bedeutendster Design-Hochschule nach dem Bauhaus zitierten Einrichtung hat Koetzle zwar nicht selbst studiert, deren Lehrende und Studierende und insbesondere auch deren Visualität aber waren für ihn im Kulturleben und Stadtbild Ulms stark präsent. Inge Aicher-Scholl hatte bereits 1946 hier die modellhaft wirkende Ulmer Volkshochschule ins Leben gerufen. Die Schwester von Hans und Sophie Scholl, die von den Nationalsozialisten hingerichtet worden waren, führte die Volkshochschule im Geiste des Widerstandes der Weißen Rose und prägte mit ihrem der Aufklärung verpflichteten Bildungsauftrag auch Koetzle, der dort im EinsteinHaus über viele Jahre hinweg Kurse besuchte. Eine grundlegende Affinität zur französischen Kultur entstand im Zuge eines – im Zeichen der deutsch-französischen Annäherung unter Konrad Adenauer und Charles de Gaulle ermöglichten – Schüleraustausches, der ihn erstmals nach Paris führte, und mochte wohl auch durch die Liaison mit einer jungen Französin befördert worden sein.

In München studierte Koetzle dann Literaturwissenschaften und Geschichte, was ihn auch mit dem französischen Strukturalismus in Verbindung brachte. Erste Engagements als Kulturjournalist machten ihn rasch mit dem Handwerk der Publizistik vertraut und öffneten ihm die Fülle und Vielfalt des kulturellen Lebens im Deutschland der 1970er Jahre. Als der US-amerikanische Dichter Allen Ginsberg 1980 zusammen mit Peter Orlowsky und Steven Taylor in Deutschland tourte, begleitete ihn Koetzle tagelang durch Ulm – eine Begegnung mit einer Schlüsselfigur der Beat-Ära, die tiefen Eindruck hinterlassen sollte. Bereits in jenen Jahren begann auch seine Leidenschaft für Gespräche mit Personen, die durch ihr Schaffen sein Interesse geweckt hatten. So trat er etwa die Fahrt nach Salzburg zu dem österreichischen Dichter H. C. Artmann an, dessen Arbeit – wie überhaupt die Sprachexperimente im Umfeld der Wiener Gruppe – er bewunderte. Beim Literaten H. C. Artmann wurde er freundlich empfangen und bewirtet, so wie er in den folgenden Jahrzehnten bei vielen Fotografinnen und Fotografen ein gern gesehener Besucher sein würde. Kulturelle und geistige Achsen, insbesondere nach Paris, New York und Wien, waren somit vorbereitet.

Es war ein anderer, längst verstorbener Dichter, der für Hans-Michael Koetzle dann jene Brücke schlagen sollte, die den biografisch entscheidenden Übergang von der Literatur zur Fotografie einleitete. Im Jahr 1927 ging der Dichter und Dramatiker Bertolt Brecht zum königlich-bayerischen Hoffotografen Konrad Reßler. Brecht war damals 29 Jahre alt und stand vor dem entscheidenden Durchbruch als Autor, den die *Dreigroschenoper* für ihn bringen würde. Den bei dieser Sitzung entstandenen Porträtfotografien ist anzusehen, dass Brecht auch vor der Kamera des Hoffotografen selbst Regie geführt hat. 1987, also sechs Jahrzehnte später, fielen dem zu jener Zeit 34 Jahre alten, angehenden Literaten und bereits etablierten Kulturjournalisten Hans-Michael Koetzle diese soeben wiederentdeckten Fotografien im Rahmen einer Ausstellung des Münchner Stadtmuseums auf. Er war sogleich von deren Einzigartigkeit fasziniert und schlug Christoph Stölzl, dem Direktor des Hauses, ein Buch über diesen fotohistorischen Schatz vor, das als *Bertolt Brecht beim Photographen* in den folgenden Jahren immer wieder neu aufgelegt wurde – insgesamt von drei Verlagen. Dies war der eigentliche Startschuss zu Koetzles schreibender Auseinandersetzung mit der Fotografie. Der Rest, wenn man so will, ist Geschichte.

„Das Aus kam im Mai 1971." So begann Hans-Michael Koetzle im Oktober 1995 sein Vorwort als Herausgeber des Bandes *twen – Revision einer Legende*. Die 1959 gegründete Zeitschrift *twen* war ein kulturelles Experiment, das in der deutschen Nachkriegspublizistik seinesgleichen sucht. Sie revolutionierte in den zwölf Jahren ihres Bestehens nicht nur das Metier der „Illustrierten" und damit auch der gedruckten Fotografie, sondern trieb zudem den gesellschaftlichen Diskurs der 1960er Jahre rund um Jugendrevolte, sexuelle Revolution und Emanzipation maßgeblich mit an. Die Arbeit an Ausstellung und Buch über *twen* ging für Koetzle weit über eine Wiederbegegnung mit prägenden Impulsen der eigenen Jugend hinaus, stellte sie doch den Kulturhistoriker vor veritable Herausforderungen, zumal von der fast ein Vierteljahrhundert zuvor eingestellten Zeitschrift kein Archiv mehr existierte. Hinter den zunächst strengen – an *Der Revisor* von Nikolai Gogol gemahnenden – Anmutungen des Begriffes der „Revision" stand der ursprüngliche Wortsinn des gründlichen „Erneut-Betrachtens" einerseits und die kritische Befragung und auch Neubewertung durch Dekonstruktion eben der Legende andererseits. Hans-Michael Koetzle hatte seine Arbeitsmethode gefunden und gleichzeitig – mittels Learning by Doing – eine neue Form entwickelt, um das Medium Zeitschrift in einer Museumsausstellung zu präsentieren. Koetzle betont gerne, dass er sich als Kulturhistoriker im Allgemeinen und als Fotografiehistoriker im Besonderen begreift und nicht als Theoretiker der Fotografie. Das Feld der Theorie überlässt er getrost anderen und konzentriert sich lieber auf die Phänomene. Er sucht – und findet – das Unerwartete im Gespräch mit Zeitzeugen und die verborgenen Schätze in den Archiven. In seiner Recherchearbeit steht somit das – eher im amerikanischen als im europäischen Diskurs geschätzte – Instrument der „Oral History" durchaus gleichwertig neben der Archivarbeit, die er beide mit Leidenschaft betreibt. Weit über hundert solcher Interviews hat Koetzle allein für die Revision der Legende *twen* geführt.

Bereits mitten in der Arbeit an *twen* erreichte Koetzle 1995 die Anfrage des damaligen Pressechefs von Leica Camera, Hans-Günther von Zydowitz, für den Kamerahersteller eine Kundenzeitschrift zu entwickeln und diese auch zu leiten. Dies markierte für Hans-Michael Koetzle den Übergang von der Untersuchung des Mediums Zeitschrift zu der weitgehenden Carte blanche, eine solche selbst zu gestalten. Die erste Ausgabe von *Leica World* erschien als

Nummer 1/96 mit Koetzle als Chefredakteur und enthielt neben fotografischen Themen auch – wohl inspiriert von der vorangegangenen, intensiven Beschäftigung mit Willy Fleckhaus, dem Designer von *twen* – den Beginn einer Serie über die bedeutendsten Art Directors des 20. Jahrhunderts. Für ein Gespräch mit dem bereits betagten Alexander Liberman reiste Koetzle nach New York City und demonstrierte so, wie sich seine Methode der „Oral History" in das moderne Konzept einer neuen Fotografie-Zeitschrift einfügen ließ. Die Zeitschrift *Leica World* unter der Federführung von Koetzle bestand bis zu ihrer Einstellung durch Leica Camera im Jahr 2007, also fast genau jene zwölf Jahre lang, die auch *twen* bis zu seiner Einstellung im Jahr 1971 Bestand hatte. Kulturelle Experimente haben, so Koetzle, erstaunlich oft eine Lebensdauer von rund zwölf Jahren, auch wenn die Gründe für ihr Ende höchst unterschiedlich sein mögen, wie etwa die 1933 von den Nationalsozialisten erzwungene Schließung des 1919 gegründeten Bauhauses oder die Vormacht des „Shareholder Value" wie bei so manchen Verlagsprodukten.

Gewisse Themen ziehen sich wie „Leitmotive" durch das Schaffen von Hans-Michael Koetzle. Das Thema „Design" klingt mittelbar bereits in der Jugendzeit in Ulm an und wird später in seiner Bewunderung des zeitlosen Designs der Leica Kameras eine Fortsetzung finden, ein Design, das in den 1930er Jahren das Entstehen einer neuen Bildkultur möglich gemacht hatte. Eine nähere Konkretisierung des Themas auf „Zeitschriftendesign" hin fand 1995 mit *twen* und der Befassung mit der Biografie des – bereits zwölf Jahre zuvor gestorbenen – Willy Fleckhaus statt. In der Folge wird Koetzle immer wieder das Gespräch mit berühmten Art Directors suchen und sie oft auch nach einem fragen, den er nicht mehr interviewen konnte, dem 1971 verstorbenen Alexey Brodovitch. Seinerseits gleich einem Art Director wirft Koetzle stets einen scharfen Blick auf die von namhaften Designern vorgenommene Gestaltung seiner Werke, die – wie die Zeitschrift *Leica World* und etliche seiner Bücher – bis dato ein gutes Dutzend internationaler Designpreise erringen konnten. An den Art Directors gerade auch der US-amerikanischen

Magazine wie *Harper's Bazaar* und so manchen für sie tätigen Fotografinnen und Fotografen wird ein europäischer Einfluss auf amerikanische Medienkultur und Fotografie deutlich, der wesentlich auf den Exodus vieler fotografischer und gestalterischer Talente aus Europa durch deren Flucht vor dem Nationalsozialismus zurückgeht. So ist es auch ein Element des „Europäischen", das in Koetzles Blick auf Fotografie und Design immer wieder anklingt, etwa wenn er sich der Fotografie der Neuen Sachlichkeit der Zwischenkriegszeit oder der deutschen Fotoszene nach dem Zweiten Weltkrieg zuwendet. Die 1950 ins Leben gerufene photokina in Köln oder europäische Fotofestivals wie die 1970 gegründeten Rencontres de la photographie d'Arles oder ab 1989 die Visa pour l'Image in Perpignan bilden dabei für Koetzle wichtige Referenzpunkte in einer sich zunehmend dynamischer entwickelnden Landschaft, in der auch Museen, Galerien und Verlage sich schließlich der Fotografie als Kunstform zu widmen beginnen.

Hans-Michael Koetzles erstes Fotobuch und damit so etwas wie der Grundstein einer umfangreichen Handbibliothek, die mittlerweile gut 8 000 Bände umfasst, war ein Katalog zu der von Edward Steichen 1955 am Museum of Modern Art (MoMA) in New York geschaffenen Ausstellung *The Family of Man*. Die Ausstellung erreichte weltweit mehr als 9 Millionen Menschen, brachte so manchen zur Fotografie und traf zugleich auf massive Kritik ihres das Gemeinsame der Menschheit allzu naiv verklärenden Ansatzes. Auch für Hans-Michael Koetzle diente sie als Initiation in die Fotografie und auch für ihn als Reibfläche, von der man sich wieder emanzipieren konnte. Das Thema einer „Photographie Humaniste" aber ist für Koetzle durchaus der näheren Befassung würdig geblieben, prägte es doch viele Fotografinnen und Fotografen, wie nicht zuletzt jene der 1947 in New York gegründeten Kooperative Magnum Photos. Durchaus vergleichbar einem humanistischen Zugang zur Fotografie, der den Menschen in den Mittelpunkt rückt, widmet sich Hans-Michael Koetzle in besonderer Weise den Schicksalen der Fotografinnen und Fotografen. Viele ihrer Lebenswege hat er ebenso wie die Entwicklung ihres Werkes über Jahre hinweg verfolgt, publizistisch in Interviews sowie Monografien und Ausstellungen begleitet und so manchem längst Vergessenen unter ihnen auf diesem Weg zu einer späten Renaissance verholfen. Der 2014 verstorbene Schweizer Magnum-Fotograf René Burri mag hier Pars pro Toto stehen und bildet doch in dem gut zwei Jahrzehnte währenden Dialog zwischen Kurator und Fotograf einen Sonderfall auch im Werk von Hans-Michael Koetzle. Wohl keinem anderen Fotografen hat Koetzle so viele Publikationen gewidmet, unter denen wiederum die große, 2004 erschienene Monografie mit dem lapidaren Titel *René Burri – Fotografien* herausragt. Auch über das Werk keines anderen Fotografen hat er eine derart umfassende Ausstellung kuratiert, die an rund 20 Stationen in Europa und Lateinamerika gezeigt wurde. Nur Koetzles Ausstellung 100 *Jahre Leica Fotografie*, die an zehn Ausstellungsorten insgesamt 650 000 Besucher verzeichnen konnte, erreichte mehr Menschen. In all der Fülle des Publizierten und in der Summe der Gespräche bleibt allerdings so etwas wie ein „geheimes", gleichsam sichtbar-unsichtbares Zentrum, das immer wieder umkreist, aber nie wirklich erreicht wird, auf das – gleich dem Nullpunkt eines Koordinatensystems – immer wieder – sei es bewundernd oder kritisch – Bezug genommen wird. Anders als bei Fleckhaus und Brodovitch, gab es schließlich doch die Begegnung mit dem greisen Henri Cartier-Bresson. Die beiden Herren saßen eines Herbsttages im Jahr 2002 in Paris nebeneinander auf einem Sofa in Cartier-Bressons – in der Rue de Rivoli mit Blick auf den Jardin des Tuileries gelegener – Wohnung und führten einen knappen Dialog, der etwas von den paradoxen Qualitäten einer Unterredung mit einem Zen-Meister aufwies. Ein Gespräch über Fotografie hat nicht stattgefunden, aber wahrscheinlich war das auch nicht entscheidend.

Hans-Michael Koetzle hat die ausgetretenen Pfade des allzu häufig Thematisierten stets gemieden und seine eigenen, originellen Zugänge gesucht. Dabei ist er keineswegs nur den Wechselfällen des Marktes für Bücher und Ausstellungen gefolgt, sondern hat sich konsequent von seinen persönlichen, über viele Jahre vertieften Interessen leiten lassen. Das extrem weit gespannte thematische Feld der Fotografie in ihrer historischen Entwicklung, ihren globalen kulturellen Ausprägungen, ihrer vielgestaltigen Praxis sowie ihrem kontrovers geführten theoretischen Diskurs hat Hans-Michael Koetzle wohlüberlegt für sich in den Blick genommen: Er griff unter anderem auf das – scheinbar längst obsolete – Instrumentarium des Enzyklopädischen zurück, entwickelte es unter Aufbietung liebevoll gestalteter Design-Elemente weiter und schuf so zwei unterschiedliche Lexika der Fotografie, die beide den handelnden Personen des Mediums gewidmet sind. Bei dem populäreren Titel der beiden, dem Band *Fotografen A–Z*, fällt auf, dass hier aus der „Not"(wendigkeit) einer Beschränkung auf 433 Namen durch die Kombination aus lexikalischer Information zu Person und Werk und ihrer Verbindung mit Faksimiles aus Fotobüchern und mitunter auch Zeitschriften eine beachtliche „Tugend" der instruktiven Plastizität gemacht wurde.

In seinen thematischen Arbeiten wiederum – etwa über das Experiment der Zeitschrift *twen*, die einhundertjährige Kulturgeschichte der Leica Kamera oder die gut 120 Jahre umspannende Reflexion der „Fotografiehauptstadt" *Paris im Fotobuch* – hat Hans-Michael Koetzle zunächst jeweils einen mehr oder weniger eng umrissenen Gegenstand der Betrachtung gewählt, der ihn sodann jedoch keineswegs einschränkte, sondern vielmehr als Kristallisationskern seiner Betrachtungen zu Themen wie „Zeitschriftendesign und Fotografie" oder dem Topos „Fotobuch im Wandel der Zeiten" diente. Auch die klassische Bildexegese – und damit das von John Szarkowski maßgeblich geprägte und von vielen anderen nach ihm beschrittene Terrain – hat er in seinem Buch *Photo Icons* in einen wiederum anders gelagerten Zugang zum fotografischen Bild verwandelt. Er folgte seinem Hang zum Investigativen und unterzog die 50 – höchst bekannten und gemeinhin als „ikonisch" eingestuften – Fotografien einer Analyse nach der „Methode Koetzle". Der forschende Gang in die Archive und zu von vielen anderen ignorierten Auskunftspersonen lohnte sich und ließ Koetzle tief in die Umstände der Entstehung dieser Fotografien hineinleuchten und ihnen auf diesem Weg neue Dimensionen der Bedeutung und des Verständnisses hinzufügen.

Ein „Leitmotiv" der besonderen Art für Hans-Michael Koetzle und darüber hinaus ein Sehnsuchtsort ist die Stadt Paris. Das den – 1969 geschlossenen und in der Folge abgerissenen – Markthallen gewidmete Buch von Romain Urhausen mit dem Titel DIE HALLEN – *Der Bauch von Paris* aus dem Jahr 1963 war das erste Paris-Buch in Koetzles Sammlung. Es markiert den Ausgangspunkt einer Beschäftigung, die sich über eine noch längere Zeit erstreckte als jene 13 Jahre, die Walter Benjamin in sein der Stadt Paris gewidmetes und als sein Hauptwerk intendiertes *Passagenwerk* investierte. Koetzles sammelnde und forschende Liaison mit Paris mündete schließlich 2011 in Buch und Ausstellung *Eyes on Paris – Paris im Fotobuch*. Koetzles gesammelte Fotobücher waren zu einer derart umfangreichen Bibliothek angewachsen, dass er damit problemlos als Hauptleihgeber die zugehörige Ausstellung ausstatten konnte. So wie nicht wenige der dort versammelten Paris-Bücher auch eine literarische Komponente aufweisen, so blieb in Hans-Michael Koetzles Befassung mit der Fotografie, seinem „Reden über Fotografie" – also der ständigen Gratwanderung zwischen Bild und Sprache in den Formaten Buch, Zeitschrift und Ausstellung – stets ein literarischer Kern enthalten. In letzter Konsequenz lässt sich sein spezifischer Zugang zur Fotografie – neben den stets mitgedachten kulturhistorischen Aspekten – als ein genuin literarischer deuten, der das fotografische Bild als Teil eines vieldimensionalen Narrativs zu lesen sich anschickt.

Jedenfalls darf das Werk von Hans-Michael Koetzle als eine großangelegte Hommage an das – analoge – Archiv begriffen werden, in dem sich vom kundigen und ausdauernden Ermittler genau jene Dinge finden lassen, die das Internet nicht kennt. So erscheint auch der Umstand, dass dieser Reader, genau betrachtet, von der Fotografie in ihrem „analogen Zeitalter" handelt, nur konsequent. Die

Texte darin beziehen sich auf Personen, deren Geburtsjahrgänge zwischen 1898 und 1952 liegen, also knapp an Koetzles eigenes Geburtsjahr 1953 heranreichen, und deren aktivste Zeiten zwischen den 1920er Jahren bis gut nach der Jahrtausendwende zu verorten sind. Auf dem Wege ihrer Wiederveröffentlichung werden auch diese Texte einem drohenden Verschwinden entrissen, zumal die Artefakte ihrer Erstveröffentlichung sich vielfach bereits außerhalb der Reichweite der Suchmaschinen befinden. „Reden wir über Fotografie" mag überdies als Huldigung an eine Gesprächskultur verstanden werden, die in Zeiten sogenannter „sozialer Medien" zusehends zu verschwinden droht, und damit vielleicht sogar als Inspiration zu ihrer Pflege und Wiederbelebung dienlich sein. Vor allem aber ist dieses Buch natürlich eine Feier der Fotografie schlechthin und eine Würdigung all der Menschen, die – wie Hans-Michael Koetzle – ihr Leben in der einen oder anderen Weise der Fotografie gewidmet haben.

„Bis zum Jahre 1927 beschäftigte ich mich sozusagen mit der vagabundierenden Photographie.“

Aenne Biermann

1898 Goch am Niederrhein, Deutschland –
1933 Gera, Deutschland

Behutsam fasst sie die Dinge an, die ihre Augen sehen
Anmerkungen zum Reprint von *Aenne Biermann*: 60 Fotos

Fotografie zu reproduzieren und zu drucken, fotografische Bildfindungen über Bücher und illustrierte Zeitschriften zu demokratisieren, gehörte ebenso zum Inventar der klassischen Moderne um 1920 wie der Drang, über Bilder zu reden, das Medium als solches zu reflektieren, seinen Platz im Reigen der schönen Künste neu zu denken. Drucktechnische Fortschritte oder verlegerisches Kalkül allein erklären ihn nicht – jenen regelrechten Boom an Fotobüchern, jene dichte Folge an stilbildenden, bis heute in ihrer Wirkung nachhallenden Publikationen, wie ihn ausgerechnet die politisch wie wirtschaftlich gebeutelte Weimarer Republik erlebte.

Am Ende entscheidend war eine von konstruktivistischen Ideen beflügelte Avantgarde, die im mit Fotografien ausgestatteten, programmatisch gemeinten Buch ein ideales Medium entdeckte, um ein Thema zu bündeln, eine These zu formulieren, aber auch die Wahrnehmung zu sensibilisieren, überhaupt: die phänomenologischen Ideen ihrer Macher zu popularisieren, was als Trend bereits den Zeitgenossen aufgefallen war. „Der moderne Mensch ist vorwiegend visuell eingestellt. Er sieht lieber statt zu lesen", hatte Otto Bettmann schon 1929 konstatiert, um mit Blick auf die inzwischen legendäre Stuttgarter Werkbundausstellung *Film und Foto* fortzufahren: „Die Fifo verdeutlicht diesen Zug zu optischem Gestalten und Aufnehmen. Sie zeigt, wie das Bild langsam auch die Welt des Buches sich erobert. Der Umschlag, als sichtbarer Repräsentant eines Werkes, ist in den letzten Jahren vorwiegend photographisch gestaltet worden. Der nächste Schritt ist bereits getan. Die Photographie beginnt auch das Buch selbst zu gewinnen. Illustrierte Werke gehören zu den erfolgreichsten heute – abgesehen von den aktuellen Romanen."[1]

Längst hat man damit begonnen, wichtige, rare, gesuchte und damit teure Fotobuchklassiker in Gestalt mehr oder minder gelungener Faksimile-Reprints neu zu edieren und damit einem heutigen Publikum zugänglich zu machen.[2] *Die Welt ist schön* von Albert

Renger-Patzsch, das 1928 erschienene Jahrhundertbuch, liegt sogar als (allerdings stark modifizierte) Taschenbuchausgabe vor (Harenberg), ebenso *Urformen der Kunst* von Karl Blossfeldt (Harenberg) oder Hans Bellmers *La Poupée* von 1936, ursprünglich in lediglich 100 Exemplaren aufgelegt (Ullstein).

Die beiden wohl folgenreichsten, 1929 erschienenen Publikationen zum Neuen Sehen, nämlich *foto-auge* und *Es kommt der neue Fotograf!* erlebten bereits in den 1970er Jahren eher schlichte Studienausgaben (Wasmuth bzw. Arno Press). Inzwischen hat die Digitalisierung im Reprobereich, aber auch ein bei Sammlern und Forschern gewachsenes Bewusstsein für den Objektcharakter von Büchern, ihr Volumen, ihre Haptik, ihre Materialität dafür gesorgt, dass sich Neuausgaben von wegweisenden Fotobüchern so weit wie möglich an den Originalen messen. Dies gilt für den von Ann und Jürgen Wilde auf den Weg gebrachten Reprint von Germaine Krulls *Métal* (2002/2003) ebenso wie für Moï Vers *Paris* (2004) oder von Ilja Ehrenburg *Moi Parizh* (2005) im Design von El Lissitzky (Steidl Verlag und 7L).

Mit *Aenne Biermann: 60 Fotos* wird nun ein weiteres fotogeschichtlich bedeutendes Werk in authentischer Fassung wieder aufgelegt: Sichtlich kleiner, bescheidener in Umfang und Format als das Gros der zitierten Titel und doch – jenseits der über den Tafelteil transportierten Qualität der Bilder – mit einigen Superlativen ausgestattet. Nicht nur war *Aenne Biermann: 60 Fotos* Teil der einzigen zwischen den Weltkriegen gewagten, ebenso ambitionierten wie am Ende kurzlebigen Buchreihe zur Neuen Fotografie. Es sollte dies auch das einzige in sich geschlossene, programmatische Fotobuch einer Avantgardefotografin der Zeit um 1930 bleiben – in Deutschland jedenfalls. *Aenne Biermann: 60 Fotos* erschien Anfang Oktober 1930 im soeben von Leipzig nach Berlin übersiedelten Verlag Klinkhardt & Biermann, der sich bis dato vor allem mit Publikationen zur „jungen" Kunst einen Namen gemacht hatte. Das Buch hatte ein Format von 25 × 17,6 cm, wartete mit 76 Seiten auf (sofern man die Anzeigen im Anhang mitzählt), erinnerte auch im „steif kartonierten" Umschlag an die kleinformatigen Periodika jener Jahre und bot auf gestrichenem Papier 60 ganzseitige, in Buchdruck wiedergegebene Fotografien in Schwarz-Weiß.

Was zunächst bescheiden klingt, war tatsächlich ein Statement, ein Bekenntnis zur Moderne auch im Buch, das sich weniger gravitätisch, weniger bildungsbürgerlich und schwer, vielmehr frisch und leicht präsentieren sollte – ein Vademecum des Aufbruchs. Dazu gehörte der bewusste Abschied vom immer noch beliebten, aber ältlich wirkenden, an die Ästhetik der Kunstfotografie erinnernden Kupfertiefdruck ebenso wie eine moderne Typografie. Dazu gehörte die auf Internationalität zielende Mehrsprachigkeit (Deutsch, Englisch, Französisch), die dem Maschinenzeitalter wohl angemessene Idee einer Reihe sowie ein mit RM 3,90 ausgesprochen moderater Preis. Den knappen, betont sachlichen Titel nicht zu vergessen – *Aenne Biermann: 60 Fotos*. Da machte eine Autorin mit einem Buch auf sich aufmerksam, das nicht irgendein Thema fotografisch illustrierte, sondern Bilder präsentierte, die – jedes für sich – als „Werke" überzeugen sollten.

Die Idee zur Herausgabe der *Fototek* (in modernisierter Schreibweise ein Kompositum aus Fotografie und Bibliothek) hatten Franz Roh und Jan Tschichold gemeinsam. Bekannter und rühriger Kunsthistoriker und Publizist der eine, profilierter Typograf der andere, hatten die beiden bereits bei dem zitierten Band *foto-auge* erfolgreich zusammengearbeitet und sich schon hier als entschiedene Verfechter einer Neuen Fotografie positioniert. Hatte *foto-auge* maßgeblich vom Bildangebot der Stuttgarter *Fifo* profitiert, so galt es nun Neues, nicht Gesehenes zu entdecken und zu publizieren. Die „wichtigsten Ergebnisse auf fotografischem Gebiet" wolle man sammeln, so eine 1930 geschaltete Anzeige im *Börsenblatt für den Deutschen Buchhandel*, sie „teils monografisch, teils rein thematisch verarbeiten und dem großen Kreis der Berufsfotografen, Amateure und Künstler erschließen."[3]

„In rascher Folge", so die Absicht, sollten auf die vorliegenden Titel zu L. Moholy-Nagy (*Fototek* 1) und Aenne Biermann (*Fototek* 2) ab 1931 weitere Bände folgen, konkret geplant und bereits angekündigt wurden: „*Das Monströse, Zum Begriff des Kitsches in der Fotografie,*

Fotomontage, Das Polizeifoto, Foto und Typofoto in USSR, Aktfoto, Film und Foto, Sportfoto, Technik und Foto u. a. m."[4]. Allerdings scheint schon der Absatz der ersten beiden, hoffnungsvoll gestarteten Titel verhalten gewesen zu sein. Bereits Anfang 1932 wurde der Ladenpreis auf RM 2,50 herabgesetzt. Auch war der Verlag im Windschatten der Wirtschaftskrise in finanzielle Schwierigkeiten geraten und musste verkauft werden. Gleichwohl scheint sich Roh noch geraume Zeit um eine Fortführung der Reihe bemüht zu haben, ein Engagement, das die „Machtergreifung" Adolf Hitlers 1933 definitiv beendete.

Aenne Biermann: 60 Fotos war das erste und am Ende einzige Buch der Geraer Fotografin zu Lebzeiten. Fraglos markiert es den Höhepunkt ihrer ebenso kurzen wie bemerkenswerten Karriere in der Fotografie der 1920er Jahre. Dass sie von nun an in quasi einem Atemzug mit László Moholy-Nagy, Bauhaus-Lehrer, multimedial interessierter Künstler und führender Apologet einer experimentellen Fotografie, genannt würde, war selbstredend ein Ritterschlag für die junge Fotografin, deren im Buch versammeltes, der Neuen Sachlichkeit verpflichtetes Œuvre eine Art Gegenposition zum Visualismus eines Moholy-Nagy darstellte. Was beide Bücher verband und den Reihencharakter unterstrich, war das von Jan Tschichold verantwortete moderne Gestaltungskonzept, zu dem der frische Farbakzent, die horizontale Gliederung des Umschlags unter Verwendung einer Fotografie ebenso gehörten wie die gern asymmetrisch gesetzten, eher ausnahmsweise angeschnittenen Abbildungen im Portfolioteil, der in 60 Tafeln einen eindrucksvollen Querschnitt durch ihr bis dato geschaffenes Œuvre bot. Vom natürlich aufgefassten Porträt bis zur abstrahierenden Gesteinsaufnahme, vom geometrischen Blick aus dem Fenster bis zum einfühlsamen Kinderbild, von der experimentellen Mehrfachbelichtung bis hin zu Alltagsphänomenen, die nicht wirklich zum Programm einer sich an den Geboten der Tafelmalerei orientierenden Kunstfotografie gehört hatten (vgl. *Spiegelei*, Taf. 21). Auch diesbezüglich erwies sich Aenne Biermann als kompromisslos moderne Künstlerin.

Hatte Roh dem gebürtigen Ungarn unter dem Titel „Moholy-Nagy und die neue Fotografie"[5] noch einen erhellenden Essay gestiftet, so musste sich der Leser der Monografie zu Aenne Biermann mit einem auf seinen in *foto-auge* publizierten Essay „Der literarische Foto-Streit" rekurrierenden Vorspann begnügen. Allenfalls eine Notiz auf Seite 2 über Inhaltsverzeichnis und Impressum gab in gebotener Kürze etwas zu Werk und Vita der jungen Fotografin preis. „Aenne Biermann ist 1898 in Goch am Niederrhein geboren", heißt es da, „lebt in Gera (Thüringen), befaßte sich zunächst mit Musik und fotografiert erst seit wenigen Jahren. Ausstellungen des In- und Auslandes zeigten ihre Arbeiten. Sie konzentriert sich auf das Realfoto unter Ausschluß von Fotomontage und Fotogramm."

Einem begüterten jüdischen Elternhaus entstammend – der Vater besaß eine Schuhfabrik mit zeitweise 560 Mitarbeitern – war Anna Sibylla Sternefeld wohl das, was man als „höhere Tochter" zu bezeichnen pflegt. Wozu im Selbstverständnis der Familie auch gehörte, dass ein wie auch immer gearteter Frauenberuf nicht in Frage kam. Immerhin ist von Klavierunterricht die Rede, während die Fotografie in jenen frühen Jahren keine Rolle spielte. Erst mit der Hochzeit mit Herbert Joseph Biermann (1920), dem Wechsel nach Gera, der Geburt ihrer Kinder Helga (1921) und Gerd (1923) begann Aenne (oder Änne), wie sich die junge Frau ab Ende der 1910er Jahre nannte, zur Kamera zu greifen. Zunächst im Sinne privaten Erinnerns, keinesfalls mit künstlerischen Ambitionen.

Erste Kinderfotos, ab 1921 aufgenommen und lediglich als Kleinkontakte überliefert, belegen immerhin, dass ihr die Kamera zur täglichen Begleiterin geworden war. Aenne Biermann lebte in komfortablen Verhältnissen, wozu ein geräumiges Haus in der (damaligen) Wilhelmstraße 1 ebenso gehörte wie ausreichend Personal, was viel freie Zeit bedeutete und damit die Möglichkeit, sich in Sachen Fotografie fortzubilden. Als Fotografin war und blieb Aenne Biermann Autodidaktin, was angesichts der Qualität ihrer späteren Arbeiten ebenso erstaunt wie die Tatsache, dass sich ihre Bildsprache fern der Metropolen und zumindest räumlich fern der Avantgarden formte.

Biermann, und dies unterscheidet sie vom Gros fotografierender Frauen um 1930, hat weder eine Fotografenlehre absolviert (wie

Eva Besnyö oder Anneliese Kretschmer), noch an einer der traditionsreichen Ausbildungsstätten in Berlin oder München gelernt (wie Marianne Brandt oder Lotte Jacobi). Auch zum Bauhaus gab es keine unmittelbaren Kontakte, was nicht bedeuten muss, dass ihr die Aktivitäten der Schule im benachbarten Weimar verborgen geblieben sind.

Das Haus der Biermanns in Gera – Herbert Biermann führte gemeinsam mit seinem Bruder Erich ein florierendes Textilkaufhaus am Johannisplatz – wird als offen, gastfreundlich und kulturell interessiert geschildert. Zu den Bekannten oder Freunden der Familie gehörten neben anderen Hans Carossa und Carl Zuckmayer, der Arzt und Schriftsteller Dr. Kurt Gröbe, der mit Otto Dix befreundete Kunstmaler Kurt Günther, der Sozialwissenschaftler Alfred Braunthal, der Pädagoge Wilhelm Flitner sowie der Künstler Otto Kopp, Mitglied der Münchener Neuen Secession und Schöpfer eines Exlibris, das nicht zuletzt Aenne Biermanns literarische Interessen unterstreicht.

Ein besonders enger Kontakt bestand zu dem bekannten Geraer Architekten und Van-de-Velde-Schüler Thilo Schoder. Immer wieder um 1930 hat Aenne Biermann Schoder, dessen Frau Bergljot Schoder-Dahl sowie deren neugeborenen Sohn Björn porträtiert. Umgekehrt wurde Schoder 1926 beauftragt, Aenne Biermanns „Damenzimmer" auszustatten. Fotografien von Arthur Köster, 1927 aufgenommen und abgedruckt in Schoders 1929 erschienener Monografie (2 Abb.)[6] sowie dem 1930 von Walter Müller-Wulckow herausgegebenen Band *Die Deutsche Wohnung der Gegenwart* (1 Abb.)[7], zeigen einen hellen, modern-funktional eingerichteten Raum. Zimmerpflanzen am Fenster, Kristalle in einer Vitrine verweisen auf zwei von Biermann in besonderer Weise gepflegte Motivbereiche. Im Hintergrund eine gut bestückte Bibliothek, die auch Kunst- bzw. Fotobücher enthalten haben könnte. Nicht zu übersehen zwei groß abgezogene, gerahmte Fotografien an der Längswand, nämlich *Ficus elastica* (zugleich Aufmacherbild zu *Aenne Biermann: 60 Fotos*) sowie *Anthurium* (dort Taf. 31). Wenn über die Bilder an der Wand etwas deutlich wird, dann Aenne Biermanns gewachsenes künstlerisches

Selbstbewusstsein. Längst war aus der knipsenden Unternehmersgattin eine Fotografin von eigener Statur geworden.

Biermanns eigentliches, über die frühen Kinder- und Familienfotos hinausweisendes Werk entstand zwischen 1926 und 1932. Was suchend und tastend begann, entwickelte sich gegen Ende des Jahrzehnts zu einer mit unerhörtem Eifer betriebenen Disziplin. Schon dass sie ihre Negative konsequent durchnummerierte, die Abzüge recto in zarter Schrift signierte, Exponate ungewöhnlich groß printete – überliefert sind Originale (Vintage Prints) im stattlichen Format von 59,6 × 42,7 cm –, unterstreicht ein entschieden professionelles Selbstverständnis.

Biermann selbst knüpfte die Professionalisierung ihres Handelns an die Begegnung mit dem Geologen Rudolf Hundt, dessen Bitte um Gesteinsaufnahmen sie am Ende zwang, ihr technisches Know-how zu überdenken. „Bis zum Jahre 1927 beschäftigte ich mich sozusagen mit der vagabundierenden Photographie", so die Fotografin in einer Art Selbstauskunft, zugleich der einzige bekannte Text von ihr. „Das soll heißen, daß sie lediglich für mich den Zweck hatte, Erinnerungswerte festzuhalten; beispielsweise: Bilder meiner Kinder in sehr markanter Entwicklungsperiode, Reiseeindrücke usw. Vor etwa 2 Jahren bat mich ein Geologe, für seine wissenschaftlichen Arbeiten den Versuch von sehr scharfen Steinaufnahmen zu machen, bei denen es in der Hauptsache auf die Herausarbeitung bestimmter Details ankam. Durch diese Aufgabe wurde ich zu einer genaueren Beschäftigung mit den technischen Vorbedingungen hochwertiger Bilder gezwungen. Ich erkannte immer mehr, daß die Frage der Beleuchtung für die Klarheit der Darstellung von entscheidender Bedeutung war, und suchte die gewonnenen Erfahrungen in den Dienst erweiterter Aufgaben zu stellen."[8]

Aenne Biermanns fotografische Aktivitäten im entlegenen Gera blieben nicht unbemerkt, wobei Franz Roh zum frühen und konsequentesten Förderer der Fotografin avancieren sollte. Nicht nur hatte er Anfang 1928 für eine erste Einzelausstellung im Graphischen Kabinett Günther Franke in München gesorgt. Auch sein mit fünf Abbildungen illustrierter Beitrag im *Kunstblatt* (Oktober 1928) markiert eine bedeutende Station in der Rezeptionsgeschichte Aenne Biermanns.[9]

Was folgte, waren Veröffentlichungen in der Fotofachpresse, wo sich Aenne Biermann quasi über Nacht neben Namen wie Max Burchartz, Lux Feininger oder Yva gedruckt sehen durfte.[10] Die populären *Agfa Photoblätter* machten ebenso auf Aenne Biermann aufmerksam wie das dem Handwerk verpflichtete *Atelier des Photographen*, das Biermann neben Größen der Fachfotografie wie Lazi, Binder, Coubillier oder Kreyenkamp zitierte.[11]

In der *Photographischen Rundschau*, der *Photographischen Korrespondenz*, im *Photofreund* oder in *Photographie für alle* wird fündig, wer nach Auftritten von Aenne Biermann sucht. Überraschenderweise nicht vertreten ist sie in dem seit 1927 als Jahresschau erscheinenden *Deutschen Lichtbild*. Dafür brachte *Photographie*, die im Verlag Arts et métiers graphiques (Paris) erscheinende Jahresbilanz, mehrfach ab 1930 Bildproben der deutschen Fotografin. Auch *Modern Photography*, das seit 1931 in London edierte jährliche Resümee internationalen Fotoschaffens druckte zwischen 1931 und 1934 immer wieder Arbeiten von Aenne Biermann ab, die sich hier neben Namen wie Man Ray, Florence Henri, Germaine Krull, Imogen Cunningham, Martin Munkacsi, André Kertész oder Edward Steichen prominent vertreten sah.

Zu den Veröffentlichungen in der Fach- wie Unterhaltungspresse (etwa *Scherl's Magazin*) oder Bildseiten in literarischen Werken wie der 1931 erschienenen Anthologie *Menschen am Wasser*, wo sie (neben Moholy-Nagy und Paul Wolff) mit einem Blick über die *Avenue des Champs Elysées* vertreten war, kam ab 1929 eine intensive Ausstellungstätigkeit, beginnend mit Biermanns Teilnahme an der im Januar in Essen gestarteten, danach unter anderem in Berlin, London, Frankfurt und Wien gezeigten Schau *Fotografie der Gegenwart*.

Es folgte im Juni auf Vermittlung Schoders die Präsentation von 136 Arbeiten in den Räumen der Modernen Galerie im Oldenburger Schloss (danach im Focke-Museum Bremen), begleitet vom ermutigenden Ankauf von acht Arbeiten durch das Landesmuseum Oldenburg.[12] Auf der wohl bedeutendsten Gruppenausstellung der

Zeit zwischen den Weltkriegen, nämlich der vom Deutschen Werkbund initiierten, bereits erwähnten *Film und Foto*, war Biermann ebenso präsent wie auf der unter kuratorischer Mitwirkung von Franz Roh 1930 in München zustande gekommenen *Internationalen Ausstellung Das Lichtbild*, die danach unter anderem in Dessau zu sehen war. In Basel war sie 1931 auf der Ausstellung *Die Neue Fotografie* vertreten, im Folgejahr in Brüssel auf der *Exposition internationale de la photographie* im Palais des Beaux-Arts. Persönlicher Höhepunkt freilich dürfte eine erste große Werkschau im Jenaer Kunstverein (1. bis 29. Juni 1930) gewesen sein, gefolgt von einer Einzelausstellung in Gera (9. November bis 7. Dezember 1930), wo rückblickend von der „bestbesuchtesten" Ausstellung seit Jahren die Rede war.[13] Auch die lokale Presse reagierte ausgesprochen positiv. Da sei „kein Liebäugeln mehr mit der Malerei um der gleichen Wirkung willen, sondern bewußte Ablösung davon", meinte etwa das *Jenaer Volksblatt* (31. Mai 1930).

Von einer „Porträtistin allerersten Ranges" sprach ein halbes Jahr später die *Geraer Zeitung* (7. November 1930) und an anderer Stelle: „Aenne Biermann ist mehr als eine geschickte Photographin, sie ist, und das kann nicht genug betont werden, eine geniale Künstlerin." (10. November 1930) Überregional brachte *Das Magazin* (August 1931) Aenne Biermanns Haltung auf den Punkt: „hier ist eine fotografin, die ein gänzlich neues gesicht in ganz alltäglichen dingen zeigt – die vielbeliebte neue sachlichkeit verliert unter ihren sehr zarten händen all ihren schrecken – behutsam faßt sie die dinge an, die ihre augen sehen … ".

Kaum ein Genre der Fotografie, kaum eines der „klassischen" Themen, das Aenne Biermann in der kurzen, aber intensiven Zeit ihres Schaffens ausgelassen hätte. Pflanzenstudien in geistiger Nähe zu Albert Renger-Patzsch finden sich in ihrem Œuvre ebenso wie sorgsam arrangierte Objektaufnahmen, Straßenszenen, Landschaftsstudien, Akte und Porträts. Herausragend mit Sicherheit die späten, zwischen Natürlichkeit und Pose, Spontaneität und Inszenierung oszillierenden Aufnahmen ihrer Kinder, von denen kaum zufällig eines den Weg auf den Umschlag ihres Buches gefunden hat.

Die Grenzen der Fotografie auslotende Experimente im Sinne eines Neuen Sehens hat Aenne Biermann sich – von wenigen Doppelbelichtungen abgesehen – versagt, gleichzeitig jedoch die Möglichkeiten einer Neuen Sachlichkeit experimentierend ausgetestet. Enge Ausschnitte beim Porträt, die Suche nach Strukturen in der Landschaft, ein abstrahierender Zugriff bei den Pflanzenbildern, extreme Nahsichten, kühne Perspektiven, ihre Versuche das Ephemere eines Feuerwerks zu erfassen, belegen ihr Bemühen, die dinghafte Welt durchaus neu zu sehen. In wenigen Jahren hat Aenne Biermann ein facettenreiches Werk geschaffen, das sich freilich nur in Ausschnitten erhalten hat.

Ein für Palästina bestimmter Container mit geschätzt 5000 Fotografien muss als verloren gelten. Ebenso die in Gera verbliebenen Negative. Wenig, das Herbert Biermann auf seinem Weg in die Emigration in einem Koffer retten konnte. Villa und Kaufhaus hatten ihm die Nationalsozialisten längst geraubt, als er 1940 Europa verließ. „Deutschland – die ‚Menschenheimat', die es einmal war, ist auch für mich durch den Einbruch der Barbarei untergegangen", schrieb ein verbitterter Herbert Biermann nach dem Krieg aus Haifa an den befreundeten Martin Engels.[14] Aenne Biermann blieben Flucht und Exil erspart. Sie starb am 14. Januar 1933, vermutlich an einem Leberleiden – 34 Jahre jung.

Erstveröffentlichung in *Aenne Biermann – 60 Fotos*, München: Klinkhardt & Biermann 2019

„Make it flow.“

Alexey Brodovitch

1898 Aholitschy/Uglitsch, (heute) Belarus – 1971 Le Thor, Frankreich

Alexey Brodovitch – Architekt der Doppelseite

Wenn es je ein „Goldenes Zeitalter" im Grafikdesign gegeben hat – er hat es ganz wesentlich geprägt. Durch seine Zeitschriftenarbeit, seine Bücher, seinen Unterricht. Die Rede ist von Alexey Brodovitch, für viele der ultimative Art Director.

Das Bild spricht Bände, auch wenn es inszeniert sein mag. Aber manchmal ist die Inszenierung näher bei der Wahrheit, als der Wahrheit reklamierende Zufallsfund. In jedem Fall vermittelt uns das 1952 von *Life*-Fotograf Walter Sanders aufgenommene Foto einen Eindruck davon, wie es wohl zuging in der „Kommandozentrale" von *Harper's Bazaar* mit Adresse Madison Avenue, Ecke 56. Straße. Am Schreibtisch Carmel Snow, legendäre Chefredakteurin des Blattes, ausgestattet mit obligatorischem Hütchen in Macaron-Form, fein geschnittenem Kostüm und skeptisch prüfendem Blick. Ihr zu Füßen Art Director Alexey Brodovitch, der einmal mehr das tut, was er der Legende nach am liebsten tat: geklebte Doppelseiten auszulegen, umzustellen, neu zu arrangieren – buchstäblich zu layouten. Fragt sich: Spiegelt die Aufnahme nun die Hierarchie innerhalb der Redaktion? Oder camoufliert sie eine eigentlich kongeniale langjährige Allianz zum Wohl eines Magazins, das bisweilen als „the most visually exciting publication of its day" bezeichnet wird?

Zeitschrift ist nicht weniger als das Zusammenspiel unterschiedlicher Kräfte und Talente, vom Verleger bzw. Investor über den Chefredakteur, den Bild- und Textchef, die untergeordneten Redakteure bis hin zum Gestalter, traditionell „Einrichter" oder „Layout Man" genannt. Im Konzert der Beteiligten spielte er eine ambivalente Rolle, wirkte einerseits zentral, was die Optik seines Mediums betraf, rangierte andererseits weit unten in der redaktionellen Hierarchie – häufig genug wurde er im Impressum nicht einmal genannt. Ändern sollte sich dies erst gegen Ende der 1920er Jahre, als im Windschatten von Konstruktivismus, Dada, Bauhaus, Neuer Typografie und Film der „Art Director" als Institution geboren wurde, als für alle visuellen Fragen verantwortliche Instanz neben, im schlechteren Fall direkt unter dem Chefredakteur in der Entscheidungskompetenz. Wer, wann den Begriff geprägt hat bzw. wo er zum ersten Mal Verwendung fand, wissen wir nicht. Sicher ist: Der 1929 von der kurzlebigen deutschen zur US-*Vogue* gewechselte Dr. Mehemed Fehmy Agha, der ab 1934 für *Harper's Bazaar* tätige Alexey Brodovitch sowie Frank Crowningshield, bereits seit 1914 verantwortlich für *Vanity Fair*, gelten als die ersten „Art Directors" im Sinne einer umfassenden Verantwortlichkeit für das Erscheinungsbild eines Magazins – und sie nannten sich auch so: nicht mehr Grafiker, Layouter oder „Maquettiste". Durchaus selbstbewusst traten sie als „Art Directors" auf.

Weitere Namen in diesem Kontext könnte man nennen: Lester Beall, Charles Coiner, Bradbury Thompson, Paul Rand oder William Golden – allesamt Pioniere auf dem Feld des Editorial Design. Auch Alexander Liberman gilt es zu erwähnen, seit 1943 in der Nachfolge Aghas bei der amerikanischen *Vogue* so etwas wie direkter Antipode zu Alexey Brodovitch, dessen Erscheinung und Wirken, Einfluss und vielgestaltiges Werk freilich den Beitrag seiner unmittelbaren „Mitbewerber" heute mehr denn je in den Schatten stellt. Kein Superlativ scheint zu hoch gegriffen, um dem Nachhall des vor allem auf dem Gebiet des Grafikdesign tätigen Brodovitch gerecht zu werden. Remінton/Hodik (*Nine Pioneers in American Graphic Design*, 1989) etwa nennen ihn „the century's greatest art director". George Tourdjman (*Alexey Brodovitch*, 1982) bezeichnet ihn kurz und bündig als „unique". Und Andy Grundberg, Verfasser einer ersten, maßgeblichen Monografie (*Brodovitch*, 1989) sieht in ihm „the very model of the modern art director". Brodovitch: „the epitome of taste".

Alexey Brodovitch hat das Grafikdesign im Sinne einer konstruktivistischen Moderne nicht erfunden. Wesentliche Neuerungen hatte vor ihm bereits Agha durchgesetzt, etwa die angeschnittene Seite („Bleeding Page"). Schon Agha hatte Zierleisten und Rahmen verbannt, die Seiten aufgeräumt, mit Asymmetrien gespielt und auf das Medium Fotografie zu Lasten der Illustration gesetzt. Neuerungen, die Brodovitch aufgriff, verfeinerte, veränderte, erweiterte.

Seinem Magazin gab er einen neuen, frischen Look und machte so aus *Harper's Bazaar* eine Instanz in Sachen Magazindesign. Brodovitch hat Bücher, Poster, Ausstellungen gestaltet, Theaterhintergründe entworfen, sich als Dozent bzw. Lehrer profiliert. Doch allem ging etwas Entscheidendes voraus: Er hat seinen Beruf neu definiert, seiner Rolle einen neuen Platz zugewiesen und sein Tun intellektualisiert. Er „revolutionierte den Status des Designers", so William Golden „indem er zeigte, dass der Designer denken kann. Dieser war jetzt nicht mehr der talentierte Bursche im Hinterzimmer, der Texte und Bilder auf irgendwie ansprechende Art arrangierte. Er las und beschäftigte sich mit Inhalten. Und er trat immer wieder auf und verblüffte den Herausgeber durch Ideen."

Zufluss an kreativem Geist

Als Künstler, als Designer war Alexey Brodovitch, wie viele seiner kreativen Zeitgenossen, Autodidakt. Und wie viele seiner Generation, Agha oder Liberman, aber auch Moholy-Nagy oder Herbert Bayer, gehörte auch er zu jener sagenhaften Migration, die den USA in den 1930er Jahren einen unglaublichen Zufluss an kreativem Geist bescherte. 1898 im russischen Uglitsch als Sohn eines Psychiaters geboren, machte er zunächst Karriere in der zaristischen Armee, kämpfte gegen die Bolschewisten in Odessa, wurde verwundet und floh schließlich über Istanbul nach Paris, wo er sich ab 1920 zügig als Gestalter profilierte. Surrealismus und Art Déco, aber auch der Film, Diaghilev und seine „Ballets Russes", überhaupt das künstlerische Klima im Paris der 1920er Jahre bildeten so etwas wie den Humus seiner weiteren Entwicklung. Für Diaghilev gestaltete er Theaterhintergründe, layoutete für Zeitschriften wie *Cahiers d'Art*, arbeitete für Warenhäuser wie Aux Trois Quartiers oder Restaurants wie Prunier. Bereits 1924 hatte er sich mit einem Plakatentwurf für *Bal Banal* gegen Konkurrenten wie Picasso durchgesetzt und sich ein Jahr später nicht weniger als fünf Medaillen bei der *Exposition des Arts Décoratifs* in Paris gesichert. Erfolge, die nicht unbemerkt blieben und ihm zunächst einen Ruf als Lehrer an die Pennsylvania

Museum School of Industrial Design, etwas später einen Vertrag mit *Harper's Bazaar* einbrachten. Von 1934 bis 1958 wirkte er als Art Director für das New Yorker Modemagazin. Es war seine mit Abstand kreativste Zeit.

Im Rahmen einer Ausstellung entdeckt und auf Anhieb engagiert hatte ihn Carmel Snow, seit 1932 Chefredakteurin von *Harper's Bazaar* und mit Verve angetreten, das moribunde Blatt zur ernstzunehmenden Rivalin der *Vogue* auszubauen. Über rund ein Vierteljahrhundert formten Snow und Brodovitch ein unschlagbares Doppel, einig in ihrer kompromisslos auf Qualität zielenden Haltung, die sie regelmäßig gegen die „Money Men" im Verlag durchzusetzen wussten. Gemeinsam setzte man auf das technische Bildmittel Fotografie, forcierte mit Namen wie Martin Muncácsi, Herman Landshoff, Toni Frissel oder dem blutjungen Richard Avedon eine frische, dynamische Bildsprache, die eben nicht nur „Buttons and Bows" deutlich zeigen, sondern auch und gerade den Zeitgeist transportieren sollte. Gemeinsam huldigte man einem auf Überraschung, auf stetige Innovation erpichten Spirit, mit dem Ergebnis, dass bei Brodovitch kein eigentlicher Stil im Design auszumachen ist. „Make it new", lautete vielmehr die Devise, wobei der Art Director alle ihm möglichen Register zog. Also Motive freistellte, kombinierte, mit Reihungen oder Juxtapositionen arbeitete, mit filmischen Sequenzen oder bewussten Gegensätzen etwa von kleinen und großen Elementen. Schrift wurde bildhaft eingesetzt, jedes Initial zum Statement erhoben, der Weißraum zum stilbildenden Element erklärt. Und was den Umgang mit der Fotografie betraf, auch da zeigte sich Brodovitch flexibel: „A layout man should be simple with good photographs. He should perform acrobatics when the pictures are bad." In der Summe atmete alles ein unerhörtes Gespür für Ausgewogenheit jenseits der Langeweile – Brodovitch ein genialer Architekt der Doppelseite, die er traumwandlerisch in ein Magazin-Ganzes einzubauen wusste: „Make it flow." So wurde jede Nummer mit ihren Höhen und Tiefen, den lauten und den leisen Tönen, dem Drama und dem Flüstern zu einer Art Gesamtkunstwerk. Jeder Jahrgang zu einem grandiosen Feuerwerk. Und die rund 300 von

Snow/Brodovitch verantworteten Nummern *Harper's Bazaar* zu einem Stück Designgeschichte.

Von Alexey Brodovitch heißt es, er habe das amerikanische Grafikdesign für immer verändert. Dies freilich nicht nur durch seine Tätigkeit für *Harper's Bazaar* oder die Konzeption des lediglich in drei Nummern erschienenen Designmagazins *Portfolio*: „the dream of an exquisite, advertising-free magazine" (Steven Heller). Auch durch seine Buchgestaltung mit Titeln wie *Day of Paris* (1945) von André Kertész, *Nudes* (1951) von Martin Munkácsi, *Saloon Society* (1960) von David Attie oder – allen voran – *Observations* (1959) hat er Designgeschichte geschrieben. Den Porträtband mit Aufnahmen von Richard Avedon hatte Bucher in Luzern gedruckt. Der Text stammte von keinem Geringeren als dem Schriftsteller Truman Capote, dem Brodovitch – man glaubt es nicht – die Initialen vorgegeben hatte! Für Karl Pawek „das großartigste Photobuch, das je gemacht wurde". Selbst hat Brodovitch nur wenig fotografiert, immerhin mit *Ballet* (1945) einen eigenen Fotoband herausgebracht, dessen experimenteller, ganz auf Unschärfen und Verwischungen setzender Bildstil mehrere Generationen wahlweise irritiert, schockiert oder nachhaltig beeinflusst hat. Folgt man Irving Penn: „One of the most important books on photography ever published."

Why not to use Spaghetti

Als Lehrer war Brodovitch 1930 in die USA gekommen, und an verschiedenen Orten, unter anderem im New Yorker Studio von Richard Avedon, hat er bis 1966 unterrichtet. Wobei er sich nie als Lehrer, als Dozent verstanden hat, bestenfalls als „Dosenöffner". Legendär seine wenig mehr als geraunten Kommentare zu den Arbeiten seiner Schüler, unter ihnen Diane Arbus, Lillian Bassman, Ted Croner, Milton Greene, Jay Maisel, Irving Penn oder der soeben verstorbene Ben Fernandez, der Brodovitch allerdings eher skeptisch sah: „To some people he was like a god, but to me, he was a bastard." Am Ende sollten an die 3 000 Studentinnen und Studenten sein informelles „Design Laboratory" durchlaufen, manche bestärkt, viele desillusioniert. Worum es ging: Nie mit sich zufrieden zu sein. „Why to eat bacon and eggs every day", lautete die Devise und die ultimative Forderung: „Astonish me!" Brodovitch konnte entmutigen, vernichten, Lob stand nicht auf dem Programm, bestenfalls ein knappes: „You can do it better." Selbst Richard Avedon wusste zu berichten: „He never complimented me, to his death." Brodovitch hatte weder eine Designtheorie, noch folgte er einem vorformulierten Programm, einem Konzept oder gar „Modulor". Seine Didaktik basierte auf Neugier und Entdeckerfreude. Neue Wege zu suchen und zu finden, neue Horizonte auszuloten, darum ging es, wobei unkonventionelle Mittel durchaus willkommen waren. „Einmal", erzählt Avedon, „sollten wir eine Neonschrift gestalten." Der Fotograf protestierte. Er könne nicht zeichnen. Brodovitchs trocken vorgetragene Antwort: „Why not to use Spaghetti?"

1958, ein Jahr nach Carmel Snow, wurde auch Alexey Brodovitch gefeuert und bei *Harper's Bazaar* durch Henry Wolf ersetzt. Was folgte, war der Tod seiner Frau Nina, wobei die Ehe schon länger ein Desaster gewesen sein muss. Was folgte, war der vermehrte Griff zur Flasche, waren Depressionen, schließlich die Einweisung in die Psychiatrie. Zweimal hatte der geistig behinderte Sohn das elterliche Haus außerhalb von New York angezündet. Und nachdem von Hearst keine Rente zu erwarten war, zog sich ein völlig verarmter Brodovitch nach Südfrankreich zurück, wo ihm immerhin eine bereits 1938 erworbene historische Ölmühle gehörte. In Le Thor, nahe Avignon, starb der einst gefeierte Art Director im April 1971, seit längerem krank, mittellos, vergessen. Rund zehn Jahre später erinnerte man an ihn im Rahmen der Rencontres d'Arles, wo ihm sein früherer Schüler Georges Tourdjman eine Ausstellung sowie eine denkwürdige Projektion im Antiken Theater widmete. Es war so etwas wie der Auftakt zur Wiederentdeckung des mit Sicherheit innovativsten Art Directors überhaupt. Im Nachwort zu *Observations* brachte es Truman Capote auf den Punkt: „What Dom Perignon was to champagne, Mendel to genetic, so this over-keyed and quietly chaotic but always kindly mannered Russian-born American has been to the art of photographic design and editorial layout [...]."

Anlässlich der Ausstellung *Alexey Brodovitch – Der erste Art Director* vom 12. Februar bis 20. Juni 2021 im Museum für Gestaltung Zürich. Erstveröffentlichung in *Photo International*, Nr. 3, 2021

„Ich fotografiere das, was die Fachleute, die Spezialisten nicht mehr sehen; das Mirakulöse.“

Herbert List

1903 Hamburg, Deutschland –
1975 München, Deutschland

Aufträge mit tieferem Hintergrund interessieren ihn am meisten
Der Fotokünstler Herbert List in den gedruckten Medien der Nachkriegszeit

Von Herbert List könnte man sagen, er habe zwei Leben gelebt in der Fotografie. Ein erstes unter dem Eindruck der Neuen Fotografie der 1920er Jahre. Und ein zweites nach dem Zweiten Weltkrieg, das sich nur bedingt mit „Journalismus" überschreiben lässt, auch wenn Herbert List in dieser Zeit zunehmend die Nähe zur Tagespresse, zu Zeitschriften oder Magazinen suchte und endlich auch eine Reihe von Büchern realisieren konnte, darunter *Licht über Hellas* (1953) als sein wohl bedeutendstes. In der Tat fällt es schwer, sich List, den sensiblen Ästheten und „klugen Grandseigneur"[1] als „klassischen" Bildjournalisten vorzustellen. List, hatte bereits Wolfgang Hildesheimer konstatiert, sei zwar Fotograf, doch sei es undenkbar, „ihn in einer Meute von Presseleuten auf ein neuigkeitsträchtiges Objekt zulaufen zu sehen. List läuft nicht, er schreitet." Im Übrigen, so Hildesheimer, sei er „immer der Photograph des Statischen gewesen, eben des Zustandes eher als des Augenblicks."[2]

Seinem Selbstverständnis nach war Herbert List zeitlebens Amateur, womit vor allem eine große künstlerische Unabhängigkeit gemeint sein dürfte. Profi war er gleichwohl, wenn dies technische Versiertheit, einen an der Malerei geschulten Blick und den unbedingten Wunsch, sich gedruckt zu sehen, meint. List war zweifellos gebildet, weltgewandt, aber im Grunde unpolitisch und „eigentlich uninteressiert an Wirklichkeit"[3], wie Günter Metken konstatiert, was sich mit den Erfahrungen des Zweiten Weltkriegs allerdings geändert haben dürfte. Schon seine Trümmerfotos aus dem kriegszerstörten München belegen Lists erwachende Sensibilität für die Realien des Lebens, auch wenn er sich in seinem künstlerischen Credo grundsätzlich treu bleiben sollte: „Ich fotografiere das, was die Fachleute, die Spezialisten nicht mehr sehen; das Mirakulöse"[4].

Ein wacher Chronist seiner Zeit

Ob es tatsächlich erst der Trümmer bedurfte, um das herzustellen, was List nach Michel Tournier immer gefehlt hatte, „le contact avec la réalité“, sei dahingestellt. Fest steht, aus dem „photographe du silence et de l'immobile“[5] wird ein durchaus wacher Chronist seiner Zeit, auch wenn es weiterhin nicht die Tagespolitik ist, die ihn tangiert, sondern die Welt der Kunst und Kultur oder ein Alltag – vorzugsweise unter mediterranem Vorzeichen. Parallel zu einem sich weitenden Themenspektrum sollte sich mit Beginn der 1950er Jahre auch Lists Bildsprache verändern. Seine Aufnahmen werden lebendiger, spontaner. Zunehmend erlaubt er sich Unschärfen, mutige Anschnitte, steile Perspektiven, auch mehr und mehr filmische Sequenzen, was nicht zuletzt dem Kleinbild geschuldet ist, das Herbert List auf Anregung seines jüngeren Freundes Max Scheler in Gestalt der Leica für sich entdeckt. Schneller Objektivwechsel, ein Reservoir von 36 Aufnahmen, zügiges Fokussieren und Belichten, dazu ein unauffälligeres Agieren im öffentlichen Raum (Stichwort Street Photography) erwiesen sich als Vorzüge eines Systems, das dem an Fototechnik im Prinzip wenig interessierten List auf Anhieb eingeleuchtet haben muss. Der Blick aus dem Fenster auf Trastevere (1953), die Leica als gewissermaßen „Punctum“ auf dem Fensterbrett, ist bildhafter Beleg für den sich anbahnenden Paradigmenwechsel.

Bereits vor dem Zweiten Weltkrieg war List intensiv gereist, wobei Frankreich, Italien und vor allem Griechenland als Destinationen hervorzuheben sind – für List Kultstätten, Sehnsuchtsorte, im Wortsinn Schau-Plätze ersten Ranges. 1948/49 – erste Visa wurden erteilt – nahm List seine Reisetätigkeit wieder auf mit wiederum Aufenthalten in Frankreich, Italien und Griechenland. List erarbeitet quasi en passant Bildessays, Reportagen oder er nutzt – vor allem in Paris – die Begegnung mit Künstlern, um weiter an seinem Pantheon der Kunst zu bauen. Das Reisen und das Fotografieren gehören im Bildjournalismus bekanntlich zusammen, wenngleich sich List nie in die Rolle des „Chasseur d'images“ hat drängen lassen. List agierte als Flaneur, als soignierter Weltenbummler, wenig interessiert am

Ereignis, stattdessen auf der Suche nach dem „zeitlos Absoluten“[6]. „Aufträge mit tieferem Hintergrund interessieren ihn am meisten, Tagesaktualitäten kaum“, beschrieb *Foto Prisma* bereits 1952 Lists Selbstverständnis. „Sein Verhältnis zur Fotografie ist heute, nach 16 Jahren Berufsfotografie, noch immer das eines leidenschaftlichen Amateurs.“[7]

Von nachhaltigem Einfluss auf jüngere Reporter

Nimmt man das in *Heute* 7/1946 veröffentlichte Picasso-Porträt als Ausgangspunkt seiner Zusammenarbeit mit der Nachkriegs-Presse, seinen in *Du* 11/1966 publizierten Blick auf *Das kulturelle Berlin* als Abschied von der Fotografie, dann war Herbert List tatsächlich zwei Jahrzehnte in den gedruckten Nachkriegs-Medien sichtbar, mit größeren Serien, aber auch Einzelbildern, insbesondere Porträts namhafter Kreativer. Was bisweilen als „Nachklang“[8] zu seinem „eigentlichen“ Werk gehandelt wird, war freilich mehr als das, dies umso mehr, als List ja weiterhin als fotografierender „Autor“ handelte. Kam das Gros seiner Buchprojekte, allen voran sein ambitionierter Titel *Zeitlupe Null*, nicht über Klebemuster oder die Idee hinaus, so wurden seine mit Blick auf die Presse erarbeiteten Sujets zügig gedruckte Wirklichkeit und erreichten gewissermaßen über Nacht ein breites Publikum. Nicht zufällig sprach *Das Deutsche Lichtbild* bereits 1958 von Herbert List als einem „der führenden deutschen Fotografen“ mit „nachhaltigem Einfluss auf eine Reihe jüngerer Lichtbildner und Fotoreporter“[9].

Zu sehen ist Herbert Lists publizistische Tätigkeit nach 1945 vor dem Hintergrund einer sich erstaunlich rasch restrukturierenden Medienlandschaft im westlichen Deutschland, befördert insbesondere von den britischen und amerikanischen Militärbehörden, die schnell erkannt hatten, dass so etwas wie „Reeducation“ nicht mit Handzetteln zu Alltagsfragen zu erreichen war. Zur Erinnerung: Keine der vor Kriegsende erschienenen Zeitungen oder Zeitschriften hatte überlebt. Auch durften „keine früher gebräuchlichen Zeitungstitel wiederverwendet werden.“[10] So kam es einerseits zu einer radikalen Neuaufstellung der Presse bei allerdings bemerkenswerten personellen Kontinuitäten. In der Summe formten Zonen- und Lizenzpresse noch vor Gründung der Bundesrepublik eine erstaunlich facettenreiche Medienlandschaft, wobei München umgehend „zum Zentrum für die Herausgabe amerikanischer Publikationen" avancierte.[11]

Oase unter den Illustrierten

Bekanntlich lebte Herbert List seit 1941 in München, was nach dem Krieg eine sicher nicht unvorteilhafte räumliche Nähe zu den hier produzierten Zeitungen und Zeitschriften bedeutete. Speziell die von der Amerikanischen Militärregierung herausgegebene „Neue illustrierte Zeitschrift" *Heute* wurde ihm nicht nur zum ersten, sondern in der unmittelbaren Nachkriegszeit auch zum wichtigsten Forum für illustrative Einzelbilder oder größere Reportagen. Tatsächlich war List bis zur Einstellung des Titels im Dezember 1951 regelmäßig in *Heute* vertreten. Zeitweise wurde er im Impressum sogar als Redakteur für „Kunst" genannt. Im Rückblick zählt *Heute* „zu den wenigen guten Illustrierten"[12] im Deutschland der Trümmerjahre[13]. Tatsächlich zeigten sich Leser in Briefen angesichts der Einstellung betroffen. Die Rede war von einer „Oase unter den Illustrierten"[14]. Selbst der frühere PK-Fotograf Lothar Rübelt gab sich aus Wien begeistert: *Heute* sei „in jeder Beziehung (Qualität, Preis) konkurrenzlos und immer ausverkauft."[15]

In Aufmachung und Format[16] deutlich an *Life* geschult, präsentierte *Heute* ein differenziertes „Reeducation"-Programm, zu dem auf Völkerverständigung zielende Reiseberichte, Aufklärung über das politische System der USA oder die Verbrechen der Nationalsozialisten ebenso gehörten wie immer wieder Berichte aus der Welt der Kunst in deutlicher Opposition zur nationalsozialistischen Kulturpolitik, was Herbert Lists Interessen zweifellos entgegen kam. Wiederholt war er in *Heute* mit Künstlerporträts vertreten, wobei die Motive meist groß auf die Seite gestellt wurden wie im Fall des ursprünglich für *Look* fotografierten Atelierbesuchs bei Marino

Marini. Bildhauer im Atelier zählten zu Lists zweifellos bevorzugten Motiven, daneben Close-up erfasste Charakterstudien wie jenes bereits 1944 entstandene Picasso-Porträt mit *Tête de mort*, mit dem, wie erwähnt, Lists Zusammenarbeit mit *Heute* begann.

Bildessays im Geist einer „Photographie Humaniste" zählten zu den Besonderheiten von *Heute*. Vieles, wie *Country Doctor* von W. Eugene Smith oder das Gruppenprojekt *People are People* hatte man von Zeitschriften wie *Life*, *Look* oder *Ladies' Home Journal* übernommen und adaptiert. Von Anfang an publizierte Herbert List folglich in prominentem Umfeld und vor großem Publikum. Nicht weniger als 750 000 Exemplare sollen auf dem Höhepunkt im Oktober 1948 gedruckt worden sein, „was *Heute* zur auflagenstärksten Zeitschrift der amerikanischen Zone machte"[17]. Dass das von den amerikanischen Militärs herausgegebene und mit rund einer halben Million Dollar hochsubventionierte Projekt auch ehemaligen Propagandafotografen wie Hilmar Pabel, Hanns Hubmann oder Bernd Lohse als „Chefreporter"[18] eine Plattform bot, war seinerzeit kein Gegenstand der Diskussion.

Zu große Ansprüche an den Beschauer

Bereits vor seiner Zusammenarbeit mit *Heute* hatte Herbert List das Terrain der Reportage betreten. Im Auftrag der Alliierten dokumentierte er Ende 1945 die Bergung der auf spektakuläre Weise geretteten Mitgliederkartei der NSDAP – fraglos einer seiner brisantesten, wenn auch damals nicht publizierten Bildberichte mit Gegenwartsbezug.[19] Noch zweimal in der Folge hat sich List fotografierend mit dem Nationalsozialismus beschäftigt, bevor er erneut seine Koffer packte und sich „weicheren" Themen zuwandte. So publizierte *Heute* 9/1946 seine Reportage über die Arbeit des im ehemaligen NS-Verwaltungsgebäude tätigen Central Art Collecting Point und in *Heute* 62/1948 unter dem Titel „Alte Meister als Heimkehrer" einen Bildbericht über die Rückkehr deutscher Kunstschätze aus den USA. Als Früchte seiner neuerlichen Reisen nach Italien folgten in *Heute* großzügig präsentierte Bildessays etwa über den Mailänder

Friedhof („Marmor ist geduldig", 97/1949), die Casa Verdi („Die Erben Verdis", 129/1951) oder den neuen römischen Hauptbahnhof („Roma Termini", 131/1951). Einiges davon, speziell die einfühlsame Casa Verdi-Reportage, fand mit Publikationen in *Epoca* oder *Picture Post* auch international Verbreitung. Eine Art Fotoroman, jedenfalls eine Bildgeschichte „jenseits aller Konventionen der aktuellen Illustrierten"[20], bildete im Dezember 1951 den Endpunkt seiner Mitarbeit bei *Heute*: Das von der Weihnachtsgeschichte inspirierte, in Bilder übersetzte Schicksal einer in den „freien" Westen geflüchteten Familie. Aufgenommen hatte List die sichtlich inszenierte Reportage in dem ursprünglich für „Displaced Persons" eingerichteten Valka-Lager nahe Nürnberg.

Das unvermittelte Ende der Zeitschrift *Heute* bedeutete für List fraglos eine Zäsur. In der eher an Wirtschaftswunder-Talmi oder zweifelhaften Landser-Geschichten interessierten westdeutschen Illustrierten-Presse war für Lists kultivierten Ansatz kein Raum. Dass seine Bilder „nach Meinung der Redaktionen [...] zu große Ansprüche an den Beschauer" stellten, war schon *Foto Prisma* aufgefallen: „Darum wohl gibt es für ihn in Deutschland so wenig Möglichkeiten zu Veröffentlichungen."[21] Lists Ort, keine Frage, war die Kunst- oder Kulturzeitschrift, wozu man die im Münchner Verlag Kindler & Schiermeyer ab 1955 verlegte, ambitionierte, aber defizitäre Zeitschrift *Das Schönste*[22] ebenso rechnen kann wie das monatliche Schweizer *Du*.

Brachte *Kindlers Monatsillustrierte für alle Freunde der schönen Künste* vor allem Lists Künstlerporträts (Gerhard Marcks, Somerset Maugham, Igor Strawinsky), so präsentierte das in Zürich erscheinende *Du* über die Jahre den „gesamten" List in Gestalt vorzüglich gedruckter Strecken mit zum Teil mehr als vierzig Seiten Text und Bild. Schon unter Arnold Kübler als Chefredakteur (1941–1957) hatte List erste Auftritte im *Du*, konkret war er seit 1947 achtmal im Heft vertreten. Eine wirkliche Zusammenarbeit mit handfesten Aufträgen und stattlichen Portfolios kam freilich erst in der Ära Manuel Gasser (1958–1974) zustande, mit dem List eine lange und über das Geschäftliche hinaus intensive Freundschaft verband.

Nicht nur war Gasser seinerseits „ein unbändiger Verehrer von Schönheit, wo immer sie ihm begegnete“[23]. Er besaß auch eine besondere Affinität zur Fotografie. Hervorzuheben wären etwa die Hefte zu August Sander, Bruce Davidson oder Robert Frank. Was List betrifft: Nirgendwo wurden seine Bildessays oder Reisereportagen so umfassend präsentiert, so ansprechend layoutet und auf feinem Papier so exquisit gedruckt wie im *Du*, wo es eben nicht nur um das Gezeigte ging, sondern immer auch um die Art des Zeigens, die formal-ästhetische Qualität der Bilder. In diesem Sinne waren das Karibik-Heft (9/1958), das Mexiko-Heft (1/1960) oder Lists Neapel-Nummer (4/1962) Höhepunkte auch im Leben eines Fotografen, der längst über das „stille, stummberedte Bild“[24] hinausgewachsen war und sich souverän auf dem Terrain einer humanen Live-Fotografie bewegte.

Mittagstisch für Freunde und Bekannte

Fragt sich, wie Herbert Lists Bilder die Redaktionen erreichten, sofern nicht direkte Kontakte bestanden wie zu Manuel Gasser, von dem wir wissen, dass er mindestens einmal bei List in München weilte – nämlich um die Sondernummer zu Lists 70. Geburtstag (7/1973) zu besprechen.[25] Bereits in den späten 1930er Jahren, soviel ist sicher, hatte List, wohl auf Vermittlung des befreundeten George Hoyningen-Huene, Kontakt zu Black Star gesucht, einer von dem nach New York emigrierten früheren Ullstein-Mitarbeiter Kurt Szafranski gegründeten Agentur, die sich freilich skeptisch zeigte, was die Verkäuflichkeit der Arbeiten betraf. „Ich komme mir bei Ihren Bildern so vor“, so Szafranski in einem Schreiben an den Fotografen, „als wenn ich mich anheischig machen wollte, lyrische Gedichte zu verkaufen, etwas, was beinahe unmöglich ist.“[26]

Seit 1951 war List Mitglied bei Magnum, allerdings nur als „Contributing Photographer“ – also nicht eigentlich Teil der „Family“.[27] Warum er die Kooperative 1959 wieder verließ, ist nicht bekannt. In der Folge jedenfalls soll sich der New Yorker Peter Schub[28], der vor allem Modefotografen wie Irving Penn oder Rico Puhlmann vertrat, um List gekümmert haben. Im München der 1950er Jahre fand List zusätzlich in Marion Hecht-Schweizer eine verlässliche Agentin.[29] Dass die von ihr betriebene Agentur Blick sich eine Etage über Lists damaliger Wohnung in der Schwabinger Ainmillerstraße 26 befand, hat die Zusammenarbeit mit Sicherheit erleichtert. Im Übrigen scheint sich List selbst um den Vertrieb seiner Bilder gekümmert zu haben. Oder es war sein jugendlicher Freundeskreis, der in diesem oder jenem Fall vermittelte.

Tatsächlich scheint Herbert List in den 1950er und 60er Jahren so etwas wie „der geheime Mittelpunkt Schwabings" gewesen zu sein, einerseits distanziert, aber auch gut vernetzt, „weltläufiger Citoyen" und zugänglich zugleich: „Wenn der Weltreisende nicht gerade in Mexiko weilte, wurden Bekannte und Freunde zum Mittagstisch geladen."[30] Nicht zuletzt junge Fotografinnen und Fotografen wie Max Scheler, Christa Peters, Michael Friedel oder Roger Fritz zählten zu Lists Münchner Freundeskreis.[31] Was die Letztgenannten verband, war überdies die Nähe zu Art Director Willy Fleckhaus, den List über Peters oder Fritz kennengelernt haben dürfte. Seit 1959 gestaltete Fleckhaus die seinerzeit viel diskutierte Zeitgeist-Zeitschrift *twen*, Forum insbesondere ambitionierter Nachwuchsfotografen, darunter insbesondere Will McBride, was erklärt, warum der eine Generation ältere Herbert List nur drei eher bescheidene Auftritte in *twen* hatte, beginnend mit der Fotografie *Liebespaar, Herrsching am Ammersee* als Aufmacher zur augenzwinkernd vorgetragenen Frage: „Urlaub zu zweit?" (2/1959), gefolgt von drei Motiven zur Illustration eines Beitrags über Tanger (3/1959) und schließlich ein Griechenland-Motiv als immerhin randabfallend gedruckter Ausklapper in Farbe (5/1966).

Begonnen hatte die Zusammenarbeit zwischen List und Fleckhaus bereits 1957, als der Art Director in quasi verdeckter Mission eine steuerfinanzierte Zeitschrift für die CDU gestaltete. *Bleib im Bild*, in Format und Anmutung vergleichbar mit der *Bunten* oder *Quick*, erschien im Vorfeld der Bundestagswahl (Herbst 1957) und hatte die Aufgabe, ein entschieden positives Deutschlandbild zu zeichnen.[32] Mit drei Seiten zum Thema Oktoberfest war List in *Bleib im Bild* vertreten[33], bevor *Der Spiegel* das Periodikum als „geschickt kaschierte" Propaganda entlarvte und so für das rasche Ende dieser in ihrer Optik durchaus modernen Illustrierten sorgte.[34] Ein weiteres Mal griff Willy Fleckhaus auf Fotografien von List zurück, nämlich als es 1960 für M. DuMont Schauberg (Köln) ein neues Reisemagazin zu konzipieren galt. *Vagabund*, in Format, Typo und Gestaltung deutlich von *twen* inspiriert, erschien in allerdings nur wenigen Nummern bis 1961. Schon in der ersten, wohl im Mai 1960 publizierten Ausgabe[35] finden sich zahlreiche List-Motive, so nicht weniger als zwölf Seiten (Farbe und Schwarz-Weiß) zum Thema Westindien und Karibische See[36] sowie mehrere, zum Teil seitenfüllende Beispiele aus Lists Italien-Fundus.[37]

Die feine hanseatische Art, nein zu sagen

München war von Anfang an nicht nur ein Ort auflagenstarker Zeitschriften. Auch auf dem Feld der Tageszeitung wurde hier Pressegeschichte geschrieben. Dabei erwies es sich als Glücksfall, dass nicht nur das Verlagshaus der NSDAP in der Schellingstraße, sondern auch der Maschinenpark praktisch unbeschadet den Krieg überstanden hatte. Hier, sprich auf der Rotation des *Völkischen Beobachters*, wurde denn auch zügig gedruckt – nicht nur *Heute*, sondern mit der ab 18. Oktober 1945 erscheinenden *Neuen Zeitung* auch das „führende Presseorgan Deutschlands"[38], wie jedenfalls Chefredakteur Hans Habe später selbstbewusst bemerkte, in jedem Fall ein „bewundertes und beneidetes Vorbild der wetteifernden Journalisten"[39]. Mindestens dreimal 1950/51 war List in der illustrierten Beilage, der NZ-*Wochenschau*, mit Italien-Motiven prominent vertreten[40], bevor das ambitionierte Blatt Ende Januar 1955 sein Erscheinen einstellte.

Um einiges intensiver gestaltete sich die Zusammenarbeit mit der *Süddeutschen Zeitung* als schon damals überregional rezipierter Tageszeitung. Zweifellos von der *Neuen Zeitung* inspiriert, leistete man sich auch hier ab Januar 1954 einen illustrierten Wochenendteil mit einem Mosaik aus tagesaktuellen Agenturbildern als Aufmacher und in der Regel einem, immerhin mehrspaltig reproduzierten Foto in der Folge. Hier ging es, eingebettet in ein anspruchsvolles Feuilleton, tatsächlich um Fotografie als Fotografie, um die formal-ästhetische Seite des Mediums mit internationalen Namen wie Brassaï, Robert Doisneau oder Henri Cartier-Bresson. Vor allem dem deutschen Nachwuchs – u. a. Horst H. Baumann, Michael Friedel, Roger Fritz, Thomas Höpker, Barbara Niggl oder Christa Peters – wurde hier ein attraktives Forum geboten. List selbst war zwischen 1954 und 1962 mit immerhin 32 Bildbeispielen in der *SZ* vertreten – neben Elisabeth Niggemeyer der am häufigsten veröffentlichte Bildautor. Dabei schaffte es List zweimal sogar auf die Titelseite, zweimal griff die Redaktion auf Vorkriegs-Motive (*Kopf eines Kriegers, Olympieion*) zurück, groß brachte man sein Strawinsky-Porträt, und schließlich ging man zweimal in Gestalt verlängerter Bildunterschriften auf seine jüngst erschienenen Fotobände ein. Im Übrigen interessierte vor allem Lists „neorealistischer" Blick auf Italien und die Italiener.

Herbert List, keine Frage, war in jenen Jahren eine Größe, der „im Ausland vielleicht [...] bekannteste deutsche Fotograf", wie es in einem Nachruf hieß[41] – auch wenn List bereits seit längerem das Interesse an der Fotografie verloren hatte, um sich ganz dem Sammeln von Meisterzeichnungen zu widmen. Als ihn Klaus-Jürgen Sembach, seinerzeit Kurator an der Neuen Sammlung, Anfang der 1970er Jahre in München aufsuchte, um die Möglichkeit einer Retrospektive auszuloten, stieß er auf wenig Gegenliebe. List verwies auf seine Sammlung von Spazierstöcken. „Und beim nächsten Mal", so Sembach, „fing er mit Grafik an. Ich habe gemerkt, es war die feine hanseatische Art, ‚Nein' zu sagen."[42]

Erstveröffentlichung in *Herbert List – Das magische Auge*,
München: Hirmer Verlag 2022

„Ich habe einfach gefunden, dass es manchmal nötig ist, dass man etwas schnell macht."

Ellen Auerbach

1906 Karlsruhe, Deutschland –
2004 New York City, USA

Das hat mir die Augen geöffnet

Künstlerin, Fotografin, Zeitzeugin, Therapeutin – ein Gespräch mit Ellen Auerbach

Der Ruhm kam spät und unvermittelt. Noch in den 1970er Jahren war der Name Ellen Auerbach jedenfalls in der Fotoszene kein Begriff. Mittlerweile ist die 2004 in New York verstorbene Künstlerin als wichtige Vertreterin der Weimarer Avantgarde anerkannt.

Hans-Michael Koetzle: Ellen Auerbach, Sie wurden 1906 in Karlsruhe geboren. War man in ihrer bürgerlichen Familie einverstanden mit Ihrem Wunsch, Fotografie bzw. Kunst zu studieren?
Ellen Auerbach: Ursprünglich wollte mich mein Vater in sein Geschäft einführen. Aber da haben – Gott sei Dank – zwei einsichtige Onkel gesagt: „Da wirst du keine Freude mit der haben. Das einzige, was die vielleicht kann, ist die Kunst." Ein künstlerischer Beruf war damals nicht besonders hoch angesehen. Gerade deshalb bin ich ihnen ewig dankbar. Ich wollte also erst einmal mit der Kunst anfangen. Ich glaube nicht, dass ich eine sehr talentierte Bildhauerin war. Ich glaube, ich habe mehr Talent zur Fotografie. Aber das wusste ich damals natürlich noch nicht.
HMK: Sie haben ja dann von 1924 bis 1927 an der Akademie in Karlsruhe studiert. Erinnern Sie sich noch an diese Zeit?
EA: Oh ja. Zum Beispiel an Karl Speck, den Bildhauerlehrer. Er war sehr modern. Das hat mir sehr zugesagt. Manchmal hat er zu uns gesagt: „Ihr mit eurer verdammten Ähnlichkeit. Die Köpfe müssen von innen heraus modelliert werden." Das war eine vollkommen neuartige, großartige Idee für mich. Zeichnen gelernt habe ich bei Karl Hubbuch, der ja inzwischen sehr berühmt geworden ist. Eines Tages hat er mir eine alte, verdrückte Reisetasche gebracht und gemeint, ich solle das zeichnen. Wochen habe ich darüber gesessen. Er war unerbittlich. Aber er war ein guter Lehrer.
HMK: Dieses genaue Hinsehen: Meinen Sie, es hat Ihnen bei Ihrer späteren Fotografie geholfen?

EA: Ich bin überzeugt davon. Ich bin überhaupt der Meinung, dass alles, was man tut, Einfluss hat auf das, was man weiter tut. Entweder, weil man sich sträubt. Oder weil man einverstanden ist.
HMK: 1925 fand in Mannheim die wegweisende Ausstellung mit dem programmatischen Titel *Neue Sachlichkeit* statt, an der ja auch Karl Hubbuch beteiligt war. Haben Sie diese Ausstellung gesehen?
EA: Es klingt unglaublich, aber ich habe diese Ausstellung nicht gesehen. Überhaupt werden Sie meinen Antworten entnehmen können, wie wenig ich letztlich mitbekommen habe von der Kultur, die damals stattgefunden hat. Obwohl ich bei Hubbuch und Georg Scholz studierte.
HMK: 1928 setzten Sie Ihr Studium in Stuttgart fort. Warum dieser Wechsel?
EA: Ich hatte mich damals – gegen den Willen meiner Eltern – verlobt. Daraufhin hieß es: „Du kannst nicht in derselben Stadt leben wie dein Verlobter." Später kam mir das komisch vor, denn ich hätte in einer anderen Stadt ja sehr viel mehr Unsinn machen können. Aber ich sollte nach Stuttgart.
HMK: Auch hier, Am Weißenhof, hatten Sie in gewisser Weise Kontakt zur Avantgarde. 1927 war ja in unmittelbarer Nähe der Akademie die internationale Bauausstellung eröffnet worden. Hat Sie diese Umgebung beeindruckt oder gar beeinflusst?
EA: Ja. Ich habe sogar in einem der Gebäude gewohnt. Im obersten Stock. Das Zimmer war unheizbar. Und wir hatten den kältesten Winter Deutschlands, ich glaube 1928. Wer das Haus gebaut hat, weiß ich nicht mehr. Aber es hat mich fasziniert.
HMK: War man sich der Tatsache bewusst, dass dies etwas Neues ist?
EA: Der Tatsache war man sich durchaus bewusst. Die Wohnanlage war ja erst ein Jahr zuvor eröffnet worden.
HMK: 1928 bekamen Sie von einem der Onkel eine Kamera geschenkt. Was war dies für eine Kamera, und was haben Sie damit fotografiert?
EA: Ich hatte die Kamera geschenkt bekommen, weil ich den Onkel modelliert hatte. Die Kamera war eine 9 × 12-Plattenkamera. Sehr viel habe ich damit nicht fotografiert.

HMK: Zu diesem Zeitpunkt wurden innovative Tendenzen in der Fotografie – Stichwort: Neues Sehen/Neue Sachlichkeit – bereits heftig diskutiert. Haben Sie davon etwas mitbekommen?
EA: Nein. Ich habe sicher das Wort Neue Sachlichkeit gehört. Aber ich war, glaube ich, wirklich etwas blöd. Ich kann es nicht anders sagen.
HMK: Bereits 1929 sind Sie dann nach Berlin. Was hat Sie zu diesem Schritt bewogen?
EA: Ich geniere mich fast, es zu sagen, weil es so oberflächlich klingt. Aber eines Tages traf ich eine Schülerin, die mit mir an der Kunstschule war. Sie hatte an einem Kurs bei Walter Peterhans in Berlin teilgenommen. Und wie sie zurückkam, nach Karlsruhe oder Stuttgart, hat sie zu mir gesagt: „Du, da ist dieser Peterhans. Und der ist so gut angezogen. Und der hat so wunderbare Jazzplatten." Das hat mich sehr beeindruckt. Auch wurde mir allmählich klar, dass es mit der Bildhauerei für eine Frau damals schwierig war. Fotografie, dachte ich mir, das sei viel einfacher. Also habe ich meine Eltern überredet. „Ja", haben sie gesagt, „aber du wirst zuerst mal in die Kunstschule gehen. Dann werden wir weitersehen." Ich weiß nicht mehr, wie die hieß. Königliche oder so etwas. Es gab eine Prüfung. Und die habe ich nicht bestanden. Und ich weiß heute noch nicht, ob es ein bewusstes Versagen oder Talentlosigkeit war.
HMK: Ihr Ziel war ein Studium bei Walter Peterhans. War Ihnen denn das Bauhaus zu diesem Zeitpunkt schon ein Begriff?
EA: Das Bauhaus war mir wahrscheinlich ein Begriff. Aber ich weiß nicht mehr, wie stark.
HMK: Dort zu studieren, war für Sie nie ein Thema?
EA: Nein. Ich hatte nie die Idee, am Bauhaus zu studieren. Ich war ein paarmal dort. Aber ich wollte dort nie bleiben.
HMK: Noch lebte ja auch Walter Peterhans in Berlin. Wie haben Sie mit ihm Kontakt aufgenommen?
EA: Nachdem ich wusste, ich brauche nicht an die Kunstschule, habe ich ihn angerufen. Er hat gesagt: „Es tut mir leid, ich kann Sie nicht nehmen, denn ich bin schon am Bauhaus engagiert. Und ich bin nur noch kurze Zeit hier." Da habe ich gesagt: „Oh, ich bin aber extra wegen Ihnen nach Berlin gekommen." Ob ihn das gerührt hat,

weiß ich nicht. Er meinte dann: „Naja, dann kommen Sie einmal vorbei." Und dann kam ich also an einem Tag vorbei.

HMK: Erinnern Sie sich noch an diese erste Begegnung?

EA: Sie ist mir gut im Gedächtnis geblieben. Er hatte sein Studio im hinteren Teil seiner Wohngelegenheit. Und er hatte mich auf zehn Uhr bestellt. An irgendeinem Tag. Und da ich krankhaft pünktlich bin, war ich wahrscheinlich fünf Minuten vor zehn da. Ich glaube, er war noch am Schlafen. Er kam so etwas schläfrig raus. Und sagte dann: „Haben Sie ein Stativ?" Und ich habe gesagt: „Ja." Und dann kam ich mit diesem dünnen Skelett, so Röhrchen, zusammenklappbar. Das hat er sich etwas verächtlich angeschaut. Dann verschwand er wieder ziemlich lange und kam zurück mit einem Faltstativ aus Holz. Das hat er aufgestellt. Alles ganz ruhig, ohne zu sprechen. Und dann hat er mit der flachen Hand auf seins geklatscht. Das stand ehern. Und dann hat er auf meines geklatscht. Und das brach vollkommen zusammen. Das war die erste Stunde.

HMK: Sie hatten noch weitere Stunden bei Walter Peterhans?

EA: Ja. Einmal hat er zu mir gesagt: „Stellen Sie mal ein Stillleben auf." Und da habe ich gedacht: Was könnte ich denn da aufstellen? Ich hatte etwas Knäckebrot bei mir. Und dann habe ich die knisternde Hülle künstlerisch geknüstelt. Und hingelegt. Und ein paar Scheiben dazugelegt. Es dauerte ungefähr fünf Minuten. Und dann sagte ich: „Ich habe es gemacht." Da hatte ich mich getäuscht. Ich hatte es nicht gemacht. Denn einmal hat er mich eingeladen zuzusehen, wie er ein Stillleben aufbaut. Dieses ist dann sehr berühmt geworden. Es heißt, glaube ich, *Der Pythagoreische Lehrsatz*. Vier oder fünf ganz kleine Stoffstückchen verschiedenster Art: Seide, Wolle, fluffeliche Sachen. Und da hat er zum Teil mit einer Pinzette gearbeitet. Da ein Härchen, dort ein Härchen. Und während er das gemacht hat, hat er mir erklärt und gesagt: „Sehen Sie das Licht von hinten?" Und das war so mysteriös. Ganz romantisch. Und dann hat er das abgedreht. Und hat von vorn beleuchtet. Und das war nun ganz analytisch. So wie man Verbrecher fotografiert. Das hat mir die Augen geöffnet und war das Wichtigste, was ich von ihm gelernt habe.

HMK: Er ist dann aus Ihrem Gesichtskreis verschwunden?
EA: Er kam dann noch manchmal und hat uns besucht und uns ein bisschen geholfen. Grete hat auch bei ihm in Dessau zwei Kurse genommen. Und dann kam sie und hat mir die Ergebnisse brühwarm mitgeteilt. Denn am Anfang haben wir hauptsächlich gelernt.
HMK: Mit Grete Stern haben Sie das Peterhanssche Studio übernommen?
EA: Grete hat ihm das meiste Equipment abgekauft. Nach einiger Zeit hat sie sich entschlossen, sie will eine Wohnung, die sie auch als Studio hat. Das war in Steglitz. Eine sehr schöne Wohnung. Da bin ich zu ihr gezogen, denn in der Zwischenzeit hatte ich so wenig Geld, dass ich bei meiner Wirtin in der Speisekammer wohnte.
HMK: Haben Sie auch Kunden von Peterhans übernommen?
EA: Wir haben keinen seiner Kunden übernommen. Wir wussten überhaupt nichts über sein privates Fotoleben.
HMK: Gemeinsam mit Grete Stern haben Sie eine Art Studiogemeinschaft unter dem Namen ringl + pit gegründet. Wie gestaltete sich hier die Zusammenarbeit?
EA: Seltsamerweise finden es die Leute noch jetzt unerklärlich, dass man ein Bild zusammen machen kann. Das schien mir überhaupt nicht schwierig zu sein. Da waren wir so einig, dass man gesagt hat: So geht es. So geht es eigentlich noch nicht ganz. Und dann hat man noch ein bisschen rumgewurschtelt.
HMK: Hatten Sie weitere Vorbilder außer Peterhans? Gerade das Berlin der 1920er Jahre war ja eines der Weltzentren der Avantgarde, nicht nur in der Fotografie.
EA: Nein. Wir waren so fanatische Fotografen, dass wir kaum andere gekannt haben. Wir haben gar nicht gewusst, wie isoliert wir waren. Am Zeitgeschehen haben wir kaum teilgenommen.
HMK: Ein Selbstporträt im Spiegel zeigt Sie mit einer Leica. Wann haben Sie sich diese Kamera gekauft?
EA: Ich bin nicht mehr ganz sicher, wann das war. Die Leica habe ich nicht gleich gehabt. Grete hat die Kleinbildfotografie abgelehnt. Sie stand viel loyaler zu Peterhans und seiner Lehre. Ich habe sie mühselig abgelegt. Ich habe einfach gefunden, dass es manchmal nötig ist,

dass man etwas schnell macht. Und das geht nicht, wenn man hinter einem Tuch sitzt und die Leute hinlegt, damit sie nicht umfallen vor Müdigkeit. Peterhans selber hätte das wahrscheinlich abgelehnt. Er hat sich ja Kameras machen lassen mit besonders kleinen Öffnungen, die allerunempfindlichsten Platten verwendet und eine halbe Stunde lang belichtet. Also, es war schon eine mutige Angelegenheit.

HMK: Fühlten Sie sich als Teil der Avantgarde?

EA: Nein, das war mehr die Zeitatmosphäre. Und da wir vorher keine Fotografie gemacht haben, haben wir nicht umgelernt. Sondern das erste, was wir gelernt haben, war gleich modern. Peterhans war ja ein ganz moderner Fotograf. Da sind wir durch nichts durchgebrochen.

HMK: Man kennt Porträts, Stillleben, Sachaufnahmen von Ihnen. Auch – unter dem Label *ringl + pit* – eine Reihe von Reklameentwürfen. Waren Sie mit diesen Arbeiten eigentlich kommerziell erfolgreich?

EA: Nein, das Ganze fing an, als Grete wieder einmal nach Dessau ging. Sie hat mich ja damals sehr unterstützt, denn meine Eltern haben plötzlich kein Geld mehr geschickt. Da habe ich plötzlich gedacht: Es muss etwas geschehen. Und habe mich mit einer Agentur in Verbindung gesetzt. Ich bin überzeugt, die war so unzufrieden mit uns wie wir mit ihr. Eine Agentur braucht Leute, die viele Bilder machen. Uns hat jedes Bild ewig beschäftigt.

HMK: Gleichwohl hatten Sie einige sehr schöne Erfolge und waren auf dem Weg, bekannt zu werden.

EA: Wir haben ganz schöne Erfolge gehabt, für die Kürze der Zeit. Wir waren in der *Gebrauchsgrafik*. Das war eine sehr gute Sache. Dann waren wir in der Pariser Zeitschrift *Cahiers d'Art*. Da hatten wir einen langen Artikel drin. Aber Geld haben wir sehr wenig verdient. Irgendwie war uns das auch nicht wichtig.

HMK: Die bemerkenswerte Lebens- und Arbeitsgemeinschaft mit Grete Stern war bereits im Herbst 1933 wieder zu Ende. Sie emigrierten nach Palästina. Grete Stern ging nach England. Haben Sie geahnt, was kommen würde?

EA: Mein Mann war in einer kleinen linken, aber nicht-kommunistischen Vereinigung. Durch ihn und seine Freunde habe ich schon eine Ahnung gehabt. Man hat mir erzählt von Konzentrationslagern.

Und da habe ich zu Grete gesagt: „Da kann man nicht leben, in einem Land, wo es Konzentrationslager gibt." Wie viel ich politisch verstanden habe, weiß ich nicht. Ich arbeite ziemlich instinktiv.

HMK: Wie haben Sie Ihr Werk in Sicherheit gebracht?

EA: Ich habe eine ganze Menge Bilder weggeworfen. Worüber sich meine Agenten heute die Haare raufen. Dann fuhr ich nach Palästina, allein, auf einem Schiff, bin da seekrank herumgeschaukelt und hatte vielleicht zwei Koffer bei mir und wahrscheinlich auch ein paar Bilder. Ich kann mich einfach nicht erinnern.

HMK: Sie hatten den Mut, 1935 noch einmal nach Karlsruhe und Berlin zurückzukehren.

EA: Das ist mir genauso rätselhaft. Mein späterer Mann, Walter Auerbach, war Bühnenbildner. Er hat an einem jüdischen Theater gearbeitet und mich in Palästina besucht. Und da hat er gesagt: „Gehen wir doch noch einmal zurück." So dumm war ich, dass ich mir gar nicht bewusst war, wie gefährlich das war. Wir sind zum Beispiel in Theaterstücke von „Kraft durch Freude" und ähnliche Nazisachen gegangen. Und wie eben so Idioten manchmal behütet werden, ist uns nichts passiert.

HMK: Der endgültige Abschied von Berlin fiel Ihnen schwer?

EA: Ich kann mich nicht erinnern, ob das Herz leicht war oder schwer. Was komisch ist, denn ursprünglich war Berlin für mich eine solche Befreiung gewesen. Es war eine der besten Zeiten, die ich je gehabt habe. Ich war sehr streng erzogen. Und ich erinnere mich: Am Anfang habe ich immer am Abend um halb sieben gedacht, ich muss ja jetzt heim zum Essen. Und dann wurde mir klar: Nirgendwohin muss ich. Keiner kann mir etwas sagen.

HMK: In Palästina haben Sie vor allem Kinder fotografiert. Wie kamen Sie auf diese Idee?

EA: Das kam zum Teil, weil die Leute so verrückt mit ihren Kindern waren, dass ich mir gesagt habe: Wenn man gute Kinderbilder macht, dann kaufen sie sie. Und nach ein paar Monaten hätte es sich auch gelohnt. Aber dann kam der abessinische Krieg. Und die Leute haben nichts mehr ausgegeben für solchen Luxus. Ich bin ja dann nach England, um Grete adieu zu sagen. Sie ging nach Argentinien. Ich wäre gern in England geblieben. Aber da haben mein Mann und ich keine Arbeitserlaubnis bekommen. Es war sehr schwer damals auszuwandern.

HMK: Sie gingen dann 1937 nach New York, wo Sie weiterhin fotografierten, auch Fotokurse gaben. Mitte der 1960er Jahre haben Sie die Fotografie schließlich aufgegeben. Warum?

EA: Ich bekam ein Angebot, schwer lernenden Kindern zu helfen. Die Bedingung für diese Arbeit wäre eigentlich eine Analyse gewesen, die ich nicht hatte. Und ein Lehrerdiplom, das ich nicht hatte. Aber ich hatte irgend etwas, das mir gestattet hat herauszufinden, warum die Kinder so unglücklich sind. Man hätte mich gern weiterbehalten. Aber nach zwanzig Jahren habe ich gesagt: „Ich habe genug. Ich habe nicht mehr genug Elan wie früher."

HMK: Wann und wie kam es dann zur Wiederentdeckung Ihres Frühwerks?

EA: Wir, also Grete und ich, waren ziemlich unbekannt. Und eines Tages kam der Enkel von August Sander und fragte, ob ich noch Vintage Prints von Walter Peterhans hätte. Ich sagte: „Nein." Aber ich hätte noch ein paar Vintage Prints von uns. Das wollte er sich einmal anschauen. Und da war er sehr begeistert und hat gesagt: „Wie wäre es denn, wenn ich sie ans Licht brächte?" Das war 1977. Heute frage ich mich: Hätte ich damals „nein" sagen sollen? Wenn ich gar nichts gemacht hätte, wäre ich dann in dieser gar nicht so unangenehmen Anonymität geblieben?

HMK: Bereuen Sie Ihren Schritt?

EA: Nein, eigentlich nicht.

Eine Ausstellung im Foyer der Vereinten Versicherungen, München. Eigens aus den USA war Ellen Auerbach angereist. Auf Anhieb gewinnend, diese zarte Frau, ebenso sympathisch wie bescheiden und trotz der Jahrzehnte in den USA, wenn sie spricht, noch immer mit diesem weichen badischen Akzent. In privatem Ambiente, bei der befreundeten Ulrike Lauber, dann ein langes Interview. Oktober 1997.

Erstveröffentlichung in *Leica World*, Nr. 1, 1998

„Es ist schön berühmt zu sein,
vorausgesetzt man ist nicht bekannt.“

Henri Cartier-Bresson

1908 Chanteloup-en-Brie, Seine-et-Marne, Frankreich –
2004 Montjustin, Alpes-de-Haute-Provence, Frankreich

Gigant in neuem Licht
Henri Cartier-Bresson im Centre Pompidou

Rund 500 Fotografien, dazu Zeichnungen, Gemälde, Zeitschriften, Filmausschnitte, Dokumente, Bücher: Paris ehrt Henri-Cartier-Bresson mit der bis dato umfangreichsten Ausstellung – eine Schau, die nicht allein durch ihre Fülle überzeugt.

Die Ansage ist nicht zu überhören. Zumal sie alle paar Minuten wiederkehrt. „Ladies and Gentlemen", hallt es durch das Foyer des Centre Pompidou, „aufgrund des starken Besucherandrangs ist bei der Ausstellung Henri Cartier-Bresson mit einer Wartezeit von mindestens anderthalb Stunden zu rechnen." Wer hätte das gedacht: Besucherschlangen vor einer Cartier-Bresson-Retrospektive. War man des über Jahrzehnte ohne Pause gefeierten Franzosen nicht etwas überdrüssig? Meinte man nicht alles gesehen zu haben – in Museen, Galerien, auf Messen, in der rührigen Fondation Henri Cartier-Bresson? Ist nicht alles gesagt – nach zahllosen Büchern, Monografien, Katalogen, der vortrefflichen Studie von Jean Pierre-Montier (*L'art sans art d'Henri Cartier-Bresson*), der erhellenden Biografie von Pierre Assouline (*Henri Cartier-Bresson – L'œil du siècle*), den Beiträgen von Michel Guerrin (*Henri Cartier-Bresson et Le Monde*") oder Peter Galassi (*Henri Cartier-Bresson – The Modern Century*)? Ein eigenes Symposium – *Revoir Henri Cartier-Bresson* (*Henri Cartier-Bresson neu gesehen*) – hatte es 2008 im Petit Palais gegeben. Kurz- oder Langfilme wurden produziert über einen Fotografen, der eigentlich unsichtbar bleiben wollte gemäß der Devise: „Es ist schön berühmt zu sein, vorausgesetzt man ist nicht bekannt." Nicht zu reden von den vielen klugen Aufsätzen, Essays, Dissertationen, Interpretationen durch eine neue Generation von Kunstwissenschaftlern, die das Werk des 2004 verstorbenen Fotografen unter allen nur erdenklichen Aspekten unter die Lupe nahmen.

Wenn etwas blieb, dann bestenfalls Verwunderung angesichts der Tatsache, dass Henri Cartier-Bresson, dieser „Gigant in der Geschichte der Fotografie“ (Klaus Honnef) bzw. „größte Fotograf der Moderne“ (Pieyre de Mandiargues) zu Lebzeiten nie den Sprung ins Allerheiligste der französischen Museumskultur geschafft hat. Gemeint ist nicht der Louvre, wo Cartier-Bresson bereits 1955 eine viel beachtete Einzelausstellung hatte – nebenbei: die erste eines Fotografen zwischen Nike und *Mona Lisa*. Gemeint ist das Pariser Centre Pompidou als Heiliger Gral einer künstlerischen Moderne, dessen Tore dem Künstler auf schwer nachvollziehbare Art zu Lebzeiten verschlossen blieben. Auch die große, 2003 – also kurz vor Cartiers Tod – eröffnete Retrospektive (*De qui s'agit-il?*) wurde nicht, wie zu erwarten, im Centre Pompidou gezeigt, sondern in der neuen Nationalbibliothek – eigentlich ein Un-Ort, den Paris-Besucher eher meiden. Keine Frage: Cartier-Bresson hatte unendlich viele, auch große und überdies publikumsträchtige Ausstellungen, etwa im Grand Palais, im New Yorker ICP, im Maison européenne de la photographie oder im Museum of Modern Art. Aber nie im Centre Pompidou, das sich eigentlich von Anfang an und mit großem Engagement der Fotografie geöffnet hat.

Fragt sich warum? Ist es einmal mehr der Prophet, der nichts gilt im eigenen Land? Oder war Cartier am Ende doch nicht jener ganz große Fotograf, jenes „Jahrhundertauge“, als das er über Jahrzehnte gefeiert wurde? Schließlich hatte schon Robert Frank die Bildfindungen seines französischen Kollegen sinngemäß als blutleer und formalistisch kritisiert. Oder war es jener eingangs zitierte „Overkill“, der die Verantwortlichen bremste bzw. davon abhielt, sich mit einem Fotografen zu beschäftigen, der dem Surrealismus, dem Neuen Sehen nahe stand, stilbildende Bücher publiziert hat und so eigentlich ideal zum Ausstellungsprofil des Centre Pompidou gepasst hätte?

Etappen eines Künstlerlebens

Wer nun die aktuelle, von Clément Chéroux kuratierte, im obersten Stockwerk des Museums präsentierte Schau betritt, wird schon im ersten Wandtext mit einer Antwort bedient. Zu Lebzeiten, so der

Tenor der Einlassung, habe Henri Cartier-Bresson Ausstellungen mit konzipiert und auf den Weg gebracht, die durch immer gleiche Neuabzüge, standardisierte Formate, nivellierende Anmutung ermüdet und die Sicht auf ein ungemein komplexes, facettenreiches Werk verstellt hätten. Diese Vielfalt herauszudestillieren, sei das Ziel der aktuellen Ausstellung. Entsprechend setze man auf alte Abzüge, wo möglich auf Vintage Prints, um so möglichst dicht bei der historischen Wahrheit zu bleiben bzw. die einzelnen Etappen in der kreativen Vita des Fotografen zu verdeutlichen.

Tatsächlich kommt Cartier-Bresson aus einer europäischen, am Konstruktivismus der 1920er Jahre geschulten Tradition, die weniger im fein ausgearbeiteten Print – wie ihn jenseits des Atlantik Edward Weston oder Imogen Cunningham gepflegt hatten – ein Ziel ihrer künstlerischen Bemühungen sah, sondern im Druck, in der Publikation – ob Zeitschrift oder Buch. Sie waren für ihn die Referenz und nicht der Handabzug aus der Dunkelkammer, die er ohnehin fast nie betreten hat. Entsprechend gab es wenige individuelle, authentische, gar gut ausgearbeitete Vintage Prints – fast so etwas wie das Todesurteil für einen fotografierenden Klassiker in einer Zeit, da große Museen den Vintage Print zum Fetisch erhoben haben und spätere Prints kaum mehr gelten lassen. Zu Lebzeiten hatte Cartier sich vehement gegen den Trend gestellt, ihn als Erfindung des Fotomarktes gegeißelt und sich mit Abzügen im Standardformat 40 × 50 oder 50 × 60 cm revanchiert, irgendwie leblosgrauen Blättern, vorzugsweise vom Pariser „Pictorial Service“ (Picto) gefertigt, was annähernd jede Cartier-Bresson-Ausstellung zu einem ziemlich öden Erlebnis werden ließ. Mehr noch hatte Cartier-Bresson in den 1970er Jahren eine etwa 400 Motive umfassende „Master Collection“ auf den Weg gebracht, eine uniform geprintete Serie seiner „wichtigsten“ Motive, die als Set an sechs international bedeutende Museen ging, darunter die Bibliothèque nationale, die Menil Collection in Houston/Texas, die University of Fine Arts in Osaka oder das Victoria and Albert Museum in London. Nicht nur war damit ein Kanon definiert. Auch in der Anmutung, der „Aura“ seiner Bilder hatte Cartier-Bresson einen Standard gesetzt, der in der Folge eher ermüden als stimulieren sollte. So zynisch es klingt: Cartier-Bresson musste erst sterben, um so den Weg freizumachen für einen neuen Blick auf sein Werk, einen Zugriff, der nicht mehr nur auf die Oberfläche der Bilder zielte, ihre Geschichte, ihre Botschaft, sondern sie auch und nicht zuletzt als historische Objekte ernst und zur Kenntnis nahm. In diesem Sinne hat Kurator Clément Chéroux weltweit Archive, Sammlungen, alle möglichen Quellen angezapft, um an möglichst authentisches Material zu gelangen. Tatsächlich konnten so prominente Institutionen wie das Museum of Modern Art (New York), das Metropolitan Museum (New York), das Art Institute of Chicago, das Philadelphia Museum of Art oder die Bibliothèque nationale als Leihgeber gewonnen werden. Die Fondation Henri Cartier-Bresson nicht zu vergessen, die als Partner auftrat und das Gros der Leihgaben beigesteuert hat.

Wurde bis dato versucht, das Werk des 1908 in Chanteloup-en-Brie geborenen Spross einer Industriellenfamilie als in sich stimmigen, kohärenten Blick auf die Welt zu interpretieren, ein Ansatz, den die gleichförmigen Abzüge regelmäßig stützten, so versucht Clément Chéroux den Jahrhundertfotografen Henri Cartier-Bresson als durchaus vielschichtigen, facettenreichen Künstler vorzustellen, dessen einzelne Etappen sich im Übrigen klar unterscheiden ließen, so die These. Da wäre zunächst eine frühe, dem Surrealismus bzw. dem Einfluss Atgets geschuldete Periode, die man ungefähr mit dem Jahr 1925 beginnen lassen könnte. Auch Cartier lässt sich hier verführen von Schaufensterpuppen, vom Blick in Auslagen, vom Vexierspiel von Fenstern, Spiegeln, Gläsern. Auch er schätzt die Leere, das Nichts, das Geheimnis. Kurzum – eine Werkgruppe, die noch weitgehend verzichtet auf jenen Hang zu Komposition und Geometrie, wie ihn sich der Fotograf im Prinzip schon bei André Lhote angeeignet hatte, aber eher gegen Ende des Jahrzehnts zur Doktrin machen sollte.

„Cartier der Geometer" tritt um 1930 in den Ring, jetzt auch ausgerüstet mit einer Leica, die ihm fortan zur ständigen Begleiterin werden sollte. Es ist die zweite, konstruktivistische, dem Neuen Sehen verpflichtete Periode, in der Ausstellung sehr schön belegt durch ein „Erstes Album“ mit eingeklebten Strukturfotos, Bildern auf einer Schnittline von purer Form und einem sich vorsichtig artikulierenden Interesse am Menschen im Raum. Mit den politischen Unruhen Mitte der 1930er Jahre politisiert sich auch der Blick Cartier-Bressons. Zunehmend richtet er seine Kamera auf soziale Missstände, arbeitet für die kommunistische Presse (*Ce soir*, *Regards*) und beginnt, sich mit dem Dokumentarfilm zu beschäftigen. Seine zeitbedingt pathetische Dokumentation über den Spanischen Bürgerkrieg wird in der Ausstellung neben anderen Filmausschnitten projiziert. Damit ist das Terrain bereitet für den politisch sensibilisierten Bildjournalisten, Reporter und Magnum-Mitbegründer Henri Cartier-Bresson.

Hinwendung zur Reportage

Nach dem Krieg, soviel steht fest, wird der Sohn wohlhabender Eltern, der es eigentlich nie nötig gehabt hätte, Geld zu verdienen, zum vielbeschäftigten Kundschafter, zum rastlosen Berichterstatter, dessen Reportagen aus China, aus Indien, aus der Sowjetunion schon damals für Furore sorgten und längst zu den klassischen Beiträgen des Genres zählen. In der Ausstellung belegen nicht zuletzt Illustrierte wie *Life*, *Look*, *Paris Match* oder *Stern* die zweite goldene Ära des Fotojournalismus, die Cartier-Bresson zweifellos entscheidend mit geprägt hat. Bleibt eine fünfte, gern übersehene Werkgruppe. Cartier ist älter geworden, hat Japan gesehen, sich mit Buddhismus und Zen beschäftigt und findet in der zunehmenden Kommerzialisierung, auch von Magnum Photos, einen Grund, sich aus der Fotografie zurückzuziehen. Das hat er mit letzter Konsequenz zwar nie getan, aber die Bilder werden persönlicher, entspannter: „Es sind Landschaften, Porträts von ihm nahe stehenden Personen oder Momente aus dem Privatleben, die er jetzt bildhaft aufzeichnet, womit er auch und nicht zuletzt bei der Poesie seiner frühen Werke anknüpft“, so Clément Chéroux.

Wenige Zeichnungen, auch einige Gemälde des jungen Henri Cartier-Bresson eröffnen eine Ausstellung, die, als dichter Slalom gebaut, immer wieder Überraschungen bietet. Kurzfilme von Gjon Mili oder Roger Kahane belegen, wie Cartier-Bresson vor Ort gearbeitet hat. Es gibt dokumentarisches Material, Briefe, persönliche Memorabilia. Und immer wieder Bücher, Zeitschriften, Illustrierte, wobei man seinem Jahrhundertbuch *Images à la sauvette* (1952) etwas mehr Aufmerksamkeit hätte schenken können. Dafür wird in knapp, aber präzise kommentierten Werkgruppen ein Blick auf seine Porträtarbeit, seine Auseinandersetzung mit der Welt der Industrie oder seine Farbfotografie geworfen. Letztere war bekanntlich kein großes Thema für Cartier-Bresson. Allenfalls im Rahmen von Aufträgen und eher widerwillig hat er auf das Ausdrucksmittel Farbe zurückgegriffen. Kaum ist von seiner Rolle bei Magnum die Rede, vor allem den Auseinandersetzungen mit einer jüngeren Fotografengeneration, deren Bildfindungen (allen voran die von Martin Parr) Henri Cartier-Bresson nicht mehr verstanden hat. Auch der Blick auf Kontaktbögen bleibt verwehrt. Cartier hat sie stets als „Blick in die Küche" verstanden und zu Lebzeiten alle Neugier abgewehrt. Immerhin hat man sich diesmal nicht gescheut, gleich an mehreren Stellen auf Henri Cartier-Bresson als Zeichner zu verweisen. So sind es einmal mehr Zeichnungen des 80- bis 90-jährigen, die die Ausstellung beschließen, wobei man sich konsequent auf eine schöne Serie später Selbstporträts beschränkt. Ausgerechnet der Fotograf, der nie fotografiert werden wollte – Porträts von René Burri, Dan Budnik, Hoyningen-Huene oder George Platt Lynes zeigen, dass er es nicht verhindern konnte –, erkundet sich im Alter selbst: ein großer Schalk mit festem Blick.

Wer die Ausstellung in der sechsten Etage des Centre Pompidou betritt, wird zunächst von einer auf Plakatformat vergrößerten Aufnahme empfangen: *Brüssel* aus dem Jahr 1932 – zwei Individuen im Sonntagsstaat, die versuchen durch eine Art Sichtschutz einen wohlfeilen Blick auf ein nicht näher bezeichnetes Ereignis zu erhaschen. Damit ist symbolhaft das Thema angerissen: In strikter Chronologie gehängt, geht es der Ausstellung um Henri Cartier-Bressons Blick auf die Welt, seine Fähigkeit, durch den Sucher seiner Leica Geschichten wie Geschichte in Form zu übersetzen. Verzichtet hat man freilich auf jede Art von Technik. Also keine Leica in der Ausstellung. Was es bedeutet hat, mit einer frühen Leica – die erste erstand Cartier-Bresson 1932 – reaktionsschnell stimmige Bilder zu stiften, kann allenfalls nachvollziehen, wer schon einmal eine entsprechende Kamera in Händen hielt. So zielt der Blick des Besuchers unvermittelt auf die Bilder, schwarz gerahmt und auf steingrauem Grund – eine ebenso schlichte wie elegant-zurückhaltende, historisch stimmige Präsentation, flankiert von informativen Texten in englischer und französischer Sprache.

In Englisch liegt auch der begleitende Bildband vor, der allerdings durch eine höchst bescheidene Druckqualität enttäuscht. Die Abbildungen, betont der Herausgeber, seien direkt von den Vintages gescannt. Im Buch erscheinen sie nur flau, senfgelb, ohne Tiefe. So begegnen wir am Ende einem Paradox: Während Henri Cartier-Bresson auf überzeugende Weise im Museum angekommen ist, fällt ausgerechnet das, was dem großen Konstruktivisten immer wichtig war – das gedruckte Bild –, hinter alles zurück, was bislang erschienen ist. Anders gesagt: Das letzte Wort zu Henri Cartier-Bresson ist noch immer nicht gesprochen.

Anlässlich der Ausstellung *Henri Cartier-Bresson* vom 12. Februar bis 9. Juni 2014 im Centre Pompidou. Erstveröffentlichung in *Photo International*, Nr. 3, 2014

„Was mir seinerzeit auffiel: Jeder Deutsche hatte damals eine Aktentasche dabei."

René-Jacques

1908 Phnom Penh, Kambodscha –
2003 Torcy, Frankreich

Ich war nie Teil der legendären Künstlerzirkel
Zeitgenosse von Doisneau, Ronis, Cartier-Bresson – ein Gespräch mit dem Fotografen René-Jacques

Ein Unbekannter ist er eigentlich nicht. Schon 1992 hat Jean-Claude Gautrand sein Leben aufgezeichnet. Eine große Monografie hat im Jahr zuvor seine wichtigsten Arbeiten einem breiteren Publikum erschlossen. Gleichfalls 1991 hatte es eine umfängliche Retrospektive im Pariser Palais de Tokyo gegeben – um nur eine von zahlreichen Ausstellungen und Ausstellungsbeteiligungen zu nennen. Und doch hat das Œuvre des heute 91jährig bei Paris lebenden René-Jacques nie die Würdigung erfahren, wie sie einem Robert Doisneau oder Henri Cartier-Bresson zuteil geworden ist. Dies mag einmal daran liegen, dass sich sein Werk schwerlich auf einen simplen Nenner bringen lässt. Weder war er Surrealist. Noch ist er ausschließlich jener vielzitierten „Photographie Humaniste" zuzurechnen. René-Jacques' Œuvre ist facettenreich, reicht von der Werbung bis zur strikten Reportage, vom Porträt bis zur Street Photography, von der Paris-Vedute bis zum Experiment im Sinne eines Neuen Sehens. So vielfältig die Themen, so verschieden die visuellen Strategien. Den René-Jacques, mit anderen Worten, gibt es nicht. Hinzu kommt die Bescheidenheit des Fotografen, der sich gegen den Willen der Eltern und vielfältige Hindernisse für ein Medium entschieden hat, dessen Anerkennung als künstlerische Ausdrucksform wir eigentlich erst jetzt erleben. Dass seine frühen Arbeiten heute als Vintage Prints hoch gehandelt werden – René-Jacques sieht es mit einem Schmunzeln und nicht ohne Genugtuung: Das „Findelkind" Fotografie ist hoffähig geworden.

Hans-Michael Koetzle: René-Jacques, Sie hatten ursprünglich literarische Pläne, das heißt, Sie wollten zunächst Schriftsteller werden. Ist das richtig?
René-Jacques: Das ist richtig. Ich habe unter anderem einen Roman geschrieben. Man hatte mich eingezogen. Und da ich eine höhere Schule besucht hatte, wurde ich automatisch Élève officier de réserve, also Reserveoffiziers-Anwärter. In der Kaserne gab es einen Aufenthaltsraum, ziemlich überfüllt und laut. Aber Sie wissen ja, wie das

ist mit Lärm: Je lauter es ist, desto weniger nimmt man die Geräuschkulisse wahr. Die einen schreiben im Café. Die anderen in der Kantine. Ich war damals so um die zwanzig und habe in der Regimentskantine meinen Roman geschrieben. Ich habe ihn noch. Allerdings habe ich schnell begriffen, dass es nicht der Mühe wert war, hier weiterzumachen.

HMK: Ist der Roman erschienen?

RJ: Nein. Einige Gedichte habe ich veröffentlicht. Aber nicht den Roman.

HMK: Hatten Sie Vorbilder bei Ihrer literarischen Tätigkeit?

RJ: Nein. Wer mich beeinflusst hat, war ein Bildhauer aus der Zeit des Ersten Weltkriegs.

HMK: Die Literatur haben Sie also aufgegeben zugunsten der Fotografie.

RJ: Ich war ganz einfach auf der Suche nach einem Ausdrucksmittel. Zeichnen konnte ich nicht. Also habe ich es mit der Fotografie versucht. Was ich nie wollte, war fest für eine Zeitschrift arbeiten. Von Anfang an wollte ich frei sein, freelance. Meine Vorstellung ging dahin, Bücher, Gedichtbände mit Fotografie zu illustrieren. Rückblickend habe ich ziemlich viele Bücher gemacht. Die ersten zehn, fünfzehn Jahre vor meinen Freunden Robert Doisneau und Willy Ronis. Aber ich hatte gute Beziehungen zu dem Verleger Grasset.

HMK: War das damals ein verbreitetes Konzept, literarische Werke mit Fotografien anzureichern?

RJ: Keineswegs. Sehen Sie, ich rede nicht gern über mich. Aber nachdem andere meine Arbeit gelobt haben, darf ich vielleicht zitieren. Und zwar war es der Kunstkritiker Waldemar George, der meine Aufnahmen sehr schätzte und im Zusammenhang mit meinen Bildern von den „photos blondes de René-Jacques" sprach. Ich hatte damals ein Faible für helle Abzüge. Nicht gerade „High Key". Aber doch in einem lichten Grau. Mit den späteren Auftragsarbeiten, etwa für Kataloge, hat sich mein Stil verändert. Aber das brachte Geld. Und dann war es auch mit der Illustration von Gedichtbänden vorbei.

HMK: Gab es ein Schlüsselerlebnis, das Sie bestärkt hat in Ihrem Entschluss, in die Fotografie zu wechseln?

RJ: Ich war einfach naiv. Vielleicht übertreibe ich jetzt. Aber ich war doch ein ziemlicher Naivling. Also, ich hatte gerade ein wenig meinen Ruf als Fotograf gefestigt. Es war die Zeit der Abiturprüfungen. Da klingelte das Telefon: „Monsieur René-Jacques, können Sie nicht meinen Sohn fotografieren?" – „Gewiss doch. Er hat das Abitur vermasselt. Und jetzt geht man zum Fotografen." – „Woher wissen Sie das?" – „Weil ich schon die ganze Woche Anrufe bekomme. Die Kinder sind durchgefallen. Und zum Ausgleich gibt es ein Porträt." So jedenfalls habe ich angefangen. Sehen Sie, ich hatte ja keinerlei finanzielle Unterstützung. Hätte ich die gehabt, vielleicht wäre ich tatsächlich bei der Literatur geblieben. Wir hatten Politiker, Verwaltungsbeamte in der Familie. Aber das alles hat mich nicht interessiert.

HMK: Es gibt ein sehr frühes und sehr bekanntes Foto von Ihnen: die Hand mit den Würfeln.

RJ: Da war ich noch in der Schule. Als Fotograf ein Amateur im Wortsinn. Fotografiert hatte ich ja bereits in Indochina.

HMK: Aber direkte Förderung durch die Eltern haben Sie nicht erfahren?

RJ: Nein. Meine Mutter stand der ganzen Sache ohnehin skeptisch gegenüber. Geld etwa für Zeitschriften gab es nicht.

HMK: Vielleicht sollte man an dieser Stelle unterstreichen, dass die Fotografie seinerzeit nicht besonders angesehen war.

RJ: Schlimmer noch. Es war eine Schande.

HMK: Hat Ihre Familie Ihre Berufsentscheidung letztlich doch akzeptiert?

RJ: Nein. Mein Vater war Kolonialbeamter in Indochina. Meine Mutter lebte in Frankreich. Mehr oder weniger hatten sie sich getrennt. Damals hat meine Mutter gesagt: „Gut, wenn es denn sein muss. Aber von mir bekommst du keinen Sous. Schau, wie du durchkommst." Ich habe dann diesen Bildhauer aufgesucht, von dem schon die Rede war, und mir 17 500 Francs geliehen. Fragen Sie mich nicht, wie dieser Betrag zustande kam. Irgendwie habe ich eine Rechnung aufgestellt. Und da kam dann dieser krumme Betrag heraus. Im ersten Jahr habe ich also den Kredit aufgenommen. Im zweiten Jahr habe ich ihn zurückbezahlt. Im dritten Jahr schon einen kleinen Gewinn gemacht. Und im vierten konnte ich mich guten Gewissens meinem künftigen Schwiegervater präsentieren.

HMK: Hatte der wenigstens Verständnis für Ihre Arbeit?

RJ: Was ihn betraf: Er führte eine große Firma. Heue würden wir sagen: ein Consulting-Unternehmen, das die Interessen von Privatleuten gegenüber Versicherungen vertrat. Er wollte mich in seiner Firma haben. Hätte ich ja gesagt, ich hätte schon bald einen Rolls-Royce gefahren. Aber mir genügte es, einen Sessel durchs Wohnzimmer zu chauffieren. Mich interessierte das nicht.

HMK: Sie waren sich immerhin sicher, mit dem Medium Ihren Lebensunterhalt verdienen zu können.

RJ: Indem ich praktisch jede Art von Aufträgen erledigt habe. Nacktfotos vielleicht ausgenommen. Und: indem ich mich stets um größtmögliche Qualität bemühte.

HMK: Es wäre folglich nicht ganz falsch, Sie als Künstler und Handwerker zu bezeichnen.

RJ: Wenn man so will, ich habe als Handwerker begonnen. Später dann sogar eine GmbH aufgemacht. Das hatte steuerliche Gründe. Ich erinnere mich noch, wie man mir nur zwei meiner drei Kinder anrechnen wollte. Da habe ich sie unter den Arm genommen und zum Finanzamt geschleppt. „Was für niedliche Kinder", hieß es da. „Ja", habe ich der Finanzbeamtin gesagt, „ich bringe sie Ihnen, damit Sie nachzählen können." Eine Woche später war das Problem erledigt.

HMK: Vielleicht sollte man noch einmal unterstreichen: Es waren dies wirklich Zeiten, in denen sich die Fotografie noch einen Platz unter den Künsten erstreiten musste.

RJ: Ich weiß noch, 1931 oder 32 wussten die Finanzbeamten nicht, wie sie Fotografen einordnen sollten. Nicht wenige waren Analphabeten. Also wurden sie steuerlich wie die Sargmacher und Totengräber behandelt. Erst später hat sich das gebessert.

HMK: René Giton ist Ihr eigentlicher Name. In den 1930er Jahren haben Sie ihn geändert. Warum?

RJ: Ich fühlte eine gewisse Verantwortung meiner Familie gegenüber. Ich wollte im Falle eines Konkurses den Namen nicht in Mitleidenschaft ziehen.

HMK: Wie so viele Ihrer Zeitgenossen waren auch Sie im Wesentlichen Autodidakt. Eine Zeitlang immerhin haben Sie bei dem Fotografen Boisgontier gelernt.
RJ: Sie sind gut informiert. Also, bei Boisgontier habe ich eine Art unbezahltes Praktikum absolviert. Das sah im Wesentlichen so aus, dass er im Café saß und Karten spielte, während ich die Arbeit machte. Eines Freitags, ich erinnere mich noch gut, klingelte das Telefon. Am anderen Ende war ein bekannter Schokoladenhersteller, der eine Industriereportage wünschte. Damals bedeutete dies Aufnahmen im Format 18 × 24 cm. „Du machst das schon", ließ Boisgontier mich wissen und spielte weiter seine Karten. Gut, dachte ich, was kann dir schon passieren? Wenn es schiefgeht, lachen sie dich aus. Wenn es gut wird, umso besser. Ich bin also alleine los, habe mir ein Taxi genommen und die Reportage gemacht. Und ich glaube, sie ist ganz gut geworden.
HMK: Damals haben Sie ja auch Ihre erste Leica erstanden. Wann genau war dies?
RJ: 1931 hatte ich sie schon. Bei meiner Rückkehr von der Armee. Ursprünglich besaß ich eine Zeiss Miroflex. Das war eine Kamera für Glasnegative 6 × 9 cm. Allerdings hatte dieser Apparat zwei große Nachteile. Bei größerer Blende war das Bild grundsätzlich unscharf. Das hätte bei Porträts noch durchgehen können. Aber Porträts wollte ich nicht in erster Linie machen. Des Weiteren war die Kamera groß und schwer, und beim Fotografieren aus der Hand musste man schon einen guten Stand suchen. Der zurückklappende Spiegel warf einen fast um. Man hätte mit 1/500 Sekunde fotografieren müssen. Also, das funktionierte nicht. 6 000 Francs hatte ich für die Kamera bezahlt. Eine Unsumme. Das Geld kam aus einer Versicherung, die meine Großeltern für mich abgeschlossen hatten.
HMK: Und dafür hatten Sie nun die Miroflex gekauft …
RJ: Ja. Aber mein Händler war bereit, sie wieder in Zahlung zu nehmen. Und dafür kaufte ich mir meine erste Leica. Sie gefiel mir auf Anhieb.
HMK: Gefallen ist das eine. Doch welches waren die für Sie entscheidenden Vorteile der Leica?

RJ: Mit den damals gebräuchlichen großen Kameras fiel man als Fotograf sofort auf. Die Leica erlaubte diskretes Fotografieren. Sie war klein. Und man machte Bilder quasi en passant.
HMK: Als jemand, der um 1930 professionell zu fotografieren begann, waren Sie automatisch Zeitzeuge einer nicht zuletzt fotografisch innovativen Zeit. Wie haben Sie die Kunstszene der 1930er Jahre in Erinnerung?
RJ: Um es vorauszuschicken: Ich war nie Teil dieser legendären Künstlerzirkel. Die wurden auch vornehmlich von Immigranten gebildet. Denken sie an Kertész oder Man Ray und ihre berühmten Cliquen am Montparnasse. Sie saßen im Dôme oder im La Coupole. Trafen sich dort. Das war nicht eigentlich die Art der Franzosen. Doisneau, ja, der ging gern ins Café. Nahm dort seinen Apéritif. Ich tat das nicht.
HMK: Man muss allerdings nicht unbedingt ins Café gehen, um die künstlerischen Strömungen seiner Zeit mitzubekommen. Was haben Sie – Stichwort Bauhaus – von der Avantgarde jener Zeit gekannt?
RJ: Das Bauhaus war mir kein Begriff. Irgendwie war dies kein Thema. Auch entsprechende Bücher sind mir nicht in die Hände gefallen. Einzig Fotos von Moholy-Nagy hatte ich in Zeitschriften gesehen.
HMK: Haben Sie diese Arbeiten zu eigenen Experimenten angeregt? Das heißt, haben Sie auch Fotogramme oder Mehrfachbelichtungen gemacht?
RJ: Mehrfachbelichtungen, ja. Auch Solarisationen. Aber ich war nie im engeren Sinne Anhänger der surrealistischen Bewegung. Erstens hatte ich genug zu tun, um mit der Fotografie meine Familie zu ernähren. Und dann lag mir dieser zwanghafte Wunsch, alles und jedes zu verfremden, nicht. Wegen der Hand mit den Würfeln hat man mich später oft als Surrealisten bezeichnet. Aber das Bild hatte ich gemacht, da gab es den Surrealismus noch gar nicht.
HMK: Nun waren ja diese Experimente nicht nur Selbstzweck. Häufig kamen sie auch zum Einsatz im Rahmen einer neuzeitlichen Werbung. Haben Sie in diesem Sinne experimentell gearbeitet?
RJ: In der Tat habe ich im Rahmen meiner Industriefotografie gele-

gentlich Bilder gemacht, die als surrealistisch durchgehen könnten. Dies aber nur, wenn sich das Sujet anbot. Grundsätzlich lag mir das Thema Landschaft mehr. Auf diesem Gebiet habe ich auch viel gearbeitet.

HMK: Und Reportagen? Haben Sie auch journalistisch gearbeitet? In Frankreich existierte ja mit der Zeitschrift VU eine der innovativsten Illustrierten überhaupt.

RJ: VU, richtig. Ich glaube mich zu erinnern, dass Lucien Vogel mich seinerzeit zur Mitarbeit eingeladen hat. Für ihn habe ich zwei oder drei Reportagen gemacht. Was genau, weiß ich nicht mehr.

HMK: VU wird heute vor allem des innovativen Layouts wegen gelobt. Hat man das damals ähnlich empfunden?

RJ: Oh ja. Das war sehr gut gemacht, erstaunlich. Damals war das eine Revolution.

HMK: 1934 hatten Sie Ihre erste Ausstellung. Können Sie sich noch daran erinnern?

RJ: Natürlich, sehr gut. Ich würde auch sagen: Es war dies meine erfolgreichste Ausstellung überhaupt. Und wissen Sie, warum? Am Ende fehlten drei Bilder. Ich habe lange darüber nachgedacht und bin schließlich zu dem Ergebnis gekommen: Es waren die Rahmen, die die Diebe interessiert haben. Nicht die Fotos.

HMK: Fotografie in einer Galerie zu zeigen und zu verkaufen, war ja insgesamt eher die Ausnahme.

RJ: Wohl wahr. Einen Handel im heutigen Sinne gab es nicht. Spezialisierte Galerien auch nicht. Überhaupt haftete dem Medium etwas Minderwertiges an.

HMK: In welchen Formaten haben Sie damals abgezogen bzw. wie wurden die Bilder präsentiert?

RJ: Meine Formate lagen zwischen 24 × 30 und 30 × 40 cm. Die Fotos waren gerahmt hinter Glas. Die Rahmen aus schmalen Eichenholzleisten.

HMK: Hatten Sie Resonanz auf Ihre Ausstellung?

RJ: Ja. Und zwar hatte der bekannte Fotograf Daniel Masclet meine Ausstellung gesehen. Eines Tages rief er mich an und fragte: „Monsieur, hätten Sie nicht Lust, mich einmal in die Société française de photographie zu begleiten?" – „Gern", antwortete ich, „es wäre mir eine Ehre." Also gingen wir irgendwann hin. Emmanuel Sougez war seinerzeit Präsident. Masclet ging zu ihm hin, wohl um mich einzuführen. Daraufhin drehte sich Sougez zu mir um und meinte: „Monsieur, au revoir." Das war meine erste Begegnung mit Sougez. Nicht gerade sehr schmeichelhaft.

HMK: War dies Ihr einziges Zusammentreffen mit Sougez?

RJ: Nein. Er war es, der mich später einlud, Mitglied der Fotografenvereinigung Rectangle zu werden. Zusammen mit Marcel Bovis bin ich dann Mitglied geworden. Aber nach dem Krieg – es ist immer das Gleiche – gab es dann Komitees, Säuberungsaktionen und so weiter. Die fotografische Qualität war kein Thema mehr. Damit war Rectangle tot.

HMK: Sie selbst haben ja dann eine andere Fotografengruppe mit initiiert: die Groupe des XV. Was war dies für eine Gruppe?

RJ: Das war eine eher informelle Vereinigung. Eine Gruppe von Freunden. Man traf sich. Tauschte sich aus. Zeigte sich gegenseitig seine Arbeiten. Bereitete Ausstellungen vor. Wir sahen uns einmal im Monat. Unsere erste Ausstellung fand statt in einer privaten Galerie. Ich weiß noch: Der Leiter fehlte bei der Vernissage. Er hatte Skrupel, weil Fotografie gezeigt wurde.

HMK: Hatten Sie Kontakt zur deutschen Gruppe fotoform? Kannten Sie Otto Steinert?

RJ: Ja. Ich hatte einen Auftrag der *Stuttgarter Illustrierten*. Sie hatten einen deutschen Fotografen nach Frankreich geschickt. Und ich sollte in Deutschland fotografieren. Ich erinnere mich gerne daran.

HMK: Und von wem kam dieser Auftrag?

RJ: Von dem damaligen Chefredakteur, Anton Stankowski.

HMK: Und was genau sollten Sie fotografieren?

RJ: Es gab keine feste Vorgabe. Ich konnte fotografieren, was ich wollte. Also fotografierte ich Landschaften, Städte. Oder ich ging Weihnachten in eine deutsche Familie. Was mir seinerzeit auffiel: Jeder Deutsche hatte damals eine Aktentasche dabei. Bei Theodor Heuss war ich auch. Es gab Tee. Er war sehr zuvorkommend.

HMK: Wann genau haben Sie diese Reportage gemacht?

RJ: Ich glaube, das war 1948 oder 49. Stuttgart war noch sehr zerstört. Aber der Wiederaufbau lief bereits auf vollen Touren. Ich weiß noch, ich fotografierte in einer Fabrik. Da liefen fünf Maschinen parallel und produzierten das gleiche Teil. „Monsieur", fragte ich den Direktor, „was hat das zu bedeuten? Fünf Maschinen, und alle fertigen das gleiche Teil?" – „Nun", erläuterte der, „die erste Maschine ist eine amerikanische. Die zweite eine, die wir etwas verbessert haben. Bei der dritten haben wir nochmals etwas verändert. Die vierte ist die allerneueste." Und so weiter. Es hat mich doch beeindruckt, wie man hier schon wieder am Schaffen war.

HMK: Noch einmal zurück zu Ihrer Arbeit als Illustrator von literarischen Büchern. Wie hat sich hier die Zusammenarbeit gestaltet? Etwa mit Francis Carco? Oder Léon-Paul Fargue?

RJ: Das war jedes Mal anders. Mit Fargue bin ich eine Woche lang durch Paris gestreift. Jeden Nachmittag, so zwei, drei Stunden lang. Ich hatte meine Leica dabei. Er zeigte mir den Canal Saint-Martin oder den Marché aux puces, Orte, die ihm wichtig waren. An meine erste Begegnung mit ihm kann ich mich noch gut erinnern. Eines Vormittags, um elf, bin ich zu ihm hin. Ich klingelte. Er öffnete, noch im Schlafanzug. „Junger Mann, was wollen Sie?" – „Nun, wir hatten eine Verabredung." – „Ach ja. Warten Sie einen Moment. Ich will nur noch meine Toilette machen." Fünf Minuten später war er wieder da. Er müsse jetzt nur noch sein Frühstück nehmen. Also sind wir ins Bistro am Eck, wo er sich „une oxygénée", einen Anisschnaps genehmigte. Das war sein Frühstück. Und so sind wir dann los.

HMK: Eine wichtige Auftragsarbeit war ja dann in den 1950er Jahren eine Industriereportage für Renault.

RJ: Insgesamt waren wir zehn Fotografen, darunter Ergy Landau, Roger Schall, Doisneau, Pierre Jahan, Willy Ronis, Brassaï. Der kam mit seiner Kamera umgehängt und nahm sich gerade einen halben Tag Zeit. Also, seine Sache war das nicht.

HMK: Gab es hier besondere Anweisungen?

RJ: Nein. Es hieß: „Da ist die Fabrik. Jetzt fotografieren Sie." Das Ganze sollte in ein Buch münden. Als das Album dann erschien, enthielt es 47 Aufnahmen von mir. Und im Schnitt fünf von den übrigen

Fotografen. Dass sie den Fotos keine Credits beigaben, fand ich allerdings nicht besonders seriös.

HMK: Kunst- bzw. Fotokritiker stellen Ihr Werk in den Kontext einer sogenannten „Photographie Humaniste". Sind Sie mit dieser Charakterisierung einverstanden?

RJ: Ich mag das Wort nicht besonders. Sie werden es auch vergeblich im Lexikon suchen. Es ist ein Kunstwort. Und hat nichts gemein mit jenem Humanismus, den wir im Zusammenhang mit dem Mittelalter oder der Renaissance meinen.

HMK: Aber es ist ein Hilfsbegriff, der die am Menschen interessierte Fotografie im Frankreich der 1940er und 50er Jahre bündelt.

RJ: Also, diese endlosen Bilder von Taxifahrern, von Kindern auf der Straße – das interessiert mich nicht. Wenn mich etwas interessiert, dann ist es etwas anderes. Dann sind es leuchtende Kinderaugen. Ist es ein bestimmter Gesichtsausdruck. Ein großes „humanistisches Foto", wenn wir schon bei dem Begriff sind, ist für mich das von Albert Einstein, der die Zunge herausstreckt. Für mich ist dies ein Meisterwerk.

Ein entspannter Lunch gehört dazu. In Frankreich jedenfalls. Doch zunächst ein langes, offenes Frage- und Antwort-Spiel in den Räumen von Françoise Paviot, die für sich in Anspruch nehmen kann, René-Jacques wiederentdeckt zu haben. Ein Gespräch als bewegende Zeitreise, der – wie so oft – keine zweite folgen sollte. Galerie Paviot. Paris, Januar 1998.

Erstveröffentlichung in *Leica World*, Nr. 1, 1999

„Ich halte Frauen für intelligente Wesen und finde nicht, dass Modezeitschriften aussehen sollten wie Parfümflaschen."

Alexander Liberman

1912 Kyiv, Ukraine –
1999 Miami Beach, Florida, USA

Was mich interessierte, war das Unerwartete
Nicht nur Art Director, nicht nur Fotograf – in New York ein Gespräch mit Alexander Liberman

Vielen gilt Alexander Liberman, künstlerischer Leiter der amerikanischen Vogue von 1943 bis 1995, als einer der bedeutendsten Art Directors des 20. Jahrhunderts. Neben seiner Zeitschriftenarbeit war er stets auch aktiv als Maler, Bildhauer und – engagierter Leica Fotograf.

Hans-Michael Koetzle: Herr Liberman, Sie haben früh zu zeichnen und zu malen begonnen. Einige Ihrer Jugendwerke zeigen konstruktivistische Anklänge. Kann es sein, dass Sie vom Konstruktivismus beeinflusst sind?
Alexander Liberman: Ich bin in den Tagen der Revolution groß geworden. Russland habe ich erst 1921 verlassen. Meine Mutter unterhielt damals ein Theater und beschäftigte Künstler, die die Kulissen malten. Als Kind trieb ich mich viel auf der Bühne herum. Ich bin sicher, dass mich das nachhaltig geprägt hat.
HMK: Was machte Ihr Vater?
AL: Mein Vater war ein erfolgreicher Holzkaufmann, kein Bolschewik, kein Kommunist. Er brachte mich 1921 über Berlin nach London, wo ich die Schule besuchte. 1925 dann kam meine Mutter nach und nahm mich mit nach Paris, wo ich mein Abitur machte.
HMK: In Paris haben Sie studiert?
AL: Ich war kurz im Studio von André Lhote und ging dann zu Auguste Perret, um Architektur zu studieren. Etwas später machte ich Bekanntschaft mit dem berühmten Plakatgestalter Cassandre, der mich als Mitarbeiter einstellte. So ging ich morgens zur École des Beaux-Arts und nachmittags nach Versailles, ins Atelier von Cassandre. Cassandre hatte den Schriftzug von VU entwickelt. So geriet ich an Lucien Vogel, den Gründer und Herausgeber der Zeitschrift, der im Übrigen ein großer Verehrer meiner Mutter war. Er wiederum lud mich ein, zu VU zu kommen.
HMK: Als was wurden Sie eingestellt?

AL: Genau weiß ich das nicht mehr. Sie steckten mich jedenfalls ins Art Department. Dort arbeitete bereits eine nette junge Russin, Irène Lidova. Sie hatte bei Alexey Brodovitch studiert und brachte mir die Grundlagen der Zeitschriftengestaltung bei.
HMK: Sie machten also die Layouts für VU?
AL: Die meisten Layouts machte die junge Russin. Ich gestaltete viele Cover bzw. Fotomontagen und empfing Vertreter der Fotoagenturen, die jeden Tag mit Bildmaterial vorbeikamen, und ich traf eine Auswahl. VU war damals, neben deutschen Illustrierten, eines der besten Magazine. Wir arbeiteten mit allen großen Fotografen zusammen. Cartier-Bresson, Kertész, Man Ray, Tabard, Erich Salomon oder Robert Capa. Ich erinnere mich an Robert Capa. Er war wunderbar. Wir bei VU waren übrigens die ersten, die sein berühmtes Bürgerkriegsfoto publizierten.
HMK: Sie haben VU 1936 verlassen. Warum?
AL: Die Zeitschrift wurde damals verkauft. Außerdem wollte ich wieder malen. Ich fühlte mich als Künstler.
HMK: Anfang 1941 emigrierten Sie in die USA. Bereits im Frühjahr desselben Jahres finden wir Sie bei *Vogue*. Wie kamen Sie so rasch zu dieser Stellung?
AL: Auch das hatte ich Vogel zu verdanken. Er war mit Kriegsbeginn nach Amerika gegangen, wo er dann viel mit Condé Nast zusammenarbeitete. Er sprach allerdings kein Englisch. Und so sagte er eines Tages zu Condé Nast: „Ich brauche Liberman." So bekam ich den Job und fing an im Art Department als Nummer zehn.
HMK: Art Director war ja ein Landsmann von Ihnen, Mehemed Fehmy Agha. Was war er für ein Mensch bzw. wie war Ihr Verhältnis zu ihm?
AL: Agha kam aus Berlin, von der deutschen *Vogue*. In Deutschland hatte er Bekanntschaft gemacht mit den Ideen des Bauhauses. Er war brillant, ein wirklich brillanter Mann. Aber schwierig. Eines Tages ließ er mich kommen und sagte: „Hören Sie, Sie sind nicht gut genug für *Vogue*." Ich war also gefeuert. Allerdings hatte mich Condé Nast noch nicht gesehen. Gleich am Montag wurde ich zu ihm gerufen. Ich ging also hin und nahm meine Goldmedaille mit, die ich

1937 auf der Pariser Kunstgewerbeausstellung bekommen hatte für eine große Darstellung, die das Entstehen von Zeitschriften erklärte. Diplome und Medaillen waren damals noch sehr wichtig. Nast war beeindruckt und meinte: „Ein Mann wie Sie gehört zu *Vogue*." Von diesem Zeitpunkt an war ich Condés Auge und seine rechte Hand.

HMK: Wie äußerte sich das?

AL: Zum Beispiel, wenn das Cover-Motiv ausgesucht wurde. Condé Nast kam ins Art Department und ging zu dem Tisch, auf dem die Bildvorschläge lagen. „Mr. Liberman", sagte er, „welches Bild sagt Ihnen zu?" Ich zeigte auf ein Foto, Condé nahm es, ging zu Agha und meinte: „Dies hier ist meine Wahl." Es war außerdem die Zeit, in der ständig Memoranden geschrieben wurden. Condé Nast hatte dies und jenes auszusetzen, am Layout, an der Typografie. Ich musste die Memoranden schreiben. Und er leitete sie in seinem Namen weiter an Agha. Also, die Situation wurde allmählich schwierig.

HMK: Was, meinen Sie, hat den Verleger bewogen, Agha zu entlassen und Sie als Art Director zu bestellen?

AL: Condé Nast starb im September 1942. Agha ging auf der Stelle zu Iva Patcévitch, dem damaligen Verlagsleiter, und stellte ihn vor die Wahl: „Liberman oder ich!" Jetzt ging natürlich ein Raunen und Flüstern durch die Korridore. 24 Stunden später teilte Patcévitch Agha seine Entscheidung mit: „Es ist Liberman." Ich denke, Nast hat eine entsprechende Verfügung hinterlassen.

HMK: Was wurde aus Agha? Im Zeitschriftenkontext ist er ja nie wieder aufgetaucht.

AL: Ich weiß es nicht. Ich glaube, er hat dann für ein Warenhaus gearbeitet.

HMK: Nun waren Sie, gerade 30 Jahre alt, Art Director der amerikanischen *Vogue*. Chefredakteurin damals war die altgediente Edna Woolman Chase. Wie kamen Sie mit ihr aus bzw. welche Freiheiten hatten Sie bei der Bildauswahl und Heftgestaltung?

AL: Sehen Sie, *Vogue* erschien damals zweimal im Monat. Insofern ging es zunächst einmal darum, Material herbeizuschaffen. Wie weit ich gehen konnte? Ich denke, in gewisser Weise war ich frei. Obwohl die eher traditionell gestimmte Edna Chase anfangs schockiert war über das, was ich tat. Genau genommen bin ich mit ihr nie wirklich warm geworden. Sie war sehr damenhaft und, ich erinnere mich noch, als Irving Penn sein erstes Stillleben fotografierte, rief sie mich zu sich und sagte: „Alex, ich mag ja Stillleben, aber warum können wir nicht den besten verfügbaren Stilllifefotografen nehmen?" Ich denke, dies ist ein sehr amerikanisches Konzept. Und es brauchte Ausländer wie Agha, Brodovitch oder mich, um in Amerika so etwas wie eine europäische Denkart durchzusetzen. Es ist ja wohl kein Zufall, dass die großen Art Directors damals allesamt europäische Immigranten waren.

HMK: Für Sie, mit anderen Worten, war es Teil des Konzepts, im Grunde „fachfremde" Fotografen für *Vogue* zu engagieren?

AL: Unter Nast, aber auch Agha spielte die Lichtregie eine große Rolle. Mich hat das nie gekümmert. Eigentlich bewundert habe ich immer die Reportagefotografen. Einmal – ich hielt das wohl für eine gute Idee – beauftragte ich Weegee, einen eleganten Ball im St. Regis zu fotografieren. Zurück kam er mit Bildern von der Herrentoilette. Das war natürlich nicht zu gebrauchen.

HMK: Mit größerem Erfolg haben Sie ja dann Leica Fotografen wie Bruce Davidson oder William Klein für *Vogue* arbeiten lassen.

AL: Das ist richtig. Ich bewunderte Klein. Und konnte im Übrigen aus einem Topf für freie Projekte sein erstes Buch – *New York* – unterstützen.

HMK: Es heißt, Sie hätten Gordon Parks den ersten Auftrag seiner Fotografenkarriere verschafft.

AL: Er ging damals zu Brodovitch. Und Brodovitch meinte: „Ich mag Ihre Arbeit. Aber Hearst duldet keine schwarzen Fotografen im Haus." Steichen gab ihm daraufhin den Rat, zu mir zu gehen. Ich engagierte ihn sofort. Obwohl ich zunächst nicht wusste, ob die Chefredaktion mit ihm arbeiten würde. Aber alles lief bestens.

HMK: Nun fragt sich gleichwohl, wie sich ihr journalistischer Ansatz mit einem Magazin verträgt, das sich der Mode, dem Lifestyle verschrieben hat.

AL: Ich halte Frauen für intelligente Wesen und finde nicht, dass Modezeitschriften aussehen sollten wie Parfümflaschen. Das war

auch der Grund, warum ich die ständig wechselnden Titelschriften durch die Franklin Gothic ersetzte. Einfach, um der Zeitschrift eine journalistischere Qualität zu geben.
HMK: Inwiefern verstehen Sie sich als Typograf?
AL: Typograf bin ich nie gewesen. Offengestanden habe ich auf Typografie nie besonders geachtet. Wichtig war mir das Bild, das Dokument und dessen optimale journalistische Präsentation.
HMK: Bereits im Septemberheft 1932 der amerikanischen *Vogue* erschien das erste angeschnittene Foto der amerikanischen Zeitschriftengeschichte. Sind Sie ein Freund angeschnittener Seiten?
AL: Für mich ist das angeschnittene Bild eine Selbstverständlichkeit. VU und die deutschen Illustrierten machten das sehr früh. Meiner Meinung nach ist dies die beste Art, Fotos zu präsentieren. Ich halte viel von der angeschnittenen Seite.
HMK: Davon abgesehen: Könnte man sagen, dass Sie stets mehr das Foto, das gute Foto als dessen möglichst elegante Präsentation beschäftigt hat?
AL: Eleganz, das war die Stärke von Alexey Brodovitch. Seine Seiten sahen immer sehr attraktiv aus. Was mir vorschwebte, war, etwas zu schaffen, das mehr war als nur hübsch und attraktiv. Was ich damals als Vorstellung verfolgte, war die Idee eines Anti-Design. Was ist Design? Design ist, wenn man die Aufbereitung des Materials wichtiger nimmt als das Material selbst. Während meiner Zeit bei VU zählte Design überhaupt nicht. Was mich interessierte, war das Unerwartete, der Zufall, war es, Dinge zu tun, die zuvor noch niemand versucht hatte und die eingeführten Grafikstandards widersprachen. Bei *Vogue* versuchte ich, die Designbegeisterung zu brechen und einen eher journalistischen Ansatz durchzusetzen: also eine gröbere Typografie, keine unbedruckten Flächen, volle Seiten, ein insgesamt unordentlicheres Layout.
HMK: Was halten Sie vom Raster?
AL: Oh, ich hasse das. Sehen Sie, wir hatten da einen Schriftenzeichner. Dem gab ich Anweisungen für den Titel und den Untertitel. Und dann machte ich ein flüchtiges Layout. Das wiederum wurde einem wunderbaren japanischen Assistenten gegeben, und der fertigte die

Reinzeichnung. Wenn Sie mich fragen, das Ganze verlor an Reiz. Ich liebe die rohe Collage. Aber so wurde das gehandhabt.

HMK: Sie selbst kommen ja eigentlich aus der Malerei. Bei *Vogue* haben Sie immer wieder bildende Künstler beschäftigt bzw. an die Fotografie herangeführt. Irving Penn ist das bekannteste Beispiel. Wie brachten Sie ihn, der sich ja eigentlich als Maler verstand, dazu zu fotografieren?

AL: Also, eines Tages suchten wir Covers aus für *House & Garden*. Was uns vorlag, mochten wir nicht, Penn und ich. Also fragte ich ihn: „Warum machst du das Foto nicht?" Und so begann seine Karriere als Fotograf. In der Anfangszeit war es allerdings schwierig, ihn zu überzeugen. Manchmal brauchte ich eine Dreiviertelstunde. Er ist sehr stur. Sagte: „Das ist nichts für mich. Gib den Auftrag einem anderen." Häufig machte ich dann ein Scribble. Das wurde später regelrecht zur Gewohnheit.

HMK: Berühmt wurden seine Blumen- und Pflanzen-Stills für die Dezember-Ausgaben Ende der 1960er Jahre. War das Ihre Idee?

AL: Die Idee hatte ich. Aber dazu benötigten wir keine Scribbles. Sehen Sie, heute gehen die Art Directors nicht selten zu den Aufnahmen. Ich bin nie zu den Aufnahmen gegangen. Warum beschäftige ich die Leute? Wegen ihrer Frische, wegen ihres Talents.

HMK: Cartier-Bresson hat Sie mit Ihrer Leica porträtiert. Auch Irving Penn. Welche Bedeutung hatte und hat für Sie die eigene Fotografie?

AL: Ich habe früh zu fotografieren begonnen. Damals in Frankreich benutzte ich noch eine Rolleiflex, bin dann aber schnell zur Leica übergewechselt. Nach wie vor besitze ich eine Leica M3.

HMK: Als Fotograf bekannt wurden Sie ja mit Ihrem Zyklus *The Artist in his Studio*, eine Arbeit, die als Ausstellung sogar im Museum of Modern Art gezeigt wurde. War dies eine selbstgestellte Aufgabe für *Vogue*?

AL: Sehen Sie, bei mir folgt die Kunst dem Leben. Häufig war ich mit meiner Frau auf Urlaubsreise in Europa. Da konnte ich nicht malen, weil ich kein Studio hatte. Also entwickelte ich die Idee. Es hat mich immer schon interessiert, wie die großen Maler arbeiteten. Fotografen machen ein Porträt des Künstlers und interessieren sich wenig

für die Umgebung. Mich als Künstler interessierte, welche Pinsel sie benutzten usw. Und das lässt sich mit der Kamera wundervoll dokumentieren. Es war weder als Buch noch als Fortsetzungsgeschichte in *Vogue* geplant. Aber dann zeigte ich einige Dias Penn, und er meinte, ich müsse das publizieren.
HMK: Auch diese Aufnahmen wurden mit der Leica gemacht?
AL: Ja. Ich muss sagen, die Leica ist einfach ein phantastisches Gerät. Sie ist so elegant. Und ich finde, erst sie hat jene Fotografie möglich gemacht, die so wichtig ist für unsere Zeit.

Eigentlich ist er krank, genauer: rekonvaleszent. Also zunächst kein Gespräch mit Alexander Liberman. Doch dann das Wunder in Gestalt seines Assistenten, der die Nachricht überbringt: Freitag um drei, bei Liberman privat, United Nations Plaza. Liberman empfängt im eleganten Morgenmantel in der 24. Etage. Blick auf Manhattan, während er Einblick in sein Leben gibt. New York im Mai 1996.

Erstveröffentlichung in *Leica World*, Nr. 1, 1996

„Ob ich das nun als Kunst oder als Handwerk bezeichne. Das Bild bleibt dasselbe."

Peter Keetman

1916 Elberfeld, Deutschland –
2005 Marquartstein, Deutschland

Die kleinen Dinge habe ich immer sehr geliebt
Ein Gespräch mit Peter Keetman anlässlich seines 85. Geburtstags

Als der Kunstverein Ludwigshafen 1999 eine großangelegte Ausstellung zur Fotografie der 1950er Jahre präsentierte, zierte – gewissermaßen stellvertretend für die fotografische Produktion der Zeit – eine Aufnahme von Peter Keetman das Cover des Katalogs. Die Entscheidung für ein Motiv aus der Volkswagenwerk-Serie mochte einerseits überraschen. Denn von den prominenten Kamerakünstlern jener Dekade – von Adolf Lazi bis Otto Steinert, von Chargesheimer bis Liselotte Strelow – war und ist der 1916 in Wuppertal geborene Peter Keetman mit Sicherheit derjenige, der sich ein Leben lang am deutlichsten im Hintergrund gehalten hat, Posten und Ämter mied und Ehrungen allenfalls mit größter Zurückhaltung annahm. Andererseits war die Wahl nur konsequent. Denn gerade in jüngerer Zeit hat das Werk Peter Keetmans besondere Wertschätzung erfahren. Folgt man etwa den Rekordergebnissen bei Fotoauktionen der letzten Zeit, dann könnte man Peter Keetman sogar als den am höchsten gehandelten deutschen Kamerakünstler der Ära nach 1945 bezeichnen. Aber vielleicht hat ja das eine mit dem anderen zu tun: War seine Demut, seine Bescheidenheit, seine gelassene Konzentration auf die – wie er sagt – „kleine Welt", sein entspannter Blick auf die Dinge, seine Sensibilität für Oberflächen, Materialien, sein in einem tiefen Glauben wurzelndes Interesse an der sichtbaren Welt nicht weniger als die Voraussetzung für ein singuläres Œuvre in Schwarz-Weiß, das in unserer allseits flimmernden Bilderwelt nachgerade faszinieren, in jedem Fall – als etwas Außerordentliches – Aufmerksamkeit auf sich ziehen musste und muss? Keetmans Bildfindungen – etwa die Schraubenpumpe, seine Öltropfen, der BMW-Kotflügel oder die Pendelschwingungen – waren jedenfalls stets mehr als am rein Formalen interessierte Studien. Peter Keetman hat seine Fotografie immer verstanden als Versuch, mit den Mitteln der Fotografie dem Wunder der Schöpfung ein kleines Stück näher zu kommen. Am 27. April 2001 feierte Peter Keetman, Mitglied der legendären Gruppe fotoform, seit 1969 Ehrenmitglied im BFF und Kulturpreisträger 1991 der Deutschen Gesellschaft für Photographie (DGPh), seinen 85. Geburtstag.

Hans-Michael Koetzle: Herr Keetman, Sie haben von 1935 bis 1937 in München Fotografie studiert: heute fast ein Modeberuf. Was brachte Mitte der 1930er Jahre einen jungen Menschen dazu, sich für dieses seltsam zwischen Handwerk und Kunst oszillierende Medium zu entscheiden?

Peter Keetman: Mein Vater war Bankdirektor und nebenbei passionierter Fotograf. Als zum Beispiel die orthochromatischen Platten herauskamen, war er wahnsinnig stolz, dass er nun ein weißes Hemd gegen den blauen Himmel fotografieren konnte. Mich hat das auch interessiert. Und so bekam ich mit zehn oder zwölf meine erste Kamera: eine Tenax 6×9 für Glasplatten. In der Dunkelkammer meines Vaters habe ich dann selber entwickelt und kopiert. Das hat vielleicht den größten Anstoß gegeben. Als ich dann 18 oder 19 war, stand ich vor der Frage: Was soll ich werden? Durch meinen Sprachfehler, der damals noch sehr viel stärker ausgeprägt war, konnte ich ja in 95 Prozent aller Berufe nicht arbeiten. Da hat mich mein Vater, ohne mein Wissen, in München an der Fotoschule angemeldet. Und dafür bin ich ihm heute noch dankbar. Er hat genau das Richtige getroffen.

HMK: Gab es Publikationen damals, die Sie beeinflusst haben?

PK: Ich weiß nicht mehr genau, wann das war, jedenfalls noch vor meiner Zeit an der Fotoschule habe ich von meinen Eltern ein Buch bekommen. *Meister der Kamera erzählen.* Und dieses Buch habe ich – sozusagen – gefressen. Ich habe es gelesen. Ich habe es studiert. Renger-Patzsch war mit einem Beitrag vertreten. Auch Adolf Lazi. Und Paul Wolff natürlich. Dieses Buch hat mich irrsinnig fasziniert und letztlich wohl auch dazu gebracht, Renger-Patzsch einen Besuch abzustatten. Das war allerdings später, da hatte ich die Gesellenprüfung in München schon gemacht. Ich war Geselle im Atelier von Gertrud Hesse in Duisburg. Essen war nicht weit und, naiv wie ich war, bin ich einfach hingefahren. Renger-Patzsch hat sich meine Fingernägel angeschaut, die braun waren durch den damals üblichen Ultra-Feinkorn-Entwickler. Daraus hat er wohl geschlossen, dass ich ein unsauberer Handwerker bin. Und so hat er abgelehnt. Ich hätte ihm gern einmal assistiert.

HMK: Spielten andere Fotografen eine Rolle? Waren Namen wie August Sander, Max Burchartz, Moholy-Nagy, Umbo – kurz: die Avantgarde vor 1933 – für Sie noch ein Begriff?

PK: In dieser Beziehung muss ich Sie ein bisschen enttäuschen. Bauhaus und all sowas: Davon habe ich sicherlich gehört und vielleicht auch etwas mitgekriegt. Aber das war für mich nicht wichtig, nicht wesentlich.

HMK: Zurück zur Fotoschule: Bei wem haben Sie dort studiert?

PK: Bei Hanna Seewald und Hans Schreiner. Mit Hanna Seewald habe ich mich gut verstanden. Aber Hans Schreiner müsste ich an erster Stelle nennen. Er war derjenige, von dem ich am meisten gelernt habe. Für mich gab es keinen so guten Lehrer wie Hans Schreiner. Er hatte ein Gefühl für Fotografie. Für das, was Fotografie ist und was „fotografisch" heißt.

HMK: Schreiner kam ja eigentlich aus der Pressefotografie. Bis zu seinem Tod 1961 unterhielt er bekanntlich eine private Schule für Bildjournalismus. Das war ja nun aber nicht unbedingt Ihr Terrain.

PK: Hans Schreiner stand sicher in erster Linie für Bildjournalismus. Aber er hatte eben insgesamt phantastische Ideen. Zum Beispiel hat er uns zur Münchner Freiheit geschickt. Damals hieß der Platz noch Feilitzsch-Platz. Er gab uns die Anregung, abends die Funken der Straßenbahn zu beobachten – ob die nicht vielleicht für ein Bild verwendbar wären. Sie sehen, was dieser Mann für ein lebendiger Geist war.

HMK: Das geht ja schon sehr stark ins Experimentelle. Könnte es sein, dass spätere Arbeiten von Ihnen, sagen wir: Ihre Pendelschwingungen, hier ihre Wurzel haben?

PK: Ich könnte mir das vorstellen. Meine Phantasie ist dadurch angeregt worden. Das war ohnehin die Richtung, in die ich von Haus aus tendierte – ohne zunächst konkret zu wissen, was ich will.

HMK: 1947 haben Sie dann noch einmal die Fotoschule besucht und 1948 vor der Handwerkskammer in München die Meisterprüfung abgelegt. In diese Zeit fällt auch ein vielzitierter Ausflug nach Stuttgart zu Adolf Lazi. Was hat Sie, Wolfgang Reisewitz und weitere Fotoschüler bewogen, ihn in seinem Studio aufzusuchen?

PK: Bei mir kam der Anstoß sicher früher, eben durch dieses Buch *Meister der Kamera erzählen.* Mich persönlich hat seine Technik fasziniert. Lazi hatte die Devise: „Ein Haar muss ein Haar bleiben." Ich habe viel bei ihm gelernt. Wohl 1947 oder 48 kamen einige in der Klasse auf die Idee, ihn zu besuchen. Ohne uns vorher anzumelden, haben wir uns nachts um vier in den Zug gesetzt und um halb acht morgens standen wir vor seiner Tür. Lazi war sehr aufgeschlossen. Er war ja jemand, der sehr für sich Propaganda machte.

HMK: Dieser erste Besuch bei Lazi war nur ein Tagesausflug?

PK: Ja. Abends sind wir wieder zurückgefahren. Vorher sagte Lazi noch: „Passen Sie auf, Sie wohnen doch in München. Gehen Sie zu Bernd Lohse und bringen Sie ihm dieses Bild. Er bringt den *Foto-Spiegel* heraus. Gehen Sie zu ihm hin, schreiben Sie Ihre Eindrücke auf von Ihrem Besuch bei mir. Er soll das dann veröffentlichen.

HMK: Was war das für ein Bild?

PK: Es war ein Bild von dem Tag, an dem wir dort waren. Ein Bild von uns sechs. Wir haben das dann auch gemacht. Bernd Lohse war sehr freundlich. Ihm habe ich viel zu verdanken.

HMK: Später sind Sie noch einmal – und jetzt für längere Zeit – zu Adolf Lazi?

PK: Wir, das heißt Reisewitz und ich, hatten ihn gebeten, ob wir nicht mal bei ihm arbeiten dürften. Tatsächlich sind wir dann, ich glaube im April 1948, noch einmal zu Lazi gegangen. In Stuttgart haben wir uns eine gemeinsame Wohnung gesucht. Ich war dann drei Monate dort, Reisewitz blieb ein halbes Jahr. Wie ein Schwamm habe ich diese modernen Einflüsse aufgesogen, die mir im Übrigen sehr entgegenkamen. Also diese exakte Wiedergabe, Hochglanzpapier, Transparenz. Das lag mir immer schon am Herzen. Mein Vater hat wundervolle Bilder gemacht. Aber er war eben alte Schule. Ich erinnere mich: Wir hatten ein Haus in Prien am Chiemsee. Draußen gab es ein Geländer, an dem sich bei Regen wunderschöne Tropfen bildeten. Ich habe das fotografiert. Und dann kam mein Vater dazu und meinte, mit diesem Zeug würde ich später kein Geld verdienen können. „Zeug" hat er vielleicht nicht gesagt. In jedem Fall: Das war der Generationswechsel. Ich war eben anders.

HMK: Häufig wird ja die unmittelbare Nachkriegszeit als Zeit des Aufbruchs beschrieben. Haben Sie das ähnlich erlebt?
PK: Es war in der Tat eine Zeit des Aufbruchs. Wobei da vieles zusammenkam. Etwas über drei Jahre war ich in Russland, ein halbes Jahr in Polen, ein halbes Jahr in Frankreich, und in Ungarn war ich auch noch ein bisschen. Wir mussten nur Befehle ausführen. Und nun so etwas: Dass man plötzlich wieder Herr seiner Zeit war, den Tag benutzen konnte, wofür man wollte, das war ein Jubel, eine Renaissance möchte ich fast sagen – nach über vier Jahren Drill. Nein, wer diesen Zeitkontrast nicht erlebt hat, kann es sich eigentlich kaum vorstellen.
HMK: 1949 dann, im Frühherbst, trafen Sie sich bei Ludwig Windstosser in Stuttgart, um die Gründung einer Fotografengruppe zu diskutieren. Erinnern Sie sich noch an das Treffen?
PK: Ich erinnere mich gut daran. Das ist mir ganz gegenwärtig. Was übrigens den Namen *fotoform* betrifft, da war es so, dass Steinert sagte: „So, wie können wir, sechs Leute, die wir sind, unsere Gruppe nennen?" Da kamen dann Vorschläge wie „Gruppe der Sechs" und so ähnlich. Und ganz zum Schluss hat Steinert gesagt: fotoform. Und wir waren alle begeistert.
HMK: Hatte denn die Kleinschreibung eine Bedeutung?
PK: Ich glaube, das war damals so ein Anstrich von Moderne. Ich kann sonst keine echte Begründung geben.
HMK: Und welches Ziel oder welche Ziele hat die Gruppe verfolgt?
PK: Unser Ziel: Wir wollten an die Öffentlichkeit treten. Wir hatten ja dann bereits 1950 auf der ersten photokina unsere erste Ausstellung. Die Wirkung kann man sich heute schwerlich vorstellen. Von den dort ausgestellten fotografischen Bildern, die mehr traditionell und „malerisch" anmuteten, hob sich die fotoform-Ausstellung deutlich ab. Hochglanz, streng sachlich. Ich persönlich habe immer großen Respekt vor den „alten Meistern" gehabt. Aber uns war wichtig zu zeigen, dass die Nachkriegsgeneration anders sieht, anders denkt, anders empfindet als die Vorkriegsgeneration.
HMK: Ein schriftlich niedergelegtes Programm, eine Theorie, eine Absichtserklärung hat es nicht gegeben?

PK: Nein, das hat es nicht gegeben. Jeder sollte oder durfte seine eigene Art ungeschminkt oder unbeeinflusst von den anderen zeigen. Dadurch wurde es lebendig. Lebendiger, als wenn sich alle nach einem Ideal gerichtet hätten.

HMK: Aber es gab doch die sogenannte Kritikrunde?

PK: Richtig. Da hat jeder die Bilder, die er für gut hielt, an irgendeine Stelle, ich glaube es war Reisewitz, eingeschickt. Das ging dann von einem Mitglied zum anderen. Und jeder hat auf die Rückseite seine Kritik geschrieben. fotoform – ja oder nein. Das war für uns so ein Qualitätsmerkmal. Was fotoform war, das war anerkannt. Das durfte auch ausgestellt werden.

HMK: Die Aufnahmen, die eingereicht wurden – das waren „freie" Arbeiten? Oder konnten auch Bilder aus dem „angewandten" Bereich eingeschickt werden?

PK: Es waren ganz sicher größtenteils freie Arbeiten. Aber Berufsfotos, wenn sie dem Standard der fotoform entsprachen, waren genauso willkommen. Im Übrigen ist für mich immer das Bild das Maßgebende. Ob ich das nun als Kunst oder als Handwerk bezeichne. Das Bild bleibt dasselbe. Auch habe ich mich nie als Künstler gesehen. Sondern immer nur als Handwerker. Und theoretische Auseinandersetzungen haben mich nie beeindruckt.

HMK: Tatsächlich haben Sie Ihren Lebensunterhalt ja wohl mit Fach- oder Industriefotografie verdient. Hatten Sie hierfür ein Studio in Breitbrunn oder wie darf man sich das vorstellen?

PK: Persönlich hatte ich nie ein Studio oder Atelier. Ich habe mir immer ziemlich primitiv beholfen. Circa fünfzehn Jahre lang habe ich mit dem Gebrauchsgrafiker Nikolai Borg zusammengearbeitet. Er brachte die ganzen Auftraggeber. Bahlsen zum Beispiel. Jahrelang habe ich diese Kekspackungen fotografiert. Vor Ort hatte ich ein kleines Atelier. Aber auch das war klein und einfach. Wenn es warm war, musste ich Ventilatoren anstellen, damit die Schokolade nicht schmolz.

HMK: Am bekanntesten, was Ihre Zusammenarbeit mit der Industrie betrifft, wurde ja Ihr Zyklus über das Volkswagenwerk. Wie ist es zu dieser Serie gekommen?

PK: Ja, wie kam es dazu? Es war wohl so, dass ich einen Grafiker – es war ein anderer, nicht Herr Borg – nach Wolfsburg begleitet habe. Er wollte sich dort um einen Auftrag bemühen. Ich hatte meine Rolleiflex dabei und habe gefragt, ob man mir erlauben würde, das Werk oder das, was mich interessierte, zu fotografieren. Das hat man getan. Es waren insgesamt nur drei Tage. Und ich bin sehr entgegenkommend empfangen worden. Man hat mir alle Freiheiten gelassen, die ich wollte.

HMK: 1985 erschien der Zyklus in einem kleinen Taschenbuch. Sind die Bilder zuvor bei VW verwendet worden?

PK: VW hat Prospekte gedruckt, in denen sehr selten meine Bilder verwendet wurden. Nachträglich hat man mir von verschiedenen Aufnahmen je zehn Stück abgenommen. Für 1,75 Mark. Es sind sicher über 100 Mark am Ende herausgekommen. Damals war ich sehr glücklich, so viel Geld zu bekommen.

HMK: Interessant ist, dass Sie sich dem Thema über Oberflächen, Materialien, Strukturen genähert haben. Eher ausnahmsweise sieht man Arbeiter. Fabrikarbeit als soziales Phänomen hat Sie nicht interessiert?

PK: Es gibt Bilder, wo Arbeiter drauf sind, wo Funken sprühen. Aber das sind Ausnahmen gewesen. Für mich wichtig war die stille Ausstrahlung von Materie, die eigentlich für etwas ganz anderes geschaffen worden war und trotzdem einen ästhetischen Anblick bietet. Wenn ich ein Motto über mein Leben stellen sollte: Was hat mich bewegt? Die Suche nach Harmonie. Also ein Zusammenklang von Linien und Strukturen, besonders in der Natur. Den habe ich immer gesucht. Und immer gefunden.

HMK: Mit Blick auf die VW-Fotos könnte man fast von einer „geräuschlosen" Fotografie sprechen.

PK: „Geräuschlose Fotografie" ist eine gute Definition.

HMK: Noch einmal kurz zur Gruppe fotoform, die sich ja wohl im Anschluss an die photokina 1953 aufgelöst hat. Wie erinnern Sie die Auflösung der Gruppe? Gelegentlich ist von Differenzen etwa zwischen Steinert und Reisewitz die Rede.

PK: Aus meiner Sicht war es so, dass Steinert irgendwann festgestellt hat, dass die Aufgabe, die sich *fotoform* gestellt hatte, erfüllt war. Denn auf der zweiten photokina war das Gesamtbild schon ein ganz anderes. Von der *fotoform* ging schließlich eine Initiative aus, die nicht ohne Folgen blieb. Das war schon frappierend. Und da meinte Steinert eben: „Unser Ziel ist erreicht."

HMK: Wir sprachen bereits von den Schwingungsbildern. Wie kamen Sie auf diese Idee und wie haben Sie sie technisch gelöst?

PK: Von Natur aus habe ich irgendwie einen Hang zum Ausprobieren. Zum Experimentieren. Daheim hatte ich einen Schraubstock und eine lange Stricknadel. Die habe ich hineingeklemmt und das frei schwingende Ende mit dem Finger angerissen. Bei der Rückführung der Nadel in ihre Ausgangsstellung entstanden wunderschöne Ornamente. Wie Kristalle. Ich habe mir dann gedacht, dass man dieses Modell in ein größeres überführen könnte. Und so bin ich hingegangen und habe diesmal einen langen Draht mit einer Taschenlampe in den Schraubstock geklemmt. Der Raum musste dunkel sein. Und alles, außer der Birne, war schwarz abgedeckt. Weil wir vorhin auf das „Fotografische" zu sprechen kamen: Diese Schwingungen kann nur die Fotografie darstellen. Nicht der Film. Nicht die Malerei. Das Gesamtbild existiert nur in der Fotokamera. Es hat auch irgendwo etwas Abstraktes.

HMK: Aufnahmen wie diese könnte man auch im Kontext der bildenden Kunst jener Jahre diskutieren. Gab es da Einflüsse?

PK: Jedenfalls nicht bewusst. Ich bin eher eine Art Träumer, der Dinge sieht, die andere nicht sehen. Worum es mir geht: Andere darauf hinzuweisen, wie wunderbar alles ist. Die kleinen Dinge habe ich immer sehr geliebt. Ich bin ja nie groß gereist. Ich konnte es nicht mit meinem Bein. Dafür hatte ich meine kleine Welt.

HMK: Ist es korrekt, dass Ihre Schwingungsaufnahmen in der Werbung bzw. in Erscheinungsbildern Verwendung gefunden haben?

PK: Der Bayerische Rundfunk hatte in seinem Briefkopf eine Schwingungsaufnahme. Ich habe auch Solarisationen davon gemacht. Zusammen mit dem bereits erwähnten Grafiker konnte ich die Idee vielfach umsetzen. Ich glaube, allein davon haben wir zwei Jahre lang gelebt.

HMK: Die Arbeiten von Heinrich Heidersberger haben Sie nicht gekannt?
PK: Heidersberger ging einen anderen Weg. Er hat eine Maschine entwickelt, die solche wunderschönen Sachen macht. Aber meine waren organisch. Das heißt, die Lichtzeichen haben sich ohne menschliches Zutun selber auf der lichtempfindlichen Schicht abgezeichnet, während Heidersberger seine Ergebnisse willkürlich gestalten konnte.
HMK: Stichwort „organisch": Rolf Sachsse zieht an einer Stelle Parallelen zwischen Ihren Tropfenbildern und dem Formvokabular der 1950er Jahre. Wie stehen Sie zu einer solchen Werkinterpretation?
PK: Ich muss sagen, dass ich mich mit Theorien dieser Art nie befasst habe. Nierenformen, sagen Sie: Das ist mir ganz egal gewesen. Für mich war wichtig: Wie stelle ich die Sache in den Raum. Ist das schön? Ist das ästhetisch? Ist das etwas, an dem die Leute vorübergehen. Oder könnte es das Interesse bei dem einen oder anderen wecken? Ich fühlte mich bewegt, solche Aufnahmen zu machen. Ohne zu wissen, was daraus wird. Die kommerzielle Seite stand bei mir nie im Vordergrund.
HMK: Unstrittig ist, dass nicht wenige Ihrer Arbeiten nachgerade zu Schlüsselbildern der Fotografie der 1950er Jahre geworden sind. Die Schraubenpumpe zum Beispiel.
PK: Wie gesagt: Ein Studio hatte ich nicht. Aber Kontakt zu einer Agentur, die wiederum zu Industriefirmen enge Beziehungen unterhielt. Wenn z. B. eine Firma 50-jähriges Bestehen hatte, dann bin ich hin und habe für dieses Jubiläum etwas fotografiert. Bei einer solchen Gelegenheit ist auch die Schraubenpumpe entstanden. Zwar ist die Basis für dieses Foto rein technischer Herkunft. Aber auch solche Aufnahmen entsprachen dem Rahmen, den sich die fotoform gesteckt hatte.
HMK: Und der BMW-Kotflügel?
PK: Das war in München am Lenbachplatz. Da hatte BMW einen Pavillon. Ich hatte die Hasselblad dabei und wie immer alle Objektive und das Stativ. Ich fand das Licht so schön. Die Neonröhren haben sich in dem Wagen gespiegelt. Also habe ich die 25-cm-Brenn-

weite genommen und durch das Schaufenster durchfotografiert. Ohne zu ahnen, dass das mal irgendwann eine Bedeutung haben würde. Sondern weil ich Spaß daran hatte.

HMK: Inzwischen allerdings gehört das Bild zu den teuersten und gesuchtesten der deutschen Nachkriegsfotografie.

PK: Da kann ich nur staunen. Ich war stets zufrieden, wenn ich mein Bild gemacht hatte und wenn es anderen Freude bereitete. Dass heute so etwas daraus entstanden ist, das ist nicht mein Verdienst.

HMK: In der von Rolf Sachsse (1996) edierten Monografie hat Autor Holger Tiedemann Ihr Werk vor einem christlichen Hintergrund diskutiert und mit Blick auf den Schöpfungsgedanken in eine Reihe, beginnend mit Edward Weston über Ansel Adams bis zu Ernst Haas, gestellt. Sehen Sie sich in einer solchen Tradition?

PK: Ich kann das nur bejahen. Ich war, ich sagte es schon, etwas über drei Jahre in Russland, habe schreckliche Sachen gesehen. Wie junge Leute wirklich im blühenden Leben dahingerafft wurden. Ich habe mich gefragt, was eigentlich der Sinn des Lebens sei. Ich habe Pastoren gefragt. Ich habe selber nachgedacht. Bis meine Frau einmal sagte: „Warum wenden wir uns an Geschöpfe Gottes und nicht an die Quelle selber?" Das war so 1948 oder 50. Inzwischen bin ich nicht mehr der Suchende wie früher, sondern ich habe gefunden. Ich habe den großen Bogen gefunden. Und jetzt kommen wir auf die Beziehung zur Fotografie. In meiner Kulturpreisrede habe ich gesagt: Die Menschen sind so klug und glauben alles zu können. Aber einen einfachen Grashalm können sie nicht machen. Leben: Wer kann das machen? Nur Gott.

HMK: Wenn wir das Gesagte richtig interpretieren, verläuft Ihre Beschäftigung mit der Bibel praktisch parallel zu Ihrer professionellen Vita.

PK: Ich habe mit großer Freude festgestellt, dass zwischen den Bildern, die mir wirklich am Herzen liegen, und dem Glauben eine Verbindung besteht. Ich bin auch so gegen Ehrungen. Ich weiß nicht, mit welchem Recht man mich ehrt. Denn ich habe nur die Talente benutzt, die ich mitbekommen habe. Das ist aber kein Verdienst. Das Sehen ist eine Gabe. Der Trieb zur Freude zu entdecken, zu verstehen, hineinzufühlen, zu sehen hat mich geleitet. Aber kein Trieb nach Positionen oder Ehrungen. Ich sage immer: Wir sind umgeben von lauter Wundern. Man muss sie nur erkennen.

Kein Interview. Und bitte keine Fragen. Längst hatte sich Peter Keetman zurückgezogen. Lebte ein Leben fernab der Fotoszene in einem Seniorenheim im oberbayerischen Marquartstein. Schließlich dann doch das Einverständnis. Nach einem Mittagessen und Kaffee unser Gespräch im Apartment eine Treppe höher. Im Hintergrund Peter Keetmans Ehefrau, schweigend, aber interessiert. März 2001.

Erstveröffentlichung in BFF *Spots*, Nr. 118, 2001

„Ich habe wirklich alles fotografiert. Nur kein Auto.
Es scheint eben doch ein sehr männliches Symbol zu sein.“

Lillian Bassman

1917 New York City, USA –
2012 New York City, USA

Layout, was ist denn das?
Ein Gespräch mit der Brodovitch-Schülerin, Heftgestalterin und Modefotografin Lillian Bassman

Genau genommen zwei große Fotografinnen der Zeitschrift Harper's Bazaar wurden im vergangenen Jahr [1999] mit einer gemeinsamen Projektion im Antiken Theater in Arles geehrt: die bereits verstorbene Louise Dahl-Wolfe. Und die betagte, gleichwohl hellwache, quirlige und jugendlich-temperamentvolle Lillian Bassman, die es sich nicht hatte nehmen lassen, dabei zu sein und zusammen mit ihrem Ehemann Paul Himmel von New York angereist war. Was Dahl-Wolfe und Bassman verbindet, ist vorderhand die Nähe zu Alexey Brodovitch, der beiden ohne Frage wichtiger Mentor, Herausforderer, Kritiker und Lehrer war. Was sie trennte und trennt, ist ein doch sehr verschiedener Bildstil, ein so ganz anderer Ansatz, sich die Welt der Mode anzueignen. Abgesehen davon, dass Louise Dahl-Wolfe sich bereits Ende der 1930er Jahre mit den Möglichkeiten der modernen Farbfotografie auseinandergesetzt hat und damit zu den Pionieren auf diesem Feld gerechnet werden darf, ging es ihr stets um kalkulierte Posen, um formstrenge Inszenierungen, die sie bei Hoyningen-Huene gelernt haben könnte, auch wenn es nun nicht mehr ausschließlich das Studio war, das den Plafond für ihre farbdelikaten Bildfindungen stellte. Bassman hingegen baute auf Stimmung, Atmosphäre, Emotionen. Der von Carmel Snow, Chefredakteurin von Harper's Bazaar, regelmäßig erneuerten Forderung, „Buttons and Bows" kenntlich zu machen, wusste sie sich immer wieder zu entziehen und fand so zu ausdrucksstarken Formeln für das Lebensgefühl einer neuen Generation von Frauen, die nicht zuletzt die Anforderungen der Kriegswirtschaft stärker, autarker und selbstbewusster hatten werden lassen.

Hans-Michael Koetzle: Lillian Bassman, Sie zählen zu den bedeutenden Modefotografen der zweiten Hälfte des 20. Jahrhunderts, haben aber eigentlich als Grafikerin begonnen. Stimmt das?
Lillian Bassman: Nicht ganz. Begonnen habe ich als Assistentin von Alexey Brodovitch. Ich hatte seine Klasse an der New School besucht. Der beste Student eines Jahrgangs, in diesem Fall ich, wurde

damals automatisch zu seiner rechten Hand. Was im Klartext hieß, dass man umsonst für ihn arbeiten durfte. Einen Sommer lang habe ich das gemacht. Aber von irgend etwas musste ich leben. Also verließ ich *Harper's Bazaar* und ging zu Elizabeth Arden.

HMK: Damit war die Zusammenarbeit mit Brodovitch beendet?

LB: Keineswegs. Wenigstens einmal die Woche rief er an und fragte, ob ich nicht zurückkommen wolle. Ich erklärte ihm, dass ich schließlich etwas essen müsse. Nach etwa einem halben Jahr hat er eine Bezahlung für mich durchgesetzt. Drei Jahre arbeitete ich dann als seine erste bezahlte Assistentin. Ich wurde sein Co-Art Director bei *Bazaar* und hatte endlich das Glück, *Junior Bazaar* gestalten zu dürfen.

HMK: Was war dies für ein Typ von Zeitschrift?

LB: Es war die wohl erste Jugendzeitschrift. Sie kennen *Seventeen* oder andere Blätter, die die Interessen einer jugendlichen Klientel bedienen. Doch die kamen später. Wir waren die ersten.

HMK: Sie waren Art Director von *Junior Bazaar*?

LB: Brodovitch und ich teilten uns den Job. Aber irgendwann hatte Carmel Snow, die Chefredakteurin von *Harper's Bazaar*, das Gefühl, dass Brodovitch dort dringender gebraucht würde. Also ging er zurück zu *Harper's*, und ich machte *Junior Bazaar* ganz zu meinem Kind. Es machte großen Spaß. Kriegsbedingt hatten wir kaum Anzeigen. Was auch bedeutete, dass wir der Industrie gegenüber keine Konzessionen machen mussten. Etwa zwei Jahre lang ging das gut. Aber dann bekamen wir einen neuen Herausgeber, der auch stärker Einfluss nahm. Die Sache fing an, unerfreulich zu werden. Irgendwann hat Brodovitch mich dann gefragt, ob ich nicht Lust hätte, Fotos zu machen. Das eine oder andere Bild zur Illustration hatte ich schon gemacht. Aber offen gestanden: Große Ahnung von Fotografie hatte ich nicht.

HMK: Sie sprachen eingangs von seiner Klasse an der New School. Was hat Sie bewogen, dort Kurse zu belegen? Oder anders gefragt: War Brodovitch damals schon eine Legende?

LB: Wo ich aufgewachsen bin, in Greenwich Village, sprachen wir über Kunst und Literatur. Die Welt der Werbung oder der Mode war für uns schlechterdings nicht existent. Ich wusste nicht mal, was ein

Poster war. Unser Interesse endete bei Malerei und Plastik. Nun musste ich allerdings einen Beruf ergreifen. Noch am ehesten, so dachte ich, würde ich mit Illustrationen überleben können. Also besuchte ich Abendkurse am Pratt Institute. Irgend jemand hat mir dann geraten, mich bei Brodovitch vorzustellen. „Brodovitch", höre ich mich heute noch sagen, „wer ist denn das?" Offen gestanden: Von Mode hatte ich wenig Ahnung.

HMK: Sie sind dann doch zu *Harper's Bazaar* und haben sich vorgestellt. Wie verlief Ihr Gespräch dort?

LB: Wie gesagt, ich kannte ihn nicht und bin ziemlich unbedarft in die Vorstellung gegangen. Brodovitch sah sich meine Zeichnungen an, meinte, sie seien ausgezeichnet. Aber von Mode würde ich nichts verstehen. Er riet mir, eine seiner Klassen zu besuchen. Ich entgegnete, ich hätte aber kein Geld. Gut, meinte er, dann würde ich ein Stipendium bekommen. So wurde ich für etwa ein Jahr seine Studentin.

HMK: Sie haben dann seine Modeklasse besucht?

LB: Damals gab es zwei Klassen an der New School. Die eine war die Klasse für Mode und Mode-Illustration. Die andere die Klasse für Grafikdesign. Ich fing in der Modeklasse an. Eines Tages fragte er, ob ich nicht Lust hätte, Layouts zu machen. „Layouts", entgegnete ich, „was ist denn das?" Dann habe ich aber doch einmal reingeschaut und bin geblieben.

HMK: Was war Brodovitch für ein Lehrer?

LB: Er war wundervoll – vorausgesetzt, man hatte ein gesundes Selbstvertrauen. Ich denke, viele Fotografen haben ganz einfach deshalb resigniert, weil sie ihm nicht Paroli bieten konnten. Er konnte einen vernichten. Oder einem das Gefühl geben, man sei der Größte. Ich weiß noch gut, wie er meinen ersten Entwurf lobte. Dazu muss ich sagen, dass wir die Arbeiten immer auf einem Tisch ausbreiteten, so dass er nicht wusste, was von wem war. Es lief völlig anonym ab. Und stets wählte er den besten und den schlechtesten Entwurf aus. Meine zweite Arbeit tat er ab mit den Worten, das sei so ziemlich das Missratenste, war er je gesehen hätte. Glauben Sie mir, ich habe die ganze Nacht geheult. Und am Morgen habe ich mir gesagt: Warte, dir werde ich es zeigen. Und ich habe es ihm gezeigt.

HMK: Wie verlief dann die Zusammenarbeit bei *Junior Bazaar*? Waren Sie nur Erfüllungsgehilfe oder tatsächlich Art Director im eigentlichen Sinn des Wortes?

LB: Ich machte das Layout. Brodovitch hat es begutachtet, Vorschläge gemacht: Verrücken wir doch dies und jenes. Machen wir jenes etwas kleiner usw. Aber der eigentlich kreative Part lag bei mir. Wobei gesagt werden muss, dass sich Brodovitch anfangs sehr bei *Junior Bazaar* engagiert hat. Die Idee, hier experimentieren zu können, hat ihn regelrecht begeistert.

HMK: Die Fotografen haben ebenfalls Sie bestimmt?

LB: Ja. Und dabei habe ich mich vor allem für die jungen Fotografen stark gemacht. Avedon begann damals seine Karriere. Auch Louis Faurer oder Robert Frank. Die allermeisten waren Studenten von Brodovitch. So ist es uns immer wieder gelungen, das umzusetzen, was Brodovitch vorschwebte.

HMK: Und das war?

LB: Sie wissen, Brodovitch kam aus Europa. Und was er mitbrachte, war jene moderne Ästhetik, wie es sie in Amerika nicht gab. Er machte uns bekannt mit dem Bauhaus und der europäischen Avantgarde. Es war so etwas wie ein jugendlicher Aufbruch hin zu künstlerischem Neuland.

HMK: Nun haben Sie selbst zu fotografieren begonnen. Woher bezogen Sie Ihre technischen Kenntnisse?

LB: Also, schon mein Mann, Paul Himmel, war ein leidenschaftlicher Fotograf. Ich habe ihn beobachtet. Für ihn im Badezimmer Filme aufgehängt. Vor meiner Tätigkeit für *Harper's Bazaar* habe ich allerdings nicht fotografiert. Dort entstanden dann erste kleinere Fotos zur Illustration. Anfangs wusste ich noch nicht einmal, wie die Filme eingelegt werden. Aber peu à peu habe ich auch das gelernt.

HMK: Grob ließe sich in der Modefotografie eine dokumentarische und eine eher atmosphärische Richtung unterscheiden. Sie pflegten einen experimentellen und sehr emotionalen Bildstil. Sind Sie mit dieser Auffassung gelegentlich auch auf Widerstand gestoßen?

LB: Es war unterschiedlich. Zum Beispiel war ich nach Paris geschickt worden, um eine Kollektion zu fotografieren. Ich erinnere mich an

ein wundervolles Chiffon-Kleid von Piguet. Das waren Meter um Meter Chiffon. Mir kam in den Sinn, das Kleid nach Art eines Schmetterlings zu interpretieren. Carmel Snow sah sich das Bild an und meinte: „Lillian, haben Sie das Kleid auf dem Laufsteg gesehen?" Hatte ich nicht. Ich war ja anderswo mit Fotografieren beschäftigt. „Dieses Kleid", meinte Snow, „ist eine gelbe Chiffonsäule", und fügte hinzu: „Sie sind hier, um Knöpfe und Schleifen zu fotografieren, und nicht, um Kunst zu machen." Also musste ich das Ganze noch einmal als Säule fotografieren. Mit der französischen Mode war es immer etwas ganz Besonderes. Man musste jedes Detail erkennen. Weniger streng ging es bei der amerikanischen Mode zu. Die amerikanischen Designer wurden nicht besonders ernst genommen.
HMK: Carmel Snow als Chefredakteurin von *Harper's Bazaar*, Sie, Louise Dahl-Wolfe und Toni Frissell als Fotografinnen: Erstaunlich viele Frauen bewährten sich damals in kreativen Positionen. Könnte man von einem Wandel der Stellung der Frau in diesen Tagen sprechen?
LB: Offen gestanden, ich hatte da nie ein Problem. Ich habe in allen möglichen Berufen gearbeitet, aber dass ich eine Frau war, war eigentlich nie von Bedeutung. Höchstens fällt mir auf, dass ich nie ein Automobil zu fotografieren bekam. Schnaps, Zigaretten, Waschmaschinen, Schokolade essende Kinder: Ich habe wirklich alles fotografiert. Nur kein Auto. Es scheint eben doch ein sehr männliches Symbol zu sein.
HMK: In Arles zu sehen war ein Ausschnitt aus dem Film *Funny Face*, der nicht zuletzt als Parodie auf die redaktionelle Arbeit bei *Harper's Bazaar* gelesen werden kann. War Carmel Snow tatsächlich so, wie sie im Film dargestellt wird.
LB: Absolut. Und sie war eine wundervolle Chefredakteurin. Cartier-Bresson hat es einmal folgendermaßen auf den Punkt gebracht: „Sie weiß nichts, aber fühlt alles." Mit anderen Worten, sie besaß keine besondere Bildung, doch ihr Instinkt war unfehlbar. Hinzu kam, und auch dies unterschied sie von anderen, dass sie ihren Redakteuren vertraute. Gewiss, sie war schwierig, aber baute auf ihr Team.
HMK: *Harper's Bazaar* war ja seinerzeit die große Konkurrentin zur

amerikanischen *Vogue*, die Alexander Liberman gestaltete. Wissen Sie etwas über das Verhältnis von Brodovitch zu Liberman?

LB: Nein. Aber ich denke, es herrschte Funkstille. Es war uns beispielsweise auch nicht gestattet, dieselben Models zu buchen. Oder dieselben Fotografen. Einmal gestaltete ich ein Cover mit einem Augen-Motiv. Irgendwie fanden unsere Verleger heraus, dass *Vogue* diesmal ebenfalls mit Augen aufmachen würde. Also wurde mein Entwurf abgeschossen, weil die *Vogue* früher kam.

HMK: Und wie war das Verhältnis von Carmel Snow zu Brodovitch?

LB: Im Grunde ausgezeichnet. Sie war es schließlich gewesen, die Brodovitch engagiert hatte. Allerdings war er kein Kämpfer. Ich erinnere mich, dass wir immer zwei Entwürfe machten, einen A- und einen B-Entwurf. Wir zeigten sie Carmel Snow. Und manchmal kam es vor, dass sie – ich vermute aus kommerziellen Gründen – den B-Entwurf vorzog. Brodovitch sagte dann: „Nun gut, Carmel wählte B. Nun ist es B." Ich hätte in so einem Fall gekämpft.

HMK: Von Brodovitch heißt es, er habe seine Schüler aufgefordert, mit ihren Arbeiten zu überraschen, zu schockieren, staunen zu machen. Stimmt das so?

LB: Absolut. Er suchte permanent die visuelle Herausforderung. Nichts ärgerte ihn mehr, als wenn Leute nicht wirklich bei der Sache waren. Es kam durchaus vor, dass er in die Klasse kam, einen Blick auf den Tisch warf, meinte, es sei nichts dabei, und wieder ging. Er blieb ein russischer Aristokrat. Und wie gesagt: Wenn man kein starkes Ego hatte, konnte das einen schon aus der Bahn werfen.

HMK: Eine Theorie hatte er wohl nicht. Sein Design kam aus dem Bauch – könnte man das so sagen?

LB: Durchaus. Der Unterricht verlief sehr informell. Manchmal brachte er französische oder russische Plakate mit. Die wir in gewisser Weise imitierten. Ich denke, jeder Lernende orientiert sich zunächst an Vorbildern, ehe er seine eigene Sprache findet. Die fortgeschrittenen Studenten schickte er ganz einfach los. „Geht raus", höre ich ihn noch sagen, „geht ins Theater, ins Kino, zum Grand Central." Mein Mann Paul, ebenfalls ein Brodovitch-Schüler, hat gerade seine Monografie abgeschlossen. Und da kann man dies sehr schön nachvollziehen: Ballett-Fotos, Fotos vom Grand Central, Bilder vom Zirkus und Theater. Brodovitchs Didaktik bestand vor allem darin, dass er einen losschickte und Erfahrungen machen ließ. Ich glaube, Penn hat einmal gesagt: „Jeder Fotograf heute, ob er es weiß oder nicht, ist ein Schüler von Alexey Brodovitch." Sein Einfluss ist kaum zu überschätzen.

HMK: Nun haben Sie ja selbst für ihn zu fotografieren begonnen: Waren Sie zufrieden mit den Layouts, die er Ihren Bildfindungen verpasste?

LB: Ich würde sagen, es war ein etwas delikates Verhältnis. Als ich neben ihm als Art Director arbeitete, trafen wir fast immer die gleiche Auswahl. Unser fotografischer Geschmack lag nicht sehr weit auseinander. Als ich dann selbst zu fotografieren begann, machte ich die Erfahrung, dass Brodovitch nie meine Favoriten nahm. Ich kam ins Grübeln: Ob er mich für irgend etwas bestrafen wollte? Ich weiß es nicht. Als ich dann Jahre später meine Arbeiten wieder sichtete und neu interpretierte – zum Teil mit digitalen Mitteln –, gelangte ich endlich zu einem Portfolio meiner Wahl. Das Wenigste davon, und das ist schon bemerkenswert, ist seinerzeit in *Harper's Bazaar* erschienen.

Die gekachelte Lobby im historischen Nord Pinus zählt zu den schönsten kühlen Orten im sommerlichen Arles. Hier, in tiefen Sesseln, haben sie es sich bequem gemacht: Lillian Bassman und Ehemann Paul Himmel. In der Deckung des Hotels ein entspanntes Interview, während draußen die Rencontres toben. Juli 1999.

Erstveröffentlichung in *Leica World*, Nr. 1, 2000

„Es ging darum herauszufinden, wie man in der Sprache der Fotografie etwas erzählen konnte über die Menschheit als Gemeinschaft."

Wayne Miller

1918 Chicago, Illinois, USA –
2013 Orinda, Kalifornien, USA

Die Zeit war reif
Ein Gespräch mit Wayne Miller, Fotograf und Co-Kurator der Ausstellung *The Family of Man*

Wer den Krieg erlebt hat, sehnt sich nach Frieden. Knapp zehn Jahre nach Ende des Zweiten Weltkriegs eröffnete im New Yorker Museum of Modern Art mit The Family of Man die erfolgreichste Fotoausstellung aller Zeiten. Kritiker, allen voran Roland Barthes, haben die in der Schau wirkungsvoll erprobte sentimentale Nivellierung menschlicher Konflikte früh erkannt und kritisiert. Und bis heute ist für „progressive" Theoretiker The Family of Man das „vermutlich ultimative rote Tuch" (Abigail Solomon-Godeau). Ganz anders ein internationales Publikum, das sich schon deshalb von der Ausstellung angezogen fühlte, weil aktuelle Fragen und Probleme (Korea-Krieg, Ost-West-Konflikt, Erinnerung an den Holocaust) dezidiert ausgeblendet blieben zugunsten einer wohlkalkulierten Weltumarmungsgeste. Nicht weniger als neun Millionen Menschen in weltweit 38 Ländern haben bis 1963 die Ausstellung gesehen: eine „inszenierte Utopie" (Christian Caujolle), die wie kein zweites kulturelles Unternehmen nach 1945 Antwort gab auf die globalen Sehnsüchte der Zeit. Geistiger Urheber der Schau war Edward Steichen. Ihm zur Seite stand Wayne Miller, seinerzeit Fotograf und Weltkriegsveteran, später als Naturschützer und Weinbauer aktiv.

Hans-Michael Koetzle: Wayne Miller, Sie waren so etwas wie die rechte Hand von Edward Steichen während der Vorbereitung zu *The Family of Man*. Wann und wie haben Sie den geistigen Urheber der legendären Ausstellung kennengelernt?
Wayne Miller: Zu Beginn des Zweiten Weltkriegs hatte ich mich bei der US-Navy als Offizier beworben und wurde dank meiner fotografischen Kenntnisse in Dienst gestellt. Was insofern eine komische Sache war, als Offiziere dort grundsätzlich nichts mit sich herumtragen durften. Dafür haben sie Leute. Allerdings kann man so auch keine Fotos machen. Ich musste immer jemanden beauftragen. Nach wenigen Monaten bei der Marine hörte ich dann, dass Edward Steichen gerade dabei war, eine spezielle Fotoabteilung aufzubauen.

Man riet mir, wenn ich Interesse hätte, doch zu ihm zu gehen und mich vorzustellen. Damals arbeitete er bereits am Museum of Modern Art. Also fuhr ich nach New York und machte einen Termin.

HMK: Wann genau war das?

WM: Im Dezember 1941 sind die USA in den Zweiten Weltkrieg eingetreten. Es dürfte also gegen Februar 1942 gewesen sein. Steichen bat mich, alles Erforderliche für meine Versetzung zu veranlassen. So wurde ich eines der ersten Mitglieder seiner Einheit. Insgesamt waren wir fünf. Die anderen vier waren Horace Bristol, Charles Kerlee, Fenno Jacobs und Victor Jorgensen. Sämtlich professionelle Fotografen. Ganz im Gegensatz zu mir, der ich kaum mehr war als ein guter Amateur. Umso größer meine Begeisterung, Teil der Abteilung zu werden. Die nächsten Jahre sind wir dann viel gereist und haben Marineeinsätze mit der Kamera begleitet.

HMK: Wie war damals Ihr Verhältnis zu Steichen?

WM: Ich würde sagen, wir sind Freunde geworden in jenen Jahren. Fast wurde er mir zu einem zweiten Vater. Und in mir wird er so etwas wie einen Sohn gesehen haben. Er hatte keine Kinder.

HMK: Würden Sie sagen, das Kriegserlebnis war eine Art geistiger Nährboden oder Auslöser für die *The Family of Man*-Idee?

WM: Sehen Sie, wenn Sie im Einsatz sind, sagen wir an Bord einer Transportmaschine, dann fragt man sich schon gelegentlich, warum man einen Krieg wie diesen eigentlich führt. Wir hatten keine Ahnung vom Feind. Der Feind hatte keine Ahnung von uns. Aber wir hassten einander und hatten nichts anderes im Kopf, als uns gegenseitig umzubringen. Da kommt einem dann schon die Idee, ob ein besseres gegenseitiges Verständnis nicht dazu beitragen könnte, Spannungen abzubauen, um schließlich friedlichere Zeiten einzuläuten.

HMK: Und wie, ganz konkret, hat sich das *The Family of Man*-Konzept geformt?

WM: Bereits seit den frühen 1930er Jahren hatte Steichen eine Idee in dieser Richtung. Zunächst sollte es die Umsetzung der von Walt Whitman entwickelten Vision eines „Beautiful America“ werden. Doch dann kam der Krieg dazwischen. Irgendwann später in einem

Gespräch mit seinem Schwager Carl Sandberg fiel wohl der Begriff *The Family of Man*, ein Ausdruck aus der Bibel, den auch Abraham Lincoln gern verwendet hat. Spätestens jetzt dürfte Steichen erkannt haben, dass sein ursprüngliches Konzept zu eng war. Es musste auf eine breitere Basis gestellt werden, sprich einem universalen Gedanken folgen. Es war nun an mir, in einem ersten Schritt, dieses Konzept auszuloten.

HMK: Das heißt?

WM: Zunächst fragte mich Steichen, ob ich Lust hätte mitzumachen. Er wird wohl gespürt haben, dass unsere Vorstellungen von Fotografie nicht sehr weit auseinanderlagen. Ich zog also mit Joan, meiner Frau, und den drei Kindern von Chicago nach New York, wo wir ein Apartment mieteten. Die nächsten zwei Jahre war ich dann ganz mit Steichen bzw. dem *The Family of Man*-Konzept beschäftigt. Ich sage bewusst: Konzept. Denn das war nicht einfach eine Idee, die es zu illustrieren galt. Es ging darum herauszufinden, wie man in der Sprache der Fotografie etwas erzählen konnte über die Menschheit als Gemeinschaft.

HMK: Und wie fängt man so etwas an?

WM: Meine Aufgabe bestand anfangs darin, eine Art Basisarchiv anzulegen, aus dem heraus wir dann Schritt für Schritt die Ausstellungsidee würden entwickeln können. Ich ging also die *Time/Life*-Bestände durch – allein schon über dreieinhalb Millionen Bilder. Ich besuchte weitere Zeitschriftenarchive. Jede nur vorstellbare Sammlung. Ich fuhr zu den großen Bibliotheken in Washington, D.C., und sichtete die Fotobestände bedeutender Firmen. Natürlich habe ich mir auch die Archive vieler Fotografen angesehen. Das war schon ein bewegendes Erlebnis, zu entdecken, wie unterschiedlich Fotografen unsere Welt gesehen hatten – natürlich ohne an Steichen und sein Ausstellungskonzept zu denken.

HMK: Steichen selbst, heißt es, habe in Europa recherchiert.

WM: Stimmt. Steichen bereiste Europa, wobei ihn Robert Frank als Übersetzer und Assistent begleitete. Als er dann zurückkam, 1953, nahm er Kontakt zu mir auf und bat mich, ihm bei der Zusammenstellung des Materials behilflich zu sein.

HMK: Buchstäblich Tausende von Bildern: Wie formt man daraus das Gerüst für eine Ausstellung?

WM: Nun, wir sind die diversen Konvolute durchgegangen und haben überlegt, welche Bilder jene spezielle Qualität besaßen, jene Spannung, die etwas aussagt über menschliche Kämpfe, menschliche Hoffnungen, die menschliche Würde usw. Diese Arbeiten bildeten schließlich einen Kernbestand von rund zehntausend Aufnahmen. Die wiederum formten bestimmte Kategorien. Zum Beispiel Menschen bei der Arbeit. Oder Mütter mit ihren Kindern. Oder junge Liebespaare. Wir hefteten die Bilder auf große Pappen und schauten, wie sie miteinander funktionierten. Zeitweise nutzten wir als Arbeitsraum ein Loft direkt über einer Striptease-Bar. Abends hörten wir dann das Stöhnen der Mädchen und Hämmern der Musik. Das wahre Leben war nicht weit.

HMK: Inwiefern wurden die Kategorien mit der Zeit modifiziert?

WM: Tatsächlich gerieten wir bisweilen in eine Sackgasse oder sahen uns gezwungen, neue Kategorien zu entwickeln. Ich erinnere mich, wie ich eines Tages unseren Arbeitsraum betrat. Den Tag zuvor hatten wir eine Wand mit lachenden Menschen gestaltet. Und eine andere mit weinenden. Beim näheren Betrachten merkte ich, wie unsinnig die Unterscheidung war bzw. wie sehr sich die Wände glichen. Also lösten wir die Gruppen auf und verteilten die Bilder neu.

HMK: Haben Sie auch Aufträge vergeben bzw. bestimmte, womöglich fehlende Aspekte „nachfotografieren" lassen?

WM: Nein. Sämtliche Bilder kamen aus Archiven. Was wir gemacht haben: Wir haben Leute angeschrieben mit der Bitte, uns zu helfen. Interessanterweise verstanden gerade die professionellen Fotografen überhaupt nicht, wovon wir redeten. Ich erinnere mich an ein Treffen mit führenden Künstlern der San Francisco Bay Area. Minor White war dabei, Imogen Cunningham – so ziemlich die komplette Elite war präsent. Und als Steichen zu ihnen sprach, bemerkte ich ihre fragenden Gesichter. Sie schienen in keinster Weise zu verstehen, wovon dieser Mensch aus dem fernen New York da sprach. Er sprach von Emotionen. Von Träumen und Hoffnungen und bat sie, sich ihr Werk daraufhin anzusehen. Doch sie bezweifelten, dass ihr

Schaffen eine dieser Qualitäten hätte. Für uns war das ein Schock: zu sehen, wie wenig wir in der Lage waren, unsere Ideen zu vermitteln.

HMK: Steichen war damals ja bereits Mitte siebzig. Wie gestaltete sich die Arbeit mit ihm?

WM: Für mich war die Zusammenarbeit eine einzigartige Erfahrung. Zwei Jahre taten wir nichts anderes, als uns den Kopf zu zerbrechen über grundlegende Fragen menschlichen Seins. Immer wieder gingen wir das Material durch und fragten uns: Ist dies ein wichtiges Bild? Ist es unwichtig? Was sagt es uns? Auch die unterschiedlichen Kategorien wurden wieder und wieder diskutiert. Wochentags kam Steichen oft mit zu mir nach Hause, in unser Apartment in Manhattan. Da saßen wir dann bis Mitternacht, tranken und diskutierten weiter. Und wenn ich dann am nächsten Morgen aufstand, war Steichen bereits wach und brütete über neuen Skizzen und Ideen. Unglaublich, welche Energie dieser Mann besaß.

HMK: 503 Arbeiten präsentierte *The Family of Man* – das Gros von international bekannten Fotojournalisten. Welche Rolle spielte bei der Auswahl die Prominenz des Fotografen?

WM: Keine. Dies war keine Ausstellung über große Fotografen oder große Fotos in dem Sinne, dass wir einzelne Arbeiten als herausragende Leistungen herauszustellen suchten. Es war eine Ausstellung von Bildern, die in der Summe das Gemeinsame aller Menschen unterstreichen sollte.

HMK: Ein Ansatz, der sich nicht zuletzt in der Art der Präsentation spiegelt.

WM: Ich denke, unser Konzept lief von Anfang an darauf hinaus, nicht herausragende Einzelbilder zu präsentieren, sondern Beziehungen aufzuzeigen. Eine Bildgruppe zum Beispiel hatten wir auf Plexiglas montiert. Es ging dort um Liebe, ums Heiraten, sehr schön. Und durch dieses Panel hindurch konnte man auf ein anderes mit Leuten bei der Arbeit blicken. Um es nochmals zu sagen: Es ging uns nicht um die museale Präsentation einzelner Fotografien.

HMK: Wozu auch gehört, dass das Gros der Bilder auf Hartfaserplatten kaschiert wurde.

WM: Richtig. Wobei die Bilder am Rand um die Plattenkante herumgelegt wurden. Das heißt, ein Teil der Bildinformation ging verloren. Ich erinnere mich, dass uns eines Tages Ansel Adams besuchen kam. Ich wusste sofort, dass er diese Art der Präsentation abscheulich fand. Auch die Formate und die Hängung. Wir standen also da und schauten, und ich fragte: „Wie findest du es, Ansel?“ Und er meinte: „It's okay.“ Mehr durfte ich nicht erwarten.

HMK: Es heißt, den Morgen vor der Eröffnung hätten Sie ganz allein in der Ausstellung verbracht.

WM: Das war ein wundervolles Erlebnis. Zwei volle Jahre hatte ich nun mit diesen Bildern zugebracht. Sie jetzt an der Wand und im Dialog miteinander zu sehen, war schon eine großartige Erfahrung. Dazu die Stille des noch geschlossenen Museums.

HMK: War *The Family of Man* eigentlich von Anfang an als Wanderausstellung geplant?

WM: Die Idee einer Wanderausstellung kam erst, nachdem die Schau in New York eröffnet worden war. Die United States Information Agency erkannte schnell das werbliche Potential der Ausstellung. Also wurden mit Hilfe der Organisation fünf weitere Ausstellungssets produziert – diesmal auf Aluminium aufgezogen und in etwas kleineren Formaten, um sie leichter nach Europa, Asien oder Lateinamerika schicken zu können.

HMK: *The Family of Man* mit ihrem unübersehbaren Weltumarmungsgestus war ein typisches Produkt der Nachkriegszeit: Würden Sie dem zustimmen?

WM: Theoretisch nein. Praktisch ja. Natürlich waren wir Kinder dieser Zeit. Es war eine Ära, in der ein gewisser McCarthy unter jedem Treppenabsatz einen Kommunisten vermutete. Von einer Atmosphäre der Nächstenliebe konnte folglich nicht die Rede sein. Steichen immerhin war erfüllt von der Idee. Er war ein großer Romantiker.

HMK: Der internationale Erfolg der Ausstellung hat sie überrascht?

WM: Sie kam wohl im richtigen Moment.

Perpignan Ende 2001. *Nach wie vor ist* Visa pour l'image *Pflichttermin für internationale* Fotojournalisten: *Diesmal mit dabei* David Douglas Duncan, Paul Fusco *und* Wayne Miller. Miller? *War er nicht* Assistent *von* Edward Steichen *bei* The Family *of* Man? *Er war. Ein* Interview *zum Thema?* Gerne. Beim Lunch *am nächsten* Tag.

Erstveröffentlichung in *Leica World*, Nr. 2, 2004

„Für den Durchschnittsbürger war ein Foto nichts anderes als ein Stück Papier."

Helen Gee

1919 Jersey City, New Jersey, USA – 2004 New York City, USA

Ganz vergeblich war es nicht
Kaffee und Kuchen und Bilder an der Wand – ein Gespräch mit der New Yorker Galeristin Helen Gee

Für viele ist klar: Die Geschichte des kommerziellen Fotohandels beginnt mit Alfred Stieglitz und seinen 1905 gegründeten „Little Galleries". In den 1930er Jahren war es dann der New Yorker Händler Julien Levy, der insbesondere der europäischen Avantgarde einen Auftritt in den USA verschaffte. Levy zeigte Man Ray, Moholy-Nagy, Umbo, Maurice Tabard, aber auch – wie schon Stieglitz – Malerei, Grafik und Plastik. Ab da sollte es noch zwei Jahrzehnte dauern, bis die junge New Yorkerin Helen Gee den Schritt wagte und mit Limelight die erste allein dem Medium Fotografie vorbehaltene Galerie ins Leben rief. Es gab Kaffee, Kuchen, kleine Speisen: um das finanzielle Risiko abzufedern. Aber auch, um – nach europäischem Vorbild – einen Ort der Begegnung, der Kommunikation zu schaffen. Tatsächlich wurde Limelight in den 1950er Jahren zum Treffpunkt nicht nur der New Yorker Fotografen. Die Küche wurde gelobt. Die Ausstellungen fanden die Aufmerksamkeit der New York Times. Verkauft wurde fast nichts. 100 Dollar für einen Vintage-Abzug von Moholy-Nagy schienen den Zeitgenossen übertrieben. 25 Dollar für eine Arbeit von Robert Frank entschieden zu viel. Rund sieben Jahre lang präsentierte Helen Gee ein ebenso facettenreiches wie niveauvolles Ausstellungsprogramm. Es reichte von historischer Fotografie bis zu französischen Zeitgenossen, von Klassikern des 20. Jahrhunderts bis zur New Yorker Avantgarde mit Louis Faurer, Sid Grossman, Lisette Model, Robert Frank oder Leon Levinstein an der Spitze. Anfang 1961 war dann Schluss: Zermürbt vom Ärger mit den Behörden, fehlendem Publikumsinteresse und beginnendem Druck durch die New Yorker Mafia gab Helen Gee auf. Limelight wurde zur Legende und zum Vorbild nicht weniger späterer Galeriegründungen: von der Light Gallery bis zu Lee D. Witkins 1969 ins Leben gerufenem, seinerseits legendärem Unternehmen.

Hans-Michael Koetzle: Helen Gee, Sie haben als Fotografin begonnen, das aktive Fotografieren dann aber zugunsten einer Galerie aufgegeben. Was bedeutet die Fotografie für Sie?

Helen Gee: Es stimmt: Ich habe damals aufgehört zu fotografieren. Und wie ein Kritiker schrieb: Eine große Fotografin ist der Welt dadurch nicht verloren gegangen. Gleichwohl habe ich mich immer für die Arbeiten anderer, jüngerer Fotografen interessiert. Sehen Sie, ich komme aus einer Generation, die noch meinte, die Welt verändern zu können. Zum Beispiel durch Bilder. Was für eine Illusion. Aber wir haben tatsächlich und leidenschaftlich an die verändernde Kraft von Bildern geglaubt. Heute ist das ganz anders. Man gibt sich cool. Und ich glaube kaum, dass ich noch die Begeisterung aufbringen würde, eine Galerie zu eröffnen.
HMK: Es heißt, die Idee zu einer Fotogalerie sei Ihnen auf einem Jahrmarkt beim Biss in eine Wurst gekommen.
HG: Ich weiß nicht mehr, ob es die zweite oder die dritte Wurst war. Sicher ist: Ich esse gern. Und warum sollte man Fotografie und gutes Essen, den Duft von Kaffee nicht miteinander kombinieren können? Damals haben in New York die ersten Coffeehouses aufgemacht. Ich denke, es waren unsere GIs, die die Sitte aus Europa herüberbrachten: Sich zu einer Tasse Kaffee zu verabreden, zu reden, miteinander zu diskutieren. Eine sehr soziale Angelegenheit, die speziell bei den Künstlern hier im Village sehr gut ankam. Heute geht man nach Hause und schaltet den Fernseher ein.
HMK: Und wie würden Sie die Situation der Fotografie zu Beginn der 1950er Jahre beschreiben?
HG: Nun, es war eine sehr gute Zeit für Fotografen. Im Gegensatz zu heute fand praktisch jeder Arbeit. In Mode und Werbung wohlgemerkt. Nur wenige, die einen künstlerischen Weg einschlugen. Und die durften sich dann als Außenseiter fühlen. Auch war das Ganze noch nicht so verschult. So akademisch. Heute muss man ja erst vier Jahre Studium hinter sich bringen.
HMK: Sie selbst, heißt es, hätten einen der Abendkurse von Alexey Brodovitch besucht.
HG: Brodovitch war meine erste Anlaufstation. Vom Fotografieren hatte ich ja zunächst keine Ahnung. Ich wusste nicht einmal, wie man eine Kamera hält. Meinen Lebensunterhalt verdiente ich mit dem Retuschieren von Farbdias für Modezeitschriften und Werbe-

agenturen. Also fragte ich Freunde. Man empfahl mir Brodovitch, der damals an der New School for Social Research lehrte. Eine herausragende Persönlichkeit, zu der auch viele Fotografen liefen in der Hoffnung, als zweiter Richard Avedon entdeckt zu werden.

HMK: Können Sie den Unterricht beschreiben?

HG: Wir waren etwa zwanzig Leute in der Klasse. Die allermeisten gestandene Profis und ziemlich geschäftig. Ich hatte damals eine Rolleiflex. Und alles, was ich wusste, war, wie man den Film einlegt. Entsprechend hielt ich mich im Hintergrund. Sagte nichts. Fragte nichts. Brodovitch konnte vernichtend sein mit seiner Kritik. Ich kann mich nicht erinnern, ihm je etwas vorgelegt zu haben. Irgendwann hatte ich den Eindruck, am falschen Ort zu sein und verließ den Unterricht.

HMK: Sie sind dann zu Lisette Model, die ihrerseits Privatunterricht in Fotografie erteilte.

HG: Von Lisette hatte ich bei Brodovitch gehört. Also rief ich sie eines Tages an. Ich erinnere mich: Es war ein Sonntagmorgen gegen neun. Und ich bin sicher, sie aus dem Bett gescheucht zu haben. Aber sie war sehr nett und lud mich ein, vorbeizukommen. Von ihr habe ich später viel gelernt. Sie konnte Leute anspornen, inspirieren. Bei ihr wurde man nicht fertiggemacht. Sicher eine schwierige, aber eine große Frau.

HMK: Die Sie auch einmal ausgestellt haben.

HG: Ich habe sie ausgestellt. Obwohl sie nicht einfach war. Sehr kapriziös. Aber ich bewunderte ihre Arbeiten. Und ich habe nur ausgestellt, wovon ich restlos überzeugt war.

HMK: Letztlich sind Sie selbst ja mit eigenen Arbeiten kaum hervorgetreten. Aber könnte man sagen, die Kurse bei Brodovitch und Model haben Ihr Urteilsvermögen gestärkt? Auch und gerade mit Blick auf das Programm der Galerie?

HG: Ich weiß nicht. Genau genommen habe ich mich ja immer schon für Kunst interessiert. Mein Vater hat nach Feierabend gemalt. Und an Sonntagen ging er mit uns ins Museum. Ich bekam Klavierunterricht und Ballettunterricht. Das unterschied uns ziemlich von der Nachbarschaft. Kulturell herrschte dort Wüste.

HMK: 1954, um zur Galerie zurückzukommen, haben Sie *Limelight* eröffnet: die erste kommerzielle Fotogalerie seit den Zeiten von Stieglitz und Julien Levy. Wie haben Sie die Arbeiten präsentiert? Musste das nicht alles neu „erfunden“ werden?
HG: Das war genau das Problem. Man musste alles Stück für Stück herausfinden. Ich ging ins Museum of Modern Art und sah mir an, wie Edward Steichen das machte. Ich fragte verschiedene Leute. Sid Grossman zum Beispiel, der an der Photo League Ausstellungserfahrungen gesammelt hatte. Er sprach immer von „Simplicity“. Insgesamt wurden damals Fotografien sehr viel bescheidener präsentiert. Einfache Passepartouts. Einfache, oft weiße Rahmen. Nicht diese dicken schwarzen wie heute. Häufig waren die Bilder auch auf Spanplatten kaschiert und wurden dann mit Distanzhaltern an der Wand befestigt. Das war selbst an Museen üblich.
HMK: Die Galerie selbst, wie darf man sie sich vorstellen? Genaugenommen war Limelight ja eher ein Café mit angeschlossenem Galeriebetrieb.
HG: Ja, aber die Galerie war vollständig abgetrennt, im hinteren Teil des Raumes. Und alles zu ebener Erde.
HMK: Und wie groß?
HG: Ich würde sagen, 20 mal 20 Fuß. Ein Problem war nicht zuletzt das Licht. Aber auch da bin ich zum Museum of Modern Art und bekam Hilfe von den dortigen Technikern. Letztlich war alles ein Problem. Entsprechend waren alle sehr gespannt. Die Fotografen vor allem waren ungeheuer neugierig.
HMK: Eröffnet haben Sie am 13. Mai 1954 mit einer Joseph-Breitenbach-Ausstellung.
HG: Richtig. Mein Wunschkandidat wäre Robert Frank gewesen. Ich bewunderte seine Arbeiten. Und das lange vor den *Amerikanern*. Aber er fühlte sich noch nicht reif für eine Ausstellung. Also zeigte ich Joe Breitenbach. Um ehrlich zu sein: Mein Herz schlug nicht wirklich für diese Sache. Joe war in Korea gewesen und hatte im Auftrag der UN fotografiert. Eines Tages kam er zu mir und zeigte seine Aufnahmen. Alles fein ausgearbeitet, montiert, fertig für die Wand. Also sagte ich, ja. Denn mittlerweile stand ich ziemlich unter Zeitdruck.

HMK: Was genau war das Thema des Breitenbach-Zyklus?

HG: Im weitesten Sinne Menschenbilder. Also Porträts. Und dann Fotos von Koreanern, wie sie ihr Land wieder aufbauen. Ich meine, das war wichtig und, wenn man so will, politisch korrekt. Aber verglichen mit den Arbeiten aus Breitenbachs Zeit in Europa war es ästhetisch doch weniger bedeutsam.

HMK: Und Sie haben die Ausstellung gehängt?

HG: Joe bot sich an, die Ausstellung zu hängen. Ich sagte: „Fein. Nur zu." Was sich allerdings schon bald als Fehler herausstellen sollte. Statt einer formal strengen Präsentation hatte Joe sich allerhand Mätzchen einfallen lassen, Stufen eingebaut, in Diagonalen gehängt. Ich war entsetzt. Mein Gott, dachte ich, das kann ich so nicht zeigen. Und *Limelight* sollte am nächsten Tag eröffnen. Mir standen die Tränen in den Augen. Schließlich rief ich Sid Grossman an. Bei ihm hatte ich nach Lisette Model Kurse belegt. Und auch er hatte erheblichen Einfluss auf mich. Seine Frau hatte gerade entbunden und war nun mit einem Kind zu Hause. Er sagte: „Miriam kommt soeben aus der Klinik mit dem Baby. Aber ich denke, ich kann schon für eine Weile weg." Was für eine großartige Geste. Er kam jedenfalls und hängte die Ausstellung. Ich beobachtete ihn und lernte wieder etwas dazu.

HMK: Und Joseph Breitenbach war nicht verstimmt?

HG: Ich erinnere mich nicht. Aber man wusste nie, wie die Fotografen reagieren würden. Womöglich spielten sie verrückt und packten alle ihre Sachen wieder ein. Und das war nur eines von zahllosen Problemen.

HMK: Aber insgesamt dürften die fotografierenden Künstler damals doch etwas umgänglicher gewesen sein als heute.

HG: Letztlich gab es wenig Ärger mit den Fotografen. Es gab wenig Beschwerden. Was gewiss auch damit zu tun hatte, dass es keine anderen Galerien gab. Wo hätten sie sonst hingehen sollen? Damals war man froh, wenigstens einen Ort zu haben, wo man sich treffen, etwas trinken und reden konnte. *Limelight* war ein hübscher Platz und nicht nur bei Fotografen beliebt. Auch namhafte Schriftsteller, Schauspieler und Kritiker kamen regelmäßig.

HMK: Und wer waren Ihre Kunden? Wer kaufte Fotografie – Mitte der 1950er Jahre?

HG: Manchmal die Fotografen selbst. Häufig irgendwelche Leute, die ein Bild erstanden, weil es ihnen gefiel. Damals kaufte man ein Bild, weil man das Motiv mochte. Und nicht, weil irgendein Dealer einem sagte, dass es wichtig wäre. Im Schnitt verkaufte ich zwei Bilder pro Ausstellung. Gut verkauft hat sich damals die Atget-Ausstellung. Frankreich war in Mode. Die Leute standen auf Paris. Am Ende war praktisch die gesamte Schau an den Mann gebracht.

HMK: Wir reden in diesem Fall von Neuabzügen?

HG: Ja. Berenice Abbott wollte keine Originale in die Ausstellung geben. Natürlich hatten wir das Wort „Vintage" noch nie gehört. Wenn überhaupt hatte das etwas mit Wein zu tun. Auch kam keiner auf die Idee, eine historische Fotografie als etwas Seltenes anzusehen. Mittlerweile gehört es zum guten Ton, Fotografie zu sammeln. Davon konnte damals keine Rede sein.

HMK: Zu den Preisen: Was kostete etwa ein posthumer Abzug von Atget?

HG: Ich denke, das Bild lag bei 20 Dollar. Unsere Schwierigkeit lag darin, dass kein Mensch wusste, was man für Fotografie verlangen konnte. Für den Durchschnittsbürger war ein Foto nichts anderes als ein Stück Papier. Selbst die Fotografen sahen dies ähnlich. Hinzu kam, dass die wenigsten sich um gut ausgearbeitete Abzüge bemühten. Es mag nicht zuletzt an der Zeit gelegen haben. Der Existentialismus war in Mode. Man lebte von Tag zu Tag und wusste Besseres, als seine Zeit in der Dunkelkammer zu verbringen.

HMK: Die Arbeiten der Zeitgenossen lagen ebenfalls bei 20 Dollar?

HG: Also, Robert Frank verlangte 25 Dollar. Sehr viel teurer war Paul Strand. Seine Arbeiten lagen bei 125 Dollar. Natürlich wurde nichts verkauft. Jeder schüttelte den Kopf: „Ist er verrückt?" Minor White kostete 15 Dollar. Eugene Smith 50 Dollar. Gut erinnere ich mich an Bill Brandt, der mir aus Europa schrieb: Er wisse nicht, was man für ein Foto verlangen könne. Er hätte noch nie ein Bild an einen Privatsammler verkauft. Ist das nicht unglaublich! Am Ende verlangten wir 25 Dollar. Imogen Cunningham lag bei 15 Dollar. Für Arbeiten von Edward Weston nahmen wir 75. Weston war bereits krank oder sogar schon gestorben. Deshalb hatten wir in diesem Fall auch recht gut verkauft.

HMK: Im zweiten Jahr Ihrer Galerie eröffnete im Museum of Modern Art die legendäre Ausstellung *The Family of Man*. Würden Sie sagen, diese Ausstellung hat grundsätzlich das Interesse am Medium befördert oder doch die Fotografie zurückgeworfen?

HG: Nein, diese Ausstellung hat der Fotografie enorm geholfen. Schon deshalb, weil Steichen dem Medium die Museumstüren geöffnet hat. Bis dahin zeigten Museen keine Fotos. Das Brooklyn Museum ab und an. Aber das war keine wirkliche Museumspolitik. *The Family of Man* war ein echter Durchbruch. Und ich denke, bis heute wird Steichen das nicht in verdienter Weise gedankt.

HMK: Gibt es eine Ausstellung, die Sie besonders gern kuratiert haben?

HG: Ja, eine Weihnachtsausstellung, ziemlich am Anfang von *Limelight*. Ich wollte die Leute mit der Idee konfrontieren, sich Fotos zu Weihnachten zu schenken. Aber natürlich schenkte keiner ein Foto zu Weihnachten. Trotzdem war dies eine schöne Gruppenausstellung mit Lisette Model, Robert Frank, Paul Strand, Ansel Adams, Edward Weston und so weiter. Zwischen die großen Namen schmuggelte ich junge Talente. Ich denke, es war eine feine Sache.

HMK: 1961 haben Sie die Galerie geschlossen. Warum?

HG: Ich war ganz einfach müde. Erschöpft. Ausgelaugt. Ich hatte ein zweites Mal geheiratet und wollte endlich auch ein wenig Privatleben genießen. Hinzu kamen Probleme mit der Mafia. Das war nicht nur unschön, das war fast schon lebensgefährlich.

HMK: Sieben Jahre sind eine kurze, aber auch eine lange Zeit. Würden Sie rückblickend sagen, Limelight war eine zumindest nicht unwichtige Etappe in der Geschichte des Marktes für Fotografie?

HG: Neulich gab es ein Dinner anlässlich einer Ausstellung über die Photo League. Eine Menge alter Fotografen war gekommen, einige nicht so ganz alte auch. Und als ich den Raum betrat, standen alle auf und klatschten. Also dachte ich im Stillen: So ganz vergeblich war es nicht.

HMK: Was haben Sie danach gemacht?
HG: Ab und zu eine Ausstellung kuratiert. Aber eher ausnahmsweise. Ich meine, ich hatte meinen Teil beigetragen und wollte mich jetzt anderen Dingen widmen.
HMK: Und was ist aus Limelight, den Räumlichkeiten geworden?
HG: Jedenfalls etwas ganz, ganz anderes.

Village trifft es wirklich. Greenwich Village. Grün ist es hier und beschaulich. Mehr Kleinstadt als New York. Hier ist sie zu Hause, seit Langem. Und so atmet das lichte Apartment im ersten Stock gelebtes Leben. Obwohl seit Längerem krank, breitet sie bei einer Tasse Tee ihre Geschichte aus. Und was für eine Vita! Vor dem Abschied noch ihr Buch – signiert: „So glad we met, New York 3/21/02."

Erstveröffentlichung in *Schwarzweiss*, Nr. 33, 2002

„Nobody is such a fine poet of the camera and of black and white as Francesc Català-Roca."

Juan Manuel Bonet über Francesc Català-Roca

Francesc Català-Roca

1922 Valls, Alt Camp, Tarragona, Spanien –
1998 Barcelona, Spanien

Ein übersehener Avantgardist
Zur internationalen Rezeption des Fotografen Francesc Català-Roca

Wer ist bzw. war Francesc Català-Roca? Die Frage mag – zumal für spanische Ohren – befremdlich klingen. Schließlich zählt der 1922 geborene Fotograf zu den bedeutendsten Kamerakünstlern der iberischen Halbinsel, Sohn des legendären Pere Català i Pic (1889–1971) und selbst einer der profiliertesten Vertreter seines Fachs mit zahllosen Publikationen speziell in den 1950er und 60er Jahren. Von Català-Roca heißt es, er habe die spanische Tourismuswerbung professionalisiert, womit eine gewiss wichtige, wenn auch eher verdeckte Seite seiner ausgesprochen vielseitigen Natur angesprochen wäre. Català-Roca steht für die Reportage im Auftrag, aber auch das mit Fotografien illustrierte Buch. Für das kontrastreiche, überlegt gebaute fotografische Bild, aber auch den Film. Für eine Ästhetik in Schwarz-Weiß, aber auch die frühe Farbe.

Von seinen zahlreichen topografisch interessierten Büchern hätten es zumindest die beiden, 1954 erschienenen Bände *Barcelona* und *Guía de Madrid* verdient, in den Kanon wichtiger Fotobücher im 20. Jahrhundert aufgenommen zu werden.[1] Nach wie vor sehenswert sind seine um 1970 im Auftrag des Kunsthändlers Aimé Maeght gedrehten Filme über Künstler wie Miró, Chillida oder Guinovart. Einen fotografischen Fries für die Brüsseler Weltausstellung 1958 hat er gestaltet und ist immer wieder mit Büchern zu Architektur, Kunst und Kultur seines Landes hervorgetreten.

„Nobody is such a fine poet of the camera and of black and white as Francesc Català-Roca“, konstatiert etwa Juan Manuel Bonet in der 2003 erschienenen ersten retrospektiven Monografie zu Werk und Vita des Fotografen.[2] Und Horacio Fernandez sieht in Català-Roca „one of the most representative Spanish photographers from the fifties“ bzw. „the master of the new Spanish photography“ mit einem hinterlassenen Archiv von nicht weniger als 200 000 „extraordinary beautiful images.“[3] Als erster Fotograf überhaupt hat der damals

60-jährige Francesc Català-Roca den Premio Nacional de Artes Plásticas erhalten. Klar, dass ein Künstler und Fotograf von solchem Rang in keinem Nachschlagewerk zur Fotografie, keinem biografisch interessierten Lexikon fehlen darf.

Nachschlagewerke, Lexika, gedruckte Enzyklopädien – so starr und behäbig sie im digitalen Zeitalter auch erscheinen mögen – besitzen eine gern übersehene Qualität: Sie bündeln das Wissen ihrer Zeit, kondensieren den Erkenntnisstand einer Kultur, führen gleichsam einen Schnitt durch die Welt des Geistes in einem klar definierten Moment der Geschichte, wobei den Historiker nicht allein das positiv akkumulierte Wissen, sondern auch die Fehlstellen interessieren – seien sie dem Stand der Wissenschaft, den Grenzen der Wahrnehmung oder schlicht und einfach der Zensur geschuldet.

Seit Anfang der 1980er Jahre sind international gleich mehrere, mehr oder minder solide, mehr oder minder umfangreiche Fotografenlexika erschienen, das Gros in englischer und französischer, aber auch in deutscher Sprache. Sie alle spiegeln ganz allgemein das gewachsene Interesse an einer Fotografie, die nicht mehr nur als dienende Magd begriffen wird. Und sie spiegeln einen seit den 1970er Jahren steigenden Bedarf an verlässlichen Informationen zu Bildermachern, die längst nicht mehr nur als „Männer in grauen Kitteln, biologische Verlängerungen ihres Geräteparks" wahrgenommen werden.[4]

Was alle Titel verbindet, so unterschiedlich sie in Konzeption und Auswahl, Umfang und Design auch sein mögen, ist die weitgehende Abwesenheit spanischer Fotografen oder Künstler, sieht man einmal ab von José Ortiz Echagüe, der sich als graue Eminenz der spanischen Fotografie durch praktisch alle Publikationen zieht. Jörg Krichbaum etwa, um ein erstes Beispiel zu zitieren, würdigt in seinem 1981 erschienenen *Lexikon der Fotografen* gerade mal vier Spanier – nämlich Toni Catany, Joan Fontcuberta, Cristobal Hara sowie den erwähnten Ortiz Echagüe – mit jeweils einem Eintrag.[5] Das macht, bei 504 Künstlerviten, weniger als ein Prozent. Nicht viel anders gestaltet sich das Verhältnis bei der 1985 von Michèle und Michel Auer vorgelegten zweibändigen *Encyclopédie Internationale des*

Photographes de 1839 à nos jours, wo sich auf 1680 Seiten lediglich 23 Spanier finden, während man Frankreich 363 Einträge zugesteht, Westdeutschland 138 und Italien immer noch 54 Einträge. Selbst Kleinstaaten wie der Schweiz (96) oder Belgien (51) wird hier – in Künstlerviten – eine aktivere Fotoszene attestiert. Nicht zu reden von den USA, die mit 343 Einträgen nach Frankreich den zweiten Platz belegen.[6]

Als bis heute eines der ambitioniertesten, meist genutzten biografischen Nachschlagewerke darf wohl das 1995 in dritter Auflage erschienene Werk *Contemporary Photographers* gelten.[7] Auf nicht weniger als 1234 Seiten werden hier genau zehn spanische Fotografen mit Einträgen gewürdigt. Damit rangiert das Land noch hinter Nationen wie Schweden (17), Italien (21) oder der Tschechoslowakei, der man immerhin 34 international bedeutende Kamerakünstler zugestanden hat.

Wer jenseits aller Zahlenspiele, die genannten, aber auch weitere Lexika wie etwa das von Carole Naggar,[8] Brown/Partnow,[9] Breuille,[10] McDarrah[11] oder Mißelbeck[12] konsultiert, muss zu dem Ergebnis kommen, dass es eine international relevante künstlerische Fotografie im Spanien des 20. Jahrhunderts nicht gegeben hat. Zumindest die 1940er, 50er und 60er Jahre, so der über die Enzyklopädien vermittelte Eindruck, waren eine auch in fotokünstlerischer Hinsicht „bleierne Zeit", denn während ein Fotograf wie Agustí Centelles zumindest hin und wieder Erwähnung findet und die Generation der Zeit nach Franco mit Namen wie Toni Catany, Joan Fontcuberta, Ferran Freixa, Manuel Laguillo oder Javier Vallhonrat durchaus wahrgenommen wird, sind die zwei Jahrzehnte unmittelbar nach dem Zweiten Weltkrieg nirgendwo ein Thema. Unterschlagen, übersehen oder schlicht ignoriert, wird praktisch die gesamte fotokünstlerische Elite der Zeit, wobei wir über Persönlichkeiten wie Joan Colom, Ramón Masats, Oriol Maspons, Xavier Miserachs oder Ricard Terré reden, deren mittlerweile gefeierte Fotobücher[13] eine am Medium interessierte internationale Fotoszene eigentlich hätte zur Kenntnis nehmen müssen. Durch das Raster einer politisch motivierten Wahrnehmung fiel lange Zeit auch das Werk des überwiegend in Barcelona tätigen Francesc Català-Roca. Entgegen der eingangs geäußerten Vermutung ist er in keinem der zitierten Nachschlagewerke aufgeführt.[14] Keine moderne, nicht-spanische Fotogeschichte kennt seinen Namen. Und auch in den in jüngerer Zeit erschienenen Titeln zur Geschichte des Fotobuchs im 20. Jahrhundert sucht man ihn vergeblich.[15]

Bis in die Gegenwart hinein werfen die 1950er Jahre ihre Schatten, eine Zeit, in der es aus der Sicht des demokratischen Europa wenig opportun erschien, in Spanien so etwas wie eine künstlerische Avantgarde auszumachen. Das Land Francos war weit – geografisch, politisch, kulturell, gefühlt ein anderer Planet, den zur Kenntnis zu nehmen man sich eher ausnahmsweise gestattete. Bezeichnend in diesem Zusammenhang ist die vollständige Abwesenheit spanischer Kamerakünstler auch auf den nachgerade epochalen, von dem deutschen Fotografen, Lehrer und Publizisten Otto Steinert (1915–1978) organisierten Ausstellungen *subjektive fotografie*, die 1951, 1954 und 1958 nicht allein die künstlerischen Möglichkeiten des Mediums ausloten, sondern auch den internationalen Dialog befördern sollten.

Kaum zufällig hatte Steinert dem anlässlich der ersten Schau erschienenen Katalog den Untertitel *Ein Bildband moderner europäischer Fotografie* gegeben,[17] was konkret Deutschland umfasste, in dem Sammelband mit 20 Namen vertreten, des Weiteren Schweden (9), Frankreich (6), die Schweiz (5), Italien (4), Großbritannien (4), die Niederlande (3) und schließlich Luxemburg (1). Das östliche, das kommunistische Europa fand so wenig Berücksichtigung wie die iberische Halbinsel mit Portugal oder Spanien, das fotografisch bestenfalls Beachtung fand, wenn es, wie in den 1951 in *Life* publizierten Aufnahmen des Amerikaners W. Eugene Smith[17] dem Klischee einer ebenso ländlichen wie armen, fremden wie archaischen Nation entsprach: Spanien als der „Orient Europas“[18].

Vor diesem Hintergrund gewinnt ein Motiv des damals gut 30-jährigen Francesc Català-Roca eine ganz eigene Dynamik, gerade so als wolle uns da jemand mit Nachdruck ein anderes, modernes und weltoffenes Spanien präsentieren – letzteres in deutlicher Opposition zum international gepflegten Spanienbild. Auf der wohl Mitte der 1950er Jahre entstandenen Schwarz-Weiß-Aufnahme blicken wir auf ein in mutiger Draufsicht erfasstes Interieur, ausgestattet mit modernsten Möbeln und seinerseits Ausweis einer kühnen architektonischen Moderne. Schwerlich zu übersehen: das konstruktivistisch-abstrakte Tafelbild an der Wand, aber auch die im Raum verstreuten Zeitungen und Zeitschriften – *Picture Post, Look, Collier's, Time, New York Herald Tribune* – verweisen mit Nachdruck auf ein Selbstverständnis, das entschieden nicht im Mittelalter angesiedelt ist.

Nicht nur mit diesem, aber mit diesem Foto ganz besonders positioniert sich Català-Roca als ausgesprochen moderner Fotograf, dessen formal-ästhetische Wurzeln sich allerdings bis in die frühen 1930er Jahre zurückverfolgen lassen. Folgt man der nach wie vor schmalen Literatur über den Fotografen, dann hatte bereits der junge Català-Roca über seinen Vater Zugriff auf wegweisende Publikationen der Zwischenkriegszeit. Die Rede ist beispielsweise von den *Photographie*-Sonderheften der französischen Zeitschrift *Arts et Métiers Graphiques*, von tschechischer Avantgardeliteratur oder einflussreichen Fotobänden von Man Ray oder Franz Roh, dessen unter dem Eindruck der Stuttgarter *Film und Foto*-Schau (1929) veröffentlichte Anthologie *foto-auge* zu den bahnbrechenden Werken der 1920er Jahre gerechnet werden muss.[19]

Bei der klassischen Moderne wieder anzuknüpfen, die – durch Nazidiktatur und Krieg – verschütteten bildnerischen Errungenschaften der Avantgarde wiederaufzugreifen, die Fotografie als Medium subjektiven Ausdrucks wiederzuentdecken, war auch das Ziel der Fotografen rund um Otto Steinert. Doch während man sich hier vorzugsweise auf Dunkelkammertechniken wie Solarisation, Negativdruck oder Mehrfachbelichtung konzentrierte, profilierte sich Francesc Català-Roca als fotografierender Flaneur, dessen Bildfindungen eher bei den russischen Konstruktivisten anzuknüpfen scheinen als bei der *subjektiven fotografie* der 1950er Jahre mit ihrem schon damals kritisierten Hang zum Kunstgewerbe.[20]

Auf der Suche nach Parallelen im europäischen Konzert ließe sich auf den Franzosen Robert Doisneau verweisen, der in etwa zeitgleich seine Heimatstadt Paris durchstreifte, seinerseits ausgerüstet mit einer für quadratische Negative ausgelegten Mittelformatkamera und stets bereit, in dem sich bietenden Straßentheater humane Augenblicke zu entdecken. Doch während sich Doisneau von Anfang an der Anekdote verpflichtet fühlte, eine zu erzählende Geschichte über die Form, das Narrative über den ästhetischen Zugriff stellte, sind Català-Rocas Straßenszenen entschieden gebaut, mitunter überraschend im Ausschnitt, mutig im Blick und in der Nutzung der ihm zur Verfügung stehenden bildnerischen Mittel. Vor allem die den Bildraum kühn durchschneidende Diagonale wird zum Generalbass seiner Fotografie – bei *Terrazas en la Diagonal* etwa wird sie in der Unterschrift ausdrücklich zitiert.[21]

Fluchtlinien, gern auch gegenläufig gesetzt, durchschneiden das Motiv, sorgen für Tiefe und vermitteln dem im Prinzip zur Statik neigenden Quadrat (Cartier-Bresson mochte es bekanntlich gar nicht) formale Spannung. Gern blickt der Fotograf, ganz im Geist der 1920er Jahre, steil von oben nach unten oder von unten nach oben, nutzt das Mittel der Schärfentiefe, um den Bildern eine räumliche Dimension zu vermitteln oder arbeitet mit Spiegelungen und Reflexen, um so eine weitere Bildebene zu schaffen. Vor allem nutzt er das Licht des Südens, spielt mit Schatten, harten Hell-Dunkel-Kontrasten und findet so zu einer ganz eigenen, unverwechselbaren Bildsprache. Während der Zufall, das Konzept der Trouvaille in der Fotografie der 1950er Jahre ansonsten eine nicht unerhebliche Rolle spielt, bleibt Francesc Català-Roca ganz entschieden Herr seiner Kamera, übrigens auch ein Meister im Handwerk, dessen tonwertreiche Aufnahmen an technischer Exzellenz nichts zu wünschen übrig lassen. Um es auf den Punkt zu bringen: In der Weltfotografie seiner Zeit findet Català-Roca keine Entsprechung. Weder lässt sich sein Werk mit der gern der Anekdote verpflichteten „Photographie Humaniste" der Franzosen vergleichen noch mit den weltfernen, eskapistischen Formexperimenten der Deutschen, weder mit dem sozial engagierten Neorealismus der Italiener[22] noch mit der auf visuelle Dramatik bauenden Street Photography der New York School.[23]

Wie genau er mit den genannten Stilrichtungen und fotografischen Tendenzen vertraut war, wissen wir nicht. Aufnahmen wie Vestíbulo de la tienda könnten vom Kreis um Alexey Brodovitch gelernt haben, andere wie das Porträt Jean Cocteau observando una escultura de Pablo Gargallo atmen den Geist Henri Cartier-Bressons. Das Gros seiner Straßenbilder freilich folgt einer ganz eigenen visuellen Syntax. Sprechen könnte man von einer verspäteten Avantgarde, die so etwas wie den radikalen Gegenpol zu einem damals ja immer noch aktiven Ortiz Echagüe markiert.

Català-Rocas Bilder, seine Porträts, vor allem aber seine Straßenszenen lassen sich auf einer formal-ästhetischen Ebene lesen. Ohne Zweifel sind sie Ausdruck einer künstlerischen Vision, eines um Ausdruck bemühten Blicks. Aber sie sind auch Dokumente. „The vision of this Catalan artist through his lens is both avantgarde and documentary, narrating and creating art at once", bestätigt Jon Juaristi Linacero,[24] wobei das Gros der Betrachter heute vor allem die Qualität der Bilder als historische Belege faszinieren dürfte. „It was a time when there were no political liberties in Spain", formuliert Pilar Del Castillo. „In the 1950s European airs began to blow through Barcelona, while Madrid seemed to be immune to novelties, though the Gran Vía played at being an American avenue. At that time urban development began to transform both cities, with architecture of particular quality emerging in the Catalan capital."[25]

So gesehen sind Català-Rocas Aufnahmen, besonders seine Bücher auch gebündelte Erinnerung, Erinnerung an eine Zeit und eine Welt, die sich seit den 1960er Jahren radikal verändert hat. „Català-Roca", schreibt Andrés Trapiello, „arrived in Madrid in what I believe was the perfect moment. If it had been a bit earlier he would have still run into the sinister shadow of the war, a pervading, sharp pain emanating from many faces."[26] Tatsächlich oszillieren Català-Rocas Bilder zwischen Tristesse und urbanem Flair, Melancholie der Vorstadt und dem Chic der Boulevards, Historie und zaghaftem Aufbruch. Mit seiner Kamera zeichnet der Fotograf ein ausgesprochen differenziertes Bild der beiden Städte Barcelona und Madrid. Lebensfreude steht da neben Ernst, Luxus neben schierer Armut,

Folklore neben technischer Moderne. Eingang gefunden hat sein Blick in zwei 1954 erschienene Bücher, die – aus heutiger Sicht – zum Kanon einer fotografisch illustrierten Metropolenliteratur zu rechnen sind, wie sie sich mit Beginn des 20. Jahrhunderts herausgebildet hat. Mit Blick auf Barcelona war Català-Roca der Deutsche Wolfgang Weber mit seinem in der Reihe *Das Gesicht der Städte* erschienenen Bildband vorausgeeilt,[27] wenngleich Weber einer eher beschreibenden Auffassung folgt, während bei Català-Roca ein künstlerischer Wille unverkennbar ist, auch wenn er sich selbst eher als „natural observer, an observer of everything and everybody" verstanden hat.[28]

Gilt *Guía de Madrid* als „a more tourist-oriented volume", so wird *Barcelona* etwa von Juan Manuel Bonet zu den schönsten Büchern über Städte insgesamt gezählt, „together with the unforgettable views of Paris in works by Brassaï, Mario von Bucovich, Kertész, Germaine Krull, Moï Ver and Izis; with Bill Brandt's night-time London, Andreas Feininger's Stockholm, Buenos Aires 1936 as seen by Horacio Coppola, and the New York books by Berenice Abbott, Bucovich once again and Andreas Feininger as well"[29].

Was ist ein gutes Fotobuch? Jedenfalls nicht einfach ein Behältnis für gelungene Bilder. Ein gutes Fotobuch, so könnte man formulieren, ist ein ideales Transportmittel für künstlerische Ideen. Es bündelt ein Werk. Kondensiert einen Zyklus. Es leitet im Fluss der Seiten den Blick. Eine Art Papier gewordener Film. *Barcelona* ist, ganz in diesem Sinne, ein überlegt gebautes Werk. Jedes Bild funktioniert für sich genommen, überzeugt sowohl auf formal-ästhetischer Ebene wie als Dokument, und ist zugleich plausibler Teil eines großen Ganzen, Teil eines Films, wenn man so will, mit Totalen und Close-ups, Einsichten und Anekdoten, Action und Suspense.

Teile des Barcelona- wie des ebenfalls um 1953 entstandenen Madrid-Zyklus waren 2003 im Rahmen von PHotoEspaña im Museo Nacional Centro de Arte Reina Sofia zu sehen, wo sie ein Korrespondent der auflagenstarken, für Deutschland meinungsbildenden Münchner *Süddeutschen Zeitung* entdeckte, um der Schau wenig später eine ausführliche Rezension zu widmen – die vermutlich erste Würdigung des Fotografen in der deutschen Presse. „Weil sich Català-Roca von der Politik fern hielt", so Wolfgang Jean Stock, „konnte er freier als andere fotografieren, manchmal auch an der Zensur vorbei. Im Rückblick wird klar, dass seine schwarz-weißen Porträts von Barcelona und Madrid zu den großen fotografischen Stadtinterpretationen des zwanzigsten Jahrhunderts gehören."[30] Bereits 1990 hatte Claude Nori im Rahmen eines „Les Fantômes travestis de l'Espagne" überschriebenen Aufsatzes in *Camera International* auf Francesc Català-Roca hingewiesen.[31] Ende der 1990er Jahre erschien, anlässlich einer Gruppenausstellung in Paris, ein Artikel in *Photographies Magazine*, der den Fotografen mit immerhin einer Abbildung präsentierte.[32] Und schließlich eine viel beachtete Wanderausstellung, die unter dem Titel *Català-Roca: Barcelona/ Madrid – Años Cincuenta* ab 2004 in verschiedenen deutschen Städten zu sehen war. Wer ist Francesc Català-Roca? Ein Katalane mit spanischem Pass. Ein Künstler in „bleierner Zeit". Ein übersehener Avantgardist. Mit reichlich Verspätung ist er angekommen im europäischen Haus.

Erstveröffentlichung in *Català-Roca – Obras Maestras*,
Madrid: La Fabrica 2010

„Ein guter Blattmacher ist die Summe nichtswürdiger Fähigkeiten. Auf die Summe kommt es an."

Rolf Gillhausen

1922 Köln, Deutschland –
2004 Hamburg, Deutschland

Ich war ein guter Macher

Ein Gespräch mit Rolf Gillhausen – Bildreporter, Journalist und über rund zwei Jahrzehnte Oberauge des *Stern*

Um Rolf Gillhausen ist es still geworden. Zurückgezogen lebt das legendäre „Oberauge" des Stern in Hamburg. Interviews gibt Rolf Gillhausen eigentlich keine mehr. Für uns hat er eine Ausnahme gemacht, auch wenn er sich nicht unbedingt als Art Director sieht. Eher schon würde sich „Gill", wie Kollegen ihn noch heute nennen, als „Blattmacher" bezeichnen – verantwortlich nicht nur für die Optik, sondern auch für Konzeption und journalistischen Gehalt einer Zeitschrift. In diesem Sinne war Rolf Gillhausen in den späten 1960er, 70er und frühen 80er Jahren der neben Henri Nannen gewiss mächtigste Mann des Stern. Ein besessener Journalist, der mit dem Sendungsbewusstsein der publizistischen Gründergeneration sein Objekt geschickt zwischen Scylla und Charybdis, sprich: Verlagsinteressen und journalistischem Auftrag zum Erfolg zu führen vermochte.

Hans-Michael Koetzle: Rolf Gillhausen, Sie haben als Fotograf begonnen. Wie kam es dazu?
Rolf Gillhausen: Das übliche Nachkriegsschicksal. Ich hatte in Köln Maschinenbau gelernt und angefangen zu studieren. Und dann kam der Krieg. Genau genommen hatte ich gar keine Lust, diesen Beruf zu ergreifen. So entfiel das.
HMK: Sie mussten sich neu orientieren?
RG: Zunächst einmal habe ich, wie alle damals, dafür gesorgt, dass wir etwas zu futtern hatten. Also Zigaretten tauschen gegen ein Fahrrad. Das Fahrrad wiederum tauschen gegen etwas ganz anderes. Und auf diesem Tauschweg habe ich eben einmal eine Leica in Zahlung genommen.
HMK: Schon mit der Idee zu fotografieren?
RG: Tatsächlich hatte ich mein Modell für damalige Verhältnisse zu teuer eingetauscht. Und nachdem ich sie nicht weiterverkaufen konnte, habe ich angefangen, damit zu fotografieren. Was sonst sollte ich damit machen?

HMK: Das heißt, Sie haben sich im Grunde als Autodidakt dem Medium genähert?
RG: Ich hatte eine Belichtungstabelle besorgt. So fing ich an zu knipsen.
HMK: Es heißt, Sie hätten eine Assistenz bei Fred Ihrt absolviert.
RG: Fred Ihrt kannte ich. Er meinte: „Dass du nicht fotografieren kannst, sieht man den Bildern an. Aber du bist clever. Ich bringe dir das Fotografieren bei."
HMK: Viele der großen Fotojournalisten haben ihr Metier nicht im schulischen Sinne gelernt. Halten Sie letzteres für eine Voraussetzung in der Fotografie?
RG: Ich denke, mit Blick auf das Blattmachen habe ich einmal eine ziemlich passende Definition gefunden: Ein guter Blattmacher ist die Summe nichtswürdiger Fähigkeiten. Auf die Summe kommt es an.
HMK: Wie hat sich denn nun der Sprung von der Tages- zur Magazinpresse vollzogen?
RG: Zunächst hat mich Associated Press engagiert. Fünf Jahre war ich dort.
HMK: Ein Porträt aus dieser Zeit zeigt Sie mit einer Speed Graphic.
RG: Da gab es keinen Entfernungsmesser dran und nichts Hilfreiches. Bestückt wurde sie mit einer Kassette, auf jeder Seite ein Negativ – „four by five". Da mussten Sie natürlich ganz diszipliniert fotografieren. Die anderen hatten Leicas, Schnellaufzüge und so weiter. Ich hatte nur ein Bild. In der Zeit hatten die anderen dreißig gemacht. Immerhin habe ich dabei allerhand gelernt.
HMK: Aber war dies nicht noch eine Zeit, da die Redaktionen größere Negativformate verlangten?
RG: Nein, nicht im Magazinbusiness. Gewünscht war optische Qualität.
HMK: 1956 dann gingen Sie von Associated Press zum *Stern*. Wie hat sich dieser Wechsel vollzogen?
RG: Das war auch so eine komische Geschichte. Ich bin für AP nach Moskau gefahren. Als Adenauer die Kriegsgefangenen heimholte. Da hat Nannen mich beobachtet. Ich war nämlich sehr schnell, nach dem Motto: Das schnellste Bild ist das beste Bild.

HMK: Schnell heißt?

RG: Der Trick war immer, als Erster ein gutes Bild zu haben und das beim Bildsender abzuliefern. Das ging ja dann als Wire-Foto um die Welt. Wenn Sie also den Sender blockierten, konnten die anderen nicht senden. Und dann lag man alleine.

HMK: Und da hat Sie Nannen beobachtet, wie Sie immer einen Kick schneller waren?

RG: Ja natürlich. Und da ist er zu Wolfgang Sorsche gegangen, damals mein Chef bei AP, und hat gesagt: „Herr Sorsche, wenn der Gillhausen mal weggeht bei Ihnen, dann sagen Sie mir doch Bescheid." – Da sagte der: „Bescheid geben kann ich Ihnen jetzt. Er hat nämlich eben gekündigt." Tatsächlich bin ich wegen 50 Mark Gehaltserhöhung, die mir versagt wurden, gegangen.

HMK: Damit waren Sie beim *Stern*?

RG: Ja. Und ich bin gern zum *Stern* gegangen, weil mir der Nannen imponiert hat. Der Nannen war ein „Triebtäter". Und nicht so ein Pingel wie die anderen.

HMK: Sie selbst sind wiederum eingestiegen als Fotograf?

RG: Als Reporter, ja, als Bildjournalist. Und zwar in München.

HMK: Außer Ihnen, wer war noch als Fotograf beim *Stern*?

RG: Georg Brock, Gerd Heidemann und Eberhard Seliger. Eine ganz kleine Truppe.

HMK: Die große Ungarnreportage war ja dann wohl Ihre erste größere Geschichte für den *Stern*?

RG: Ja. Und zwar war ich bei einem Kollegen eingeladen. Da hörte ich im Radio, dass in Ungarn ein Aufstand losgebrochen sei. Es gehörte zu meinen Prinzipien, dass ich immer genug Geld bei mir hatte, um aus dem Stand überall hinfahren und jedes Thema aufgreifen zu können. Um einen Vorschuss zu bitten, das war mir zu lästig. Also sagte ich zu *Stern*-Reporter Wolfgang Schraps: „Komm, wir fahren sofort los." So waren wir die Ersten, die aus Ungarn berichtet haben.

HMK: Hatten Sie eine Vorstellung, wie Sie das Thema angehen würden?

RG: Ich hatte gar keine Vorstellung. Wir haben uns da reinbegeben. Wir haben uns treiben lassen.

HMK: Nun erschien die Reportage im *Stern*. Hatten Sie Einfluss auf Bildauswahl und Präsentation?

RG: Ich habe die Bilder abgeliefert und auf der Stelle kehrt gemacht. Wichtig war für uns, und jetzt kommen wir wieder auf den Zeitfaktor, dass die Bilder nicht zu spät in den Druck kommen. Das Material per Bahn zu schicken, ging nicht, denn ich musste ja auch etwas dazu erzählen.

HMK: Die Bilder sind weltweit erschienen. Gab es eine Publikation, wo Sie sagen würden, die hat Ihre Erwartungen erfüllt?

RG: Die beste Veröffentlichung hat meiner Meinung nach *Life* gemacht.

HMK: Im Übrigen waren Sie nicht zufrieden?

RG: Wenn Sie engagiert sind, sind Sie nie zufrieden.

HMK: Womit wir uns dem entscheidenden Punkt nähern. Nämlich Ihrem Wechsel in die – nennen wir es ruhig so – Art Direction.

RG: Ich war nie Art Director. Ich war Blattmacher. Ich kenne noch nicht einmal die Schriften alle, die da verwendet wurden. Die „fette Gill" ausgenommen. Weil ich damit immer gehänselt wurde.

HMK: Wie auch immer: Ihre Kameraausrüstung haben Sie verkauft?

RG: Von einem Tag auf den anderen. An Sven Simon, Axel Springer jr. Ich kannte ihn recht gut. Ein sehr guter Mann.

HMK: Und warum?

RG: Schuld war Ernst Haas. Zu ihm sagte ich: „Ernst, ich weiß nicht, es gibt so wunderbare Fotografen. Alle fotografieren sie viel besser als ich. Aber wie mit den Bildern umgegangen wird, das müsste man anders machen." Kurzum: Blattmachen fand ich interessanter, als selbst zu fotografieren. Und da hat er gesagt: „Ja, dann mach das doch."

HMK: Aber Haas konnte doch nicht entscheiden, wer die Gestaltung des *Stern* übernimmt?

RG: Nein. Wir haben nur darüber geredet.

HMK: Aber wie hat sich nun Ihr Wechsel in die Gestaltung konkret vollzogen?

RG: Es war so, dass wenn ich von einem Assignment zurückkam, dann hatte ich immer in der Jackentasche kleine Zettelchen mit

Layoutideen, und die habe ich der Grafik gegeben. Da war die Geschichte aufgekritzelt, natürlich mit vielen Doppelseiten. Ich bin natürlich nicht der Erfinder der Doppelseite. Aber ich habe die randabfallende Doppelseite sehr geliebt.

HMK: Damit wurden Sie über Nacht zum Chef der Optik?

RG: Das ging nicht von heute auf morgen. Sondern das ging folgendermaßen: Karl Pawek hatte die Titelbildregie des *Stern*. Damals machte er die *Weltausstellung der Fotografie*. Nun suchte Pawek jemanden, der ihn entlastete. Also bot ich an, die Titelbilder zu machen. Ich habe dann noch längere Zeit weiter als Fotograf im Impressum gestanden. Ohne noch zu fotografieren.

HMK: Sie sprachen die Doppelseite an. Eigentlich war ja dies eine Zeit, in der die Illustrierten noch sehr kleinteilig aufgebaut waren.

RG: Ich habe immer gesagt, man kann nicht von heute auf morgen eine Revolution veranstalten. Aber ich habe doch mehr und mehr Einfluss genommen auf die Gestaltung. Obwohl ich von Gestaltung selbst ja gar keine Ahnung habe.

HMK: Ihr Ausgangspunkt ist also der des Journalisten, der eine Geschichte erzählen will.

RG: So ist es. Und wenn Sie eine Geschichte erzählen wollen, dann stellen Sie automatisch fest, welches Bild Sie wegnehmen können und welches nicht bzw. wie sich dadurch eine ganze Geschichte verändert.

HMK: Was auffällt und was der *Stern* damals geschafft hat, war, von der klassischen Reportage und dem Newsbild wegzukommen zu Geschichten, die man entwickelt, erfindet.

RG: Bestimmt war es so, dass wir damals im *Stern* Sachen gemacht haben, die vorher noch nie gemacht worden sind. Ich weiß noch, was das für ein Theater war, als ich anfing, im *Stern* große Mengen Silber zu bestellen, weil ich etwas über Daguerreotypien machen wollte. Erst hieß es, ich sei verrückt geworden. Später dann waren alle zufrieden. Im Druck sahen die Daguerreotypien aus, als kämen sie frisch von einer Auktion. Und das war das Große an Nannen: Er hat mich machen lassen, weil er wusste: Er konnte Sachen, die ich nicht konnte. Und ich konnte Sachen, die er nicht konnte.

HMK: Könnte man sagen, mit Ihrer Präsenz in der Grafik hat die Optik der Zeitschrift an Bedeutung gewonnen?
RG: Ich glaube, das können Sie so nicht sagen. Denn Nannen selbst hatte großes Interesse an der Bebilderung. Schließlich hatte er mal Kunstgeschichte studiert und fürs Visuelle einen ausgeprägten Sinn. Er hat mich immer machen lassen.
HMK: Mit anderen Worten: Sie hatten uneingeschränkte Möglichkeiten?
RG: Henri Nannen brachte das Vaterland in Ordnung. Und ich brachte den *Stern* in Ordnung.
HMK: Ein kurzer „Ausflug" hat Sie 1965 als Chefredakteur zur *Quick* geführt?
RG: Die wollten mich engagieren. Aber ich durfte nicht. Dr. Bucerius hat mich per einstweiliger Verfügung daran gehindert.
HMK: Zurück beim *Stern* fanden Sie sich unvermittelt in der Position des stellvertretenden Chefredakteurs?
RG: Als ich von der *Quick* zurückkam, wurde meine Position in der *Stern*-Redaktion neu definiert.
HMK: Und nun konnten Sie auch wichtige Entscheidungen, die Optik betreffend, eigenverantwortlich entscheiden.
RG: Ja, natürlich.
HMK: Das war auch die Zeit, in der der *Stern* zahlreiche Fotografen eingekauft hat.
RG: Ja. Daran war ich auch sehr interessiert. Also, Stefan Moses kam, Lebeck kam, Hilmar Pabel kam, Fred Ihrt kam zum *Stern*.
HMK: Wie war nun hier die Zusammenarbeit? Was haben Sie im Briefing vorgegeben?
RG: Sehen Sie, Sie können keinem Fotografen Vorschriften machen, wie er vor Ort was zu machen hat. Die Umstände kennen Sie doch gar nicht. Wenn ich Einfluss nahm, dann dadurch, dass ich ihn überhaupt engagiert habe.
HMK: Wenn man sich die von Ihnen publizierten Bildstrecken durchschaut, fällt auf, dass das schon eine etwas andere Fotografie ist als die, die Sie selbst praktiziert haben: klare Kompositionen, ruhige Bilder, Strukturen. Gab es hier nicht doch Vorgaben?

RG: Diese Dinge finden bei mir nicht als Grundüberlegungen statt. Mit Grundüberlegungen kommt man nicht zu besseren Bildern als jenen, die tatsächlich vor Ort möglich sind. Aber ich kann natürlich meine Energie daran setzen, das Beste zu finden, was es gibt. Dann geht es nur noch darum auszusuchen.
HMK: Ein Fotograf, dem man häufig im *Stern* begegnete, war Reinhart Wolf.
RG: Reinhart war wirklich ein guter Freund von mir. Anfänglich wurden die *Stern*-Küchenseiten schwarz-weiß gedruckt. Und da habe ich gesagt: Das ist doch Blödsinn. Die Küche zeigt doch Sachen, die schmecken sollen. Wie kann ein Schwarz-Weiß-Bild schmecken? So habe ich die Farbe auf der Küchenseite eingeführt. Da habe ich nicht lange gefragt.
HMK: Herstellerisch oder von der Finanzierung her war das kein Problem?
RG: Das Blatt lief ja gut. Wenn ich gelegentlich wie Prinz Karneval das Geld zum Fenster hinausgeworfen habe – das kam zur Tür wieder rein.
HMK: Nannen hat einmal sinngemäß formuliert, beim *Stern* habe er das gemacht, was ihm Spaß gemacht hätte. Und nebenbei eine Menge Leute gefunden, die das ebenfalls interessiert hätte.
RG: Ja. Und so ist auch *Geo* entstanden. *Geo* habe ich entwickelt, ohne dass wir einen Markttest gemacht hätten. Wir haben uns gedacht: Wenn wir das nur so gut machen, wie wir können, dann finden wir auch Leute, die sich dafür interessieren.
HMK: Was auffällt, sind griffige Headlines, Alliterationen etc.
RG: Das habe ich sehr geschätzt. Die kleine Form war mir immer wichtig. Vielleicht typisch war diese Geschichte über den Ratzeburger Achter. Die Bilder dazu waren alle Mist. Was wollen Sie in Ratzeburg schon groß fotografieren? Also habe ich auf die Aufmacherseite klein ein Bild von Ratzeburg gesetzt. Und da stand dann drüber: So viele Kirchen gibt es in Ratzeburg, so viele Gasthöfe, so viele Schulen und so weiter. Und dann kam die Frage: „Wo liegt eigentlich dieses Ratzeburg?" Und dann kam die nächste Doppelseite. Da sieht man den Achter full speed über das Wasser pflügen. Text:

„Ratzeburg liegt immer eine Länge vor den anderen." Solche Scherze haben wir öfter gebracht.

HMK: Gestaltung hat sich bei Ihnen folglich nicht aufs Visuelle beschränkt?

RG: Aber ja. Ich habe mich immer zum Beispiel auch um Überschriften gekümmert. Um Texte. Sie können eine Geschichte ja nur machen, wenn Sie wissen, was drinsteht. Deshalb habe ich immer viel gelesen. Wenn Sie eine Geschichte nicht kennen, wissen Sie auch nicht, wie Sie damit umgehen müssen.

HMK: Für viele Gestalter ist ja der unbedruckte Raum ein wichtiges Element. Bei Ihnen war dies weniger der Fall.

RG: Das kann man so nicht sagen. Das ist Gefühlssache und hängt auch ab vom Thema. Harte Geschichten knallhart machen, leichte Geschichten federleicht.

HMK: 1984 sind Sie ja – inzwischen Chefredakteur des *Stern* – aus dem Blatt ausgeschieden. Eine Reaktion auf die Blamage mit den „Hitler"-Tagebüchern?

RG: Nein. Es war anders. Als Nannen ausschied, hat er sich durch drei Chefredakteure ablösen lassen. Und ich war immer der Meinung, eine durch drei geteilte Verantwortung ist gar keine Verantwortung. Ich glaube, dass ich mit dieser Auffassung recht hatte.

HMK: Sie gelten als der große Antipode zu Willy Fleckhaus. Er mehr Designer. Sie mehr Journalist. Wie war tatsächlich Ihr Verhältnis zu ihm?

RG: Ich war oft Gastdozent in Essen und Wuppertal. Und habe dabei Bildungsanstalten mit Material aus der journalistischen Praxis versorgt, damit sie einen Bezug zur Wirklichkeit bekamen. Die Ausbildung in solchen Schulen ist doch immer ein bisschen weltfremd. Auf meine Art habe ich dafür gesorgt, dass sie mit den Realitäten bekannt wurden.

HMK: Sie haben 1984 als Blattmacher definitiv aufgehört?

RG: Nicht ganz. Allerdings bin ich diesmal ein Opfer der Wiedervereinigung geworden. Ich war ausgeschieden aus dem *Stern*. Nicht gerade glücklich. Aber ich war ausgeschieden. Ich hatte keine Lust mehr. Und dann habe ich aber doch noch an einem Projekt gebastelt.

Das nannte sich *Noah*. Vom Aufsichtsrat war das alles schon genehmigt. Und dann kam die Wiedervereinigung. Und da brauchte der Springer Verlag alles Geld für die Eroberung des deutschen Ostens. Die Idee der neuen Zeitschrift war: Es ist höchste Zeit, die Welt zu retten. Nur war hierfür kein Geld mehr da.

HMK: Eingangs hatten wir über den von Ihnen wenig geschätzten Begriff des Art Directors gesprochen. Nun stellen wir Sie – nach Alexander Liberman, Henry Wolf und Willy Fleckhaus – als weiteren großen internationalen Art Director vor. Fühlen Sie sich wohl unter den Genannten?

RG: Als Selfmademan bin ich bestimmt kein klassischer Vertreter meiner Zunft. Der Weg vom Schlosser zum Chefredakteur ist dafür zu exotisch. Eines kann man mit Sicherheit behaupten. Was ich war: Ich war ein guter Macher.

Mit Horst Moser in Hamburg. Es ist heiß an diesem Frühlingstag. Und drinnen alles verhängt: Rolf Gillhausen renoviert seine Wohnung. Trotzdem hat er sich Zeit genommen. Empfängt an einem großen Tisch, ist guter Dinge und sehr präsent. Viel stilles Wasser fließt während des langen Interviews mit einem doppelten Gegenüber: dem Pragmatiker „Gill“ und dem Mann vom Rhein, der sich bei aller subkutanen Wehmut den Humor nicht nehmen lässt.

Erstveröffentlichung in *Leica World*, Nr. 2, 1998.

„A good photograph is a miracle.
And the miracle still happens."

Louis Stettner

1922 New York City, USA –
2016 Paris, Frankreich

Moving other people, deeply
Anmerkungen zum Werk des Fotografen Louis Stettner

Was für ein Leben – zwischen Fotografie und bildender Kunst, Plastik und Tafelmalerei, Frankreich und Amerika. Ein Leben zwischen Ländern und Kulturen, Sprachen und Befindlichkeiten. Nicht dass sich Louis Stettner nicht hätte entscheiden können. Aber er braucht wohl dieses Oszillieren zwischen den Kontinenten, den Städten und Disziplinen, um immer wieder neu den großen Fragen des Lebens nachstellen zu können. „Being a photographer", hat er einmal gesagt, „means perpetual discovery."

1922 in Brooklyn geboren, hat Stettner praktisch das gesamte 20. Jahrhundert durchmessen. Scheu und wortkarg, sagt er, sei er in jungen Jahren gewesen. Was den 14- oder 15-Jährigen nicht davon abhalten kann, sich einen Schlips umzubinden und sich im Metropolitan Museum die Arbeiten großer Kamerameister vorlegen zu lassen. Noch heute, sagt Stettner, höre er das Rumpeln und Ächzen des Archivwagens mit neuen, ungeahnten Bildern. Der jugendliche Stettner macht Bekanntschaft mit den Achttausendern der Fotografie und ist überwältigt von einem Kosmos, dem eher ausnahmsweise das Attribut „Kunst" zugesprochen wird. Ein Fotograf sei „nichts", hatte Max Horkheimer einst die junge Gisèle Freund wissen lassen. In diesem Klima der Ignoranz entscheidet sich Stettner für die Fotografie – einen Beruf, der in den Augen vieler keiner ist.

13-jährig hatte er vom Vater eine erste Kamera bekommen. 14-jährig eine erste passable Aufnahme gemacht. Nun stürzt er sich ins Ungewisse – das immerhin mit Verve. Im New York der Zeit um 1940 lernt er Alfred Stieglitz kennen, trifft er Paul Strand, begegnet er Edward Steichen, schließt er Freundschaft mit Lewis Hine. Das liest sich wie ein Besuch im Pantheon der Fotografie. Doch damit nicht genug. Stettner besucht Kurse bei Sid Grossman, absolviert einen Workshop bei Alexey Brodovitch, pflegt Umgang mit Lisette Model, deren Arbeiten er ebenso schätzt wie die von Weegee oder Diane Arbus. Letztlich sind es diese beiden Pole, die Stettner prägen und zwischen denen die eigene Kamerakunst vermittelt: Zum einen der linke Humanismus der Photo League, zum anderen der am Formalen interessierte Ansatz eines Brodovitch. „Form cannot really exist without content", bringt es Stettner auf den Punkt. Umgekehrt ist Inhalt ohne ein Ringen um die Form zumindest keine Kunst. In Stettners Werk gelangen beide Aspekte auf überzeugende Weise zur Deckung: Das tief empfundene Interesse am Menschen und ein wacher, bisweilen surrealistisch inspirierter Blick. Das gilt für sein New Yorker Œuvre ebenso wie für seine Auseinandersetzung mit Paris.

1947 war Stettner, ausgerüstet mit einer „GI-Bill", nach Paris gekommen. Fünf Jahre wird er bleiben. Jahre, in denen er Bekanntschaft macht mit einer noch immer von den Entbehrungen des Krieges und der Besatzung gezeichneten, zugleich in Sachen Kunst höchst lebendigen Metropole. Jetzt sind es Namen wie Doisneau, Boubat, Cartier-Bresson, die zu Freunden werden und ihn in seinem Weg bestätigen. Brassaï nicht zu vergessen, der nicht nur einen wunderbaren, einfühlsamen Text zu Stettners erstem Buch bzw. Mappenwerk – *10 Photographs* (1949) – beigesteuert hat. Er ist auch Vorbild, Wegweiser, väterlicher Freund: „He was my master."

Nicht nur sei Paris eine große Inspiration gewesen, sagt Louis Stettner, auch hätten ihm die Leute Gewissheit gegeben, „that I was doing something important." Mode, Werbung, Journalismus: die Fotografie kann vieles sein, Auftrag und Selbstauftrag. Früh positioniert sich Stettner als unabhängiger Autor, als Street Photographer, der sich wachen Auges den Offenbarungen des Alltags stellt. Paris wird, wie er sagt, sein Outdoor-Studio und „la vie quotidienne" zu seinem großen Thema.

In Frankreich ist dies die hohe Zeit einer so genannten „Photographie Humaniste". Auch bei Stettner steht der Mensch, der kleine Mann im Mittelpunkt. Aber seine Bilder sind weniger anekdotisch. Stettner sucht nicht Antworten, sondern stellt Fragen. Seine Bilder irritieren, präsentieren sich nicht selten als Geheimnis: Mysterien in Schwarz-Weiß, gestützt durch eine Lust am Experiment, die sich in mutigen Anschnitten, Unschärfen, Spiegelungen, in Dynamik, in

Bewegung äußert oder einer Leere, die an Atget erinnert. In Paris, im Rahmen des legendären Salon des Indépendants, hat Stettner seine erste Ausstellung. In Paris lernt er junge Schweden wie Tore Johnson, Hans Hammerskiöld oder Rune Hassner kennen. Oder den Deutschen Otto Steinert, der Stettner für die wichtige, 1951 in Saarbrücken gezeigte Gruppenschau *subjektive fotografie* gewinnt. Als Vertreter dieser Richtung hat er sich allerdings nie gefühlt. Ohnehin hasst er Etikettierungen. „Any good picture is subjective", betont Stettner in Anlehnung an Brassaï, lacht und fügt hinzu: „A good photograph is a miracle. And the miracle still happens."

New York und Paris waren und sind der Nährboden für den nach wie vor für die Wunder des Lebens empfänglichen Louis Stettner. Seit 1990 lebt er wieder in Paris. Malt, zeichnet, modelliert in seinem Studio in Saint-Ouen. Oder fotografiert im Jardin du Luxembourg, wo er und seine betagte Rolleiflex selbst zum gefragten Objekt touristischer Kameras geworden sind: „Somehow they think I am the typical old Parisian." Dazwischen reist Stettner immer wieder in die USA, mäandert durch New York, um seinen großen Farbzyklus voranzutreiben: *Manhattan Pastorale*.

Im neunzigsten Lebensjahr kann der Wahl-Pariser Louis Stettner auf ein reiches Œuvre blicken, getränkt von Neugier und Staunen und einem nimmermüden Interesse am Sozialen. Dem technologischen Wandel steht er skeptisch gegenüber: „Just because something is new doesn't make it better." Und in dem sich stürmisch entwickelnden Fotomarkt sieht er wenig mehr als ein großes Entertainment. „Flaubert said, what he destested most in art is something that's clever", zitiert Stettner den großen Realisten, der neben Walt Whitman zu seinen „favorite poets", seinen Lieblingsdichtern, zählt. Stettners eigenes Werk ist alles andere als clever, vielmehr gut gesehen, tief empfunden, ehrlich und voller Überraschungen. „Art doesn't work by pleasing other people", definiert er selbst. „It's by moving other people. Deeply."

Erstveröffentlichung in *Louis Stettner photographe*, Paris: Bibliothèque nationale 2013

„Farbe galt und gilt als oberflächlich. Ich habe das nie verstanden und finde dergleichen dümmlich."

Saul Leiter

1923 Pittsburg, Pennsylvania, USA –
2013 New York City, USA

Farbe hat ihre eigenen Qualitäten

Ein Gespräch mit Saul Leiter, Maler, Fotograf und Pionier einer neuen Farbästhetik

Es klingt zynisch und zugleich plausibel: Eines Künstlers Ruhm, schrieb Vince Aletti im Februar 1993 in The Village Voice, sei ein fragiles Konstrukt aus Ehrgeiz, Hybris, Chuzpe, Charisma, Durchsetzungsvermögen und Timing. Talent helfe, sei aber nicht unbedingt vonnöten. Saul Leiters Dilemma war und ist, dass er durchaus Talent hatte, während es ihm an allem anderen eher mangelte. Er ist leise, zurückhaltend, bescheiden. Und ohne die Verantwortung für seine Laufbahn voller Brüche und Widersprüche auf andere abwälzen zu wollen, meint er doch bisweilen, seine Eltern hätten ihn auf die Widrigkeiten des Lebens schlecht vorbereitet. In den 1950er Jahren zählte Leiter zu den führenden Modefotografen. Dem strengen Formalismus eines Avedon und Penn setzte er eine in den Farben zarte, eher spielerische Outdoor-Ästhetik gegenüber, wobei ihm seine Erfahrungen als Leica Fotograf und Street Photographer zweifellos zustatten kamen. In den 1960er Jahren und danach war Leiter so gut wie vergessen. Erst Martin Harrison (Appearances) und Jane Livingston (The New York School) machten in ihren Ausstellungen bzw. Publikationen erneut auf Leiter aufmerksam. Seit einer Reihe von Einzelausstellungen in der Howard Greenberg Gallery darf Leiter sogar so etwas wie verspäteten Ruhm für sich verbuchen. Den er freilich gelassen nimmt, um nicht zu sagen: nicht besonders ernst. Wie meinte Margarett Loke in der New York Times so treffend: „Fame sat so lightly on Saul Leiter that when it went away in the 1970s, he didn't miss it. Now that it rests ever so lightly on him again, he is still unimpressed."

Hans-Michael Koetzle: Saul Leiter, Sie sollten eigentlich Rabbiner werden, jedenfalls nach dem Willen Ihres Vaters. Stimmt das?

Saul Leiter: In der Tat entstamme ich einer sehr religiösen Familie. Mein Vater war Rabbiner. Mein Großvater war Rabbiner. Mein Urgroßvater war Rabbiner. Natürlich hat man erwartet, dass ich diese Tradition fortschreiben würde. Und was ist passiert? Ich wurde Fotograf.

HMK: Was Ihrer Familie nicht sonderlich gefallen hat?

SL: Überhaupt nicht. Mit allem Möglichen hätte man sich abgefunden. Rechtsanwalt hätte ich werden können. Archäologe. Was weiß ich. Und da läuft nun diese Person von einem Tag auf den anderen mit einer Kamera herum.

HMK: Hat man sich später damit abgefunden?

SL: Mein Vater, ich erinnere mich gut, kam einmal in mein Atelier. Er setzte sich. Sah sich um und meinte dann: „Junge, nimm ein Streichholz, zünde diese Bude an und sieh zu, dass du verschwindest."

HMK: Bei so wenig musischer Unterstützung, wie kamen Sie zur Kunst bzw. zur Fotografie? Gab es so etwas wie ein Schlüsselerlebnis?

SL: Mitte der 1940er Jahre ging ich nach New York und lernte dort den Maler Richard Pousette-Dart kennen. Einer der, wie ich finde, ganz großen Künstler unseres Jahrhunderts, der allerdings noch immer nicht die ihm zustehende Würdigung erfahren hat. Wie auch immer: Wir wurden Freunde. Richard fotografierte. Und so fing auch ich an, Bilder zu machen. Eigentlich wusste ich nicht so recht, was ich machen wollte. Vielleicht, dachte ich mir, lässt sich ja mit der Fotografie etwas anfangen. Um ehrlich zu sein: Mein Elternhaus hatte mich auf die Unbilden dieser Welt nicht sonderlich gut vorbereitet.

HMK: Was für eine Art von Fotografie haben Sie damals betrieben?

SL: Ich lief einfach herum und knipste. Street Photography würde man heute sagen. Bilder von Freunden und so weiter.

HMK: Ihr theologisches Studium haben Sie aufgegeben?

SL: So kann man das nicht sagen. Es war eher so, dass mich zunehmend andere Dinge faszinierten. Ich fand es ganz einfach interessanter, ins Museum zu gehen, statt in der Stube zu hocken.

HMK: Mit anderen Worten, es war ein langsamer Prozess des Hineinwachsens in die Fotografie?

SL: So ähnlich, ja. Aber so genau weiß ich das auch nicht mehr. Woran ich mich erinnere, ist, dass ich zwei Sommer lang an der University of Pittsburgh die Bibliothek besuchte. Sie hatten dort eine recht gute Kunstbibliothek. Und da saß ich nun und interessierte mich für tausendundeine Sache: afrikanische Kunst, japanische Kunst. Nichts, das mich nicht begeistert hätte. Und niemand, der mir etwas hätte erklären müssen. Ich fing an zu malen. Und hatte sogar eine kleine Ausstellung in Pittsburgh. Mein Vater war entsetzt. „Jetzt", meinte er, „ist es raus." Er hatte gehofft, die Karriere ließe sich verschweigen.

HMK: Das heißt, Sie praktizierten anfänglich sowohl die Fotografie wie die Tafelmalerei?

SL: Es gibt Bilder, die ich gemalt habe, noch bevor ich fotografierte. Offen gestanden, ich weiß auch nicht mehr, ab wann ich mich dann überwiegend als Fotograf verstanden habe. Mein Wechsel in die Fotografie mag auch damit zusammenhängen, dass mir die Welt der Kunst immer schon als undurchsichtig, mitunter auch korrupt erschienen ist.

HMK: 1947 sahen Sie die wichtige Ausstellung von Cartier-Bresson im Museum of Modern Art.

SL: Ja, und sie hat mich sehr bewegt. Die Arbeiten haben mir gefallen. Ich war beeindruckt und fing an, Cartier-Bresson zu bewundern. Für mich bleibt er eine Schlüsselfigur der Fotografiegeschichte.

HMK: War das der Moment, wo Sie erkannten, dass die Fotografie mehr sein kann als nur ein schlichtes Medium technischer Bilderzeugung?

SL: Dazu brauchte ich kein Museum. Wenn ich ins Museum ging, dann um Bilder zu sehen, die ich mochte. Ich hatte einfach Freude daran. Einmal, ich erinnere mich, wurde ich aus einer Picasso-Ausstellung hinausgeworfen, weil ich lauthals lachen musste. Ich war dort mit einem Freund. Und wir beide hatten unseren Spaß.

HMK: Ein weiteres wohl prägendes Erlebnis war *Ballet*, das Buch von Alexey Brodovitch.

SL: W. Eugene Smith hat es mir geschenkt. Das heißt, ich hoffe, er hat es mir geschenkt. Jedenfalls habe ich es behalten. Ein wundervolles Buch. Aber es ist ja nicht so, dass ich mich nur für Museumsausstellungen oder Bücher begeistern würde. Wenn ich morgens die Zeitung aufschlage und ein Bild finde, das den fotografischen Konventionen widerspricht, dann interessiert mich das genauso. Ich sage immer: Die besten Bilder macht ein Fotograf namens „Anonym".

HMK: Sie kannten Brodovitch persönlich?

SL: Ich hatte kein besonderes Verhältnis zu ihm. Ich glaube, Eugene Smith hat Brodovitch von mir erzählt.

HMK: Und ihm Arbeiten von Ihnen gezeigt?

SL: Nein, ich selbst habe mich mit Bildern präsentiert. Was es war, weiß ich nicht mehr. Aber ich erinnere mich, dass es genau das Falsche war. Darin habe ich weiß Gott Talent.

HMK: Was war er für ein Mensch?

SL: Also, ich bin wirklich kein Experte, was Brodovitch betrifft. Trotzdem glaube ich, war er ein ziemlich unglücklicher Zeitgenosse. Es gab Probleme mit seinem Sohn. Und dann brannte wohl mehrfach seine Wohnung ab. Ich erinnere mich an eine hübsche Kollektion wertvoller Gemälde. Ein kleines Vermögen, das er da verloren hat.

HMK: Sie mochten sein Zeitschriftendesign?

SL: Ich mochte den visuellen Rhythmus, den er seinen Zeitschriften verordnete. Ich mochte den Fluss der Bilder. Das Ausgangsmaterial war nicht immer erste Qualität, aber mit seiner Gestaltung bewegte er sich stets auf allerhöchstem Niveau. Mein Lieblingsbuch ist *Day of Paris* von Kertész. Brodovitch hat es gestaltet. Ich pflegte oft in der Badewanne darin zu blättern. Nicht unbedingt der richtige Ort für ein Buch. Gottlob hatte ich ein zweites Exemplar.

HMK: Sie haben Brodovitch auch als Lehrer erlebt?

SL: Kurz war ich in einer seiner Klassen. Aber fragen Sie mich nicht: Alles, was ich noch erinnere, sind ein paar Namen. Avedon bin ich dort eines Tages begegnet. Oder eines nachts. Ich weiß es nicht mehr. Mein Leben verliert sich ein bisschen im Nebel.

HMK: Wichtig wurde für Sie dann aber Henry Wolf, der als Art Director Brodovitch bei *Harper's Bazaar* abgelöst hat.

SL: Henry Wolf zeigte ich meine Schwarz-Weiß-Arbeiten, die ihn allerdings nicht sonderlich begeisterten. Und dann ging ich nochmals hin und zeigte ihm die Farbe. Ich hatte ein wenig mit Carol Brown herumexperimentiert, einer Tänzerin der Merce-Cunningham-Truppe. Ein bildhübsches Mädchen. Wir streiften umher, und ich fotografierte sie in Spiegeln oder unter Ausnutzung aller möglichen Reflexe. Recht ungewöhnliche Dinge, die ihm wohl gefielen. Folglich bat er mich, dies oder jenes für ihn zu fotografieren.

HMK: Sie sprechen von Ihrer Modefotografie für *Harper's Bazaar*?
SL: Ja. Wobei ich gleich hinzufügen will, dass mich die Welt der Mode nie wirklich interessiert hat. Ich meine in dem Sinne, wie manche Fotografen in dieser ganzen Sache aufgehen. Regelrecht süchtig sind. Ich erinnere mich an eine Redaktionskonferenz, ich glaube mit Nancy White als Chefredakteurin. Damals warf ich ein, dass ein Gemälde von Bonnard mehr wert sei als zehn Ausgaben von *Harper's Bazaar*. Das hat nicht gerade Begeisterung ausgelöst.
HMK: Heißt dies, dass Sie unter der Auftragsfotografie litten?
SL: So weit würde ich nicht gehen. Es gibt ja Leute, die den Modezirkus scharf kritisieren. Da gibt es hochgeistige Angriffe auf die Mode. Oder aber blitzgescheite Abhandlungen über die Geschichte der Socke. Ich sehe das gelassener. Ein hübsch angezogenes Mädchen zu fotografieren ist nicht das Schlimmste, was einer machen kann.
HMK: Sie haben stets Outdoor fotografiert?
SL: Ja, wir sind gereist, wir haben viel gesehen. Was mir manchmal das Herz gebrochen hat. Nicht ganz, aber fast. Ich erinnere mich an ein Shooting in Mexiko. Hinter uns lief eine Trauerfeier ab. Das hätte ich viel lieber fotografiert.
HMK: Tatsächlich haben Sie die Spontaneität der Street Photography in die Modefotografie eingeführt. Könnte man das so sagen?
SL: Henry Wolf meinte, ich hätte eine gewisse poetische Sicht gepflegt. Und ich denke, eine Reihe von Aufnahmen kann sich noch heute sehen lassen.
HMK: Und mit dieser poetischen Sicht hatten Sie keine Probleme bei den Herausgebern?
SL: Grundsätzlich konnte ich die Dinge so anlegen, dass sie meinen eigenen Interessen zumindest nicht widersprachen. Auch kam es immer wieder vor, dass mich bestimmte Aufträge besonders reizten und so zu einer durchaus persönlichen Angelegenheit wurden. Andererseits sollte man Nähte und Knöpfe in den Bildern sehen. Zwar hat die Redaktion immer wieder ihre Unabhängigkeit von den Inserenten betont. Aber es kam schon vor, dass ich gewisse Dinge noch einmal zu fotografieren hatte, weil einem Inserenten das Bild nicht gefiel.

HMK: Da stellt sich natürlich die Frage nach der Rolle bzw. Macht des Art Directors.
SL: Was Henry Wolf betrifft, er hatte eine ziemlich gefestigte Position. Aber es gab schon Zeiten, in denen die Herausgeber das Sagen hatten. Natürlich konnte ich nicht hinter die Kulissen sehen. Im Übrigen scheint sich Henry mehr für Typografie interessiert zu haben. Da kam er doch sehr aus einer „germanischen" Tradition, so möchte ich das nennen. Ein Kreis hier, ein Schnörkel da. Art Directors haben so eine Form des Art Directing, die ich nicht immer teile.
HMK: Wurden Sie für ganz bestimmte Mode-Aufträge eingesetzt?
SL: In der Regel wurde ich falsch eingesetzt. Und häufig wurde ich der ganzen Sache überdrüssig. Der ständige Kampf, der Umgang mit reichlich oberflächlichen Leuten, das hat mürbe gemacht. Vielleicht bin ich ungerecht. Denn eigentlich waren alle immer ziemlich nett.
HMK: Früh, früher als andere haben Sie Mode mit der Leica fotografiert. Gab es hier Probleme? Condé Nast etwa soll ja noch bis in die 1940er Jahre hinein das große Format vorgeschrieben haben.
SL: Nein, Probleme hatte ich hier nicht. Und genau genommen hatte die Leica nur einen großen Fehler: Ich hatte nur eine.
HMK: Noch einmal zurück zur Farbästhetik. Könnte es sein, dass Sie im Umgang mit der Farbe durch Ihre Erfahrungen als Maler geprägt sind?
SL: Die meisten haben eine bestimmte Vorstellung von der Farbe. Das heißt, Farbe ist dazu da, dem Betrachter eine auf den Kopf zu geben. Meine Vorstellung war das nie. Ich fand die Reduktion immer einen erstrebenswerten Zustand. Früher einmal hatte ich einen Agenten, der beklagte sich darüber, dass meine Schwarz-Weiß-Arbeiten die Leute nicht vor den Kopf stoßen würden. Er war übrigens auch der Agent von Irving Penn. Unsere Allianz jedenfalls war nicht von langer Dauer. Nicht zuletzt wegen mangelnder Verkaufserfolge.
HMK: Wir stellen Sie vor mit freien Farbarbeiten. Welchen Stellenwert messen Sie diesen Bildern innerhalb Ihres Œuvres zu?
SL: Es gibt, um dies vorauszuschicken, eine lange Tradition der Geringschätzung von Farbe. Schon Rubens sagte: „Nicht so viel Farbe."

Farbe galt und gilt als oberflächlich. Ich habe das nie verstanden und finde dergleichen dümmlich. Ich finde, die Farbe hat ihre eigenen Qualitäten. Ihre eigene Berechtigung. Wenn man sie richtig einsetzt, können wundervolle Dinge herauskommen.

HMK: Über Ihre Affinität zu zarten Farben, einer eher monochromen Ästhetik sprachen wir schon. Viele Aufnahmen sind im Winter, oft bei Schneefall entstanden. Sie lieben diese Jahreszeit?

SL: Ich liebe Aufnahmen im Winter. Mein Traum ist ein Buch nur mit Winterfotos. Aber der wird sich wohl nicht mehr erfüllen.

HMK: Und wo sind diese Aufnahmen entstanden?

SL: Ich weiß es nicht. Wenn Sie mich morgen fragen, wo dieses oder jenes Bild entstanden ist: Ich kann es nicht sagen. Es gibt Fotografen, die erzählen Ihnen, dass an diesem Tag ihre Mutter krank war und der Hund gesund und was es noch an netten Geschichten gibt. Und die Kunstgeschichte schnappt das dann bereitwillig auf.

HMK: Jane Livingston hat Mitte der 1990er Jahre eine vielbeachtete Ausstellung mit dem Titel *The New York School* kuratiert und Sie mit frühen Arbeiten in Schwarz-Weiß vorgestellt. Fühlen Sie sich einer Schule zugehörig?

SL: Wie sie auf mich kamen, weiß ich nicht. Möglich, dass Avedon meinen Namen fallen ließ. Jedenfalls hat Jane Livingston mich aufgesucht. Sie schien mir intelligent, eine gute Schreiberin. So kam das zustande. Ich weiß, es gibt Leute, die sich dagegen wehren, einer Schule zugerechnet zu werden. Ich fand das reizvoll. Und wenn Sie den Katalog etwas genauer betrachten: Es gibt da tatsächlich eine nicht zu leugnende gemeinsame Stimmung in den Bildern. Das alles ist doch nichts anderes als der Versuch, sich einer Epoche zu nähern.

HMK: In der legendären Ausstellung *The Family of Man* waren Sie nicht vertreten.

SL: So ist es. Und es gibt Kollegen, die mich heute noch nicht verstehen, dass ich diesem Unternehmen so wenig Ernst entgegengebracht habe. Steichen bat mich um einige Bildvorschläge. Und ich unternahm so gut wie keine Anstrengungen, ihm entgegenzukommen. Am Ende wurde das alles ein großer Erfolg. Und Erfolg ist heute in der Welt der Kunst ein nicht unerhebliches Kriterium. Erst neulich traf ich die Fotohistorikerin Ann Tucker, die ganz aufgeregt meinte: „Wie ist es nur möglich, dass ich Ihren Namen noch nie gehört habe?"

HMK: Und was haben Sie geantwortet?

SL: Ich sagte: „Ich weiß es nicht. Kann ich etwas dafür?"

HMK: In der Tat ist Ihr Werk seit den 1960er Jahren eher in Vergessenheit geraten.

SL: Mit dem Ruhm ist das so eine Sache. Um aufrichtig zu sein: Auf diesem Feld bin ich nicht sonderlich talentiert. Wirklich berühmt wird man ja auch erst, wenn man tot ist. Für einen Fotografen ist es nicht ohne Vorteil, wenn er stirbt.

HMK: Spät, aber immerhin noch zu Lebzeiten dürfen Sie eine neuerliche Beachtung Ihrer Fotografie erleben. Wie stehen Sie zu dem, was nun über Sie geschrieben wird?

SL: Ich will ganz einfach mit einem Zitat aus Alexis Sorbas antworten: „Nur Schulmeister und Krämer wägen alles ab."

HMK: Das heißt?

SL: Es wird geschrieben und erklärt und analysiert. Mittlerweile gibt es bereits eine ganze Schule von Kunsthistorikern, die Ihnen sagen, was Geflügel zu Lebzeiten eines Künstlers gekostet hat. Oder Gemüse. Und ich stelle mir vor, der Maler hat einfach vor einer Leinwand gesessen mit einem Pinsel und hat gemalt. Eines lässt sich in jedem Fall sagen: Wenn alles vergessen ist, was diese Leute gesagt und geschrieben haben, werden diese Kunstwerke noch immer existieren.

HMK: Das klingt ein wenig enttäuscht.

SL: Künstler lieben es, sich eine Legende zu schneidern, sich mit einer Aura zu umgeben. Sie konstruieren Geschichten um sich herum, und das Publikum glaubt es. Es klingt gut. Vielleicht stimmt es. Vielleicht auch nicht.

HMK: Stimmt das, was Sie uns erzählt haben?

SL: Auch wenn es vielleicht nicht sonderlich geschickt ist, die Wahrheit zu sagen, versuche ich zumindest, nicht zu lügen.

Kein Foto weit und breit, keine Kameras, kein Zubehör. Die Fotografie scheint aus Saul Leiters Atelier Downtown Manhattan verbannt. Dafür Leinwände, Pinsel, Farben. Kaum ein freier Platz, um den kleinen Kaffee abzusetzen. Dennoch ein guter Ort, um in Ruhe ein Gespräch zu führen. September 1999.

Erstveröffentlichung in *Leica World*, Nr. 1, 2000

„Die Magazine sind zu reinen Anzeigenträgern verkommen. Der kreative Anteil ist erbärmlich.“

Henry Wolf

1925 Wien, Österreich –
2005 New York City, USA

Ich hatte ziemlich freie Hand

Art Director, Fotograf und früher Förderer Saul Leiters – ein Gespräch mit Henry Wolf

Henry Wolf, 1925 in Wien geboren, 1941 nach Nordamerika emigriert, gehört – genau genommen – zur zweiten Generation moderner Zeitschriftengestalter in den USA. Als er 1958 den legendären Alexey Brodovitch als Art Director von Harper's Bazaar ablöste, waren wesentliche Neuerungen im Editorial Design bereits durchgesetzt. Für Wolf ging es demnach vor allem darum, den erreichten Standard zu halten bzw. durch Zusammenarbeit mit neuen Illustratoren oder Fotografen zu verfeinern. Unverkennbar sind Einflüsse des Surrealismus, der japanischen Kunst sowie der werblichen Fotografie auf seine gestalterische Arbeit, die 1980 mit der Aufnahme des Grafikers und Fotografen Henry Wolf in die Hall of Fame gewürdigt wurde.

Hans-Michael Koetzle: Herr Wolf, lassen Sie uns – sozusagen – mit dem Schluss beginnen: *Show*. 1963 wurde die Zeitschrift eingestellt. Danach hat man von Ihnen im Bereich Editorial Design eigentlich nicht mehr viel gesehen. Heißt das, Sie sind ganz in die Werbung gewechselt?

Henry Wolf: Keineswegs. Ich habe, zum Beispiel, ein Magazin für Kinder gestaltet: *Sesame Street*. Ich habe viel für *Town & Country* gearbeitet. Oder war verantwortlich für die Beauty-Seiten in *McCall's*. Also, die Arbeit für Magazine hat mich weiterhin beschäftigt.

HMK: Das heißt, Sie wurden für bestimmte Ausgaben oder Heft-Teile verpflichtet.

HW: Sozusagen. Allerdings war ich das, was man als ständigen Mitarbeiter bezeichnen könnte. *House Beautiful* habe ich als Freelance Art Director sogar ein halbes Jahr lang komplett gestaltet. Sie sehen, die Magazin-Arbeit hat mich nie losgelassen.

HMK: Sie wirkten gewissermaßen als freier Art Director.

HW: Könnte man sagen. Ich war ja im Magazingeschäft bekannt. Wenn man also jemanden brauchte, wurde ich für ein oder zwei Jahre engagiert. So machte ich zwei Jahre lang das Magazin *The Dial*. *Sesame*

Street hat mich drei Jahre lang beschäftigt. Und die Beauty-Seiten in *McCall's* entstanden rund fünf Jahre unter meiner Verantwortung. So war das mit den Magazinen.
HMK: Bleiben wir beim Editorial Design. Was bedeutet hier der Begriff Art Director für Sie? Waren Sie jeweils nur Gestalter? Oder waren Sie auch Lieferant für Stories, für Ideen?
HW: Selbstverständlich, ich war für alles zuständig. Ganze Strecken in *Town & Country* habe ich völlig allein realisiert. Ich war zuständig für die Fotografie. Für die Seitenkonzeption. Das Layout. Es war nicht so, dass man nur das machte, was der Titel Art Director im engeren Sinne auftrug.
HMK: Gilt das auch für Ihre Zeit bei *Esquire* oder *Harper's Bazaar*?
HW: Hier war es insofern etwas anderes, als ich als Art Director zu den festen Mitarbeitern gehörte. Aber grundsätzlich waren die Bereiche nicht so strikt voneinander geschieden. Wir waren schließlich nicht bei der Army. Hierarchien spielten keine Rolle. Selbst als Freelance Art Director hatte ich alle Freiheiten. Da hieß es nicht: „Machen Sie dies, machen Sie das." Ich erledigte meine Aufgabe und lieferte die fertigen Seiten ab. Und so wurden sie gedruckt.
HMK: Das heißt, es gab nie Diskussionen oder Meinungsverschiedenheiten über die Fotografie, die Präsentation, das Layout?
HW: Ich kann mich nicht an irgendwelche Diskussionen oder gar Streitigkeiten erinnern. Man machte, was man für richtig hielt. Ich kümmerte mich lediglich darum, dass es korrekt ausgeführt wurde und in guter Qualität ins Magazin kam.
HMK: Seit den frühen 1950er Jahren sind Sie im Magazingeschäft. Inwiefern hat sich die Arbeit seither geändert?
HW: Das Problem ist, dass es heute nur noch ums Geldverdienen geht. Wenn wir seinerzeit mit einem Model nach Paris reisten, um die neueste Kollektion zu fotografieren, kostete das, sagen wir 50 000 Dollar. Kein Mensch sagte etwas. Wenn Sie heute 50 000 Dollar brauchen, müssen Sie zum Chef von Hearst gehen und sich das genehmigen lassen. Das gab es damals nicht. Alles war einfacher, menschlicher, und es hat mehr Spaß gemacht. Ich finde, für Magazine sind dies schlechte Zeiten.

HMK: Das heißt, es war auch einfacher, neue Wege zu gehen in Fotografie und Layout, in Optik und Design?
HW: Zweifellos. Ich konnte Fotografen beschäftigen, die noch überhaupt keine Magazinerfahrung hatten. Wie Saul Leiter zum Beispiel. Alle möglichen Leute. Ich sagte: „Der macht das jetzt." Und der Verleger sagte: „Okay." Heute ist das fast unmöglich.
HMK: Wie stießen Sie auf Saul Leiter?
HW: Ich kannte ihn, ich mochte seine Bilder. Er besuchte mich bei *Esquire*, und ich gab ihm einen Auftrag. Dann ging ich zu *Harper's Bazaar* und machte Mode. „Hättest du Lust?", fragte ich. Er sagte: „Ja." So lief das. Und ich musste nicht zum Chefredakteur laufen und mir die Genehmigung holen. Ich war Art Director und setzte die Geschichten um, so, wie ich es mir vorstellte. Eines Tages machten wir eine Geschichte über große Marken. Ferrari zum Beispiel. „Ich muss nach Europa", sagte ich. Das war's.
HMK: Paradiesische Zustände, könnte man sagen.
HW: Allerdings. Das Ergebnis heute ist, dass es kein – und ich kann es mit Bestimmtheit sagen – kein Magazin mehr gibt, das sich mit früheren Vorbildern messen kann. Die Modezeitschriften sind schrecklich, reine Kataloge. Es gab Zeiten, da bin ich regelmäßig zum Kiosk, um mir die jüngste *Vogue* zu besorgen und sie im Triumph nach Hause zu tragen. Heute kümmert mich das nicht mehr. Die Magazine sind zu reinen Anzeigenträgern verkommen. Der kreative Anteil ist erbärmlich. Sehen Sie sich die Cover an. Fast alle im Studio vor blauem Hintergrund gemacht. Schrecklich. Was haben wir damals bei *Harper's Bazaar* für Titel gestaltet! Die Aufnahmen richtig gebaut. Davon ist nichts geblieben. Niemand interessiert sich für den künstlerischen Anteil. Und man sieht das den Produkten an.
HMK: Neben Agha, Brodovitch und Liberman zählen auch Sie zu den Europäern, die das amerikanische Grafikdesign maßgeblich beeinflusst haben. Wie erklären Sie sich den hohen Anteil von Nicht-Amerikanern auf diesem kreativen Feld?
HW: Nun, der einfachste Grund ist Adolf Hitler. Sämtlich sind sie emigriert. Es gab einen regelrechten Exodus. Ein schönes Beispiel ist

Martin Munkácsi. Er kam, und Marlene Dietrich sagte: „Ich möchte nur noch von Munkácsi fotografiert werden." Auf diese Weise wurde Munkácsi der Starfotograf bei Hearst. Er bekam einen großzügigen Vertrag und wurde, wenn man so will, der Avedon der 1930er und 40er Jahre.

HMK: Aber meinen Sie nicht, dass Amerika für all diese Künstler ein besonders günstiges Klima bereithielt, sich zu entwickeln?

HW: Mag sein. Obwohl es ja auch in Deutschland großartige Verleger gegeben hat. Denken Sie nur an Ullstein.

HMK: Wovon nach dem Krieg nicht mehr viel übrig war. Mit Zeitschriften wie *Vogue* oder *Harper's Bazaar* jedenfalls konnte sich hier nichts messen.

HW: Wobei es im Nachkriegsamerika ja nicht nur hervorragende Modezeitschriften gab. Denken Sie nur an *Fortune*. Selbst eine Wirtschaftszeitschrift wie diese wurde zur Plattform für exzellente Künstler. Eric Nietzsche zum Beispiel. Er hat wundervolle Dinge für *Fortune* gemacht.

HMK: Sie selbst stammen aus Wien. Ihre Mutter war mit Gustav Klimt befreundet. Kunst spielte folglich früh eine Rolle in Ihrem Leben.

HW: O ja. Vor allem meine Mutter war sehr begabt. Eine beachtenswerte Künstlerin. Sie hat mir das Zeichnen beigebracht.

HMK: Das heißt, die künstlerisch interessierte Atmosphäre in der Familie hat Sie geprägt und Ihr Interesse an der Kunst geweckt?

HW: Sicherlich. Das war, man muss es sagen, auch eine ganz andere Zeit. Eine bessere Zeit für die Kunst. Heute kümmert das niemanden mehr. Die Kreativen gehen in die Werbung, weil sie dort das Dreifache verdienen. Ich lehre jetzt seit vier Jahrzehnten. Und merke, wie es immer schwieriger wird, die jungen Leute für den Zeitschriften-Bereich zu interessieren. Da hat auch der Computer viel Unheil gestiftet. Alles scheint so leicht zu gehen. Und heraus kommen wirklich abscheuliche Geschichten.

HMK: Sie selbst haben eine ganze Reihe von trickreichen Magazin-Covern realisiert. Mit digitaler Bildbearbeitung wäre dies allerdings heute sehr viel einfacher zu realisieren.

HW: Es ist eben nicht einfacher. Sehen Sie sich die Ergebnisse an: schrecklich. Nehmen Sie meine Anzeige: das Mädchen, das auf dem Wasser zu spazieren scheint. Dafür heuerten wir einen Taucher an, der sie von unten stützte. Die Schatten hätte man mit dem Computer so nicht hinbekommen. Es sieht immer irgendwie airbrushed aus. Auch das berühmte *Harper's-Bazaar*-Cover vom Dezember 1959: Da wurde wirklich eine Situation gebaut, eine Leiter aufgestellt. Und das Model hielt den Buchstaben wirklich in der Hand.
HMK: Ihre berufliche Laufbahn begann in einer Agentur?
HW: Ich fing an in einem kleinen Studio an der Westside von New York. Wir machten hauptsächlich Buchumschläge. Einige Zeit später wechselte ich in eine Agentur und machte Werbung.
HMK: Arnold Gingrich hat Sie von da zu *Esquire* geholt?
HW: Nicht ganz. Es war Art Kane, der mir verriet, dass bei *Esquire* ein Job frei sei. Also bewarb ich mich und wechselte ins Art Department von *Esquire*.
HMK: Schon mit 26 wurden Sie dort Art Director. Wie kam es dazu?
HW: Bei *Esquire* war ich zunächst zuständig für die Bestellcoupons, die beigelegten Karten fürs Abonnement. Also, wir machten die ganze PR. Arnold Gingrich, der Herausgeber, beabsichtigte, sich in die Schweiz zurückzuziehen. Das einzige Problem war: Mit dem Erscheinungsbild seines Magazins seit den 1940er Jahren war er überhaupt nicht zufrieden. Eines Tages gab es ein Gespräch mit dem Chef der PR-Abteilung. Arnold fragte: „Wer macht diese Bestellkarten?" – „Wir haben da einen jungen Mann aus Wien", meinte unser PR-Chef. Und Gingrich darauf: „Können wir nicht dafür sorgen, dass unsere Zeitschrift genauso gut aussieht wie diese Abo-Karten?" Ich wurde also gefragt, ob ich Lust hätte. Ich hatte, und man gab mir eine erste Aufgabe. Ich besorgte das Layout und zeigte es ihnen. „Okay", hieß es, „machen Sie weiter so." So wurde ich Art Director, mit 26 Jahren.
HMK: Welches waren die wichtigsten gestalterischen Neuerungen, die Sie bei *Esquire* einführten?
HW: Ich weiß nicht, ob es da in dem Sinn große Neuerungen gab. Ich denke, ich verbesserte die Typografie, führte eine Laufschrift ein,

die besser zu lesen war, und engagierte Fotografen, die zuvor noch nicht für die Zeitschrift gearbeitet hatten.

HMK: Zum Beispiel?

HW: Saul Leiter gehörte zu ihnen. Oder Hiro, der als Assistent bei Richard Avedon angefangen hatte. Ich lernte ihn kennen, da wurde er zum Kaffeeholen geschickt. Und Avedon meinte: „Er macht ganz hübsche Stillleben. Willst du es nicht einmal mit ihm versuchen?" So kamen wir zu Hiro.

HMK: 1958 wurden Sie nach Alexey Brodovitch Art Director von *Harper's Bazaar*. Wie ist man hier auf Sie gekommen?

HW: Nancy White, die damalige Chefredakteurin von *Harper's Bazaar*, heiratete den Verleger von *Fortune*. Art Director dort war Leo Lionni, ein großer, vielbeachteter Gestalter, ein echter Renaissancemensch, ein italienisches Genie, wenn Sie so wollen. Der Mann von Nancy fragte nun Leo Lionni, ob er einen Art Director für *Harper's Bazaar* wisse. Brodovitch war ja schon alt und krank. Lionni war es, der mich empfahl.

HMK: Nachfolger des großen Alexey Brodovitch zu sein, ist gewiss auch keine leichte Sache.

HW: Es war in der Tat ein wenig schwierig. Avedon und all die anderen Fotografen hielten zu Brodovitch. Ich wurde als junger Spunt angesehen. Ich war ja gerade 32 oder 33 Jahre. Aber am Ende war es eine sehr gute Zusammenarbeit.

HMK: Gab es Weisungen, dies oder jenes zu ändern oder umgekehrt, optische Kontinuität zu wahren?

HW: Nein. Es gab ein paar kleinere Auseinandersetzungen, aber das war kein ernstliches Problem. Einmal hat sich Hearst persönlich bei mir beschwert. In einem Brief kritisierte er meinen Titel, den Titel mit dem A. Die Titelschrift sei jetzt hundert Jahre alt, und er dulde nicht, dass damit herumgealbert werde. Ich sagte: „Okay." Drei Monate später habe ich es wieder gemacht. Und kein Mensch sagte etwas. Ich muss es noch einmal betonen. Wir waren nicht in der Army. Alles wurde sehr informell und locker gehandhabt. Nie wurde jemand entlassen, weil er dies oder jenes nicht befolgt hatte. Außerdem war man wohl der Meinung, dass ich gut und nützlich sei.

HMK: Auch und gerade, weil Sie Europäer waren? Es sieht ja ganz so aus, als hätten die amerikanischen Verleger damals in besonderer Weise auf Europäer gebaut.

HW: Gar kein Zweifel. Denken Sie nur an Agha. Die Fliege, das Monokel. Und dann immer ein kleines Köfferchen dabei für die Zigarren. Also ganz der alte Stil. Die Amerikaner mochten das. Viele hielten Amerika für eine Wüste. Ich kann Ihnen über Brodovitch etwas erzählen. Er sprach ja perfektes Englisch, oder besser: Amerikanisch – wenn er wollte. Trotzdem pflegte er einen russischen Akzent. Er fand wohl, dies mache ihn interessant. Einmal hatte er eine Studentin in seiner Klasse, deren Arbeiten ihm für *Harper's Bazaar* geeignet schienen. Also meinte er: „Editorr of Bazarr be verry interrested in yourr pictures." Das war also die russische Masche. Und wenig später machte in seiner Klasse jemand etwas, das ihn wütend machte. Und dann polterte er los: „Goddam, I wanna see it anymore." Er vergaß sich völlig und redete wie ein Taxifahrer. Also, diese Russengeschichte war schon sehr eigen.

HMK: Sie selbst haben ja Design-Kurse bei Brodovitch belegt. Wie gestaltete sich bei ihm der Unterricht?

HW: Nun, er stellte Aufgaben, die wir zu lösen hatten. Eine Kampagne für Zigaretten zum Beispiel.

HMK: „Let it flow" solle eine seiner immer wiederkehrenden Forderungen gelautet haben, womit er den Rhythmus des Layouts über die Seiten meinte. Haben Sie auch Ihre Doppelseiten ausgelegt, um diesen Rhythmus zu überprüfen?

HW: Manchmal. Aber das lief nicht so nach irgendeinem Schema. Ihren Fragen entnehme ich immer wieder die Suche nach einer Struktur, einem System. So war das nicht.

HMK: Welche Bedeutung hatte die Doppelseite in Ihrem gestalterischen Kosmos?

HW: Wichtig war die Doppelseite für mich, weil ich damit sichergehen konnte, dass nichts meine Gestaltung störte. Also, ich hatte keine Schnapsanzeige auf der rechten Seite. Wenn man eine Doppelseite hatte, hatte man eben eine Doppelseite. Das war's.

HMK: *Harper's Bazaar* haben Sie verlassen. Warum dies?

HW: Bei *Harper's* gab es bereits ein eingespieltes Team, als ich kam. So etwas macht die Sache immer etwas schwierig. Bei *Show* konnte ich ganz von vorn beginnen. Das hat mich gereizt.
HMK: Wie verlief hier die Entwicklungsarbeit? Haben Sie ein Dummy oder mehrere gemacht?
HW: *Show* wurde gegründet von einem mehrfachen Millionär, Huntington Hartford. Sein Vater hatte eine Lebensmittelkette gegründet. Hartford holte als Chefredakteur Robert M. Wool von *Look* und mich von *Harper's Bazaar*. Ich klebte einen Entwurf und zeigte ihn dem Verleger, und er meinte: „Okay." Ein Teil des Dummys ist dann sogar noch in die Nummer Eins mit eingeflossen.
HMK: Vom redaktionellen Konzept her sollte *Show* eine Zeitschrift für die darstellenden Künste sein, also Musik, Show, Tanz, Theater usw.
HW: Ja. Aber auch da hielten wir uns nicht zurück. Das wurde ja alles nicht so strikt gehandhabt. Wie es auch keine Marktanalysen gab. Wenn man erst einmal 5 000 Leute befragt, was sie davon halten, kommt immer mittelmäßiges Zeug heraus. Da wird die Hausfrau plötzlich wichtiger als der Künstler.
HMK: Apropos Künstler – Sie haben mit Andy Warhol zusammengearbeitet?
HW: Andy Warhol hat ein paar kleine Zeichnungen für *Harper's Bazaar* gemacht. Auch da hatte er ziemlich freie Hand. Ich habe den Leuten nie gesagt, was sie zu tun oder zu lassen hätten.
HMK: Wenn Sie zurückblicken: Gibt es Covers oder Doppelseiten, die Ihnen noch heute als vorbildlich erscheinen?
HW: Einige, ja. Aber nicht sehr viele. Was ich nach wie vor schätze, ist das *Esquire*-Cover *The Americanisation of Paris*. Oder das *Show*-Cover mit Linda Horn, wie sie durch einen schmalen Spalt im Papier blickt. Sie wissen vielleicht, Linda Horn war die erste farbige Entertainerin, die im Waldorf Astoria auftreten durfte. Sie durchbrach, sozusagen, die weiße Barriere.
HMK: Ihre Cover, aber auch Ihre Anzeigen arbeiten häufig mit dem Moment der Überraschung. Könnte es sein, dass Sie vom Surrealismus beeinflusst sind?

HW: Ganz bestimmt. Magritte, de Chirico, alle möglichen Künstler haben mich inspiriert. Diese Kombination aus Design und Humor scheint mir im Bereich der Zeitschriftenarbeit recht brauchbar. Brodovitch hatte ja immer die Devise: „Surprise me." Wenn seine Schüler fragten, was sie tun sollten, sagte er immer: „Surprise me." Ich würde sagen: „Astonish me."
HMK: Außerdem wirken viele Ihrer Arbeiten sehr flächig und sehr symmetrisch. Stand dahinter ein Konzept?
HW: Sie müssen wissen, während meiner Army-Zeit verbrachte ich ein Jahr in Japan. Die japanische Kunst kennt keinen Fluchtpunkt. Raumtiefe erreicht man dort, indem man eine Sache nach vorn und die andere dahinter stellt. Mich hat das ohne Frage sehr beeinflusst.
HMK: Wie stehen Sie zum Raster?
HW: Ich schätze die Ordnung. Aber bitte nicht sklavisch.
HMK: Bilder, Fotos zu beschneiden, war Ihnen dies eine Selbstverständlichkeit oder eher ein Problem?
HW: Ich beschneide Bilder nur ungern. Cartier-Bresson hatte ja immer einen Stempel hinten auf seinen Fotos: „Nicht verändern, nicht beschneiden, nicht retuschieren." Einmal plante ich mit ihm eine Geschichte in *Show*. Ich wollte eine schöne, große Aufmacherseite. Aber dazu musste ich das Bild etwas beschneiden. Es war nicht hoch genug. Also fragte ich Cartier-Bresson. Er ist ja eine recht energische Person. Er kam also und sah sich mein Layout an. „Haben Sie meinen Stempel gelesen?" fragte er. „Ja", sagte ich. „Warum fragen Sie dann?" Dabei ging er auf und ab, verglich die Fotos mit dem Layout und meinte schließlich: „In Ordnung, tun Sie's."
HMK: Bei *Show* haben Sie ja auch mit Irving Penn zusammengearbeitet, der eigentlich ein Zögling von Alexander Liberman war. Gab es deswegen Probleme?
HW: Irving ist ein außerordentlich freundlicher Mensch, ein wahrer Gentleman. Und überhaupt nicht eifersüchtig. Einmal machte ich Aufnahmen für *Show* und verwendete dabei Trockeneis. Penn rief mich an und fragte: „Wie hast du das gemacht?" Und ich dachte bei mir: Großer Gott, Penn ruft mich an und fragt, wie ich die Bilder gemacht habe. Avedon käme so etwas nie in den Sinn. Als ich bei

Harper's Bazaar anfing, brachte ich Saul Leiter mit, der ein paar sehr schöne Modefotos gemacht hatte. Avedon kam herein, und ich sagte: „Möchtest du die Bilder sehen?" Und er entgegnete: „Henry, eines musst du dir merken, mich interessieren einzig und allein meine eigenen Fotos." Er ist ein großer Egomane. Trotzdem: Wir haben immer gut zusammengearbeitet.

HMK: Sie haben sehr viel Studiofotografie betrieben. Gibt es auch Kleinbild- oder Reportagefotos?

HW: Ich muss gestehen, ich besitze eine Leica. Baujahr 1936, mit versenkbarem Objektiv. Ein Onkel hat sie mir vererbt. Für mich ist dies eines der schönsten Objekte, die überhaupt je hergestellt wurden. Auf Reisen habe ich sie stets dabei und mache eher private Fotos. Dabei arbeitet sie nach wie vor ohne Probleme, absolut perfekt.

Mit Horst Moser, Art Director der Zeitschrift Leica World, in den USA. *Henry Wolf empfängt in seinem Heim Midtown New York.* Ein Stadthaus *in ruhiger Lage.* Die Sonne *scheint ins Arbeitszimmer.* Es gibt *Kaffee.* Und *griffbereit* Proben *seiner Arbeit.* Das *Gespräch in* Englisch. *Offen und gern mit einem* Augenzwinkern. *Trotz* überstandener Krankheit: *Wolf* bleibt ein Schalk. Sein letztes *Interview? Vermutlich.* Ein Wiedersehen *gab es nicht. Februar* 1997.

Erstveröffentlichung in *Leica World*, Nr. 1, 1997

„Man wollte schon Innovationen – aber nur mit angezogener Handbremse.“

F.C. Gundlach

1926 Heinebach, Deutschland –
2021 Hamburg, Deutschland

Wir haben zu wenig Verrückte

Führender Modefotograf, daneben Sammler, Kurator, Stifter, Unternehmer – ein Gespräch mit F.C. Gundlach

Gefragt, als was er sich in erster Linie sehe, F.C. Gundlach würde ohne Zweifel antworten: als Fotograf. Tatsächlich hat der 1926 im Hessischen geborene Wahl-Hamburger wie kein zweiter in Deutschland unser Bild von der Mode der 1950er bis 80er Jahre geprägt. Er hat bemerkenswerte Porträts geschaffen. Und auch theoretisch – in Rede und Schrift – immer wieder seine Profession reflektiert. Zugleich – und das vermutlich unterscheidet F.C. Gundlach vom Gros seiner Kollegen – hat er sich mit der qualitätvollen Erledigung von Aufträgen nie zufriedengegeben. Stets bemüht, sein Medium – kommerziell, kulturell, institutionell – voranzubringen, hat er mittlerweile so viele „Neulande" betreten, dass es allmählich schwerfällt zu sagen, wo Gundlachs eigentliche Verdienste liegen. So hat er in den 1970er Jahren mit PPS. Deutschland einen ersten kundenorientierten Laborservice nach amerikanischem Vorbild beschert. Die angeschlossene Fotogalerie darf zu den ersten ihrer Art in Europa gerechnet werden. Gundlach hat – im Rahmen von BFF und DGPh – wichtige Verbandsarbeit geleistet. Er hat Bücher ediert, Ausstellungen kuratiert, vielfach angeregt und angeschoben. Seine private Fotosammlung, mittlerweile in einer Stiftung aufgegangen, darf weltweit zu den bedeutendsten gerechnet werden. Nicht zu vergessen seine Tätigkeit als Professor an der Berliner HdK, wo Gundlach weiterhin den Kontakt zum fotografierenden Nachwuchs sucht. Im 76. Lebensjahr war F.C. Gundlach ein ebenso streitbarer wie neugieriger Begleiter seines Mediums.

Hans-Michael Koetzle: Herr Gundlach, Sie stammen nicht zufällig aus einer Fotografenfamilie?
F.C. Gundlach: Nein, nein, überhaupt nicht.
HMK: Wer oder was hat Sie folglich zur Fotografie gebracht?
FCG: Ich hatte einen Onkel, der ein engagierter Amateurfotograf war und eine kleine Dunkelkammer besaß. Ich fand es faszinierend: allein dieser dunkle Raum, in dem plötzlich wie in einem Mysterium in der Entwicklersoße Bilder erschienen.

HMK: Ihre ersten Aufnahmen haben Sie wann gemacht?

FCG: Einige meiner ersten erhaltenen Bilder habe ich vielleicht mit zehn oder zwölf Jahren aufgenommen. Mit einer Agfa-Box. Und was mir erst jetzt, im Nachhinein, aufgefallen ist: Schon diese ersten Bilder zeigen ganz eindeutig Spuren bewusster Gestaltung. Es sind auf alle Fälle mehr als Knipsbilder.

HMK: Wann und wie wurde nun aus dem Hobby ein Beruf oder sagen wir: ein Berufswunsch?

FCG: Die Idee kam eigentlich erst nach dem Krieg. Bis zu meinem 16. Lebensjahr habe ich allerdings schon intensiv geknipst, fast möchte ich sagen, besessen fotografiert. Wir hatten ein relativ großes Haus. Da war ein Zimmer frei, das wurde mein Studio, sozusagen. Dort habe ich auch erste Versuche unternommen, mit wackeligen Nitraphot-Lampen Porträts zu fotografieren. Vorbilder waren für mich dabei vor allem Star- und Filmpostkarten, deren Lichtführung ich versuchte nachzustellen. Mit sechzehn kam unsere ganze Realschulklasse als Luftwaffenhelfer in Kassel zur Flak. Anscheinend hatte ich zu dieser Zeit schon eine gewisse Reputation als Fotograf. Denn ich bekam den Auftrag von unserem Batteriechef, die Offiziere des Stabes für ihre Dienstausweise zu fotografieren.

HMK: Beim Porträtieren der Offiziere ist es am Ende nicht geblieben. Fast noch ein Kind, haben Sie den Krieg in seiner ganzen Grausamkeit kennengelernt. Sie waren an der Ostfront, gerieten im Westen in Gefangenschaft, haben mit knapper Not Hungertyphus und Lungentuberkulose überlebt. Dass Sie sich später ausgerechnet der Modefotografie verschrieben haben: Könnte man dies als Reaktion auf Ihre katastrophalen Kriegserfahrungen interpretieren?

FCG: Ich glaube, das ist eine Hypothese, die zu weit greift. Vor allem war das eine Reaktion auf die Pläne meines Vaters. Er hatte einen Gasthof und ein Kino. Und er wollte unbedingt, dass ich sein Nachfolger werde. Ich wollte das auf keinen Fall. Ich wollte etwas anderes machen. Ich wollte da raus. Also nahm ich nach meiner Rückkehr die Fotografie gleich wieder auf. Natürlich gab es kein Fotomaterial. Man musste tauschen, Kompensationsgeschäfte machen, um an Filme oder 10er-Blatt-Packungen Fotopapiere zu kommen.

HMK: Immerhin erfuhren Sie in dieser Zeit von einer privaten Fotoschule in Kassel.

FCG: Ich weiß nicht, woher ich die Information bekam. Jedenfalls habe ich mich dort beworben und wurde probeweise aufgenommen. Aber ich war noch purer Amateur ohne professionelle Vorbildung. Andere Teilnehmer hatten zum Teil schon eine Meisterprüfung. Zusammen waren wir, glaube ich, ein heterogener Haufen von zwölf Schülern.

HMK: Wir reden von Rolf W. Nehrdich, dem Gründer und Leiter dieser ja wohl recht kurzlebigen privaten Fotoschule. Wer war dieser Nehrdich eigentlich?

FCG: Der Vater, Max Nehrdich, war ein wichtiger Vertreter der Kunstfotografie um 1900 und war mit großformatigen Edeldrucken an vielen Ausstellungen beteiligt. Sein Sohn Rolf ging nach Berlin und machte dort eine Karriere als Modefotograf. Ich glaube, dass meine Affinität zu Berlin durch seine Beschreibungen der Berliner Fotoszene geweckt wurde. Nachdem Nehrdich in Berlin ausgebombt war, kehrte er nach dem Krieg in sein Elternhaus nach Kassel zurück.

HMK: Wo er sich mit der besagten Fotoschule eine neue Existenz aufzubauen suchte. Ein Wort vielleicht zum Unterricht: Wurden Sie zu dieser Zeit schon mit den Bildleistungen anderer, prominenter Fotografen konfrontiert?

FCG: Bildanalysen und Bildkritik haben wir wenig gemacht. Dazu war Nehrdich zu sehr Pragmatiker. Was er uns vermittelte, war eher eine saubere Dunkelkammertechnik als theoretisches Wissen. Ansonsten mussten wir Buchhaltung lernen. Eben alles, was die Handwerksordnung damals verlangte.

HMK: Auf einem Ihrer frühen Modefotos hat das Model eine Nummer von *Harper's Bazaar* unter dem Arm. Heißt das, Sie haben damals schon internationale Trends bewusst wahrgenommen und vielleicht daraus gelernt?

FCG: Ja, sicherlich. Ich erinnere mich, dass ich während meiner Stuttgarter Zeit häufig die Bibliothek des Amerikahauses aufsuchte. Dort entdeckte ich diese wunderbaren Zeitschriften wie *Harper's Bazaar*, die amerikanische *Vogue*, *Collier's* und *Life*. Und wenn mich dann ein

Bild besonders beeindruckte, dann konnte ich nicht widerstehen, es heimlich herauszureißen. Ich glaube, dass auch mein Interesse für die Fotografie von Erwin Blumenfeld aus dieser Zeit stammt.

HMK: Die Fotoschule haben Sie abgeschlossen, waren dann in Wiesbaden, danach bei Ingeborg Hoppe in Stuttgart und sind schließlich 1951 nach Paris gegangen.

FCG: Richtig. Ich wohnte in einem kleinen Hotel am Montmartre, das Zimmer kostete fünf Francs die Nacht, eine Woche im voraus zu zahlen. Ich fing an, meine eigenen Reportagen aufzunehmen mit den Schwerpunkten Theater und Film. Später machte ich Bekanntschaft mit dem deutschen Journalisten Charles Münch, der in Paris Gott und die Welt kannte und mir zu vielen Kontakten verhalf. Unter anderem zu Cocteau, der damals gerade seinen Film Orphée drehte.

HMK: Sie fotografierten weitere Größen aus Film und Theater, wie Jean Marais oder Jean-Louis Barrault. Rückblickend: Hätte Ihnen Paris nicht auch eine berufliche Heimat werden können?

FCG: Ja, aber es kam anders. Manchmal hat man im Leben Entscheidungen zu treffen, die man nicht in letzter Konsequenz beurteilen kann. Ich hatte damals schon einen engen Kontakt zur Redaktion *Film und Frau*, zu dem Chefredakteur Curt Waldenburger und seiner Frau Helga, die für die Moderedaktion und das Layout der Zeitschrift verantwortlich war. Diese Verbindung war für mich ausschlaggebend, nach Hamburg zu gehen. Die beiden haben mich letztlich auch als Fotograf durchgesetzt.

HMK: Der Titel der Zeitschrift *Film und Frau* klingt für heutige Ohren etwas seltsam.

FCG: Es sind aber die beiden wichtigen Elemente, die diese Zeitschrift ausmachten, enthalten. Der Film, die Welt der Illusionen. Und zweitens natürlich die Mode, die Welt der Frau.

HMK: Mit dem Angebot von Herrn Waldenburger kamen Sie nach Deutschland zurück und begannen dort die Arbeit als Modefotograf.

FCG: Allein die Tatsache, dass die Waldenburgers zu mir sagten: „Herr Gundlach, wir möchten gern mit Ihnen Mode fotografieren. Wir glauben, dass Sie Mode fotografieren können." – das war eine ganz wichtige Aussage. Zunächst bekam ich kleinere Themen. Die erste große Veröffentlichung, die ich dann hatte, war ein mehrseitiger Bericht, „Das 365 Tage-Kostüm" mit Ruth Leuwerik in der Hauptrolle.

HMK: Eigentlich kommen Sie ja aus dem Bildjournalismus. Ein Begriff, den Sie immer wieder gern verwenden, ist der der Modereportage.

FCG: Für mich ein zentrales Thema. Meistens habe ich mich hingesetzt und mir ein, zwei Situationen oder Themen ausgedacht. Dann musste ich herausfinden, ob das Projekt überhaupt zu realisieren ist mit den Mitteln, die die Redaktion zur Verfügung stellte.

HMK: Aber Reportage hieß in diesem Fall ...

FCG: ... dass es fiktive Reportagen waren, die inszeniert sind, die sich aber genauso hätten ereignen können.

HMK: Tatsächlich haben Sie viel outdoor fotografiert. Wie viel deutsche Nachkriegswirklichkeit durfte dabei mit ins Bild gelangen? Die zerstörte Berliner Gedächtniskirche ist jedenfalls immer wieder Thema.

FCG: Der zerstörte Turm der Gedächtniskirche wurde nach dem Krieg ein Symbol zugleich für Zerstörung und Wiederaufstieg. Hingegen war jeder zerbrochene Ziegel im Bild tabu. Wir hatten den Krieg überlebt. Wir hatten das Inferno überstanden. Nun wollte man nicht mehr daran erinnert werden. Es war ein ungeheurer Verdrängungsprozess.

HMK: Und das war eine stille oder eine ausgesprochene Übereinkunft, keine Trümmer zu zeigen?

FCG: Es war nie ein Thema.

HMK: Stichwort Leica: Es heißt, Sie hätten die Leica im Bereich der Modefotografie mit durchgesetzt. Das bedeutet ja wohl auch, dass es Widerstand in den Verlagen gegeben hat?

FCG: Damals war die Rolleiflex die Standardkamera. Das 6×6-Format erlaubte einfach eine Bildauswahl anhand der Kontakte. Der größte Widerstand gegen das Kleinbild kam von den Redakteuren. Da hieß es immer, die Bilder seien zu klein. Man könne danach nicht aussuchen. Ich habe dann angefangen, selbst Großkontakte zu machen. Das hatte ich in Paris bei Pierre Gassman gesehen. Und in dem Moment wurde dann auch das Kleinbild akzeptiert. Ich habe die Leica immer als eine Kamera empfunden, die mir mehr Mobilität und Spontaneität gestattete.

HMK: Insgesamt wirkt Ihre Fotografie aber doch eher statisch. Bewegung, wie wir sie etwa von Munkácsi her kennen, kommt in Ihrem Werk kaum vor.

FCG: Der Spielraum eines Modefotografen wird von seinen Publikationsmöglichkeiten vorgegeben. Es kam darauf an, jede Naht zu zeigen. Ich empfinde das heute noch als eine geniale Entscheidung von Carmel Snow, dass sie die Innovationen Martin Munkácsis schon 1934 in ihrem Heft umsetzte.

HMK: Carmel Snow, legendäre Chefredakteurin von *Harper's Bazaar*. Haben Sie bedauert, dass wir in Deutschland nach dem Krieg keine Zeitschriftenmacher von der Statur einer Carmel Snow oder eines Alexey Brodovitch hatten?

FCG: Das habe ich wahnsinnig bedauert. Das waren zwei Persönlichkeiten, die Visionen zuließen. Während wir uns doch sehr am Gebrauchswert und an der Auflage orientieren mussten. Man wollte schon Innovationen – aber nur mit angezogener Handbremse.

HMK: Ihre, sagen wir, experimentellen Ideen in Gestalt freier Projekte zu verwirklichen – das war für Sie nie ein Thema?

FCG: Für mich war es immer wichtiger, meine Arbeiten gedruckt zu sehen, als im stillen Kämmerlein Bilder zu machen, die keiner will. Das war eine grundsätzliche Einstellung von mir. Ich habe mich immer als Teil der Redaktion gesehen, das hat mir auch Freiräume eröffnet.

HMK: Der Wechsel von *Film und Frau* zu *Brigitte* – wie hat sich der vollzogen?

FCG: Das geschah 1963. *Brigitte* kam auf mich zu in Gestalt der Modechefin Barbara Buffa. Die Nachkriegszeit war zu Ende. Und Barbara Buffa hatte als Erste ein aktuelles neues Frauenbild formuliert, das ich mit ihr zusammen in den nächsten fünfzehn Jahren visuell in vielen innovativen und richtungsweisenden Modeserien umsetzte. Die Zusammenarbeit war so intensiv, dass man mir später einen Exklusivvertrag mit Garantie von 300 veröffentlichten Seiten anbot.

HMK: Sie gelten als „Doyen" der Modefotografie im Nachkriegsdeutschland, haben aber auch einige sehr bemerkenswerte Porträts geschaffen. Wäre das eine Schiene gewesen, die Sie rückblickend gern etwas mehr ausgebaut hätten?
FCG: Definitiv. Ich kann nur Menschen fotografieren. Ich bin kein Still-Life-Fotograf, kein Landschaftsfotograf. Das interessiert mich nicht.
HMK: Das Porträt einer sehr in sich gekehrten, alles andere als fröhlichen Romy Schneider ist ja seinerzeit – bezeichnenderweise – in *twen* erschienen. War das ein Auftrag von Willy Fleckhaus?
FCG: Das war eine völlig freie Arbeit. Damals hatte Romy gerade einen Film mit Kortner gedreht, *Lysistrata*, in dem sie eine tragische Rolle spielte. Der Film wurde verrissen. Auch das Publikum war nicht bereit, sie in dieser Rolle anzunehmen. Romy Schneider war in einer sehr verzweifelten Stimmung. Irgendwie war sie damals in Hamburg und rief mich an. Ich habe gesagt: „Gut, wenn Sie Zeit und Lust haben, dann können wir doch am Sonntagnachmittag fotografieren." Ich habe sie dann im Hotel abgeholt, und wir sind in mein Atelier gefahren. Mein Assistent war dabei, sonst niemand. Zwei oder drei Stunden haben wir dann fotografiert. Kein Make-up, überhaupt nichts.
HMK: Interessant ist nicht zuletzt das Licht.
FCG: Das habe ich beim französischen Film gelernt, der ja mit sehr wenig Licht auskommt. Ich glaube, wir hatten damals nur einen einzigen 250-Watt-Scheinwerfer. Und das hat zu dieser Intimität und Intensität der Bilder geführt.
HMK: Bei dieser Serie haben Sie die Handbremse durchaus losgelassen.
FCG: Heute, nachdem wir ihr Schicksal kennen, hat man schon das Gefühl, dass die ganze Tragik ihres späteren Lebens in diesen Bildern aufscheint.
HMK: Hat Romy die Bilder gemocht?
FCG: Sie war begeistert davon und hat immer wieder Abzüge nachbestellt.
HMK: Ein anderes, das Dieter-Borsche-Porträt, zeigt deutlich Ein-

flüsse des Surrealismus. Wann haben Sie mit dieser Kunstrichtung Bekanntschaft gemacht?

FCG: Eigentlich schon 1949/50 mit den Zeitschriften im Amerikahaus. Und dann natürlich verstärkt noch in Paris. Was Blumenfeld betrifft: Auch er hat seine Experimente aus den 1930er Jahren später, als es die Technik erlaubte, in Farbe wiederholt. Dieser surreale Aspekt, die Verfremdung eines Motivs, war mir wichtig. Übrigens auch in vielen Modebildern.

HMK: Erwin Blumenfeld haben Sie später tatsächlich kennengelernt.

FCG: Das war eine sehr eindrucksvolle Begegnung. Ich kam, wie gesagt, 1956 das erste Mal nach New York – nicht zuletzt, um Fotografen, die große Vorbilder für mich waren, zu treffen oder kennenzulernen. Ich war also bei Horst P. Horst, Richard Avedon und auch bei Irving Penn. Aber Erwin Blumenfeld war für mich damals der wichtigste. Ich kam in sein Atelier, 222 Central Park South. Ein großes Hin und Her, wie das so in einem Studio ist. Und irgendwann kam dann der große Meister auf mich zu und begrüßte mich in breitestem Berliner Idiom und mit einem Satz, der mich fast hätte zusammenbrechen lassen: „Jibts in Hamburg noch een Lederjeschäft Allijator?" Mein Gott, dachte ich, diese Figur, die so wichtig war für mich – fragt nach einem Ledergeschäft in Hamburg! Ich hatte damals keine Ahnung von seiner Biografie und wusste nicht, dass er fast zwei Jahrzehnte erfolglos versucht hatte, vom Handtaschenverkauf in Amsterdam zu leben.

HMK: Sehr viel später haben Sie ja dann das erste Blumenfeld-Portfolio ediert.

FCG: Fast zwanzig Jahre nach dieser Begegnung hatte ich die Gelegenheit, Marina Schinz, seine letzte Assistentin, kennenzulernen. Sie lebte noch in dem Atelier am Central Park. Ich habe mich dort mit ihr verabredet. Sie machte dann die Kisten auf, und da lagen nun als Diapositive jene wunderbaren Motive, die ich so sehr bewundert hatte – alle schon ganz Magenta. Ich sagte: „Da muss man etwas tun." Inzwischen hatte ich ein Farblabor ins Leben gerufen. Also schlug ich vor, ein Portfolio mit Dye-Transfer-Prints herauszugeben.

Mit der Erlaubnis der drei Blumenfeld-Kinder, Henry, Yorick und Lisette, habe ich dann dieses Portfolio herausgebracht. Das war 1984.

HMK: Stichwort PPS.: Was hat den vielbeschäftigten Fotografen F.C. Gundlach dazu gebracht, auch noch ein Fotofachlabor aufzuziehen?

FCG: In den 1960er Jahren habe ich jeden Tag per Luftfracht meine belichteten Ektachrome-Filme nach Stuttgart geschickt, ins Studio 13. Es dauerte dann zwei Tage, bis ich mein Material zurück hatte. Und wenn ich in New York arbeitete, dann lag binnen Stunden das Ergebnis vor. Mit einem englischen und amerikanischen Partner, die uns das Know-how vermittelten, gründete ich 1964 das Fachlabor Creative Color, aus dem dann 1971 PPS. entstand.

HMK: Wobei PPS. nicht nur für einen professionellen Fotoservice stand, sondern auch für eine angeschlossene Buchhandlung und Galerie.

FCG: Ich war primär an der Fotografie interessiert und daran, optimale Ausstellungen zu machen. Unsere Museen waren damals noch nicht so weit. Also habe ich gesagt: Wir geben kein Geld für Werbung aus, wir machen keine Anzeigen. Wir finanzieren mit dem Werbebudget eine Galerie mit einem internationalen Programm.

HMK: Aus der aktiven Fotografie haben Sie sich in den 1980er Jahren zurückgezogen. Gleichwohl nehmen Sie als Beobachter teil am internationalen Modegeschehen. Wie stehen Sie zu den aktuellen Trends in Fashion und Beauty?

FCG: Ich glaube, dass sich das Modebild in seiner Funktion total verändert hat. In meinen Bildern standen die Moden im Mittelpunkt. Heute hat das Abbild die Funktion der eigentlichen Mode übernommen. Es werden mehr Moden transferiert und mehr Moden durch Bilder durchgesetzt als durch die Mode selbst. Alles kann heute Mode sein. Krass formuliert: Die Moden sind nur noch der Anlass für die Bilder, die Bilder aber machen die Mode. Entsprechend ist die Inszenierung von Lebensstil heute das große Thema der Modefotografie. Früher war eine Naht oder ein Schnitt Thema für ein Modefoto. Das ist heute völlig Wurscht.

HMK: Die Brücke von einer, sagen wir, beschreibenden, zu einer narrativen Modefotografie mit provokanten Untertönen hat ja Guy

Bourdin geschlagen. War bzw. ist das eine Richtung, die Sie interessiert?

FCG: Ich denke, dass ein Mann wie Guy Bourdin schon eine sehr visionäre Fotografie gemacht hat. Er ist sicherlich einer der Väter der Trends in der heutigen Modefotografie. Er hatte allerdings das große Glück, mit der französischen *Vogue* und Charles Jourdan über den gesamten Zeitraum seiner Tätigkeit aufgeschlossene Kunden zu haben. Leider hatten wir in Deutschland nach dem Krieg, vielleicht bis auf *twen*, keine Zeitschrift, in der in dieser Weise auch einmal experimentiert werden konnte. Kein *i-D*, kein *The Face*. Ich weiß nicht, wie die Engländer das machen. *Dazed & Confused* zum Beispiel – das ist eine Kooperative. Die Redaktion, die Produktion und der Vertrieb sitzen zusammen in einer Garage. Vielleicht sind wir zu anspruchsvoll, riskieren nichts. Wir haben zu wenig Verrückte. Oder wir lassen zu wenig Verrückte zu.

HMK: In letzter Zeit sind Sie nicht zuletzt als Sammler hervorgetreten. Wie würden Sie das Profil Ihrer Sammlung beschreiben?

FCG: „Das Menschenbild in der Fotografie" – so lautet der Titel meiner Sammlung. Insgesamt versuche ich, in Bildern die Veränderung von Zeit, von Menschen sichtbar zu machen. Wie sie sich bewegen. Wie sie sich weh tun. Wie sie sich lieben. Dabei ist mir egal, ob das eine „angewandte Arbeit" oder ein Kunstwerk ist.

HMK: Schon jetzt ist klar: Die Sammlung wird einmal nicht in einem Museum landen, sondern im Rahmen einer Stiftung fortbestehen. Warum?

FCG: Ich habe eine Stiftung gegründet, weil ich die musealen Strukturen, die ja doch immer an Personen gebunden sind, kritisch sehe. Mit der Einrichtung einer Stiftung wollte ich meiner Sammlung eine gewisse Autonomie verschaffen. Damit sie als solche erhalten bleibt. Durch ihr stringentes Konzept macht die Sammlung einen Sinn in sich. Solange ich lebe, bin ich Eigentümer. Und mit meinem Tod geht sie in das Eigentum der Stiftung über.

HMK: Nun sind Sie dabei, die Sammlung zu katalogisieren. Daneben kümmern Sie sich um alle möglichen Ausstellungsprojekte. Die Arbeit scheint Ihnen nicht auszugehen.

FCG: Es begegnen mir eben immer wieder neue, phantastische Projekte. Projekte, die mich interessieren und in die ich mich dann reinziehen lasse. Ich weiß auch nicht, wie ich das mit der Zeit noch lösen soll. Aber die große Helmut-Newton-Ausstellung, nach Berlin und London, im Museum für Kunst und Gewerbe in Hamburg zu hängen – das ist ja nun doch eine Herausforderung. Die Bilder eines großen Kollegen neu zu interpretieren, vielleicht andere Akzente zu setzen, das hat mir sehr viel Freude bereitet, und Helmut Newton war überrascht – und happy damit.

Hamburg, Parkallee 33. Die ruhige Seitenstraße unweit der Rothenbaumchaussee ist Sitz der Stiftung F.C. Gundlach. Ein Bürgerhaus im Jugendstil als quirlige Ideenschmiede rund um einen, im Wortsinn, nimmermüden Unternehmer. Im ersten Stock und mit Blick ins rückwärtige Grün unser Gespräch in heller, freundlicher von Planschränken, Büchern, Akten gerahmter Atmosphäre. November 2001.

Erstveröffentlichung in *Leica World*, Nr. 1/2002

„Heute wollen ja alle berühmt werden. Das ist eine große Dummheit. Berühmtheit ist eine flüchtige Sache."

Lisl Steiner

1927 Wien, Österreich –
2023 Pound Ridge, New York, USA

Sympathie ist die beste lange Linse

Von Wien nach Buenos Aires, von der Kunst zur Fotografie – in New York ein Gespräch mit Lisl Steiner

Der Ort ist kein Zufall. Erstens ist er ebenso ruhig wie elegant. Und zweitens fast so etwas wie historisches Terrain. Hier pflegten bereits F. Scott Fitzgerald oder Hemingway abzusteigen. Auch der legendäre Paul Outerbridge soll sich hier oft und gern aufgehalten haben. Die Rede ist vom noblen Algonquin Hotel in New Yorks 44. Straße, in dessen Lobby wir eine gut gelaunte Lisl Steiner treffen – zum Interview in tiefen Sesseln und bei einer Schokolade, die ihrer österreichischen Heimat Ehre gemacht hätte. Auch nach gut sechzig Jahren Amerika ist ihr Deutsch exzellent, durchsetzt allenfalls von jenen zehn Prozent Anglizismen, die ein halbes Jahrhundert Exil als sprachliches Charakteristikum nun einmal hinterlassen und ihrer temperamentvollen Diktion jenen Charme vermitteln, der im Druck schwerlich nachzuvollziehen ist. Kaum ist ihr Redefluss zu bremsen. Ein wenig scheint es, als wolle sie nun zügig nachholen, was die vergangenen Jahrzehnte ihr versagt haben: öffentliche Anerkennung. Berühmt, bringt Lisl Steiner eine ihrer raren Theorien auf den Punkt, berühmt werde man vor dreißig oder nach siebzig. Oder, wie sie mit leiser Stimme hinzufügt: „Gar nicht." In ihrem Fall war es die Wiener Fotohistorikerin Anna Auer, die in den 1990er Jahren im Zuge ihrer Recherchen zur österreichischen Exilfotografie auf Lisl Steiner aufmerksam wurde und erstmals Proben ihrer Arbeit im Rahmen der Ausstellung Übersee (1997) präsentierte. Es folgte 1998 eine erste Einzelausstellung in der Wiener Galerie Faber. Dieses Frühjahr [1999] eine vielbeachtete Schau in der New Yorker Leica Gallery. Und nun also ein erstes Portfolio in einer Fachzeitschrift, das Lisl Steiner als das vorstellt, was sie ist – nämlich eine ebenso talentierte wie vielseitige wie einfühlsame und: bis dato zu Unrecht übersehene Künstlerin.

Hans-Michael Koetzle: Lisl Steiner, lassen Sie mich mit einer Frage beginnen, die noch auf die Ausstellung in Wien Bezug nimmt: Es gab dort ein Bild, das Sie als kleines Mädchen auf einem Sportplatz zeigt. Wer hat das Bild gemacht bzw. welche Rolle spielte in Ihrer Familie die Fotografie?

Lisl Steiner: Mein Vater hatte eine Leica und einen Filmapparat. Damit hat er viele Sachen aufgenommen. Natürlich nicht professionell. Ich weiß nicht, wer das Bild gemacht hat, ob es mein Vater war oder jemand anders. Zwei Sekunden später jedenfalls hat mich ein Ball am Kopf getroffen. Deshalb bin ich so (lacht).

HMK: Ihr Vater war das, was wir heute als engagierten Amateur bezeichnen würden?

LS: Ja. Aber ich habe seinerzeit davon nichts mitbekommen.

HMK: Wo lagen Ihre Interessen?

LS: Ich war elf Jahre alt, als wir nach Südamerika auswanderten. Ich glaube nicht, dass sich in diesem Alter schon besondere Interessen zeigen. Spazierengehen, Eisschuhlaufen. Aber ich denke nicht, dass meine spätere künstlerische Tätigkeit bereits in Österreich Gestalt annahm. Ich zeichnete. Und dann bin ich eben mit elf mit meinen Eltern nach Argentinien ausgewandert. Das war 1938. Mein Vater hat gesagt: „Hier bleibe ich nicht." Und so haben wir uns in Buenos Aires angesiedelt.

HMK: Was war Ihr Vater von Beruf?

LS: Er war Fußballtrainer. Und er hatte eine Methode, mit Leuten zu arbeiten, die Polio hatten. Eine Art Wassertherapie.

HMK: Er war Physiotherapeut?

LS: Richtig.

HMK: Ihre Familie ist 1938, also unmittelbar nach dem sogenannten „Anschluss" emigriert. Können Sie sich an den Moment erinnern? Hatten Sie bereits Repressionen verspürt?

LS: Nein. Was meinen Vater betrifft: Er hat wohl geahnt, was kommen würde. Es war der richtige Moment zu gehen.

HMK: Und warum gerade Argentinien?

LS: Mein Vater hatte dort einen Bruder. Und irgendwo musste man ja hin. Also hat man Argentinien gewählt. Was eine gute Entscheidung war. Neulich, in einem Begleittext zu meiner Ausstellung in der Wiener Nationalbibliothek, las ich, dass ich mich mit meinem „nackten Leben" gerettet hätte. Das fand ich etwas dramatisch. Aber es ist lieb von ihnen, heute so zu denken.

HMK: In Argentinien gingen Sie zur Schule?

LS: Ja. Ich musste fast wieder von vorne anfangen, da ich kein Spanisch sprach. Trotzdem: Meine Kindheit war eine sehr gute. Ich war das einzige Kind. Und meine Eltern haben mir viel Freiheit gegeben.
HMK: Im Anschluss an die Schule haben Sie Kunst studiert. Wo war das?
LS: In Buenos Aires. Eine berühmte Schule: Fernando Fader.
HMK: War das ein klassisches Kunststudium oder eher angewandte Kunst?
LS: Es war angewandte Kunst. Und meine erste Aufgabe war, französische Stiche zu kolorieren. Erotica. Mit vierzehn habe ich Stiche von Fragonard koloriert. Bestimmt eine hervorragende „Sex Education".
HMK: Sie haben immer gern gezeichnet. Wie nicht wenige Fotografen. Henri Cartier-Bresson als der bekannteste.
LS: Ich komme von der Zeichnung her. Bereits mit fünfzehn oder sechzehn saß ich im Colon-Theater in Buenos Aires und habe Künstler gezeichnet: die Sänger, die Dirigenten. Ich saß im Dunkeln und habe sie skizziert. Und später habe ich sie unterschreiben lassen. Nicht alle. Den Karajan zum Beispiel nicht. Schon Furtwängler hatte ihn nicht gemocht. Und ich auch nicht.
HMK: Ihre Zeichenkunst haben Sie später dann auch professionell betrieben?
LS: Nur kurz. Ich bin dann in die Filmbranche gewechselt: Dokumentarfilme, aber auch lange Spielfilme. Irgendwann habe ich dann allerdings beschlossen: Ich will das nicht mehr machen. Man sitzt im Kino und denkt: Mein Gott, ich war Teil dieses schrecklichen Films. Das war schließlich nicht Chaplin oder De Sica.
HMK: Wann war das?
LS: Das war in den 1950er Jahren. 1957 fing ich an zu fotografieren.
HMK: Das war auch das Jahr, in dem Sie Ihre erste Leica kauften?
LS: Ich glaube, die Leica hatte ich schon. Nach meinem ersten Bild in *Time* und *Life* jedenfalls haben sie mich eingeladen, Staff in Südamerika zu sein. Ich sagte: „No. Ich will weiterhin freelance tätig sein." Was natürlich eine schlechte Idee ist, weil es immer „Feast or Famine" bedeutet. Man hat entweder zu viel oder zu wenig.
HMK: Dieses erste Bild in *Life*: Was war das für ein Foto?

LS: Das war ein Bild des argentinischen Präsidenten Pedro Eugenio Aramburu, der später ermordet wurde. Ihm bin ich in einem winzigen Flugzeug in den Süden Argentiniens nachgeflogen, wo er zum Fischen hinwollte. Ein Präsident fischend! Ein General! Die Amerikaner sehen gern solche Sachen, wo das Objekt freie Zeit hat. Es wurde jedenfalls in *Time* und *Life* publiziert. Mein erstes Bild!

HMK: Nun haben Sie die Festanstellung bei *Life* ausgeschlagen. Für wen haben Sie dann gearbeitet?

LS: Hauptsächlich für eine brasilianische Zeitschrift, die ähnlich wie *Life* gemacht war. O *Cruzeiro*. Der Besitzer, Assis de Chateaubriand, war eine phantastische Type, ähnlich wie Henri Luce. Ich war oft mit ihm unterwegs. Und jedes Mal, wenn er in sein Hotel kam, hat er dem Mann an der Türe 100 Dollar Trinkgeld gegeben.

HMK: Gab es bestimmte Themen, die Sie für die Zeitschrift zu fotografieren hatten?

LS: Ich sage oft: Meine Spezialität sind Diktatoren. Denen sage ich: Halt! Niedersetzen! Aufstehen! Nach links! Nach rechts! Aber im Ernst: In Brasilien habe ich eigentlich alles fotografiert. Zwei Jahre blieb ich dort. Habe die Einweihung von Brasilia miterlebt. Dann habe ich gedacht: Jetzt gehe ich nach Nordamerika. 1960 bin ich dann hierhergekommen. Habe viel in Washington fotografiert. Den Kennedy und alle anderen.

HMK: Waren das Reportagen im Auftrag?

LS: Ja. Ich habe für Keystone gearbeitet, Keystone Press Agency. Die Bilder von Cartier-Bresson entstanden während eines solchen Termins. Beide haben wir auf das Eintreffen von Castro gewartet.

HMK: Sie kannten Veröffentlichungen von Henri Cartier-Bresson. Vielen Fotografen in dieser Zeit war er ja ein großes Vorbild.

LS: Man ist immer irgendwie beeinflusst. Persönlich kannte ich Eugene Smith. Auch die Mutter von Robert und Cornell Capa. Bei Magnum hieß sie nur „Mother Goose", weil sie die Fotografen immer so bemuttert hat. Cartier-Bresson hat mich natürlich beeindruckt. Auch Cornell Capa. Seine Mutter hat einmal gesagt, er hätte seinen Namen nicht ändern sollen. Ursprünglich hieß er ja Friedmann. Das „Capa" war nicht gut für ihn.

HMK: Sie sprachen von den Diktatoren, haben allerdings auch immer wieder Künstler porträtiert.
LS: Casals, ich habe viel Casals fotografiert. Norman Mailer. Und immer wieder Präsidenten. Damals war es noch leicht. Damals konnte man noch an alle ran. Heutzutage ist das ein Irrenhaus. Tausende von Fotografen, die alle dasselbe Bild schießen. Wenn da 15 oder 20 Fotografen standen, habe ich mich immer auf die andere Seite gestellt. Das kann man heute nicht mehr machen. Man wird von der Polizei zurückgehalten.
HMK: Heute wird die Distanz eben durch lange Brennweiten kompensiert.
LS: Die beste lange Linse ist: sympathisch sein und an die Leute rankommen. Aber wie gesagt: Heutzutage kann man solche Sachen nur noch selten machen.
HMK: Als Fotografin sind Sie – wie eigentlich alle Fotoreporter Ihrer Generation – Autodidakt. Wie haben Sie sich die Technik des Mediums erarbeitet?
LS: Ich habe immer mit Leicas gearbeitet: Der Leica M3, M4, M5, M6. Und – offen gestanden – ich habe nie nachgedacht, wie ich etwas mache. Ich mach's, und dann denke ich nach. Vielleicht hatte ich eine Nase. Doch, als Reporterin hatte ich sicher einen Instinkt für Situationen und Locations. Einmal war ich bei der UN. Alfred Eisenstaedt war auch dort. Er kam auf mich zu und fragte: „Was ist die Belichtung?" Halsman hat das auch einmal gefragt. Das war schon komisch: Halsman, der große Fotograf, will von mir wissen, was er machen soll. Im Übrigen denke ich: Wenn man Geschmack hat, kann man kochen, man kann fotografieren, man kann ein Haus einrichten. Man kann all diese Sachen. Geschmack entwickelt man, indem man Sachen anschaut. Wenn ich heute einem jungen Menschen etwas raten soll, dann sage ich ihm: Geh ins Museum of Modern Art, geh ins Metropolitan und schau dir die Sachen an, die andere gemacht haben.
HMK: Es gibt eine Aufnahme von Ihnen – Castros Stiefel –, die auf ein bekanntes Vorbild zu verweisen scheint. Kannten Sie das Foto von Walker Evans?

LS: Es war ganz einfach so, dass Castro und ich in ein und demselben Hotel wohnten. Castro war an diesem Tag krank und sehr unzugänglich. Kurzum: Ich konnte ihn nicht sehen. Wie ich allerdings an seiner Tür vorbeigehe, ist da ein Kellner, der Stiefel putzt. Ich habe gefragt: „Wessen Stiefel sind das?" – „Das sind Castros Stiefel." Da habe ich mir gedacht: Das ist eine gute Idee. Ich kann Castro nicht sehen. Aber wenigstens habe ich seine Stiefel.
HMK: Könnte man sagen: Sie arbeiten grundsätzlich spontan, intuitiv und nicht auf der Basis eines wie immer gearteten Konzepts?
LS: Ich habe instinktiv gewusst: Ich will Castros Stiefel. Ich will den Casals. Ich bin keine Intellektuelle. Sensitiv an die Sache herantreten, wenig denken, instinktiv wissen, wenn etwas interessant ist: Das ist meine Einsicht über Fotografie.
HMK: Sie arbeiten an einem Langzeitprojekt über Kinder?
LS: Ich habe Kinder fotografiert in Brasilien. In Argentinien, wie sie Abfälle sammeln, um dann die Knochen zu verkaufen. Das Kinderprojekt umfasst alle Länder Amerikas. Kinder sind unsere Zukunft.
HMK: Insgesamt scheinen es eher die „weicheren" Themen zu sein, die Sie beschäftigen: Kinder, Künstler, Diktatoren – sozusagen – nach „Feierabend".
LS: Ich war 24 Jahre gut verheiratet mit einem lieben Mann. Schon deshalb wollte ich nicht in Länder gehen, wo man Fotografen ermordet. Deshalb habe ich viele Sachen auch nicht angenommen.
HMK: Sie arbeiten mit der Leica M bei Available Light. Gibt es eine Brennweite, die Sie bevorzugen?
LS: Ich liebe den Weitwinkel. 21 mm war meine Linse. Später habe ich auch das 50- und 90-mm-Objektiv benutzt. Auch ein 35 mm kann wunderbar sein. Aber ich denke: so wenig wie möglich. Diese Idee, dass man sechs Kameras mit sich herumschleppt! Cartier-Bresson läuft mit einer Linse herum, die er in der Tasche trägt. Er sieht nicht aus wie ein Fotograf. Deswegen hat er diese großen Bilder gemacht.
HMK: Bis vor Kurzem war Ihr Name noch nicht einmal Kennern der Fotogeschichte geläufig. Eigentlich zum ersten Mal hat Anna Auer in ihrem Beitrag zum Exil österreichischer Fotografen auf Lisl Steiner verwiesen. Wie ist Frau Auer auf Sie gestoßen?

LS: Das ist lustig. Walter von Schrenk-Zill, der frühere Besitzer von Keystone, hat eine kleine Notiz gesehen, dass eine Frau Auer nach Kalifornien ans Getty Museum geht und dort über Exilfotografen forschen wird. Ich habe sie angerufen. Und so kam es, dass Österreich nach der Ausstellung vier meiner Bilder gekauft hat.
HMK: Sie hatten mittlerweile weitere vielbeachtete Ausstellungen in Südamerika. Bei Faber in Wien. Mitte 1999 in der Leica Gallery in New York. Wie empfinden Sie, wenn nun, allerdings mit gehöriger Verspätung, Ihr Werk plötzlich das Interesse eines internationalen Kunstpublikums findet?
LS: Man fühlt sich gut. Heute wollen ja alle berühmt werden. Das ist eine große Dummheit. Berühmtheit ist eine flüchtige Sache. Was wichtig ist, ist Anerkennung. Was man gemacht hat, das Œuvre, das ist das Wichtigste. Und wenn man 73 ist und auf einmal ein bisschen Anerkennung findet, dann ist das schon eine hervorragende Sache.
HMK: Und die Tatsache, dass ursprünglich für die Presse gemachte Aufnahmen nun passepartouriert und verso signiert an der Wand hängen, irritiert Sie nicht?
LS: Ich versuche, meine Bilder möglichst objektiv zu sehen: So, als hätte ich sie nicht gemacht. Aber dann steht man doch vor seinen eigenen Arbeiten, passepartouriert und gerahmt an der Wand – und was soll ich sagen: Es ist ein wunderbares Gefühl.

Wieder hat sie etwas mitgebracht. Sie bringt immer etwas mit. Auch ein bisschen „Mother Goose". Diesmal ein T-Shirt mit Walker-Evans-Aufdruck. Lachen. Aber jetzt im Ernst: das Interview. Danach gemeinsam ins Museum um die Ecke. Das Metropolitan zeigt – Walker Evans. Im Café eine Kleinigkeit. Der Abschied herzlich. September 1999.

Erstveröffentlichung in *Leica World*, Nr. 2, 2002

„I don't like to be pigeonholed. I am a professional photographer with a hobby. Which is photography."

Elliott Erwitt

1928 Paris, Frankreich –
Lebt in New York City, USA

Photographer with a hobby
Fotografie im Selbstauftrag – zum persönlichen Werk des Fotografen Elliott Erwitt

Bücher von ihm tragen Titel wie *Personal Exposures* (1988) oder *Personal Best* (2006). Spätestens jetzt wird klar: Der Fotograf Elliott Erwitt stellt bewusst und konsequent neben die Brotarbeit ein Werk im Selbstauftrag, das der Kunst zuzuschlagen oder auf ein theoretisches Fundament zu stellen Erwitt nie in den Sinn kommen würde. Er sei schlicht an Fotografie interessiert, „but with no grand plan"[1]. Erwitt handelt spontan. Aus Freude am Sehen und Entdecken. Vielleicht auch aus Kummer über eine Welt voller Widersprüche. Eine Welt der Antagonismen, Kuriositäten oder Katastrophen im Kleinen, die sich womöglich ein bisschen besser erklären lässt, wenn man sie in Bilder überführt. Mag sein, dass ihm die Reportagen – und Erwitt hat sie noch erlebt: die große Zeit der Illustrierten – das Reisen ermöglicht, die große weite Welt erschlossen haben.

Mag sein, dass die Fernsehproduktionen Geld brachten und die Werbeaufträge die Existenz sicherten. Im Kern war für Erwitt die freie, die persönliche, die Fotografie im Selbstauftrag das eigentliche Movens. Und das lange bevor der Kunstmarkt das Medium entdeckt hat, Galerien Fotografie zeigten und Museen mit Fotoausstellungen Besucher lockten. Dass sein erstes Buch – *Photographs and Anti-Photographs* – erst 1972 erschien, nachdem Elliott Erwitt bereits über zwei Jahrzehnte im Eigenauftrag unterwegs war, spiegelt die Situation. Fotografie an der Museumswand war ebenso ungewöhnlich wie Kamerakunst im Buch. Der Magnum-Fotograf Elliott Erwitt hat den Paradigmenwechsel erlebt und – wie sich fraglos konstatieren lässt – in besonderer Weise von ihm profitiert. Inzwischen gehört Elliott Erwitt zu den bekanntesten, meist publizierten, meist gezeigten Fotografen überhaupt, wenngleich wenige Motive den Blick auf ein sehr viel reicheres, durchaus komplexes Werk verstellen.

Einem breiteren Publikum ist Elliott Erwitt vor allem durch seine Hundefotos geläufig. Hunde fehlen in praktisch keinem seiner inzwischen zahlreichen Bücher. Ein halbes Dutzend ist ganz dem Thema gewidmet, beginnend mit seiner zweiten, 1974 erschienenen Monographie *Son of Bitch*. Hunde ins Bild zu rücken, konstatiert Elliott Erwitt in der ihm eigenen lakonischen Art, sei „viel einfacher" als der Umgang mit Menschen, sie hätten „keine Bedenken, sich in kompromittierenden Situationen fotografieren zu lassen". Hunde „geben sich lässiger. Sie müssen nicht unbedingt auf ihre Anwesenheit aufmerksam machen; sie wissen, dass sie dazugehören."[2]

Seit 1946 fotografiert Elliott Erwitt immer wieder Hunde, wohlgemerkt im öffentlichen Raum, allein, zu zweit, im Rudel oder an der Seite ihrer menschlichen Besitzer. Mit den Jahren ist der Hund – das Haustier par excellence – dem Fotografen Elliott Erwitt zur idealen Metapher für alle möglichen irdischen Aggregatzustände geworden, und wer seine Hundefotos allein als Beitrag zum Thema „Lachende Kamera" versteht, übersieht die nachgerade philosophische Dimension der Bilder.

Erwitts Hundefotos sind, zugegeben, leicht lesbar und konnten sich nicht zuletzt dadurch rasch eine große und ungebrochene Popularität sichern. Aber im Grunde sind sie doppelbödig, tangieren bei aller Komik die Koordinaten unseres Daseins, zu dem bekanntlich auch weniger kuriose Momente zählen. „Erwitt has a lot of sympathy for dogs. Dogs are rather like humans with a few mistakes in the engineering. They know shame, grow fat, assume ungainly postures, and lead the life of misfits among other bewildered creatures", schreibt Vicki Goldberg, die darüber hinaus zu erkennen glaubt, „that there are no accidents in Erwitt's pictures. He uses the kind of accident and chance coincidence that ‚serious' photographers like William Klein and Robert Frank gave status in the 1950s, but he uses them as proofs that the world is a silly predicament we have agreed to inhabit. It does have its ideals. The Parthenon was one, Brasilia another, but a small dog can show up either for an empty bastion."[3]

1928 in Paris als Sohn russischer Auswanderer geboren und noch vor Beginn des Zweiten Weltkriegs mit der Familie nach Amerika emigriert, kam Elliott Erwitt früh zur Fotografie, die ihm von Anfang an beides war: Broterwerb und Hobby, auch wenn zunächst die Existenzsicherung im Vordergrund gestanden haben dürfte. „I got into photography because it seemed like a way to make a living", schreibt Elliott Erwitt. „I got into it very early, and not on a grand scale. Initially, I worked in a darkroom after school hours, processing and printing movie star pictures. Then I began to take pictures of children and babies, my dentist, high school proms – things that people needed. I was 15 years old and I was alredy living on my own ..."[4]

Als Fotograf ist Elliott Erwitt Autodidakt. Technik hat ihn nie besonders interessiert. Fotografie, meint er, könne man nicht lernen. „Essentially, you buy a camera and follow the instructions of the box."[5] Erwitt beginnt mit einer betagten Plattenkamera, leistet sich eine Rolleiflex und schließlich eine erste Leica. Im Übrigen ist es die Malerei, die ihn fasziniert, der frühe russische Film, der ihn begeistert, die Kamerakunst eines Henri Cartier-Bresson die ihn sensibilisiert für die Möglichkeiten einer Fotografie, die nicht Essay ist oder Reportage und die aus dem wohlfeilen Angebot des Alltags schöpft. „Man brauchte keine Modelle, man brauchte nichts zu arrangieren oder aufzubauen, und man brauchte keinerlei besondere Ausrüstung, abgesehen von einem Blick für das Ungewöhnliche. Das war ein interessantes Konzept, fand ich."[6]

Elliott Erwitt, der 1949 über den kleinen MoMA-Katalog auf Cartier-Bresson aufmerksam geworden war und auf dessen Einladung 1953 Magnum-Mitglied wurde[7], hat in seiner langen Karriere so ziemlich alle Herausforderungen der Fotografie gemeistert. Er hat umfangreiche Reportagen abgeliefert, etwa 1957 für die Zeitschrift *Holiday* einen großen, viel beachteten Bildbericht über Russland. Er hat Werbung gemacht und Geschäftsberichte illustriert. Darüber hinaus gehen mehrere Dokumentarfilme sowie Fernsehbeiträge auf sein Ideenkonto. Parallel hatte er immer seine Leica dabei. „Die ganz guten Bilder können jederzeit und überall passieren"[8], sagt Elliott Erwitt, der sich bewusst jeder Festlegung entzieht. „I don't like to be pigeonholed", meint er und ergänzt: „I am a professional photographer with a hobby. Which is photography."[8] „Fotografie ist der richtige Moment"[9], sagt Elliott Erwitt, Henri Cartier-Bresson und dessen viel zitiertes Konzept vom „entscheidenden Augenblick" paraphrasierend. Es kann aber auch ein simpler Schritt zur Seite sein, der aus einem Abbild ein Bild, aus einem schlichten Foto ein großes Nachdenken über das Sehen, über Wahrnehmung und Erkenntnis macht.

Venedig 1965. In einer nicht genannten finsteren Galerie hat Elliott Erwitt eine Reihe von Gemälden fotografiert. Womöglich hat er sie zuvor eingehend betrachtet. Jetzt ist er ein Stück zur Seite getreten und fotografiert im spitzen Winkel die Bilder so, dass sich das eindringende Licht im Firnis spiegelt. Sichtbar bleiben die opulenten Rahmen, aber die Motive verschwinden. Selbst ein Bild kreierend hat Elliott Erwitt den Bilderkosmos anderer buchstäblich erblinden lassen.

Auf den ersten Blick scheint Elliott Erwitts freies Werk disparat. Da stehen eher atmosphärische Bilder neben zivilisationskritischen, solche mit durchaus politischem Gehalt neben Fotografien, die schmunzeln oder lachen machen, wobei Erwitt grundsätzlich dem absurden Theater näher steht als der Komödie. Der Fotograf selbst sieht sein freies Werk als Einheit. „For the whole of the 50 years I've been taking pictures, nothing has changed", sagt Elliott Erwitt. „I haven't progressed much. I haven't had a blue period or a rose period or another."[10]

Was Elliott Erwitts tatsächlich über fünf Jahrzehnte gewachsenen visuellen Kosmos zusammenhält, ist vorderhand die Leica, das Kleinbild mit seinem charakteristischen Seitenverhältnis. Es ist das Bekenntnis zum 50-mm-Objektiv, das schon Cartier-Bresson favorisiert hatte, weil es Nähe gestattet und zugleich eine gewisse Diskretion ermöglicht. „The most important thing is to be inconspicuous", betont Elliott Erwitt. „In order to achieve the best results in all situations, you need to be as inconspicuous as possible – a fly on the wall."[11]

Erwitt setzt auf Schwarz-Weiß – ein weiterer Punkt. Unter seinen persönlichen Aufnahmen fänden sich keine Farbbilder: „Farbe verwende ich nur zur Brotarbeit."[12] Und er konzentriert sich auf Menschen, Hunde eingeschlossen. „Für Landschaften interessiere ich mich nicht. Nur für Menschen. Ich mag Plastikblumen."[13] Und noch etwas kommt hinzu: Erwitt sucht das streng kalkulierte, genau komponierte Einzelbild. Kleine, filmische Sequenzen sind möglich – vgl. sein Buch *Sequentially Yours* (2011). Aber die Reportage im klassischen Sinne, der Essay, der Zyklus interessieren ihn nicht. „To produce a specific story, as in the old *Life* magazine days, you had to think about an opening picture, about sustaining pictures, a closer, and so forth – that was OK. It was a job, but it wasn't as interesting as just reacting to what you saw."[14]

Früh hatte Erwitt in Atget einen Komplizen gefunden, der ja auch, nicht wirklich ziellos, aber ohne Auftrag die Stadt durchstreifte. Mit dem Unterschied, dass sich Atget einer schweren Holzkamera auf Stativ bediente, während Erwitt seiner flexiblen Leica vertraute. Erwitts Bilder sind reaktionsschnell im eigentlich banalen Alltag gefundene zugespitzte Kommentare. Bilder auf einer Schnittlinie zwischen journalistischer Botschaft und dem Willen zur Gestaltung oder, um es mit den Worten von Vicki Goldberg zu sagen: „Erwitt's work swerves between journalism and formalism. He can build on a spare, eccentric, but highly controlled sense of design, holding his formal strategies as reserve weapons, always at the ready, not always at the front."[15]

Noch während seiner Zeit bei der US-Army konnte Elliott Erwitt – „Ich trug immer eine Leica mit versenkbarem Objektiv in der Tasche meines Arbeitsanzuges mit mir herum."[16] – einen Fotowettbewerb der Zeitschrift *Life* für sich entscheiden. Wenig später, 27 Jahre jung, war er – mit einem Bild von Frau und Kind – auf der legendären, von Edward Steichen kuratierten Ausstellung *The Family of Man* vertreten. Erfolgserlebnisse wie diese dürften den angehenden Fotografen bestärkt haben, einen Weg weiter zu beschreiten, der sich dem Sensationellen, Tagesaktuellen ebenso entzog wie einem Formalismus, wie ihn die „subjektive fotografie" der 1950er Jahre pflegte.

Erwitt hatte von Cartier-Bresson gelernt, aber er war kein „Geometer". Seine Bilder sind überlegt gebaut, aber das Formale ist eher die unabdingbare Begleitmusik. Elliott Erwitts Bilder sind zutiefst menschlich, ohne larmoyant zu sein. Sie sind leise, aber schaffen es immer wieder neu, Emotionen zu mobilisieren. Was er erkundet, ist die Leichtigkeit des Seins, allerdings dort, wo sie etwas aus der Balance geraten ist. Fotografie, sagt Elliott Erwitt, gute Fotografie sei „die Synthese vieler Elemente einer Situation, ein Augenblick, in dem *alles* zusammenkommt. Das ist das schwer zu erreichende Ideal."[17]

Elliott Erwitt in Wien. Aus New York war Erwitt angereist, um die von Andreas J. Hirsch für das Kunst Haus Wien kuratierte Retrospektive zu eröffnen. Am selben Tag unser Gespräch, das natürlich nicht nur um Hunde kreist. Der Fotograf entspannt, verbindlich, offen. Der Ort? Irgendein ruhiger Platz in Wien. Das Tonband läuft. Die Antworten meist knapp bzw. zugespitzt und nicht ohne ein Sahnehäubchen Ironie. Und jetzt noch eine kleine Signatur? Elliott Erwitt stutzt, denkt nach, zückt seinen Stift. „To Michael Koetzle, my inquisitor, with best wishes, Elliott Erwitt". Juni 2012.

Unveröffentlicht

„Ein Fotograf sollte in seinen Bildern nur eine einzige Sache ausdrücken: sein ganzes Selbst."

Will McBride

1931 St. Louis, Missouri, USA –
2015 Berlin, Deutschland

Ich war verliebt in diese Stadt
Zu den Berlin-Fotos von Will McBride

Will McBride ist kaum zu fassen. Sucht man nach einem Begriff, der sein facettenreiches Werk zusammenhält, dann wird man diesen ganz gewiss nicht im Werkzeugkasten der Fotogeschichte oder Theorie finden. Will McBride ist der große Einzelgänger unter den westdeutschen Fotografen der 1950er bis 70er Jahre – und noch nicht einmal diese Vokabel hat Bestand. Zum einen, weil sich der 1931 in St. Louis geborene Will Woodin McBride immer als Amerikaner gefühlt und verstanden hat. Zum anderen, weil er nicht allein als Fotograf wahrgenommen werden möchte, sondern sich in einem weiteren, alle möglichen Disziplinen berücksichtigenden Sinne als Künstler definiert – ein wacher, sensibler, politisch denkender, nimmermüder Kreativer, der sich entschieden alle Ausdrucksmöglichkeiten offenhalten möchte.

Will McBride malt, zeichnet, arbeitet an raumgreifenden Skulpturen. Bekannt geworden ist er vor allem als Fotograf, als authentischer Chronist der jugendbewegten 1960er Jahre. Noch am ehesten vergleichen könnte man ihn mit Ed van der Elsken (*Liebe in Saint Germain des Prés*) oder Bruce Davidson (*Brooklyn Gang*) mit dem Unterschied, dass Will McBride wirklich Teil der Gruppe, Teil der Clique oder Gang war, deren Treiben er aus nächster Nähe und mit der Kamera verfolgte. Gäbe es eine Steigerung zu subjektiv, auf McBride würde sie zutreffen. Nicht nur sind seine Themen selbstgewählt, es ist (fast) immer auch das eigene Leben und Erleben, das er entschieden ins Zentrum seiner künstlerischen Arbeit rückt: „Ein Fotograf", hat er einmal bekannt, „sollte in seinen Bildern nur eine einzige Sache ausdrücken: sein ganzes Selbst."

Über mehr als fünf Jahrzehnte ist Will McBride einen eigenen, seinen Weg gegangen. Freiheit war sein Leitmotiv, und es ist sicher kein Zufall, dass er einen längeren Brief an die Eltern, geschrieben im Juli 1955, also kurz nach seiner Entlassung aus dem Militärdienst, mit dem Satz beginnt: „This is my first day of freedom." Lebenslang hat sich McBride diese Manövrierfähigkeit erhalten. Und dies bezieht sich nicht allein auf seine wechselnden Wohnsitze, die mal Berlin, mal München, Frankfurt oder die Toskana heißen können. Es bezieht sich auch auf sein künstlerisches Tun, das eher spontan und unbewusst gegen alle möglichen Trends und Moden opponiert. Als in den 1950er Jahren alle Welt dem Informel oder abstrakten Expressionismus – mit Namen wie Willem de Kooning oder Jackson Pollock – huldigte, begann der 19-jährige Will McBride ein Zeichenstudium bei dem Illustrator Norman Rockwell. Als wenig später in Europa ein Jahrzehnt subjektiver Fotografie mit eher blutleeren Dunkelkammerexperimenten, Aufnahmen in High Key oder Strukturbildern ausgerufen wurde, antwortete Will McBride mit radikalen, an der rauen Nachkriegswirklichkeit interessierten Bildern, denen die deutsche Fotografie der Zeit wenig entgegenzusetzen hatte. Und als gegen Ende des Jahrzehnts der klassische Fotojournalismus zu einer zweiten Blüte fand, fotografierte Will McBride sein ganz persönliches, temporeiches Tagebuch.

Auch Will McBride hat für klassische Illustrierte – wie *Life, Look, Quick, Paris Match, Geo* oder *Stern* – gearbeitet, aber auch da gern gegen den Strich. Etwa wenn er Konrad Adenauer nicht als Greis oder – man denke an Chargesheimer – als Dämon porträtierte, sondern als nachdenklichen Staatsmann mit markanter Physiognomie. Das passte nicht wirklich ins Klima der 1960er Jahre, aber Grenzen zu überwinden, Tabus zu brechen, Neuland zu sondieren gehörte von Anfang an zum Credo des Künstlers Will McBride. Was seine frühe Fotografie betrifft, war Will McBride ein entschiedener Neuerer, dessen Ästhetik mit ihrem bisweilen dunklen, tristen Grundton an den zeitgleich in den USA tätigen Schweizer Robert Frank erinnert – „always the young stranger". Die formale Nähe zu Frank ist schon Klaus Honnef aufgefallen, wenngleich es zu unterstreichen gilt, dass McBride seinerzeit von Frank nichts wusste und gänzlich unbeeindruckt von dessen Amerika-Projekt zu seinem Timbre fand. „Ich war in einem Arbeitsrausch. Es war wie eine Explosion."

Fotografie, das war für Will McBride zunächst ein Mittel, um zu bildhaften Vorlagen für seine figürliche Tafelmalerei zu kommen.

Dann, während seiner Zeit bei der Army in Würzburg, nutzte er die Kamera, um den Alltag der Truppe zu dokumentieren. Eigentlich erst in Berlin wurde ihm der Fotoapparat zum autonomen Ausdrucksmittel und ständigen Begleiter. „Berlin sensibilisierte und änderte meine Sehweisen. Ich hatte die Freiheit zu sehen, wie ich wollte", bestätigt Will McBride, „ich fühlte, dass ich einen eigenen Stil entwickelte."

Wer Mitte der 1950er Jahre ernsthaft zu fotografieren begann, schielte im Zweifel nach Henri Cartier-Bresson, dessen Buch *Images à la sauvette* seit 1952 für Furore sorgte, oder er stand im Bann der 1955 in New York eröffneten Jahrhundertschau *The Family of Man*, die ganze Scharen junger Leute in den Fotografenberuf getrieben haben soll. Für McBride wurde nicht ein Buch, eine Ausstellung, ein Stück Fotogeschichte zur Quelle der Inspiration, sondern eine Stadt, deren graue, geschundene Tristesse, deren Ruinen, deren Brachen, deren Not den jungen Amerikaner, wie er selbst sagt, in „fiebernde Spannung" versetzt hätten.

Will McBride ist – buchstäblich – der junge Fremde, der mit unerhörter Neugier und einem nimmermüden Blick eben nicht nach der Anekdote, dem entscheidenden Augenblick strebt, sondern die Atmosphäre einer Stadt zu begreifen sucht, die sich fast über Nacht von der Schaltzentrale des Bösen in eine bizarre, graue Trümmerwelt verwandelt hat. Als Student, ausgerüstet mit einem bescheidenen Stipendium, war McBride 1955 nach Berlin gekommen. Hier fand er schnell Freunde, ein Zuhause, seine Frau. Dass das Elend Berlins in bemerkenswertem Widerspruch stand zum Glamour seiner amerikanischen Heimat, steht außer Frage. Aber gerade diese Tristesse, dieser Ausnahmezustand in Schwarz-Weiß scheint auf McBride inspirierend gewirkt zu haben. Schon bei seiner Ankunft in Deutschland hatte sich der junge GI fasziniert gezeigt von einem so ganz anderen Kolorit. „Kleine graue Menschen", erinnert Will McBride, „in dunkle Mäntel gekleidet, in dunkle Schals gehüllt, die kleine graue Autos fuhren. Ich war sofort gefangen von diesen Grautönen, die ich in meinem übermäßig glitzernden Heimatland nie gesehen hatte."

Will McBride war 24, als er sich – unmittelbar nach der Militärzeit und einem kurzen Italienaufenthalt – in Berlin niederließ, ein schlaksiger, hochgeschossener junger Mann mit federndem Gang, T-Shirt, Sneakers, Jeans tragend, vielleicht auch jene kurzen Lederhosen, die er bereits im Brief an die Eltern als „exceedingly comfortable" geschildert hatte. Ein junger Beat, der im Berlin der Nachkriegszeit zweierlei entdeckte: einen gezeichneten Ort, in dem sich die neuere Geschichte in besonderer Weise spiegelte. Und ein Terrain, das unerhörte Freiheiten gestattete. „Berlin zog uns alle an", schreibt Will McBride. „Amerikanischer als Amerika, aufregender, fand man hier mehr vom Wesen Amerikas als an den Schlammufern des Mississippi oder in den Steinschluchten von St. Louis oder Chicago oder Detroit oder New York. Hier waren die großen Ideen aufgeflaggt, Freiheit, Gerechtigkeit und Gleichheit und all die anderen Glaubensbotschaften in Großbuchstaben, die man in Amerika selbst so viel schwerer entdeckt."

Kein Zweifel: Will McBride ist ein Schwärmer, ein Idealist, wenn damit gemeint sein soll, dass jemand Ideen hochhält, Ideale pflegt und noch an ihnen festhält, wenn der Zeitgeist andere Wege geht. Auch hat er seine Kunst – ob Malerei, Plastik oder Fotografie – nie als bloßes Experiment, als reine Formsuche verstanden, sondern stets als ein Bemühen, Verständnis, Toleranz, Aufklärung zu stiften. Nicht zuletzt sein 1974 erstveröffentlichtes, von konservativen Kreisen heftig angefeindetes Aufklärungsbuch *Zeig mal!* ist vor diesem Hintergrund zu sehen. Die Welt besser, „lebenswerter" zu machen, das hatte ihm bereits seine Geschichtslehrerin mit auf den Weg gegeben. Wenn er also im Berlin der 1950er Jahre deutsche Freunde fand, regelrecht aufging in einer Clique junger Intellektueller, dann war dies für Will McBride nicht einfach ein Akt sozialer Annäherung, sondern ein durchaus politisches Signal. „Ich war glücklich, Freunde gefunden zu haben. Glücklich, mit ihnen zusammen zu sein. Alle denselben Geschmack im Mund, denselben Sound im Ohr, denselben Rhythmus im Körper ...".

Will McBrides frühe Berlin-Bilder atmen eine gewisse Distanz, ein großes Staunen auch über diese, wie er schreibt, „wahnsinnige

Stadt", in der sich auf fast surreale Weise Kriegsfolgen, Zerstörung, Elend und neues Leben in ruhigen Bahnen überlappten. Sein oft düsterer, melancholischer Blick fällt auf einen Kriegsversehrten vor theaterhafter Ruinenkulisse, auf junge Leute im hohlen Fenster eines ausgebombten Hauses, auf Schuttberge, archaisch anmutende Pferdekarren, aber auch auf Kinder, die auf dem Abraum eines nicht zu fernen Krieges schon wieder ihre selbstgebastelten Waffen kreuzen. Die schroffen Hell-Dunkel-Kontraste, das grobe Korn der Abzüge tun ein Übriges, die Tristesse zu verstärken. Gleichzeitig transportieren die Bilder eine große Menschlichkeit, ohne ins Sentimentale abzugleiten. Vor dem Grau der Stadt, schreibt Will McBride, würden „die Menschen wärmer und menschlicher." Auch seien „die Probleme Berlins vitaler, zumindest konzentrierter als irgendwo anders." – „Mich fasziniert Berlin ...". Lassen seine frühen Leica Bilder mit ihrem entschiedenen Seitenverhältnis, der Available-Light-Ästhetik, dem Gespür für kompositorische Finesse jenseits allen Manierismus noch an Arno Fischer und seinen spät zum Buch gewordenen Zyklus *Situation Berlin* denken, so ändert sich gegen Ende der 1950er Jahre Will McBrides Ansatz und mithin sein bildnerischer Stil. Die Distanz weicht der Nähe. Dem diskreten Fotografieren anonymer Zeitgenossen folgt jetzt das intime Tagebuch einer jugendlichen Gang, die vor allem eine große Lebenslust zusammenhält. Gemeinsam pilgert man zum Wannsee, macht Party im legendären Jazzclub Eierschale, trifft sich bei dem Trödler und Malerpoeten Kurt Mühlenhaupt oder geht mit einer eigenen Jazzband auf den Fluss. Und stets ist Will McBride mit der Kamera dabei, fotografiert mit seiner Leica und Weitwinkelobjektiv mitten aus dem Geschehen heraus, was seinen Bildern eine unerhörte Dynamik, Direktheit, Authentizität verleiht.

Das ist neu, betont subjektiv, formal-ästhetisch kühn und widerspricht in vielerlei Hinsicht dem, was Redakteure unter Journalismus verstanden wissen wollen. McBride schildert Jugendkultur nicht distanziert und reportagehaft, sondern aus persönlicher, privater Perspektive. Von Anfang an, sagt McBride, sei das Fotografieren für ihn ein Mittel gewesen, um zu Erkenntnissen zu kommen.

„Das Fotografieren zwingt mich dazu, mich mit den Menschen und Dingen auseinanderzusetzen. So lerne ich sie kennen." Die Kameraarbeit demnach als kontinuierlicher Prozess, was nicht ausschließt, dass man Erlebtes, Erfahrenes nachstellt, bestimmte Ereignisse oder Situationen der Erinnerung folgend inszeniert. McBride pflegt, wenn man so will, einen erweiterten Authentizitätsbegriff: „Was man erlebt", so seine Haltung, „kann man auch leicht produzieren, das heißt, man kann es weiterdichten."

Seinerzeit hat sich keine der eingeführten Zeitschriften oder großen Agenturen – allen voran *Life* oder Magnum/Paris – für Will McBrides jugendbewegte Berliner Stimmungsbilder interessiert. Einzig Willy Fleckhaus, Art Director der im April 1959 gestarteten, legendären – heute würden wir sagen Zeitgeistzeitschrift – *twen*, erkennt die Stärke, die visuelle wie emotionale Kraft der Bilder und verhilft Will McBride zu einem ersten Auftritt in dem damals viel diskutierten Magazin. „Jazz auf dem Fluß", veröffentlicht in *twen* 6/1960, war Will McBrides erste große Publikation im Blatt und so etwas wie der eigentliche Beginn seiner Fotografenkarriere. Wenig später wird er mit einem Porträt seiner hochschwangeren Ehefrau Barbara, einem Bericht über das *Hair*-Ensemble oder gegen Ende des Jahrzehnts dem dreiteiligen Farb-Essay „Siddharta" für Aufsehen sorgen. Über *twen* wurde der junge Amerikaner und Wahlberliner quasi über Nacht zum Fotografenstar, Bildbotschafter der bewegten 1960er Jahre, Herold einer neuen Jugend und Hohepriester eines eher positiv gestimmten Existenzialismus.

„Ich habe Berlin verlassen (bin Berlin untreu geworden). Ich habe einen Blick auf die Mauer getan, bekam es mit der Angst und ging." Mit dem Mauerbau war die weitgehend unbeschwerte Berliner Zeit für Will McBride zu Ende. Er zog nach München. Wurde vielbeschäftigter Reporter bei der Illustrierten *Quick* – für die er unter anderem den Kennedy-Besuch 1963 in Berlin begleitete. Er machte erfolgreich Werbung. Und fühlte sich plötzlich in der Toskana wohler als in der grauen, trüben Bundesrepublik. Immer wieder wurden Bilder aus seiner Berliner Zeit veröffentlicht. Schon 1958 erschien *Berlin und die Berliner – Von Amerikanern gesehen* mit 60 Aufnahmen von Lynn Millar und 27 Arbeiten von Will McBride, gefolgt von *Knips – Berliner Bilder aus den 50er Jahren* (1979). Daneben finden sich Berlin-Motive in praktisch allen retrospektiven Buchtiteln oder Katalogen, darunter das 1982 bei Frölich & Kaufmann verlegte *Foto-Tagebuch* 1953–1961, das im Wesentlichen auf einem bereits in den 1960er Jahren geklebten Dummy fußt.

Hatte Robert Frank, komfortabel ausgestattet mit einem Guggenheim-Stipendium, gezielt und mit Blick auf ein Buch in Amerika fotografiert, so ist McBrides Berlin-Bild geprägt von Spontaneität, einer gewissen Tagesform und konzeptionellen Offenheit. Anders gesagt: Ein in sich geschlossenes, programmatisches Berlin-Buch hatte der Amerikaner und Wahlberliner nie im Sinn. Das schmälert nicht die Qualität der Bilder, aber erklärt, warum Will McBrides Aufnahmen, speziell die frühen Berlin-Motive, bis dato nicht die verdiente Würdigung erfahren haben. Formal-ästhetisch stehen seine Bilder denen eines Arno Fischer, eines René Burri, eines Herbert Tobias oder Erich Lessing in nichts nach. Mit *Berlin im Aufbruch* werden sie erstmals „gesammelt" vorgestellt, wobei sich der Bogen spannt von frühen Bildern im Geist der „Trümmerfotografie" bis hin zur Kennedy-Visite von 1963. Dazwischen viel unveröffentlichtes oder kaum bekanntes Material: Street Photography West und Ost, Aufnahmen mit Reportagecharakter, Kneipen- und Jugendkultur, Porträts – sogar eine Modeschau (Backstage) mit dem damaligen Star-Model Gitta Schilling ist dabei.

So unterschiedlich die Motive sein mögen, so klar belegen sie – ausnahmslos – Will McBrides staunenden Blick auch und gerade auf Momente der Alltagskultur, seine Neugier, seine Teilnahme am Leben, was den Bildern – aus heutiger Perspektive – auch ein enormes historisches Gewicht verleiht. Darüber hinaus wird ein ganz und gar eigenständiger Fotograf erkennbar, ein Zeitgenosse, der fraglos in die erste Reihe fotografierender Künstler gehört, auch wenn sich dies – international – noch nicht herumgesprochen hat. Früh und ganz aus sich selbst heraus hat Will McBride zu einer Haltung gefunden, zu einem Fotografieverständnis, das wir heute mit dem Begriff „Personal Documentary" bezeichnen würden, was nichts anderes bedeutet als – authentisches Erzählen in einer eigenen, unverwechselbaren Sprache. Vorbilder gab es keine. Höchstens in der Literatur, genauer bei Antoine de Saint-Exupéry, fand Will McBride Bestätigung: „Man fotografiert nur mit dem Herzen gut."

Unser erstes Gespräch 1995 in Frankfurt am Main im Vorfeld der Recherchen zur geplanten Ausstellung twen - Revision einer Legende im Münchner Stadtmuseum. Die letzte Begegnung 2014 während der Trauerfeier für Robert Lebeck in Berlin. Dazwischen zahllose Treffen, Gespräche, Interviews in Frankfurt, München und Berlin – am Ende dann doch seine Stadt. Von seinem Grab ein Steinwurf zu Fontane. Ein großer Kamerakünstler – jedenfalls auf dem Friedhof – auf „Augenhöhe" mit einem großen Dichter. McBrides Genie als Fotograf haben die Deutschen bis heute nicht erkannt.

Erstveröffentlichung in Will McBride – *Berlin im Aufbruch*,
Leipzig: Lehmstedt Verlag 2013

„Was wir ablehnten, waren diese steifen Posen. Wir wollten die Mädchen, die wir mochten, reinbringen. Und Bewegung. Und Lebensgefühl.“

Peter Knapp

1931 Bäretswil, Schweiz –
Lebt in Klosters, Schweiz

Wanderer zwischen den Welten
Peter Knapp als Art Director

Wie jung darf man als Art Director sein? Ein offizielles Mindestalter gab es nie. Höchstens ein gefühltes im Sinne jener Autorität, die man in dieser Funktion besitzen sollte. Noch heute wundert sich Peter Knapp über seine frühe Berufung zum künstlerischen Leiter der französischen *Elle*. „In der Schweiz oder in Deutschland muss man erst ein gewisses Alter haben und keine Haare mehr auf dem Kopf."[1] Keine 28 Jahre jung war Peter Knapp, als er zum Art Director der Zeitschrift *Elle* berufen wurde. Erstmals im Impressum taucht sein Name auf in Heft 695 vom 20. April 1959, wo er als „Directeur des services graphiques et artistiques" neben oder unter dem damals noch amtierenden „Directeur Artistique" Roger Giret aufgeführt wird. Ab 1. Januar 1960 ist er dann selbst verantwortlich für die visuelle Ausrichtung der unmittelbar nach dem Krieg, im November 1945, von Hélène Lazareff gegründeten Frauenzeitschrift[2], die sich unter seinem gestalterischen Einfluss zügig wandeln und zu einer der auch optisch interessantesten europäischen Zeitschriften entwickeln sollte. Nicht zum ersten Mal erfüllte Knapp hier die Aufgaben eines Art Directors. Bereits 1953, also mit 22 Jahren, kümmerte er sich bei *Nouveau Femina* um die visuellen Belange eines Magazins. Keine Sache von Bedeutung, wie Knapp betont[3], immerhin sein Einstieg in die Welt gedruckter Medien und so etwas wie der Auftakt zu einer fünf Jahrzehnte währenden Zusammenarbeit insbesondere mit französischen Zeitschriften und Buchverlagen.

Ende der 1950er Jahre war Paris die in Sachen Kultur nach wie vor Ton angebende Stadt. Pariser Mode diktierte den Stil in Kleidung und Auftritt. Kino und Jazz formten das Lebensgefühl einer Generation, die dem Krieg entkommen war und in der Literatur eines Boris Vian, den Chansons einer Juliette Gréco oder den Schriften eines Jean-Paul Sartre Halt und Orientierung fand. Kaum zufällig gelang Ed van der Elsken mit seiner 1956 erstmals in Buchform publizierten Fotostory *„en Liefdesgeschiedenis in Saint Germain des Prés*

(*Love on the Left Bank*) ein internationaler Publikumserfolg.[4] Beispielhaft gelangten in diesem tagebuchartigen Essay Aufbruch und Klischee, Jugendkultur und Paris-Sehnsucht zur Deckung. Von Paris geträumt hatte der gebürtige Schweizer Peter Knapp bereits während seines Studiums an der renommierten Zürcher Kunstgewerbeschule, wo man, wie Knapp sich erinnert, von einzelnen Professoren durchaus ermuntert worden sei, ins Ausland zu gehen, was damals in etwa gleichbedeutend war mit Paris oder Mailand. „New York", so Knapp, „kam erst später."[5]

Schon im März 1952, also im Jahr nach seinem Schulexamen, wechselt Peter Knapp an die Seine. Als überaus begabter Zeichner, der er schon als Kind gewesen war, hatte er vor, sich an der traditionsreichen École des Beaux-Arts zu immatrikulieren, deren Tore sich für Erstsemester jedoch erst wieder im September desselben Jahres öffnen sollten. Knapp überbrückt die Zeit, indem er für angehende Kommilitonen kleinere Kataloge oder Plakate entwirft oder deren Gemälde mit der Kamera reproduziert. Die Fotografie war ihm keineswegs fremd. Bereits im ersten Jahr seiner Ausbildung an der Kunstgewerbeschule, also im Rahmen eines vorbereitenden Kurses, war er – Knapp erinnert sich an einen Fachlehrer namens Wirth – in die Grundlagen der Kameraarbeit eingeführt worden. Auch Grafiker, so war die Idee, sollten fotografieren können oder wenigstens mit den Gesetzen des Mediums – technisch wie ästhetisch – vertraut sein. Im Paris der 1950er Jahre scheint man die klare, schnörkellose, Modernität ausstrahlende gestalterische Handschrift des jungen Schweizers geschätzt zu haben. Schon bald arbeitet Peter Knapp als Grafiker für eine auf dem Gebiet von Luxusverpackungen tätige Kartonagenfabrik. 1955 schließlich avanciert er, 24 Jahre jung, zum Art Director bei den Galeries Lafayette, wo er sich leitend um die Gestaltung von Plakaten, Inseraten oder die Beschriftung kümmert.

Entgegen mancher gedruckten Vita hat Peter Knapp die École des Beaux-Arts nie wirklich besucht, als angehender Student sich so immerhin seine erste Aufenthaltserlaubnis sichern können. Im Übrigen wuchs Knapp zügig in die Welt professioneller Gebrauchsgrafik hinein, was ihn nicht hinderte, parallel hierzu zu malen und zu zeichnen. Peter Knapp war und ist ein Wanderer zwischen den Welten, ein Grenzgänger zwischen „angewandt" und „frei", Fotografie und Malerei, Editorial und Kunst. Nie hat er sich exklusiv auf eine einzige Ausdrucksform beschränkt. Und wenn den Grafiker, den Maler, den Zeichner oder Fotografen Peter Knapp etwas auszeichnet, dann ist dies eine Haltung, die im Oszillieren zwischen den Medien keinen Widerspruch erkennt, sondern eine Chance zu gegenseitiger Befruchtung. Viele große Art Directors im 20. Jahrhundert fühlten sich als verkannte Maler, Bildhauer oder Zeichner, litten darunter, nicht frei arbeiten zu können und akzeptierten ihre Tätigkeit im Art Department einer Zeitschrift bestenfalls als „mindere Kunst". Für Knapp war Art Direction – also auch: das Wirken im Team, unter Termindruck und für die populäre Presse – stets gleichermaßen Herausforderung wie Gelegenheit, auch einem größeren Publikum ein Stück Moderne zu vermitteln. Stets habe er seine „Zeit geteilt zwischen dem freien Arbeiten und der angewandten Kunst", sagt Peter Knapp[6] – letzteres ein Begriff, der deutlich macht, dass der Gestalter auch und gerade seine Tätigkeit als Art Director als kreatives, künstlerisches Tun verstanden wissen will.

Genau genommen ist der „Art Director" eine Erfindung des frühen 20. Jahrhunderts und zu sehen vor dem Hintergrund einer zunehmenden Professionalisierung des Pressewesens in technischer wie ästhetischer Hinsicht. Spätestens mit der Jahrhundertwende war es möglich, fotografische Halbtonbilder zu drucken. Und mit der zunehmenden Präsenz von Bildern in Zeitungen und Zeitschriften wuchs – langsam zwar, aber immerhin – die Bedeutung derer, die fotografische Bilder beschafften, auswählten und nach Maßgabe einer klaren Konzeption auf die Seite stellten. Sieht man ab von den Protagonisten des russischen Konstruktivismus – Rodtschenko, Klutsis, El Lissitzky –, dann war der nach einem Gastspiel bei der kurzlebigen (ersten) deutschen *Vogue* ab 1928 für die US-*Vogue* tätige Mehemed Fehmy Agha der wohl erste eigentliche Art Director.[7] Nicht nur hat der gelegentlich als Despot geschilderte gebürtige Ukrainer wesentliche Neuerungen im Grafikdesign (unter anderem die angeschnittene Seite) populär gemacht. Auch und vor allem hat er dazu beigetragen, die Position des Gestalters im redaktionellen Dialog aufzuwerten. Wo zuvor Metteure, Einrichter oder „Layout Men" die Weisungen schreibender Redakteure zu befolgen hatten, gab es nun im Verlag eine für alle Belange im Visuellen verantwortliche Position. Kompetent, selbstbewusst und mit einer gewissen Chuzpe trat der Art Director den „Edelfedern" gegenüber und etablierte die Idee von einer Zeitschrift als visuellem Ganzen.

Die 1930er, 40er und 50er Jahre waren sicherlich die „hohe Zeit" der Illustrierten, zumindest in den USA. Art Directors wie der erwähnte Agha, sein Nachfolger bei *Vogue*, Alexander Liberman, oder deren Antipoden bei *Harper's Bazaar*, Alexey Brodovitch und Henry Wolf, sorgten bis Anfang der 1960er Jahre für einen bis heute unerreichten Zusammenklang von Fotografie, Text und unbedrucktem Raum. Vergleichsweise arm sahen daneben die europäischen Zeitschriften aus, und obwohl die exilierte Jüdin Hélène Lazareff in der Zeit ihres New Yorker Exils bei *Harper's Bazaar* gearbeitet haben soll[8], konnte von optischer Finesse, einem visuellen Profil bei der von ihr gegründeten und als „Directrice" verantworteten *Elle* keine Rede sein. Das wöchentliche Frauenmagazin erschien im Format von 31 × 24 cm auf schlechtem Papier in mäßigem Druck, immerhin ausgestattet mit einem hohen journalistischen Anspruch, dem unbedingten Willen, Frauen als intelligente (um nicht zu sagen: überlegene) Wesen ernst zu nehmen. „Die *Elle*", unterstreicht Peter Knapp, „war ganz Emanzipation. Es war eine aktuelle Zeitschrift. Ich würde sagen: ein Informationsblatt von einer Frau, nämlich Hélène Lazareff, für Frauen gemacht. Damals zum Beispiel wurde Abtreibung noch mit Gefängnis bestraft. Und da gab es dann Artikel wie: ‚Wir haben abgetrieben'. Und das wurde unterschrieben von Brigitte Bardot, von Françoise Sagan, von Jeanne Moreau. Es wurde ein richtiger Kampf für die Frau geführt. Insofern war die *Elle* nicht nur ein Modeheft."[9]

Schon vor 1959 habe er für die *Elle* gearbeitet, so Knapp, „manchmal ein Layout gemacht, manchmal Typografieentwürfe"[10]. Anfang 1960 avanciert er zum Art Director der Zeitschrift und bleibt in dieser Position bis 1966. Es sind politisch wie gesellschaftlich bewegte Zeiten, auf die Knapp mit einem erstaunlich flexiblen, ideenreichen gestalterischen Programm reagiert. Fast könnte man von Anti-Design reden, denn kaum eine der Maximen, die man ihm in Zürich vermittelt haben mag, setzt er um, jedenfalls nicht sklavisch. Weder gibt es eine Hausschrift, noch nutzt er den ordnenden Raster. „Meine Grafiker", so Knapp, „begannen auf weißem Papier."[11] Groteskschriften sind für Knapp eine Möglichkeit, aber keine Doktrin. Und wo die Schweizer dem rechten Winkel gehuldigt hatten, vertraut er auf die Dynamik der Diagonalen. Einziges Credo, dem er folgt, ist die Überraschung, der Wandel, der Wechsel. Wenn ein monatliches Magazin nach Wiedererkennung strebt, dann müsse ein Wochenblatt immer wieder überraschen, so seine Erkenntnis. Entschieden wehrt er sich gegen Perfektion, die er gern mit Langeweile gleichsetzt, oder gegen eine wie auch immer geartete gestalterische Handschrift. Und doch lässt sich auch bei Peter Knapp so etwas wie eine visuelle Grammatik konstatieren. Gern spielt er mit Schriften, setzt sie bildhaft ein, macht Headlines oder Bildunterschriften zum phantasievollen, immer wieder überraschenden Bestandteil einer Doppelseite. Regelmäßig greift er zurück auf Gummistempel oder Schablonenschriften, auch eine Schreibmaschine kommt gelegentlich zum Einsatz, was den Aufmacherseiten eine unverwechselbare, fast rohe und womöglich als Antithese zur Eleganz der amerikanischen „Glossies" zu lesende Anmutung verleiht. So unorthodox Knapp Überschrift und Vorspann behandelt, so klassisch gibt er sich beim Lauftext. Der müsse leserlich sein, so seine Devise. „Also keine zu breiten Sätze. Anständiger Durchschuss. Auch dass man die Linie gut findet."[12] Gern setzt er Texte dreispaltig ab, eine – wie er selbst bekennt – Reminiszenz an die Dreisprachigkeit der Schweiz. Abwechselnd nutzt er Grotesk- oder Antiquaschriften: „Unterschiedliche Themen, unterschiedliche Schriften", beschreibt er seine Haltung.[13] Talentierter Zeichner, der er ist, schätzt Knapp die Illustration, beschäftigt junge Talente wie Folon oder Topor, die schwarz-weiße Vignetten als Hinweis auf redaktionelle Beiträge bzw. Aufmacher zu Serviceseiten beisteuern, oder er lässt Roman

Cieslewicz Fortsetzungsromane illustrieren, um Wiedererkennung bzw. visuelle Kohärenz zu stiften.[14] Eine untergeordnete Rolle spielt die Modeillustration. „Es war eigentlich nicht unser Wunsch, die Zeichner aufzugeben", so Knapp. „Es war der Wunsch des Publikums. Illustrationen eignen sich nicht, wenn man Mode kopieren will."[15] Vierfarbdruck war in den 1960er Jahren noch die Ausnahme, zumal bei einem Wochenblatt wie der *Elle*. Immerhin machte die Reprotechnik im Schwarz-Weiß-Bereich deutlich Fortschritte und gestattete nun eine genauere Darstellung von „Buttons and Bows".

Mode ist nicht Auslöser gesellschaftlicher Veränderungen, sondern Antwort auf sozialen Wandel. Die späten 1950er und frühen 1960er Jahre definieren die Rolle der Frau neu, und unübersehbar war die *Elle* jener Jahres so etwas wie die Speerspitze der Idee. „Was wir nicht mehr wollten", so Knapp, „war der Chic. War die Modefotografie eines Cecil Beaton, eines Penn oder Avedon. Was wir ablehnten, waren diese steifen Posen. Wir wollten die Mädchen, die wir mochten, reinbringen. Und Bewegung. Und Lebensgefühl."[16] Unter Peter Knapp als Art Director erhalten neue Talente eine Chance. Knapp arbeitet mit Jeanloup Sieff und Frank Horvat, mit Fouli Elia und Henry Clarke, mit Ronald Traeger und Henri Elwing, der als (einziger) fester Fotograf bei *Elle* die eher reportagehaften Bilder liefert. Immer wieder greift Knapp selbst zur Kamera – wenn keiner der favorisierten Fotoprofis zur Verfügung steht oder weniger attraktive Aufträge zu bewältigen sind. Auch fotografisch bzw. fototechnisch ist dies eine Zeit des Umbruchs. Das Kleinbild setzt sich durch. Die ersten Zoom-Objektive kommen auf den Markt. Polaroid ermöglicht die schnellere Kontrolle extremer Lichtsituationen. Hinzu kommen kleinere Blitzanlagen mit kürzeren Ladezeiten, was neue Möglichkeiten in der Darstellung von Bewegung erschließt. Erst Ende der 1960er Jahre stehen die ersten Kameramotoren bzw. Winder zur Verfügung. Also nutzt Knapp seine Erfahrungen als Fimemacher – mit Daisy de Galard hatte er die erfolgreiche Fernsehserie *Dim-Dam-Dom* auf den Weg gebracht. Um die Bildsprache seiner Zeitschrift zu dynamisieren, filmt er mit seiner 16-mm-Bolex-Paillard kurze Sequenzen und überlistet so die Statik konventioneller Modefotografie. „Vorher“, so Knapp, „konnte ein Mädchen gehen, aber sie konnte nicht laufen. Mit vierundzwanzig Bildern in der Sekunde haben wir das geändert.“[17] Knapp inszeniert oder lässt inszenieren, erfindet Geschichten bzw. vermittelt den Modestrecken ein narratives Element, das Einflüsse des Kinos der Nouvelle Vague (Godard, Chabrol) vermuten lässt. Knapp scribbelt nicht vorab. Er gibt seinen Fotografen freie Hand, definiert eher allgemeine Prämissen mit dem Ziel, Abwechslung im Heftfluss zu erreichen. Schwarz-weiß oder eine sich allmählich durchsetzende Farbe, heller oder dunkler Hintergrund, outdoor oder Studio sollen einen spannungsreichen Rhythmus formen. Immer wieder diskutiert Peter Knapp Mode im Kunstkontext, etwa wenn er Models in Museen posieren lässt oder den Einfluss der Kunst auf Mode und Design aufdeckt. „Kunst“, so sein Motto, „ist das Wichtigste.“[18]

Nach den vorgelegten Schwarz-Weiß-Abzügen oder Farbdiapositiven zeichnet, aquarelliert Peter Knapp ein präzises Layout. Die „Chemins de fer“, kleine Kunstwerke für sich, dienen den Layoutern – bis zu zwölf sollen es im Art Department der *Elle* gewesen sein – dann als Grundlage für ihre Arbeit. Ein berühmtes Foto[19] zeigt Alexey Brodovitch, wie er eine am Boden ausgelegte Maquette abschreitet, um den – wie er es nannte – „Flow“ einer Strecke zu prüfen. Auch Peter Knapp glaubt an die Idee einer durch den Film inspirierten Montage: „Es geht von einer Szene zur nächsten. Von nah zu fern. Von flach zu dreidimensional. Ich habe immer einen Kontrast im Rhythmus gesucht.“[20] Was er weniger schätzt, ist die von Alexey Brodovitch gesuchte panoramatische Distanz zum Heft. „Der Grafiker arbeitet meistens stehend und hat da schon 65 cm Abstand zu seinem Blatt. Der Leser ist zwischen 35 und 45 cm entfernt.“[21] Für Knapp bedeutet dies: Keine übergroßen Elemente wie sie etwa zeitgleich der deutsche Art Director Willy Fleckhaus liebt, der den Doppelseiten in der Jugendzeitschrift *twen* immer wieder eine plakathafte Anmutung vermittelt mit dem Ergebnis, dass der Leser das Blatt von sich weghalten muss, um ein Motiv zu dechiffrieren.[22] Knapp – im Konsens mit der Chefredaktion – begreift die *Elle* als Journal, als Zeitschrift der Inhalte. Entsprechend lesefreundlich muss das Heft gestaltet sein, was nicht bedeutet, dass nicht auch er immer wieder radikale visuelle Lösungen sucht und findet. Etwa wenn er Köpfe mutig anschneidet, Elemente freistellt und auf einer Doppelseite zu dynamischen Ensembles collagiert oder Modefotos „à l'italienne" auf die Seite hebt. Nicht zu reden von der Diagonalen. „Die Diagonale", so Knapp, „hatte bei mir immer einen Einfluss. Ich denke, es war auch ein Reflex gegen die Zürcher Schule. Dieses horizontal und vertikal."[23]

Bei Brodovitch war der Weißraum – neben Bild und Text – zum wichtigsten Bestandteil einer visuellen Grammatik avanciert. Auch Knapp nutzt die unbedruckte Fläche als gestalterische Möglichkeit, dies allerdings weniger exzessiv als der um größtmögliche Ästhetisierung der Doppelseite bemühte Amerikaner. Schon das dünne, schlechte Papier, die Gefahr des Durchscheinens verbot bei der *Elle* allzu große weiße Flächen. Auch entsprach unbedrucktes Papier nicht unbedingt dem journalistischen Selbstverständnis einer Zeitschrift, die eine eigene „Leserin" beschäftigte: „Die musste immer alles lesen. Vom Anfang bis zum Schluss. Und wenn sie nicht zwei Stunden zu lesen hatte, wurde noch eine Novelle oder ein Roman reingebracht."[24] Wie beginnt man eine Strecke? Wie schlägt man ein Thema an? Fleckhaus liebte die große Optik, die visuelle Zäsur in Gestalt eines über die Doppelseite gezogenen, angeschnittenen Motivs. Peter Knapps Aufmacher hingegen wirken oft zurückhaltend und eher still. „Das bin ich", bekennt der Gestalter. „Das mache ich auch heute noch so. Ich möchte erst Titel und Vorspann. Die Doppelseite kommt bei mir erst auf Seite drei und vier. Das heißt, Titel und Vorspann bleiben leserlich. Man weiß, um was es geht. Und dann kommt der Blickfang. Er ist nicht mehr Öffner. Sondern schon Empfindung. Das habe ich nie geändert."[25]

Mit dem Ausscheiden einer erkrankten Hélène Lazareff enden 1966 auch Peter Knapps Jahre bei der *Elle*. Dem Heft habe er, so David Hillman, „startling vigour and life" verordnet, „propelling it into the future with anarchic layouts of angles and twists. He pioneered the free-form design that came of age in the eighties – but with one huge difference: Knapp had no Mac to help him."[26] Es sind –

politisch, künstlerisch, gesellschaftlich – bewegte Zeiten, die Peter Knapp auch weiterhin als Maler, Bühnenbildner oder freier Fotograf begleitet. Ab Mitte der 1960er Jahre arbeitet er viel für André Courrèges, dessen revolutionären Entwürfen im Geist des Prêt-à-porter Knapp – als Fotograf wie Art Director – einige der gelungensten visuellen Auftritte verschafft. Knapp gestaltet Bücher oder Buchreihen, die insofern seine Haltung spiegeln, als er jede Aufgabe neu denkt und individuell behandelt. „Mir ging es nicht um einen Stil", hat er einmal bekannt, mit der Konsequenz, dass der Buchgestalter Peter Knapp kaum auf Anhieb zu erkennen ist.[27] Wo Willy Fleckhaus auf wenige Schriften (Bodoni, Times), enge Spationierung und Formsatz vertraute und sich so eine Art optische Identität schuf, blieb Peter Knapp flexibel. Die Asymmetrie schätzend – „das große Modell war Mondrian"[28] – kehrt er zur Ponderation zurück, wo sie geboten ist, wie bei dem Band *Lumières de Chartres*, bei dem das christliche Kreuz den streng symmetrischen Seitenaufbau bestimmt. Den dreispaltigen Satz favorisierend, bleibt er gleichwohl für andere Lösungen empfänglich. Knapp gestaltet großformatige Kunstbände (Giacometti) ebenso wie Kataloge (Jeu de Paume, Centre Pompidou). Eine Buchreihe mit Themen zu Körperpflege und Gesundheit (*Le Livre de la Santé*) hat er als Art Director betreut, mit *Osaka* (zur Weltausstellung 1970) ein bewusst rauhes, mit eigener Fotografie illustriertes Künstlerbuch geschaffen und bei *Demain j'irai mieux* (2004) zu seiner alten „Erfindung" der Schreibmaschinen- und Stempelschrift zurückgefunden.

Immer wieder in den späten 1960er bis 1980er Jahren kann sich Peter Knapp auch auf dem Feld des Editorial Design bewähren – wenngleich sich die Konditionen deutlich verändert haben. Die Konkurrenz des Fernsehens, das daraus resultierende Konzept von „Special Interest"-Zeitschriften haben die redaktionellen Gehalte verändert. Wo früher Kunst stattfand, wird nun Lebenshilfe geboten. Und wenn einst Geld verdient wurde, um eine gute Zeitschrift zu machen, dann werden jetzt Zeitschriften gemacht, um Geld zu verdienen. König sind die Anzeigenkunden, denen noch Hélène Lazareff gemeint hatte, die kalte Schulter zeigen zu können.[29] Nie habe sie mit Werbeleuten zu Mittag gegessen, meint Peter Knapp, der 1974 noch einmal für drei Jahre als Art Director zu einer deutlich bunter gewordenen *Elle* (Chefredaktion Daisy de Galard) zurückkehrt. Knapp wird Art Director des 1969 in Anlehnung an das *Sunday Times Magazine* gegründete Hamburger ZEIT*magazin*, ohne sich mit den sehr deutschen Inhalten des wöchentlichen Supplements identifizieren zu können. Sein Gastspiel als Art Director bleibt 1970 Episode.[30] Knapp zeichnet den Schweizer *Volkswirt* neu, ebenso die *Weltwoche* und meint sich an einen (nie realisierten) Relaunch der Pariser Tageszeitung *Le Monde* erinnern zu können. 1983 ist er Art Director der feinen Lebensstil propagierenden, edel aufgemachten, freilich nur kurzlebigen Zeitschrift *Décoration internationale*. 1988 wird er Art Director bei *Fortune* (Frankreich), einem Magazin, das jedoch nur noch wenig zu tun hat mit jener Wirtschafts- und Finanzzeitschrift, die einst einen jungen Peter Knapp begeistert hatte.[31] Dazwischen oder auch parallel fotografiert Peter Knapp im Auftrag Mode oder Reportagen für Zeitschriften wie *Stern, Nova, Vogue, Sunday Times* oder *Marie Claire*. Oder er arbeitet für sich selbst an freien Zyklen. Einen Bruch sieht er darin nicht, im Gegenteil: Grenzüberschreitend mit Bildern umzugehen, darum, so Knapp, sei es ihm sein Leben lang gegangen.[32]

Erstveröffentlichung in Gabriel Bauret (Hg.): *Peter Knapp*, Paris: Éditions du Chêne 2008

„Deutschland, das war damals einfach der Ort, wo sich nach dem Krieg gewisse Schnittlinien sehr dramatisch aufzeigten."

René Burri

1933 Zürich, Schweiz –
2014 ebenda

Unter der Oberfläche lauert die Geschichte
Zu den Berlin- und Deutschland-Bildern des Fotografen René Burri

Was ist Deutschland? Wer sind die Deutschen? Kaum jemand würde sich nach den Italienern, den Franzosen oder Niederländern erkundigen bzw. deren nationale Identität hinterfragen wollen. Die Deutschen, so scheint es, bleiben auf der Agenda. Immer wieder beschäftigen sich Schriftsteller, Journalisten, Künstler, aber auch Historiker, Politologen, Soziologen mit Fragen rund um eine wie immer geartete deutsche Identität.

Vor nicht allzu langer Zeit hat sich der Bielefelder Geschichtswissenschaftler Joachim Radkau zum Thema geäußert, wobei es im Interview mit der Tageszeitung *Die Welt* überraschende Aussagen speziell zum Deutschen Kaiserreich gab, also einer Zeit, die gemeinhin als eine Art Glacis für die großen Katastrophen des 20. Jahrhunderts gilt.[1] Am meisten habe ihn frappiert, so Radkau, „wie wenig kriegerisch, wie sentimental das geistige Klima in weiten Regionen des wilhelminischen Deutschlands war. Es war friedlicher, als man sich das rückwirkend vorstellt, und vor allem hypochondrischer."[2] In mancherlei Hinsicht sei die Gesellschaft jener Zeit „humaner und sensibler" gewesen als unsere heutige. Das Bildungsbürgertum habe, jedenfalls vor 1914, sehr viel weniger „reaktionär-romantisch" gedacht als gemeinhin angenommen. Es gab, speziell nach 1871, Jahrzehnte einer ausgeprägten sozialen Gesinnung: „Man wollte die Arbeiter integrieren."

Die „fundamentale Absetzung gegen den Westen" habe erst 1914 eingesetzt: „Selbst Moltke und Treitschke zeigten manchmal eine überraschende Sympathie für Frankreich." Und was das Thema Antisemitismus betrifft, da habe er, Radkau, einem renommierten Experten die Frage gestellt, „ob die Affaire Dreyfus im Deutschen Kaiserreich möglich gewesen wäre. Nein, sagte er, ein solches Ausmaß an zynischem Rechtsbruch, durch höchste Stellen gedeckt, wäre undenkbar gewesen. Der Rechtsstaat war lange Zeit, selbst noch im Ersten Weltkrieg, recht solide."[3]

Wer oder was die Deutschen auch immer waren oder sind – eine Qualität erfüllen sie in jedem Fall: Sie sind Nachbarn. Kein Land in Mitteleuropa grenzt an so viele Völker wie die Deutschen. Kein Wunder, dass häufiger und intensiver – auch und gerade von außen – nach dem Wesen der Deutschen, ihrem Charakter, ihrer Berechenbarkeit gefragt wird. Noch 1932 sprach die wichtige, linksliberale französische Illustrierte VU vom „Enigme allemande“[4], vom „deutschen Rätsel“, womit mit Sicherheit das dumpfe Gefühl vieler auf den Punkt gebracht war. In den Augen nicht weniger Nachbarn waren und sind die Deutschen wankelmütig, undurchsichtig, sprunghaft, launisch, ihre Politik nach außen geprägt von einem Hin-und-Her bzw. „Sowohl-als-Auch“, wie es bereits der 1933 emigrierte Historiker George W. F. Hallgarten kritisiert hatte.[5]

Vermehrt wurde das „Rätsel Deutschland“ nach 1945 um die Frage, ob es „die Deutschen“ überhaupt noch gab. Ließ sich nach Weltkrieg, millionenfacher Migration und Holocaust – die jüdischen Mitbürger hatten schließlich einen wesentlichen Teil der wilhelminischen Elite gestellt – überhaupt noch von einem deutschen Volk, einer deutschen Identität, einem deutschen Wesen sprechen? Ganz abgesehen davon, dass die Verbrechen des Nazi-Regimes den Begriff „Deutsch“ nachhaltig kontaminiert hatten.

Erstaunlicherweise haben selbst politische Paradigmenwechsel wie die Teilung nach 1945, die Schaffung zweier deutscher Staaten, die verfassungsmäßige Stärkung des Föderalismus im Westen verbunden mit einer zügig vorangetriebenen europäischen Integration der alten Bundesrepublik die Frage nach deutscher Eigenart nie obsolet werden lassen. Und einmal mehr war es neben der Kultur- und Gesellschaftswissenschaft die Fotografie, die sich mit Verve am Diskurs rund um die „Deutsche Frage“ beteiligte. Mit den Mitteln ihres Mediums machten sich Kamerakünstler – sammelnd, dokumentierend, vergleichend – auf die Suche nach den Konturen einer Nation, die die unmittelbaren Nachbarn immer wieder – im positiven wie negativen Sinne – in Staunen versetzt hatte.

Waren es vor 1945 eher konzeptionell angelegte Langzeitprojekte, über die fotografierende Zeitgenossen das Thema Deutschland und die Deutschen reflektierten, von August Sander und seinem eher soziologisch geprägten Ansatz bis hin zu Erna Lendvai-Dircksen und ihrem pseudo-rassekundlichen Projekt *Das Deutsche Volksgesicht*, so dominierte nach dem Zweiten Weltkrieg ein mehr oder minder engagierter, subjektiv geprägter Fotojournalismus, der die Welt mit bildhaften Nachrichten aus einem hoffnungslos verwüsteten, zerstörten Land versorgte.

Internationale Pressefotografen wie Lee Miller, Leonard McCombe, Margaret Bourke-White gehörten zu den ersten, die ihre Kameras konsequent auf Deutschland und die Deutschen richteten. Aber auch spätere Magnum-Fotografen wie George Rodger, Robert Capa, Cartier-Bresson, Chim, Erich Lessing oder Werner Bischof beschäftigten sich unmittelbar nach Kriegsende mit einem Land, dessen erbarmungswürdiger Zustand der Welt ein weiteres Rätsel bescherte: Würde diese kontaminierte Trümmerwüste, dieses gesellschaftliche, politische und menschliche Fiasko jemals wieder in so etwas wie eine funktionierende Zivilgesellschaft führen?

Der 1933 in Zürich geborene René Burri betrat – so gesehen – nicht gerade Neuland, als er Anfang der 1950er Jahre – seinerzeit noch Student an der Kunstgewerbeschule – aufbrach, um im süddeutschen Raum erste Aufnahmen zu machen. Aber er war – von allen Genannten – der einzige, der aus persönlicher Betroffenheit heraus agierte. Die Mutter war Deutsche. Teile der Verwandtschaft lebten in Freiburg im Breisgau. Deutsch bzw. Schweizerdeutsch war seine Muttersprache. Die Auseinandersetzung mit den Deutschen war für René Burri folglich immer auch eine Art Blick in den Spiegel, ein Stück weit Selbstvergewisserung bzw. Selbsterkundung. Das könnte die Beharrlichkeit erklären, mit der Burri sein Thema über sage und schreibe fünf Jahrzehnte verfolgt hat.

Nimmt man eine 2004 unternommene Berlin-Reise, eine Reise zu Orten seiner frühen Deutschlandbilder als Schlusspunkt, dann hat er sich über praktisch die gesamte zweite Hälfte des 20. Jahrhunderts an Deutschland, dem, wie Klaus Harpprecht einmal sagte, „Riesenzwerg" gerieben. Und noch etwas kommt hinzu: Sieht man ab von Leonard McCombe oder später Leonard Freed bzw. Stefan

Moses, dann war Burri der einzige Fotograf, dessen Arbeit – die eben nicht Trümmerfotografie oder klassischer Fotojournalismus war – in einem wegweisenden, formal-ästhetisch geschlossenen, künstlerisch überzeugenden, innovativen und noch am ehesten mit Robert Franks *Amerikanern* vergleichbaren Fotobuch kulminierte.

Was René Burris 1962 erschienenes Buch *Die Deutschen* mit dem vier Jahre zuvor herausgekommenen Band *Les Américains* seines Kollegen und Landsmanns Robert Frank verbindet, ist allerdings weniger das Thema, der konzentrierte Blick auf ein Land, eine Nation. Es ist nicht der einigermaßen frech generalisierende Titel. Auch das identische Buchformat, ein vergleichbares Layout, das Gewicht flankierender Literatur wird man zunächst vernachlässigen dürfen. Was den neun Jahre jüngeren Burri in die Nähe von Frank rückt, ist der Wille, die Fotografie in ihrem dokumentarischen Anspruch neu zu denken, sich mit dem Ablichten wie auch immer gearteter Oberflächen nicht mehr zufrieden zu geben und stattdessen die Kamera wie ein Stethoskop analytisch zu benutzen.

Beide Bücher, um 1960 erschienen, handeln mindestens ebenso sehr von einem Medium, einem neuartigen Umgang mit dem Fotoapparat, wie sie von Menschen und Landschaften, Dingen und Gebäuden sprechen. Es sind Bücher, die vom Sehen reden, das Schauen, die Wahrnehmung auf den Prüfstand heben und deren Bilder als Bilder und nicht als schlichte Abbilder gelesen werden wollen. Kein Wunder, dass beide Titel zunächst nicht oder zumindest missverstanden wurden. „Beide Bücher", schreibt Hans Georg Puttnies, „waren einfach zu früh erschienen. Zehn Jahre später konnte man ‚Die Deutschen' für fünf Mark fünfundneunzig im ‚modernen Antiquariat' kaufen. So kam das Buch eigentlich erst 1972 in unser Land und an die richtigen Leute, und Burris Bilder wurden ein Geheimtipp und eine Art Flankenschutz für die jungen Fotografen der siebziger Jahre."[6]

Die Deutschen war René Burris erstes Buch – bis heute sein wichtigstes. Der schmale Band im vergleichsweise bescheidenen Format von 19,0 × 21,6 cm erschien Ende 1962 im Zürcher Verlag Fretz & Wasmuth, wenig später als Nummer Acht der *Encyclopédie essentielle / Série histoire* bei Robert Delpire in Paris. 13 000 Exemplare soll die Gesamtauflage betragen haben, davon 3 500 Bücher in französischer Sprache.[7] Den Kupfertiefdruck der gesamten Edition hatte die Zürcher Druckerei Imago besorgt. Wie schon bei Frank setzte Delpire, der *Les Américains* als Band 3 seiner *Encyclopédie essentielle* herausgebracht hatte, auf ein gezeichnetes Cover. Burri entschied sich bei der deutschen Edition für ein fotografisches Motiv, genauer: zwei durch den Steg des Negativs subtil geteilte Bilder.

Auch in der Auswahl der jeweils links abgedruckten, das gesamte Buch durchziehenden Texte beschritt man unterschiedliche Wege. In Frankreich war es der bekannte Philosoph und Soziologe Jean Baudrillard, der für eine Auswahl von Texten u. a. von Madame de Staël, Gérard de Nerval, Nietzsche, Wagner oder Giraudoux verantwortlich zeichnete. Für die deutsche Ausgabe hatte Hans Bender, Mitbegründer der seinerzeit führenden Literaturzeitschrift *Akzente*, eine Anthologie zusammengestellt, deren Tenor sich allerdings weniger deutschlandkritisch gab. Ausnahme ist das bereits 1960 bei Suhrkamp erschienene Prosagedicht *Landessprache* des damals jungen Hans Magnus Enzensberger. Dafür hatte man das Max Frisch geschuldete, zum Auftakt abgedruckte Motto verkürzt wiedergegeben und damit seines skeptischen Tenors beraubt: „Was ich in Deutschland suche: die Weite im Verwandten", hatte der Schweizer Autor seinem *Tagebuch* 1946–1949 anvertraut, um dann allerdings fortzufahren: „Die anderen Größenverhältnisse spiegeln sich immer auch im Menschlichen. Viele tragen den Kopf hier etwas höher, als ihnen zukommt, und verwechseln sich gerne mit der Größe ihrer Anzahl ..."[8].

René Burris Bucherstling stieß auf eine überwiegend verhaltene Resonanz. Im Meer affirmativer, gefälliger, inzwischen auch gern farbig oder besser: bunt gedruckter Länder- und Städtebände musste ein Titel irritieren, dessen Diktion sich entschieden von der journalistischen bzw. illustrierenden Fotografie jener Jahre distanzierte und stattdessen einer komplexen, betont subjektiven, in grau-schwarze Valeurs getauchten Bildsprache den Vorzug gab. Auch war Burris Buch nicht angetreten, das im Windschatten des „Wirtschaftswunders“ gewachsene, neuerliche Selbstbewusstsein der Deutschen zu bestätigen. Entsprechend schroff fiel das Urteil der meisten Rezensenten aus, angeführt von der Meinung der *Frankfurter Allgemeinen Zeitung*: „So hässlich sind wir nicht.“[9] Erst die 1980er Jahre bescherten René Burris Werk eine Art Renaissance und damit verbunden eine Lesart, die stärker auf die formal-ästhetischen Qualitäten des Zyklus reagierte. Bereits 1981 hatte Rudolf Kicken in seiner Kölner Galerie der Serie eine Einzelausstellung eingeräumt, begleitet von einem 24-seitigen Katalog, dessen einführender Text erstmals die künstlerische Relevanz der Serie unterstrich.[10]

Fünf Jahre später wagte sich Verleger Lothar Schirmer an eine im Format größere, um spätere Bilder ergänzte Edition[11], der 1990 und 1999 wiederum veränderte Ausgaben folgen sollten.[12] Inzwischen zählt René Burris Werk zum Kanon wegweisender Fotobücher im 20. Jahrhundert. Kein Pantheon – von Parr/Badger[13] über Roth[14] bis hin zu Peter Pfrunder[15] –, das René Burris ersten Bildband nicht gewürdigt hätte.

Für jemanden wie René Burri, der in Zürich, also nicht wirklich weit entfernt von der deutschen Grenze, aufwächst, der Deutsch spricht, die deutsche Literatur liebt, eine deutsche Mutter hat, ist – so möchte man meinen – das Thema Deutschland im Wortsinn naheliegend. Andererseits wird Burri, 1933 geboren, im ersten Lebensjahrzehnt die Deutschen vor allem als Bedrohung wahrgenommen haben. Dass er sich – zunächst von Neugier, später von journalistischem Instinkt getrieben – dennoch zu einer Art Langzeitstudie über Deutschland und die Deutschen entschloss, ist fotohistorisch ein Glücksfall. In der engen Langeweile Deutschlands habe Burri, so Puttnies, „einen geschichtsüberdrüssigen Menschentyp beobachtet und ihm dabei geradezu historische Bilder abgewonnen. Darin lag das künstlerische Ereignis, das viele Fotografen beeindruckte, auch wenn sie nicht wussten, woher es kam und wohin es sie trug.“[16] Burri hatte, mit anderen Worten, konsequent seinem subjektiven Blick vertraut und gerade dadurch etwas Grundsätzliches geschaffen. Geschichte suchend hat er selbst ein Stück weit Geschichte geschrieben.

Bereits wenige Jahre nach dem Krieg war Burri mit dem Fahrrad losgezogen, hatte am Bodensee die Grenze überschritten und in München und Ulm – beide Städte weitgehend zerstört – mit einer geliehenen Leica erste Aufnahmen gemacht. Was zunächst planlos begann, intensivierte sich ab Mitte der 1950er Jahre, als Burri meist im Auftrag der bei Burda erscheinenden *Bunten* die Bundesrepublik, aber auch West-Berlin, Ost-Berlin, die DDR bereiste. „Ich wurde bei Magnum gewissermaßen zum Deutschlandkorrespondenten"[17], erinnert sich René Burri, der Bildberichte bzw. Reportagen – zum Teil auch in Farbe und mit der Rolleiflex – etwa über die junge Bundeswehr, die Einweihung eines deutschen Kriegerdenkmals im libyschen Tobruk oder die Kruppwerke in Essen nutzte[18], um sich an anderen, visuell komplexen, persönlichen Bildern zu versuchen, an Bildern, die nicht illustrieren, sondern für sich bestehen sollten.

Unbeeinflusst von Robert Frank, dessen wegweisendes Buch ja erst Ende des Jahrzehnts erschien, wagte sich Burri an ein Porträt der Deutschen, wobei der junge Fotograf erstaunlich schnell zu einer eigenen Sprache fand, einer düsteren Melodie, die so gar nichts vom Talmi der 1950er und frühen 60er Jahre transportierte. „Es gab da einen irritierend sicheren Blick", unterstreicht Puttnies, „der von weit her kam und der in die Banalität und in die Provinz hineinsah, als würde die *Comédie humaine* am besten in Staufenberg, Hessen, gespielt. Dieses Wegsehen von allem, was interessant war, um dann die ganze Kultur des Abendlands scheinbar achtlos in der Bildkomposition zu verstecken – diese Leidenschaft für alltägliche Gesichter und wirklich bedeutungslose Vorgänge überraschte jeden, der sich auf die neue Fotografie einließ."[19]

Folgt man Burris Erinnerungen[20], dann war es der Verlag Fretz & Wasmuth, der mit der Idee zu einem Buch, speziell einem Länderband auf ihn zugekommen sei. *Italien und die Italiener* mit Aufnahmen von Leonard von Matt war bereits 1958 herausgekommen. Frankreich schien die logische, auch attraktive Fortsetzung. Aber Burri reizte das politisch brisante Deutschland: „Deutschland", so Burri, „das war damals einfach der Ort, wo sich nach dem Krieg gewisse Schnittlinien sehr dramatisch aufzeigten"[21].

Mit Robert Delpire, dessen „melancholische Begeisterung“ für das Medium Fotobuch längst ein eigenes Kapitel Fotogeschichte darstellt, konnte nicht nur ein kompetenter Co-Verleger gefunden werden. Delpire war es auch, der beim Editing behilflich war und die Abfolge der Bilder definierte. Dabei ergeben Hoch- und Querformate einen spannungsreichen Wechsel. Alle Abbildungen spiegeln das charakteristische Leica Format mit seinem Seitenverhältnis von zwei zu drei. Fotografiert hatte Burri zunächst mit einer Leica IIf oder IIIf, später einer Leica M2.

Typische Leica Bilder sind Burris Aufnahmen auch insofern, als sie ebenso reaktionsschnell wie genau im Sucher komponiert sind. Es dominiert die Diagonale. Kühn angeschnittene Figuren sind keine Seltenheit. Gern gestaltet Burri, die Möglichkeit partieller Schärfe nutzend, in die Tiefe, wobei der Tiefe des Raumes immer auch eine historische Tiefe entspricht. Praktisch alle Bilder sind vor dem Hintergrund eines ausgewiesenen Geschichtsinteresses zu lesen. Nicht zufällig fotografiert Burri in Treptow, in Weimar, in Essen oder am Wannsee. Aufmerksamen Betrachtern ist die Redundanz von Uniformen aufgefallen. „In allen erdenklichen Ausführungen und Zuschnitten prägen sie das Bild beider deutscher Teilstaaten“, schreibt Matthias Christen. „Schon das Eröffnungsfoto zeigt Männer in Uniformen. Der beigegebenen Legende zufolge handelt es sich zwar um Soldaten der neu gegründeten Bundeswehr. Doch der verschattete Blick der Figur im Ledermantel und das Handzeichen des uniformierten Nebenmannes deuten – quer zur Leserichtung des Buchs – symbolträchtig in die der Publikation vorausliegende deutsche Vergangenheit, die in der martialischen Aufmachung unheilvoll gegenwärtig bleibt.“[22]

80 Motive enthält die Erstausgabe der *Deutschen*. Nicht weniger als 29 sind in und um Berlin entstanden. Frankfurt ist mit einer Abbildung vertreten, München mit fünf, die junge Hauptstadt Bonn taucht dreimal auf. Einmal kommt Düsseldorf vor, viermal Köln, dreimal Würzburg. Göttingen, Celle, Mannheim, Sinzig, die Lüneburger Heide bringen es auf jeweils ein Motiv, ebenso die Pfalz, Helmstedt oder Aachen.

Die simple Statistik spiegelt zum einen die historische Bedeutung Berlins, seine damalige Funktion als unmittelbare Schnittstelle zwischen West und Ost. Sie verweist aber auch auf René Burris ganz persönliche Affinität zu einer Stadt, die in besonderer Weise „Glanz und Elend des Dritten Reiches" verkörperte und es sich jetzt – entschiedener als andere deutsche Städte – gestattete, die Wunden der Geschichte als Narben herzuzeigen.

Erstmals im Juli 1957 war Burri aus Anlass der *Internationalen Bauausstellung* (*Interbau*) nach Berlin gekommen. Immer schon hatte er sich gewünscht, Bert Brecht zu treffen, zu sprechen, womöglich zu porträtieren. Dessen Stücke, in den 1940er Jahren am Zürcher Schauspielhaus beispielhaft inszeniert, hatten auf den jungen René Burri nicht zuletzt deshalb Eindruck gemacht, weil sich hier ein in Geist und Sprache anderes Deutschland präsentierte. Brecht war im August 1956 überraschend gestorben. Nun wurde ein Besuch am Berliner Ensemble zur späten Hommage an den Dichter und sein Werk. Anlässlich seiner ersten Berlin-Reise 1957 fotografierte René Burri Helene Weigel als Mutter Courage, warf einen Blick ins Foyer des Theaters am Schiffbauerdamm oder beobachtete Proben zu dem Stück *Winterschlacht* von Johannes R. Becher. Immerhin drei Motive aus dem Umkreis des Berliner Ensembles haben Eingang in die Erstausgabe gefunden.

René Burri suchte und fand Anschluss an das literarische Leben der Stadt, fotografierte Tagungen der legendären Gruppe 47 im Literarischen Colloquium am Wannsee, porträtierte deren Protagonisten, Walter Höllerer, Hans Bender, Peter Weiss oder den jungen Hans Magnus Enzensberger, mit dem ihn in der Folge eine intensive Freundschaft verbinden sollte. Immer wieder ab Ende der 1950er Jahre kam der Fotograf nach Berlin, häufig aus konkreten Anlässen wie der erwähnten *Interbau* oder den runden, im Osten Berlins mit viel Pomp inszenierten Jahrestagen der DDR-Staatsgründung.

Ausgestattet mit einem Neutralität versprechenden Schweizer Pass überwand Burri leichter die ansonsten hermetische Grenze, fotografierte in West wie Ost. Seine *Situation Berlin* ist tatsächlich eine ganzheitliche, auch wenn es ihm nie um eine wie auch immer geartete Enzyklopädie gegangen ist. Als Autorenfotograf, als Kreativer im Selbstauftrag folgte Burri der klassischen Rolle des Flaneurs, wobei es weniger die Anekdote war, das Narrative, das ihn anzog. Eher zielte René Burris Blick auf starke Metaphern, auf hintergründige, doppelbödige, komplexe schwarz-weiße Einzelbilder mit immer wieder latenten Verweisen auf die politische Gegenwart oder jüngere Geschichte.

Die eigentlichen Tage des Mauerbaus hatte Burri verpasst – nach dem Fast-Absturz mit einem Helikopter (dem Höhenflug verdanken wir etwa den Blick auf Siegessäule oder Kaiser-Wilhelm-Gedächtniskirche) war der Fotograf zwei Tage vor dem 13. August Hals über Kopf in die Schweiz zurückgekehrt. In der Folge jedoch kam Burri immer wieder nach Berlin zurück mit Pausen in den späten 1960er und 70er Jahren. Die Öffnung der Grenze, den Fall der Mauer und die folgende Annäherung der beiden Seiten der Stadt hat er dann wieder intensiv begleitet. Einmal mehr hatte die Geschichte das nicht enden wollende deutsche Thema auf die Agenda internationaler Politik gesetzt.

Im September 1962 brachte die Schweizer Zeitschrift *Du* so etwas wie einen Vorabdruck zu René Burris erstem Buch. Dazu ein kurzer Text von Manuel Gasser. In den letzten Jahren sei „der Schweizer Fotograf René Burri viel in Deutschland gereist", hieß es da. „Auf Autobahnen und auf Nebenwegen. Durch Städte, Dörfer und Landschaften. Hüben und drüben. Sein Interesse galt dem Menschen im heutigen Deutschland."[23] „Elf Aufnahmen von René Burri" versprach der Untertitel des schlicht *In Deutschland* überschriebenen Portfolios, davon nur ein Berlin-Motiv. Berlin, soviel ist sicher, hat am entschiedensten zu René Burris Deutschlandbild beigetragen, wobei sich zu den drei Dutzend inzwischen bekannten, immer wieder gedruckten und gezeigten Aufnahmen ein bis dato ungehobener Schatz an Originalabzügen (Vintage Prints) gesellt. Früh hat René Burri, obwohl seinem Selbstverständnis nach Bildreporter bzw. Journalist, einen eigenen Weg beschritten. Als Künstler im engeren Sinne hat er sich nie verstanden und doch von Anfang an den Gegenentwurf zum tagesaktuellen Bild gesucht,

Gegenbilder, die in der Lage sind, „die Empfindung der Zeit genauer und haltbarer" zu fassen.[24] Nicht zuletzt das Buch wurde ihm hier zum wichtigen Vehikel. Rund zwei Dutzend mehr oder minder umfangreiche Bildbände sind so mit der Zeit entstanden, darunter *Die Deutschen* als sein formal geschlossenster, mutigster und einflussreichster. Burris Bilder transportieren deutsche Befindlichkeit seit dem Krieg. Gewollt sei, so Ute Eskildsen, „die Erfassung der allgemeinen, aktuellen Lebenssituation der Deutschen"[25]. Sie verweisen aber auch, wie Hans Georg Puttnies richtig konstatiert, auf „die Entstehungsgeschichte einer neuen fotografischen Kunst"[26].

„Bei mir wächst jede Geschichte aus einer anderen. Es hat etwas Organisches."

Bruce Davidson

1933 Oak Park, Illinois, USA –
Lebt in New York City, USA

Es war auf eine Weise prickelnd

Ein Gespräch mit dem in New York lebenden Magnum-Fotografen Bruce Davidson

Bruce Davidson ist eine Legende: Teil jener „Beat"-Generation, die zwischen Koreakrieg und Vietnam den Zustand der amerikanischen Gesellschaft hinterfragte. Erstmals für Aufsehen sorgte Davidson 1960 mit einer Reportage über jugendliche Gangs: ein Stimmungsbild aus dem New York der 1950er Jahre, das nun [1998] erstmals in Buchform erschienen ist.

Hans-Michael Koetzle: Bruce Davidson, es heißt, Sie hätten bereits mit zehn Jahren zu fotografieren begonnen. Ist das richtig?
Bruce Davidson: Ich war zehn, als ich mich für die Fotografie zu interessieren begann. Wir spielten draußen Basketball. Ich saß auf der Reservebank, als ein Freund von mir vorbeikam und meinte: „Willst du etwas Zauberei in der Dunkelkammer erleben?" Natürlich wollte ich. Also folgte ich ihm in einen ziemlich dunklen Keller. Ich erinnere mich an eine rote Lampe und ein kurzes Aufscheinen von Licht. Dann ließ er ein Blatt Papier in eine flache Schale gleiten, und heraus kam ein Bild. Das hat mich neugierig gemacht.
HMK: Später dann haben Sie am Rochester Institute of Technology studiert?
BD: Richtig. Allerdings noch während meiner Zeit auf der High School lernte ich bei einem recht guten Studiofotografen am Ort. Er zeigte mir, wie man Abzüge im Dye-Transfer-Verfahren herstellt. Er baute mir eine einfache Kamera mit Blitz. Damit habe ich dann tatsächlich einen ersten Preis beim Kodak High School Snapshot Contest gewonnen. Mit einer Eule, die ich im Wald fotografiert hatte. Später dann habe ich am Rochester Institute of Technology studiert. Danach noch eine Zeitlang Zeichnen und Malerei an der Yale University bei Josef Albers.
HMK: Wo Sie auch Alexey Brodovitch begegnet sein sollen.
BD: Brodovitch habe ich nur einmal erlebt, da zeitgleich ein Kurs von Herbert Matter stattfand, wo ich eigentlich immatrikuliert war.

HMK: Erinnern Sie sich an die Stunde mit Brodovitch?

BD: Oh ja, sehr gut. Er erzählte von dem Unwetter, das sein Landhaus verwüstet hatte. Von dem entsetzlichen Sturm und wie er sich aufs Pferd warf und über Land ritt. Er beschrieb die Vernichtung und Zerstörung in ungeheuer lebendigen Bildern. Das hat mich schon beeindruckt. Mein eigentlicher Lehrer allerdings war Josef Albers. Er führte mich in die Farbenlehre ein, vermittelte mir den Charakter der Farben, wie sie sich verändern, auch die psychologische Dimension der Farben.

HMK: Fotografie war also kein Thema, obwohl Josef Albers bekanntermaßen auch fotografiert hat?

BD: Damals wusste ich das nicht. Im Übrigen war Albers ein äußerst disziplinierter Lehrer. Er konzentrierte sich ganz auf das Thema Farbe.

HMK: Noch am Rochester Institute of Technology sollen Sie Bekanntschaft gemacht haben mit den Arbeiten von W. Eugene Smith und Henri Cartier-Bresson.

BD: Henri Cartier-Bresson wurde mir durch eine Kommilitonin nahegebracht. Sie besaß ein Exemplar seines Buches *The Decisive Moment* und war mir überhaupt um einiges voraus. In Cartier-Bresson war sie regelrecht vernarrt. Also kopierte ich dessen Bildsprache in der Hoffnung, sie würde sich in mich verlieben. Tatsächlich brannte sie mit dem Literaturprofessor durch. Und mir blieb *The Decisive Moment*.

HMK: Bedeutet das, Sie mussten sich jetzt erst einmal wieder von Cartier-Bressons Einfluss freischwimmen und zu einer eigenen Bildsprache finden?

BD: Ich denke, die Bildsprache hat man in sich. Sie ist ein Teil von einem selbst. Was die Einflüsse betrifft: Da gab es viele, die ich abstreifen musste. Erstmals gelungen ist mir das, meine ich, bei meinem Essay über die *Brooklyn Gang*. Noch in meiner Arbeit über die Künstlerwitwe vom Montmartre spürt man den Einfluss von Cartier-Bresson. Vielleicht auch den von Robert Frank. Wirklich freischwimmen konnte ich mich erst durch die intensive Arbeit an der *Gang*-Geschichte.

HMK: Was auffällt: Alle Ihre Essays oder Reportagen sind nicht aus der Distanz, sondern über einen langen Zeitraum und in einer Art fairem Miteinander mit den Fotografierten aufgenommen. Sie als Fotograf sind bzw. waren Teil der Geschichte. Würden Sie dem zustimmen?

BD: Ich habe stets auf eigenes Risiko gearbeitet und war immer nur mir selbst verpflichtet. Worum es mir ging: Wahrheit. Das hieß für mich, mich lange und intensiv mit dem jeweiligen Thema auseinanderzusetzen. Bei der Künstlerwitwe waren es ein paar Wochen. Beim Zirkusclown mehrere Monate. Bei der *Brooklyn Gang* fast ein Jahr. Zwei Jahre habe ich an *East 100th Street* gearbeitet. Und an meiner Reportage über die Bürgerrechtsbewegung rund vier Jahre. Ebenfalls vier am Thema *Central Park*. Und ein Jahr an dem *Subway*-Buch. Rückblickend würde ich sagen: Ich habe mich jedes Mal, so gut es ging, hineingekniet.

HMK: Zurück zur Universität, die Sie 1955 verlassen haben. Ihr großer Traum damals war, *Life*-Fotograf zu werden?

BD: Ich bin, das muss man vielleicht dazu sagen, ein Kind des Vor-Fernsehzeitalters. Wir hatten *Life* abonniert, und ich konnte es daheim wie an der Uni kaum erwarten, bis das neueste Heft im Briefkasten lag. W. Eugene Smith, David Douglas Duncan, Leonard McCombe hießen damals meine Idole. Oder Alfred Eisenstaedt oder Eliot Elisofon. In Yale dann waren es mehr Maler wie Toulouse-Lautrec oder Henri Matisse, die Spuren hinterließen. In Paris kam ich einmal mehr unter den Einfluss von Cartier-Bresson. Von all dem habe ich mich später freigeschwommen.

HMK: Um Ihrem Traum näher zu kommen, haben Sie einmal gesagt, hätten Sie sich eine Leica gekauft. War die Leica Voraussetzung für journalistische oder Live-Fotografie?

BD: Es war folgendermaßen: Während ich noch am Rochester Institute of Technology studierte, schenkten mir meine Eltern 500 Dollar. Sie wollten nicht nur, dass ich ein guter Fotograf würde. Sie wollten auch, dass ich lernte, mit Geld umzugehen. Und was machte ich? Ich nahm die 500 Dollar und kaufte mir eine Leica. Danach habe ich erst einmal monatelang nur von Erdnussbutter und Campbell's

Dosensuppen gelebt. Meine ersten Leica Aufnahmen machte ich in den Straßen von Rochester, in Bars, in Stuben für Alkoholiker und Obdachlose.

HMK: War dies nun eine andere Art zu fotografieren?

BD: Ich denke, die Leica entsprach ganz meiner Persönlichkeit. Sie war wie ich: klein, leise und diskret. Und sie war eine technische Schönheit. Die Leica ist für mich die schönste Kamera der Welt. Ich meine, sie ist rundherum schön. Es gibt viele Fotoapparate. Aber keine kommt diesbezüglich an die Leica heran.

HMK: Sie hatten mehrere große Veröffentlichungen in *Life*, sagen allerdings an einer Stelle, die Auftragsarbeit hätte Sie irgendwann nicht mehr zufriedengestellt. Wie ist dies zu verstehen?

BD: Ich habe die Auftragsarbeit stets betrieben, um mir meine freien Projekte leisten zu können. Ich bin professionell genug, um jeden Auftrag zufriedenstellend ausführen zu können. Ob es sich nun um Porträt- oder Industriefotografie, Mode oder Lifestyle handelt. Ich habe mir über die Jahre angewöhnt, diese Aufträge zur Zufriedenheit der Kunden zu erledigen und gleichwohl etwas von mir hineinzubringen. Letztlich ist diese persönliche Handschrift ja auch der Grund, warum man mich engagiert. Daneben, wie gesagt, entstehen Dinge, die mit alldem nichts zu tun haben.

HMK: 1961 bekamen Sie einen Anruf von Alexander Liberman, der Sie für die *Vogue* als Modefotografen gewinnen wollte. Wie ist er gerade auf Sie gekommen?

BD: Er hatte wohl ein Essen mit Cartier-Bresson. Es muss kurz nach der Veröffentlichung meiner *Brooklyn Gang* gewesen sein. Er fragte Cartier-Bresson, ob ich für Mode geeignet sei. Und der antwortete: „Wenn er Gangs fotografieren kann, warum soll er dann nicht auch Mode fotografieren können?" Also haben sie mich ausprobiert.

HMK: Und wie hat sich die Zusammenarbeit gestaltet?

BD: Liberman war wundervoll. Er gab mir sozusagen Carte blanche. Er fragte mich, wo ich gern hingehen würde für meinen ersten Auftrag. Und ich sagte: „Zum Mount Palomar." Ich liebe die Sterne und interessiere mich für Astronomie. Also fuhren wir zum Mount Palomar, und ich fotografierte das Model in einem Abendkleid. Nun ist allerdings das Spiegelteleskop riesengroß. Und das Model daneben winzig klein. Es schaute aus wie eine Barbie-Puppe. Als ich dann mit meinen Bildern zurückkam, rief mich Liberman in sein Büro und meinte: „Bruce, Darling, du bist ein Genie. Aber wenn du Modefotograf werden willst, musst du schon etwas näher herangehen."

HMK: Sie mussten also Ihren Bildstil ändern?

BD: Nicht wirklich. Ich musste lediglich meine Scheu überwinden und näher an diese Traumfrauen herangehen. Sehen Sie: Ich bin klein, ein wenig krumm, kahl, also nicht gerade eine Schönheit. Und sie waren unglaublich, unerreichbar. Aber langsam lernte ich, näher heranzugehen.

HMK: War es nicht auch so, dass Alexander Liberman, der bekanntlich aus dem politischen Journalismus kam, daran interessiert war, einen lebendigeren Bildstil ins Blatt zu bringen?

BD: Für Liberman war die Mode ein Vorwand. Die Mode ist immer wieder anders. Was heute „in" ist, ist morgen „out". Was Liberman wollte, waren Fotografen, die nicht Mode im engeren Sinne erkundeten, sondern das Leben. In unserem Tun sollten wir uns absolut frei fühlen. Entdeckungen machen. Er wusste, dass ich von Mode keine Ahnung hatte. Deshalb hat er mich engagiert. Auch hatte ich nie das Gefühl, Werbung zu machen. Es war auf eine Weise prickelnd. Hatte aber letztlich keine Bedeutung für mich.

HMK: Damals waren Sie bereits Mitglied der Agentur Magnum. Was bedeutete es für Sie, Teil gerade dieser Agentur zu sein.

BD: Mein erster Kontakt zu Magnum kam, als ich dort Cartier-Bresson meine Geschichte über die Witwe vom Montmartre zeigte. Als ich später dann Mitglied wurde, meinte ich vor allem ein ausgesprochen kreatives Klima zu verspüren. Genau kann ich es nicht beschreiben. Aber ich fühlte mich gut aufgehoben zwischen Cartier-Bresson, Ernst Haas und W. Eugene Smith, der damals noch Mitglied war. Und eine Ehre war es auch.

HMK: Zurück zur *Brooklyn Gang*, die seinerzeit zunächst in *Esquire* erschienen ist. Warum nicht in *Life*?

BD: Ich war mit dem Material zuerst bei *Life*. Ich war immer zuerst bei *Life*. Doch dort schauten sie auf die Bilder und meinten: „Wo ist da die Hoffnung?" Also zog ich wieder ab und rief Ernst Haas an. Der sagte: „Wenn sie von dir verlangen, dass du noch einmal losgehst und Hoffnung fotografierst, dann kannst du die Geschichte vergessen. Tu es nicht." Also brachte ich die Arbeit zu *Esquire*. Sie behielten sie und riefen mich nach einiger Zeit wieder an. Sie fragten, ob ich etwas dagegen hätte, wenn ein Autor mich zu den Gangs begleiten würde. Es war kein Geringerer als Norman Mailer.

HMK: Wie sind Sie damals auf das Thema gekommen?

BD: Bei mir wächst jede Geschichte aus einer anderen. Es hat etwas Organisches. Zu meinen Themen komme ich nicht, indem ich morgens die *New York Times* aufschlage. Angefangen hat es mit dem zwergwüchsigen Clown, mit dem ich mich später angefreundet habe. So kam ich in die Jugendszene. Damals gab es in New York ziemlich aktive Banden und Cliquen. Sie haben mich akzeptiert. Ich war fünfundzwanzig. Sie so um die fünfzehn, sechzehn. Also kein wahnsinniger Altersunterschied.

HMK: Dennoch sagen Sie an einer Stelle, es sei nicht einfach gewesen, die Kamera zu heben und auszulösen.

BD: Nein, eigentlich hatte ich da nie Probleme. Wenn Sie das Buch durchsehen, es gibt da ein Bild von Bengie. Man sieht seinen Hass, seine Wut, seine Depression. Er schaut mich an und lässt mich fotografieren. Was soll's – so ungefähr war die Stimmung. Sicher: Es gab Spannungen. Unterschiede auch. Auch wenn ich nicht gerade wohlhabend war, so hatte ich doch zumindest ein Zuhause. Die meisten von ihnen waren wirklich am Ende. Und trotzdem existierte so etwas wie gegenseitiges Vertrauen. Also, Hemmungen hatte ich nie. Die Leica hatte ich immer vor dem Auge. Und: klick – das war's.

HMK: *Brooklyn Gang* erschien, wie gesagt, zunächst in *Esquire*, 1960 dann – vielbeachtet – in *twen* und *Du*. Erstmals liegt die Arbeit nun in Buchform vor. Wie kam es zu dieser Edition?

BD: Es war so, dass Jack Woody von Twin Palm Publishers mich vor etwa zwei Jahren fragte, ob ich mir vorstellen könne, aus *Brooklyn Gang* ein Buch zu machen. Das traf sich insofern gut, als ich gerade dabei war, die Arbeit neu zu printen. Für mich war dies auch eine Zeitreise. Noch einmal wollte ich bei der *Gang* sein.

HMK: Können Sie etwas zum Umfang der Arbeit sagen?

BD: Es sind genau 257 Kleinbild-Kontaktbogen. Ins Buch aufgenommen haben wir etwa 70 Motive. Vom Material her könnte man leicht einen weiteren Band füllen.

HMK: Inwiefern haben Sie eingegriffen, arrangiert, inszeniert? Wenn man so dicht am Thema ist, liegt das ja nahe.

BD: Nein, es gab durchaus Distanz. Da wurde auch nicht viel geredet. Ich hielt mich zurück. Beobachtete. Aber hielt mich heraus.

HMK: Sie arbeiten in Serien, großangelegten Zyklen und nicht in Einzelbildern – könnte man das so sagen?

BD: Doch, ja. Auf eine Art bin ich ein Serientäter. Es ist wie beim Zwiebelschälen oder mit einer Rose: Wenn man zum Innersten vordringen will, muss man Blatt um Blatt entfernen.

HMK: Nach der *Brooklyn Gang* war *East 100th Street* Ihre nächste international beachtete Arbeit. Die Zeitschrift *Du* hat sie damals als „das bedeutendste fotografische Dokument des zu Ende gehenden Jahrzehnts“ bezeichnet.

BD: Vielleicht würden sie das heute anders sehen.

HMK: Inwiefern?

BD: Zum Beispiel „das bedeutendste Dokument des 20. Jahrhunderts“. (lacht)

HMK: Aber für Sie war dies doch ebenfalls eine wichtige Station.

BD: Nicht nur für mich. Auch für die Leute dort. Sehen Sie, die Zeit schreitet fort. Die Dinge ändern sich. Doch diese Geschichte ist Teil ihrer eigenen Geschichte geworden. Die Gang hatte ich aus dem Hintergrund heraus fotografiert, gerade so, als sei ich einer von ihnen. Bei *East 100th Street* gab es mehr Blickkontakt. Interesse am Detail. Bei *East 100th Street* habe ich eine Linhof Technika und Kunstlicht verwendet. Also, es ist eine andere Sicht.

HMK: Bei dieser Gelegenheit sollte man vielleicht auch daran erinnern, dass dieser Reportage ja nicht nur künstlerische, sondern auch vehemente soziale und politische Bedeutung zukam.

BD: Absolut. Wie ich schon sagte, bei mir entwickelt sich ein Thema aus dem anderen. Sehen Sie sich zum Beispiel die *Gang*-Geschichte an. Dort gibt es ein Bild in einem Bus. Auf der letzten Bank sitzt ein schwarzes Paar zusammen mit einigen Mitgliedern der Gang. Alle zusammen leiden unter der staubigen Hitze eines Sommertages in Brooklyn. Nicht lange, nachdem ich dieses Bild gemacht hatte, bin ich in die Südstaaten aufgebrochen, um dort von 1961 bis 1964 die Bürgerrechtsbewegung mit der Kamera zu begleiten. Das hat mich sensibilisiert für die Probleme der Schwarzen in einer weißen Gesellschaft. Daraus wiederum wuchs *East 100th Street* als Geschichte über einen Straßenblock. Damals flogen wir zum Mond. Und waren nicht in der Lage, unsere irdischen Probleme in den Griff zu bekommen. Ich erinnere mich, wenn ich die Hochbahn nahm: Dann konnte ich in die Wohnungen der Schwarzen sehen und einen Blick erhaschen. Damals schon hätte ich gern diese Zimmer betreten und dieses Leben kennengelernt.

HMK: Würden Sie sagen, dass es speziell Minderheiten oder Außenseiter sind, die Sie fotografisch interessieren?

BD: Ich unterscheide da nicht. Ich finde, jeder ist eine Minorität. Jeder ist ein Individuum. Wenn Sie so wollen: eine Minorität für sich. Reiche zu fotografieren ist für mich dasselbe, wie Arme zu fotografieren. Wichtig ist, ob jemand reich in spirituellem Sinn ist. Das interessiert mich. Leidenschaft, Liebe, Menschlichkeit. Materielle Armut zählt für mich nicht.

HMK: In Deutschland waren Sie in den 1960er Jahren regelrecht berühmt. *twen* brachte viele Ihrer frühen Stories. Kannten Sie eigentlich Willy Fleckhaus?

BD: Nein, ich kannte ihn nicht. Und was das mit dem Berühmtsein betrifft: Ich weiß nicht, ob ich berühmt bin oder es irgendwann war. Ein einziges Mal hatte ich vielleicht das Gefühl, berühmt zu sein. Das war zu Hause, als meine Töchter noch klein waren. Sagen wir neun und vierzehn Jahre. Sie machten ihre Hausarbeiten. Und plötzlich fing eine zu kreischen an. Ich rannte hinunter, um zu sehen, was los war. Sie streckte mir ihr Buch entgegen und sagte: „Dad, von dir sind Fotos in meinem Geschichtsbuch." Es waren Bilder aus der Zeit der Bürgerrechtsbewegung. Das war das einzige Mal, wo ich mich berühmt fühlte.

HMK: Haben Sie ein besonderes Verhältnis zu Ihren Protagonisten?

Sie sagten eben, dass Sie sich mit dem Zirkusclown angefreundet hätten.

BD: Sie erinnern sich an das Titelbild von *Bruce Davidson: Photographs?* Man sieht da einen jungen Mann, der sich die Ärmel hochkrempelt, und ein Mädchen, das sich im Spiegel eines Zigarettenautomaten kämmt. Diesen jungen Mann traf ich wieder, nachdem ich in der U-Bahn zusammengeschlagen worden war. Er war mittlerweile Detektiv. Ich schenkte ihm ein Exemplar des Buches. Und der Detektiv meinte, das sei ja er. Woher ich das Buch hätte. Inzwischen sind wir Freunde. So laufen die Dinge. Manchmal zum Guten. Manchmal zum Schlechten. Ich bin kein Guru. Ich bin Fotograf. Das ist mein Job.

HMK: Jonathan Green hat Sie in seiner „Kritischen Geschichte der Amerikanischen Fotografie" einmal als „letzten großen romantischen Fotojournalisten" bezeichnet. Finden Sie sich in dieser Definition wieder?

BD: Ich weiß nicht, was er meint. Vermutlich weiß er es selber nicht. Weder sind meine Bilder romantisch. Noch bin ich Fotojournalist. Ich bin Fotograf und versuche möglichst aufrichtig zu überliefern, was ich sehe. Im Übrigen soll die Geschichte mein Werk beurteilen, und nicht irgendwelche Professoren.

Noch einmal hat sich Bruce Davidson in die Dunkelkammer begeben, um Motive aus seinem Essay Brooklyn Gang zu printen. Jetzt hängen sie bei Burkhard Arnold an der Wand. Seit 1990 betreibt der Kölner seine Fotogalerie, damals in der Nähe von Dom und Hauptbahnhof. Zur Vernissage ist Bruce Davidson eigens aus New York gekommen. Ein Gespräch im Februar 1999, kurz bevor die Gäste kommen.

Erstveröffentlichung in *Leica World*, Nr. 1, 1999

„Über Geschmack kann man bekanntlich streiten.
Aber ich sage immer, das kann man nur, wenn man ihn hat."

Klaus-Jürgen Sembach

1933 Magdeburg, Deutschland –
2020 Berlin, Deutschland

Auf die Idee hättet ihr selber kommen können
Ein Gespräch mit dem gelernten Architekten, Museumsleiter und Ausstellungsgestalter Klaus-Jürgen Sembach

Allein die Titel: Die verborgene Vernunft, Zug der Zeit – Zeit der Züge, So viel Anfang war nie, Der Kongress denkt. Vermutlich geht nicht jede Formulierung allein auf Klaus-Jürgen Sembachs Ideenkonto. Die Ausstellungen selbst hat ganz wesentlich er konzipiert und inszeniert. Sembach ist ein Ausstellungsmacher durch und durch. Einer, der nicht einfach Bilder an die Wand hängt, sondern Ideen denkt, Thesen in Räume übersetzt, Geschichte und Geschichten in schlüssige Promenaden überführt. Ein Aufklärer mit ästhetischen Mitteln, der nichts mehr hasst als die Langeweile, der als Museumsmann Ereignisse stiftet, ohne in den „Event" abzugleiten. Zwei Jahrzehnte, von 1961 bis 1980, machte Sembach aus der Neuen Sammlung an der Münchner Prinzregentenstraße eine Pilgerstätte – auch und gerade für Fotografieinteressierte. Namen wie Bernd und Hilla Becher, Jakob Tuggener, William Eggleston oder Stephen Shore waren hier zum ersten Mal zu sehen – wohlgemerkt zu einer Zeit, da Fotomuseen noch immer meinten, vor allem Technik in Gestalt von Kameras und Zubehör ausstellen zu müssen. Auch in Nürnberg, als Gründungsdirektor des Centrum Industriekultur, hat er Pionierarbeit geleistet. Sembach entdeckte und präsentierte erstmals Fossilien des industriellen Alltags, erfand neue Formen des Zeigens und machte – indirekt – den Ausstellungsgestalter zum Beruf. Auch nach seiner Pensionierung blieb Klaus-Jürgen Sembach bundesweit ein gesuchter Ausstellungsarchitekt. Man erinnere sich an twen – Revision einer Legende im Münchner Stadtmuseum (1995), an Architektur der Wunderkinder im Architekturmuseum der TU München (2005) oder Hitler und die Deutschen (2010) im Deutschen Historischen Museum in Berlin. Keine Frage, Klaus-Jürgen Sembach hat hat die westdeutsche Kulturlandschaft seit den 1960er Jahren nachhaltig geprägt, was nur deshalb nicht wirklich geläufig ist, weil Ausstellungsgestalter oder Architekten in der Rezeption meist übersehen bzw. selten genannt werden, in jedem Fall im Schatten der Akademiker bzw. Kuratoren stehen. Höchste Zeit also für eine klärende Bilanz.

Hans-Michael Koetzle: Herr Sembach, Sie kamen 1961 an die Neue Sammlung – weltweit eine der ersten Adressen für angewandte Kunst. Ein Architekt an einem Kunstmuseum, das ist nicht gerade die Regel. Wie kam es zu dieser Berufung?

Klaus-Jürgen Sembach: Hans Eckstein, damals Leiter des Museums, war bereits auf mich aufmerksam geworden, als ich noch studierte. Damals war ich mit der Inventarisierung des Nachlasses von Henry van de Velde beschäftigt. Eckstein war Mitglied der Van-de-Velde-Gesellschaft in Hagen. Und so hat er mir eines Tages angetragen, zweiter Mann in der Neuen Sammlung zu werden. Ich wollte aber erst mal das Diplom haben. Und so habe ich „nein" gesagt. Es wurde dann jemand anders eingestellt, der aber schon nach kurzer Zeit Türen schlagend das Haus verließ. So kam das Angebot ein zweites Mal. Und nun habe ich zugesagt. Ein ganz neues Gebiet für mich. Aber ich dachte, lieber sowas als letzter Zeichenknecht in einem Architekturbüro zu werden.

HMK: Und warum hat sich Eckstein ausgerechnet für einen jungen Architekten entschieden?

KJS: Das habe ich ihn damals auch gefragt. Kunsthistoriker, so meinte er, wüssten immer alles ganz genau, aber ihnen falle nie etwas ein.

HMK: Spielte das Thema Ausstellungsgestaltung in Ihrem Studium irgendeine Rolle?

KJS: Überhaupt nicht. Das war weit weg. Damals gab es auch keine Ausstellungen zu historischen Themen, bei denen man Gestaltung braucht. Man stellte Kunst aus. Und Bilder aufhängen, das können die Kunsthistoriker auch alleine machen, zusammen mit dem Hausmeister.

HMK: Was waren Ihre ersten Vorhaben?

KJS: Wir haben damals viel übernommen. Vor allen Dingen aus Zürich. Schlemmer und die abstrakte Bühne war eine größere Sache. Auch Ausstellungen über Design, das war schließlich ein Hauptanliegen von Eckstein. Oder Architektur mit Namen wie J. J. P. Oud.

HMK: Die Fotografie nicht zu vergessen. Schon die zweite, von Ihnen mitkuratierte Ausstellung war 1967 eine Schau mit Arbeiten von Bernd und Hilla Becher.

KJS: Wend Fischer, um dies vorauszuschicken, war als Nachfolger von Eckstein und als neuer Direktor wirklich ein großer Gewinn. Jemand, der mir sehr viel Freiheit gelassen hat, nie eifersüchtig war und auf Anregungen eigentlich immer eingegangen ist. Er kannte die Bechers aus seiner Zeit in Düsseldorf. Nun waren wir in der Vorbereitung unserer Ausstellung über funktionale Gestaltung mit dem späteren Titel *Die verborgene Vernunft* auf der Suche nach Fotografien von alten Fabrikanlagen. So kamen wir auf die Bechers. Und da war dann schnell die Idee geboren, mit den beiden eine Ausstellung zu machen.
HMK: Die Sie allerdings bereits in dem ja dann für die Präsentation der Bechers so typischen Rastersystem hängten.
KJS: Das war schiere Notwendigkeit. Was wollte man mit diesen hohen Räumen in der Neuen Sammlung machen? Da konnte man sehr gut Gruppen hängen.
HMK: Wobei Sie die Räume ja bereits durch eine kassettenartige Zwischendecke korrigiert hatten.
KJS: Da wir relativ viele Ausstellungen gemacht haben, vier bis fünf im Jahr, musste der Umbau immer ziemlich schnell gehen. Und da ist mir die Idee gekommen, diese Rasterdecke einzuziehen. Wir brauchten den Raum oben nicht. Aber an der Rasterdecke konnte ich Tafeln aufhängen. Das war ein ausgeklügeltes System aus Quadraten. Und vier Quadrate ergaben eine große Hängewand. In dem Rasterfeld wurden dann auch die Vitrinen aufgestellt. Es war schon ein bisschen festgelegt. Aber eine solche Disziplinierung kann auch sehr anregend sein.
HMK: Eine zweite Entdeckung im Bereich Fotografie war ja wohl Jakob Tuggener. Inzwischen durch sein wiederaufgelegtes Buch *Fabrik* ein geläufiger Name unter Fotobuch-Enthusiasten. Damals aber doch eher eine vergessene Instanz.
KJS: Irgend jemand hatte mir den Namen Tuggener genannt. Da gebe es in der Schweiz einen Fotografen, der habe alte Fabriken dokumentiert. Also fuhr ich hin und traf einen wunderbaren Menschen. Eigentlich arm. Er hatte schon lange nicht mehr fotografiert. Malte spätexpressionistisch, was aber niemanden interessierte. So

traf ich auf einen feinen und sehr gepflegten älteren Mann mit der Aura eines chinesischen Gelehrten, der konsequent von den Widrigkeiten des Lebens Abstand genommen hatte. Wir plauderten. Und da stellte sich heraus, dass er Gesellschaftsfotografien gemacht hatte. Kritische Gesellschaftsfotos – die feine Gesellschaft, allerdings nicht immer ganz nobel. Das passte wunderbar zu den Plakaten vom Pariser Mai '68, die ich gerade angekauft hatte. Am Ende habe ich keine einzige alte Fabrik von ihm bekommen.

HMK: Plakate vom Mai '68 zeitnah für ein Museum zu erwerben, das war doch ungewöhnlich, vielleicht mutig, in jedem Fall visionär. Wie kamen Sie an die Objekte?

KJS: Auch wieder so eine Episode. Irgendwann hat mich jemand angeschrieben. Ein Student. Der hatte eine Freundin. Und die hat schlauerweise, kaum dass sie angeschlagen waren, die Plakate wieder abgezogen. Strenggenommen ein konterrevolutionärer Akt. So hatten die eine vollständige Sammlung von allen Plakaten damals. Um die zu kaufen, hätte ich einen Kapitalisten gebraucht. Allerdings hatte der junge Mann noch einen kleineren Satz Doubletten. Und die habe ich ihm sofort abgenommen.

HMK: Und wie wurde die Ausstellung aufgenommen?

KJS: Wir haben uns in München nicht beliebt gemacht mit diesen Mai-Plakaten.

HMK: Neuland haben Sie auch und gerade in der Präsentation von Fotografie betreten. Schon die Tatsache, dass Sie sich überhaupt um das Medium gekümmert haben, war damals doch ein innovativer Akt.

KJS: Das war die Freiheit, die die Neue Sammlung hatte. Wir waren nicht festgelegt. Wir konnten Theater ausstellen, Plakate, Filmplakate. Die Ulmer Hochschule für Gestaltung war bei uns zu Gast. Und was die Fotografie betrifft: Da gab es zwar in München ein Fotomuseum. Aber die stellten nur alte Apparate aus. Also war die Überlegung: Wenn hier in München keiner Fotos zeigt, dann machen wir das.

HMK: Gab es diesbezüglich Orientierung, ein Schlüsselerlebnis, Vorbilder?

KJS: Wichtig war sicher die Begegnung mit den Bechers. Dann ein

Besuch in den USA, wo mich schon beeindruckt hat, welchen Stellenwert dort die Fotografie besitzt. Und schließlich die Bekanntschaft mit Rudolf Kicken. Damals ein Jungspund, der noch nicht recht wusste, ob er nun Vatis Baustoffhandlung übernimmt oder doch Galerist wird. Er hat mir die Amerikaner geliefert. Eggleston und wie die alle hießen. Bei Eggleston habe ich zu ihm gesagt: „Ich will diese Bilder auf jeden Fall. Sicher bin ich der Erste auf dem Kontinent, der das kauft. Also will ich einen guten Preis." Ich glaube, ich habe damals 1000 Mark bezahlt – wohlgemerkt für Ikonen wie die rote Decke oder den Alten auf dem Bett. Bilder wie diese bringen heute sechsstellige Summen.

HMK: Wo genau waren Sie in Amerika bzw. was haben Sie gesehen?

KJS: Natürlich in New York, also die Ostküste rauf und runter, aber auch Kalifornien. Man ging ins MoMA, aber auch in Galerien. Da hingen Fotos wie Gemälde. Und das war neu. Das kannte ich noch nicht mal aus Paris.

HMK: Eine Ihrer vielleicht wichtigsten Ausstellungen kreiste 1978 um das Thema amerikanische Landschaftsfotografie mit – man staune – Namen wie Edward Steichen, Ansel Adams, Harry Callahan, aber auch Joe Deal, Robert Adams und Stephen Shore, die ja auch in der legendären Ausstellung *New Topographics* vertreten waren. Kannten Sie die 1975 in Rochester gezeigte Schau?

KJS: Tut mir leid. Damals wusste man wenig voneinander. In diesem Fall war es so, dass uns zwei junge Frauen aus den USA Quilts verkauften für die Sammlung. Sie fragten dann, ob sie noch etwas für uns tun könnten. Und da habe ich ganz spontan gesagt: „Ja, amerikanische Landschaftsfotografie." Die haben dann gesammelt. Ich bin rübergefahren, habe mir das angeschaut und eine Auswahl getroffen. Wir haben dann recht schnell eine Ausstellung daraus gemacht.

HMK: Schon 1976 haben Sie Herbert List gezeigt. Damals doch eigentlich ein vergessener Fotograf.

KJS: Ausgangspunkt war eine Ausstellung mit dem Titel *Um 1930*. Es ging um diesen Übergang vom Expressionismus zur Neuen Sachlichkeit. In diesem Zusammenhang hat mich jemand auf Herbert

List aufmerksam gemacht, der ja sehr zurückgezogen hier in München lebte. Ich habe ihn besucht. Wir haben geplaudert bei einer Tasse Tee. Im Gespräch war eine Herbert-List-Ausstellung. Allerdings hatte er jedes Mal eine andere Idee. Er sammle auch Spazierstöcke. „Gut", habe ich gesagt, „wir stellen auch die Spazierstöcke aus." Und beim nächsten Mal fing er mit Grafik an. Ich habe gemerkt, es war die feine hanseatische Art, ‚nein' zu sagen. Er starb dann. Und dann kam der Kontakt zu Lothar Schirmer. Zusammen haben wir ein Buch gemacht. Und posthum kam es schließlich auch zu einer Ausstellung zu Herbert List.

HMK: Haben Sie damals schon mit farbigen Wänden gearbeitet?

KJS: Nicht wirklich. Das lief meist auf Schwarz oder so ein Tabakbraun hinaus. Da waren wir noch sehr zurückhaltend. „Bunt" wurde ich erst später.

HMK: Hatten Sie sonst noch direkten Kontakt zu Fotografen?

KJS: Ja. Lucia Moholy. Ich habe sie in Zürich besucht. Eine schlaue alte Dame, die im Gespräch plötzlich sagte: „Sie sind doch nicht wegen meiner Fotos hier. Sie schielen immer zu der alten Bauhauslampe da oben." Sie hatte mich durchschaut. Die Lampe habe ich dann tatsächlich ankaufen können. Und Fotos von ihr haben wir ebenfalls erworben.

HMK: 1977 zeigten Sie die Ausstellung *München. Photographische Ansichten* 1885–1915. In diesem Fall keine Vintage Prints, sondern raumgreifende Vergrößerungen. Warum?

KJS: Ich war bei Foto Marburg und suchte eigentlich etwas ganz anderes. Zufällig stieß ich dort auf diese alten Glasplatten mit München-Motiven. Die Stadt gegen Ende des 19. Jahrhunderts. Also keine Originalabzüge, aber immerhin wunderbare Negative, von denen man Großvergrößerungen ziehen konnte. Im Vordergrund stand diesmal nicht die Fotografie, sondern die Stadt. Es sollte ein Spaziergang durch München in früheren Zeiten werden. Hintergrund war wieder die Erkenntnis: Das macht ja sonst keiner.

HMK: Also Bilder raumbezogen installiert?

KJS: Ich hatte immer eine Abneigung dagegen, alles auf die Wände zu klatschen. Gelegentlich musste man das machen. Aber es war doch viel spannender, Durchblicke zu inszenieren, räumlich eine Suggestion zu entwickeln.

HMK: Da kommt natürlich der Architekt ins Spiel.

KJS: Gut, ich hatte sicherlich einen anderen Ansatz als ein gelernter Kunsthistoriker. Und ich habe gelernt. Von Fotografen etwa habe ich die Idee übernommen, große weiße, ausgerollte Papierbahnen zu benutzen. Also keine Vitrinen oder Podeste, sondern neutrale Hintergründe, um dort Gegenstände freizustellen. So etwas steigert die Objekte. Es ist ja nicht verkehrt, Dinge an die Wand zu hängen. Aber man kann mehr daraus machen.

HMK: Dazu gehört sicher auch ihre mutige Abkehr vom traditionellen „White Cube" und dem Einsatz kühner Farben?

KJS: Viele haben Angst davor. Wenn es denn irgendetwas sein muss, dann streicht man die Wände grau. Ich habe das immer die Kunsthistoriker-Angstfarbe genannt. Da kann man zwar nichts falsch machen. Aber auf Dauer ist es tödlich.

HMK: Genau diese Aspekte, also Inszenierung, Farbgestaltung, Positionierung von Objekten spielt in der gedruckten Rezeption erstaunlicherweise gar keine Rolle.

KJS: Ich habe zum Trost immer auf die Theaterkritik verwiesen. Ein Bühnenbildner wird bestenfalls im Nebensatz erwähnt. Es herrscht eine gewisse Blindheit bei den Rezensenten. Man zielt auf die Objekte und vergisst den Raum.

HMK: Das hat Sie nicht davon abgehalten, immer wieder als Ausstellungsgestalter oder Farbberater aufzutreten. Man denke an die überraschenden Farbakzente in der ansonsten blütenweißen Pinakothek der Moderne in München. Das war sicher nicht ganz einfach.

KJS: Das war manchmal sehr einfach. Nur, es fiel ihnen nichts ein. Da gab es etwa diese Ausstellung mit Arbeiten von Nobuyoshi Araki. Lauter postkartengroße Bilder. Und dann diese riesen Räume. Da habe ich einfach die obere Wandhälfte schwarz streichen lassen. Großer Jubel! Der Raum war einfach weg. Und ich dachte: Auf die Idee hättet ihr auch mal selber kommen können.

HMK: Aber wie erklären Sie sich diese Unsicherheit mit Blick auf die Inszenierung von Objekten?

KJS: Es gibt grundsätzlich eine Abneigung gegenüber Ausstellungen. Ausstellungen sind etwas Vorübergehendes und kosten Geld. Wie oft habe ich das erlebt, wenn die Spanplatten anrollten und die Schreiner anfingen, meine Wände zu bauen: „Das viele schöne Geld! Hätten wir doch noch einen zweiten Band vom Katalog machen können." Kataloge bleiben. Die Ausstellungen verschwinden wieder. Und man lässt sie noch nicht mal fotografieren. Die Bilder, die ich für mein Buch verwenden konnte, habe größtenteils ich selbst finanziert. Die Museen wollten hinterher noch nicht mal Abzüge haben.
HMK: Bei Ci *Contre* haben Sie sich kühn für Rot entschieden.
KJS: Es war klar, diese gealterten Packpapierbögen, das kann man nicht auf Weiß hängen. Das sieht schäbig aus. Da muss eine Farbe her. Und so haben wir uns für Rot entschieden. Zugegeben, da kann man kräftig danebenlangen. Auch sind das oft Geschmacksfragen. Und über Geschmack kann man bekanntlich streiten. Aber ich sage immer, das kann man nur, wenn man ihn hat.
HMK: Rückblickend: Was war für Sie als Ausstellungsgestalter die größte Herausforderung?
KJS: Die schwierigste Aufgabe, die ich je hatte und das mit 77 Jahren, war im Berliner Zeughaus *Hitler und die Deutschen*. Auch bei Kunst kann man etwas falsch machen. Aber das bewegte sich auf einer anderen Ebene. Diese Periode, so darzustellen, dass sie nicht missgedeutet wird, das war schon riskant. Berlin war eine echte Herausforderung.
HMK: Aber Sie waren ein großes Team?
KJS: Bei „Hitler" waren wir zu lediglich dritt. Ich war der dritte Kurator. In erster Linie für die Gestaltung zuständig, aber auch für die Objekte. Das ist der Vorteil des Architekten gegenüber den Kuratoren: Ich sehe das Ergebnis bereits vor mir. Das kann man anderen nicht vermitteln. Man kann Zeichnungen anfertigen. Modelle bauen. Es hilft nichts. Erst wenn das Produkt fertig ist, ist bei den anderen die Vorstellung da. Ich kann schon durch die Ausstellung gehen, bevor sie gebaut ist.

München-Bogenhausen, Cuvilliésstraße 8. Ein modernes, helles, sparsam möbliertes Apartment, weniger Zuhause als gelegentliches Pied-à-terre. Nach wie vor ist Klaus-Jürgen Sembach deutschlandweit zu gefragt als Ausstellungsgestalter, um an der Isar den Privatier zu geben. Ein Gespräch in gepflegter Atmosphäre. Januar 2015.

Erstveröffentlichung in *Photo International*, Nr. 2, 2015

„Es entstanden keine weltbewegenden Bilder, sondern stille Aufzeichnungen über den Alltag.“

Ulrich Mack

1934 Glasehausen, Deutschland –
Lebt in Hamburg, Deutschland

Nur Schwarz geht nicht
Zu den Landschaften des Fotografen Ulrich Mack

Wer sich mit dem facettenreichen Werk des in Thüringen geborenen, bei Cuxhaven aufgewachsenen, heute in Hamburg lebenden Fotografen Ulrich Mack beschäftigt, stößt irgendwann auf ein größeres Konvolut farbiger Landschaftsaufnahmen, die gleich mehrfach den aktuellen Trends einer neueren, sich als Fotokunst gebärdenden Medienpraxis widersprechen.

Bis dato weitgehend unveröffentlicht, sieht man von wenigen Beispielbildern in Zeitschriften, Büchern oder Katalogen ab, hat Ulrich Mack diesem für ihn wichtigen Zyklus in drei Kapiteln zudem eine ausgesprochen poetische Überschrift verordnet. Also kein modischer Anglizismus, kein „Label", keine „Headline", sondern ein überlegtes, knappes Dreieck, in dem sich ein großes, zugleich weitgehend übersehenes Kapitel Fotografie wunderbar aufgehoben fühlen darf: *Stille – Weite – Ferne* überschreibt Ulrich Mack seine seit Anfang der 1970er Jahre im Norden Deutschlands und nahe Boston in den USA entstandenen Landschaftsbilder, die sich schon auf den ersten Blick als bewusste Antithese zu eigentlich allen Moden der letzten Jahre lesen lassen: Vom urbanen Dokumentarismus der bundesdeutschen 1970er Jahre mit Namen wie Ulrich Görlich, Michael Schmidt oder Wilhelm Schürmann über die konzeptionell gefassten Arbeiten der Becher-Schule bis hin zu den Aufnahmen eines Robert Adams, Lewis Baltz, Frank Gohlke oder Stephen Shore, deren Fotografie spätestens seit der viel diskutierten, 1975 im George Eastman House in Rochester gezeigten Ausstellung *New Topographics* international Beachtung findet.

Was die genannten Künstler verbindet, ist ihre Abkehr vom traditionellen Landschaftsbild, ihre Hinwendung zu dem, was seit den 1970er Jahren als „Man-altered Landscape" bezeichnet wird, zu einer Natur also, die ihre Unschuld verloren hat. Einer gedemütigten, überbauten, zerstörten, benutzten, kontaminierten Natur – vorzugsweise in Schwarz-Weiß und in der Regel zyklisch angelegt.

Genau genommen ist die Landschaft mit das erste und zugleich prominenteste Sujet der Fotografie. Natur lag buchstäblich vor der Tür. Natur bewegte sich nicht, was den zunächst langen Belichtungszeiten entgegenkam. Und Natur verwies in einer Zeit, da sich das Lichtbild noch in seinem künstlerischen Potential legitimieren musste, auf eine große Tradition in Grafik, Zeichnung oder Tafelmalerei. Speziell in der amerikanischen Fotografie des 19. Jahrhunderts – mit Namen wie William Henry Jackson, Eadweard Muybridge oder Timothy O'Sullivan – avancierte die fotografische Interpretation heroischer Landschaften aus dem noch unerschlossenen Westen zum Identität stiftenden Symbol. „Annähernd jeder bedeutende amerikanische Fotograf", bestätigt Jonathan Green in seiner kritischen Geschichte der amerikanischen Fotografie, „beugte sich der Herausforderung, dieses Land zu verstehen, den Westen zu erkunden, seine Weite und Schönheit ebenso wie die mitunter drastischen Eingriffe in die Natur auf Film zu bannen."

Noch einmal in der Kunstfotografie um 1900 spielte das Thema Natur mit grazilen Flussläufen, anmutigen Birkenhainen, stimmungsvollen, mondbeschienenen Lichtungen eine wichtige Rolle, bevor sich die Neue Fotografie der 1920er und 30er Jahre ganz der Technik, der Dynamik einer neuen Zeit zuwandte. Wo überhaupt noch das Objektiv auf die Natur gerichtet wurde, interessierte bestenfalls die nah gesehene Architektur von Pflanzen (Karl Blossfeldt), faszinierte das Geflecht von Linien und Strukturen in Watt (Alfred Ehrhardt) oder Sand (Arvid Gutschow) oder sie bildete die mitunter unscharfe Kulisse für „entscheidende Augenblicke" wie bei Henri Cartier-Bresson, der sein Desinteresse an der Landschaft nie verheimlicht hat: „Große, talentierte Künstler wie Edward Weston oder Paul Strand oder Ansel Adams halten sich eher an das natürliche, geologische Element, an die Landschaft, das Denkmal. Ich hingegen kümmere mich fast nur um den Menschen. Ich habe es sehr eilig. Die Landschaften haben ewig Zeit."

Um den Menschen gekümmert hat sich auch der Fotograf Ulrich Mack. Zunächst für die in München erscheinende auflagenstarke Illustrierte *Quick*, später für den Hamburger *Stern* hat er Kriege und Konflikte, Staatsbesuche und Naturkatastrophen, Aufstände oder eher leise Momente des politischen Lebens mit der Kamera begleitet. Er hat Politiker wie Ludwig Erhard, Herbert Wehner, Franz Josef Strauß – die Kühlerfiguren der jungen Bundesrepublik – in eher intimen Augenblicken beobachtet. Hat Künstler wie Friedensreich Hundertwasser, Horst Janssen oder Emil Schumacher porträtiert, auch den großen Alexander Calder, dem Mack gleich einen ganzen Zyklus (in Farbe und Schwarz-Weiß) gewidmet hat. Und wer sich an die legendäre, von Willy Fleckhaus kongenial gestaltete Jungendzeitschrift *twen* erinnert, denkt ganz sicher an seine suggestiven Aufnahmen von Hildegard Knef oder Françoise Hardy.

Seinen in doppelter Hinsicht kühnen Essay über Wildpferde in Kenia nicht zu vergessen, der dem gerade mal 30-jährigen Ulrich Mack World-Press-Photo-Preise in gleich mehreren Kategorien eingetragen hat. Keine Frage: Ulrich Mack ist ein bedeutender Chronist. Und er ist ein großer Menschenfänger. Einer, der sich den scheinbaren Luxus gönnt, erst Vertrauen herzustellen, bevor er seine Kamera zückt und auslöst. Das spürt man beim Betrachten seiner Bilder. Offenkundig wird es bei seinen „Inselmenschen". Nie hätten sie sich geöffnet, wäre da nicht vorher so etwas wie Zutrauen entstanden.

In den 1960er und frühen 70er Jahren zählte Ulrich Mack – zusammen mit Robert Lebeck, Thomas Hoepker, Stefan Moses – zur Crème bundesdeutscher Fotojournalisten. Ein Bildreporter, dem es nie eingefallen wäre, sich als Künstler zu bezeichnen. Mack sieht sich als verlässlichen Dienstleister gemäß der Erkenntnis: Fotografie ist Handwerk. Aber, so ließe sich hinzufügen, in der Beherrschung des Handwerks liegt die Kunst. Mack ist ein brillanter Techniker. Einer der mit seiner Leica aus der Hüfte „schießen" kann – weil er seine Bilder denkt, bevor er sie macht.

Gelernt hat er das an der Hochschule für Bildende Künste in Hamburg, wo ihm neben Eberhard Troeger vor allem Alfred Mahlau zum wichtigen Lehrer und großen Vorbild wurde. „Von Mahlau", schreibt Désirée Gudmundsson, „lernte er ‚Sehen' und ‚Begreifen', dass die Begrenzung ein Bild macht, er entwickelte ein Gefühl dafür, wann und wie ein Bild ‚steht'." Anders gesagt: Mahlau vermittelte ein

Gespür für die Tektonik eines Bildes. Und er ermunterte dazu, die Dinge weiterzudenken. „Eines Tages", weiß Heinz Spielmann zu berichten, „holte der immer in einen weißen Kittel gekleidete Mahlau Mack in sein Zimmer, setzte sich an den aufgeräumten, links mit Zigaretten, rechts mit Tee bestückten Zeichentisch und erklärte ihm, er müsse seine Zeichnungen farbig anlegen, wenn er sie verkaufen wolle: ‚Nur Schwarz geht nicht'."

Mit seinem Landschaftszyklus *Stille – Weite – Ferne* betritt Ulrich Mack gleich in doppelter Hinsicht vermintes Gelände. Zum einen, indem er sich mit einer Landschaft auseinandersetzt, die nicht benutzt, verbraucht, verdorben ist, sondern sich den Charme weitgehend unberührter Natur erhalten hat. Zum anderen, indem er sich des lange Zeit als unkünstlerisch diskreditierten Ausdrucksmittels Farbe bedient. Farbe, das war – eigentlich bis zur amerikanischen „New Color"-Bewegung in den 1970er Jahren – gleichbedeutend mit Werbung, Mode oder Postkarte im Sinne eines Walker Evans, dessen Urteil über Jahrzehnte den Diskurs bestimmte: „There are four simple words for the matter, which must be whispered: Color photography is vulgar", hatte Evans einst festgestellt, um allerdings hinzuzufügen: „When the point of a picture subject is precisely its vulgarity [...] then only color film can be used validly."

Betrachtet man das sich seit den frühen 1960er Jahren formende fotografische Werk von Ulrich Mack etwas genauer, wird man feststellen, dass Landschaft, wenn auch nur in homöopathischen Dosen, immer schon eine Rolle gespielt hat. Schon eines seiner ersten Bilder, die Aufnahme einer bescheidenen Eselskarawane vor gleichsam hingetuschtem Baumbestand lässt sich als Landschaft mit Menschen lesen. Seinen ebenfalls 1959 entstandenen Zyklus über das Ruhrgebiet könnte man mit dem Begriff Industrielandschaften überschreiben. Afrikanische Landschaft, staubtrockene Savanne scheint in seinen Pferdebildern auf. Während er bei Bethlehem eine geradezu biblische Landschaft mit Hirten, Schafen, alten Olivenbäumen eingefangen hat.

Was sich über Jahre zieht und eher nebenbei entsteht, weitet sich Ende der 1960er Jahre zu einem großen Thema. Äußerer Anlass ist

ein Auftrag des *Stern*. Der habe ihn 1970 nach Süderoog, einer der zehn deutschen Halligen geschickt, erläutert Ulrich Mack. „Halligen sind Inseln, deren Land bei Hochwasser überschwemmt wird, so dass nur noch der Hügel, auf dem das Haus steht, aus den Fluten herausragt. [...] Die Hallig ist wohl der ruhigste Ort Deutschlands, ohne Wasser, ohne Elektrizität", schreibt Ulrich Mack und fügt hinzu: „Es entstanden keine weltbewegenden Bilder, sondern stille Aufzeichnungen über den Alltag."
Eine Auswahl erschien im November 1970 in der von Allan Porter verantworteten, bei Bucher verlegten Zeitschrift *Camera*. Noch arbeitet Mack mit Kleinbild. Noch vertraut er auf Tri-X, den klassischen Reporterfilm für Schwarz-Weiß-Aufnahmen. Noch spürt man das Interesse des Journalisten, der die Menschen in ihrem Tun begleitet. Mack folgt den Spuren einer Zivilisation, die sich stemmt gegen eine übermächtige Natur. Aber schon bald wird er sich ganz der Landschaft widmen. Wird er die Leica gegen eine betagte Holzkamera eintauschen und den Schwarz-Weiß-Film gegen Ektachrome im großen Format von 9 × 12. Anders gesagt: Der vielgereiste, von Ereignissen getriebene Mack entschleunigt sein fotografisches Tun. Es ist nicht nur ein neues Sujet, das sich hier auftut. Es ist ein Paradigmenwechsel im Leben des Fotografen Ulrich Mack, der ab jetzt mit der Natur ein großes Zwiegespräch beginnt.

Was Ulrich Mack ab Anfang der 1970er Jahre fotografierend erkundet, ist alles andere als eine heroische Natur. Es ist eine, die sich wegduckt, um im nächsten Moment mit ungeheurer Kraft zurückzukehren. Es ist eine Natur, die die Menschen Demut gelehrt hat. Und mit eben dieser Demut nähert sich Mack seinem Gegenstand. Auch nimmt er sich Zeit. Kehrt immer wieder, um im schnell wechselnden Licht die richtige Stimmung einzufangen.

Weit geht sein Blick in Richtung Horizont, der als Schnitt, als klare Linie jedes Bild bestimmt. Darüber eher ausnahmsweise eindrucksvolle Wolkenformationen. Darunter Wasser, das rinnt oder steht. Blaugras, das sich im Licht des Abends rostrot färbt. Ein endloser Strand in Gold getaucht. Macks Bilder sind klar komponiert. Farblich delikat und von einer meditativen Kraft, die sich liest wie die Bild gewordene Antithese zu seinen frühen, temporeichen Reportagen. Formal-ästhetisch folgt Mack den Prinzipien einer wohlkalkulierten, alles Zufällige meidenden, klar strukturierten, überlegt gebauten, handwerklich perfekten Kamerapraxis. Was Emotionen nicht ausschließt. Macks Bilder atmen eine große Sehnsucht. Sehnsucht nach Stille. Nach Weite. Nach einer Ferne, die gleichwohl Heimat werden kann.

Mit einem schlichten Zweisilber hat Ulrich Mack den ersten Teil seines Zyklus überschrieben: Stille. Strenggenommen ein Euphemismus. Denn auf Pellworm, wo die Bilder entstanden sind, herrscht alles andere als Stille. Da wäre das Rauschen des Meeres, das man sich bei Macks Bildern hinzudenken muss. Da wäre das ewige Säuseln des Windes. Vor allem das wilde Geschrei der Möwen: Ohrenbetäubend, wie Ulrich Mack betont. Aber um eine äußere Stille geht es nicht. Worum es geht, ist eine innere Balance, die Ulrich Mack – stellvertretend für den Betrachter – in dieser Welt gefunden hat. In einer Natur, von der man sagen kann, sie sei mit sich im Reinen.

Was auf Pellworm mit Stille und Weite seinen Anfang nahm, hat Ulrich Mack 2001 nördlich von Boston fortgeschrieben. Es ist das Jahr, in dem der 11. September die Welt verändern wird. Mack kontert mit Bildern jenseits von Ideologie, Rache und Gewalt. Buchstäblich erdet er unseren Blick. Lenkt unser Denken in eine kosmische Richtung. Ferne hat er diesen Teil seiner visuellen Recherche genannt, einer Recherche, die gänzlich ohne das Ereignis, die Anekdote, den „Event" auskommt. Es sind ausgesprochen meditative Bilder. Bilder, in die man eintaucht. Bilder von einer fast fernöstlichen Enthaltsamkeit.

Für Ausstellungen lässt Ulrich Mack Dye-Transfers fertigen: Ein kompliziertes, dabei farbsattes, stabiles Umdruckverfahren, das sich über Matritzen in den Farben, in Dichte und Kontrast steuern lässt. Fototechnisch geht es nicht besser, nicht brillanter. Und ästhetisch? Mit seinem Zyklus *Stille – Weite – Ferne* liefert der Hamburger Fotograf Ulrich Mack einen gewichtigen Beitrag zur neueren Farbfotografie. Es sind schlichte und zugleich hoch komplexe Bilder, schöne, aber auch beunruhigende Bilder. Bilder, die den Blick weiten, das Herz wärmen und zugleich verunsichern. Weil sie – quer zum Trend – eine Natur schildern, die sich als weitgehend intakt darstellt. Mack irritiert, indem er nicht auf Abfall, Trash, Zerstörung oder einen öden Alltag blickt, sondern zeigt, was Erde auch sein kann: ein überwältigendes Stück Schöpfung – sehr flach und doch erhaben.

Erstveröffentlichung in Ulrich Mack: *Stille – Weite – Ferne – Nähe*, München: Hirmer Verlag 2014

„Natürlich sah ich das künstlerische Potential der Fotografie. Aber damit war ich ziemlich allein."

Joel Meyerowitz

1938 New York City, USA –
Lebt in New York City, USA

Mir ging es um das wahre Leben

Ein Gespräch mit Joel Meyerowitz anlässlich seiner Ausstellung bei Thomas Zander, Köln

Er zählt zu den Pionieren der „New Color"-Bewegung in den USA. Und – neben Lee Friedlander und Garry Winogrand – zu den prominentesten Vertretern einer künstlerisch interessierten Street Photography. Zu Besuch in Köln nimmt er sich Zeit für ein ausführliches Interview, in dem nicht zuletzt Robert Frank als großes Vorbild deutlich wird.

Hans-Michael Koetzle: Joel Meyerowitz, Sie haben eigentlich Malerei und medizinisches Zeichnen studiert.
Joel Meyerowitz: Ich war jung, und natürlich liebte ich Franz Kline, William de Kooning, Jackson Pollock – dieser amerikanische Hang zur großen Geste hat mich schwer beeindruckt. Andererseits zeichnete ich gern. Ich konnte sehr schön und recht genau zeichnen. Offenbar gab es eine Seite in mir, die das Präzise schätzte. Und eine andere, die sich gern etwas expressiver ausdrückte.
HMK: Und wie kamen Sie zur Fotografie?
JM: Einige Jahre später, ich hatte mein Studium beendet und arbeitete als Art Director, war ich eines Nachmittags bei einem Shooting mit einem gewissen Robert Frank. Ich hatte noch nie von ihm gehört. Für mich war er ein schlichter Werbefotograf, der zwei junge Mädchen zu fotografieren hatte. So um die zwölf. Nach der Schule. Sie machten, was junge Mädchen immer machen. Sie naschten Süßes. Probierten Lippenstift. Spielten mit ihren Puppen. Erledigten ihre Hausaufgaben. Frank machte eine kleine Reportage im Auftrag irgendeines Unternehmens. Er hatte seine Leica dabei. Und was mir als erstes auffiel, war, dass er sich als Fotograf immerzu bewegte. Er war ständig in Bewegung. Ich stand hinter ihm und konnte das Klicken der Kamera hören. Und immer, wenn es „Klick" machte, sah ich buchstäblich ein Bild. Ich sah ein Bild entstehen. Ich hatte so etwas noch nie erlebt. Nach einer Stunde war das Shooting vorüber. Ich kehrte in mein Office, gleich beim Museum of Modern Art, zurück,

ging schnurstracks ins Büro meines Chefs und kündigte, lieh mir eine Kamera und fing an zu fotografieren. In meinen Beruf bin ich nie mehr zurückgekehrt.

HMK: Eine Fotoschule oder ähnliches haben Sie nicht besucht?

JM: Ich hatte keine Ahnung. Keine Vorbilder. Nichts. Modefotografen, ja. Aber das interessierte mich nicht besonders. Was bei mir den Ausschlag gab, war die Idee, herumzulaufen und gleichzeitig fotografieren zu können.

HMK: Also das zu praktizieren, was wir heute als „Street Photography" bezeichnen würden.

JM: Ja. Aber, wie gesagt, meine Anfänge gestalteten sich reichlich naiv. Ich ging ganz einfach auf die Straße, um die Absurditäten und Ironien des Lebens aufzuzeichnen. Mein Problem war nur, nahe genug an die Leute ranzukommen. Gottlob gibt es in New York immerzu Paraden. Es gibt eine „Puertorican Day Parade", eine „Polish Day Parade", eine „Veterans Day Parade" und so weiter. Ich ging jeden Samstag hin, mischte mich unter die Menge und lernte so, schnell zu reagieren und als Fotograf nicht weiter aufzufallen.

HMK: Das künstlerische Werk von Robert Frank haben Sie wann kennengelernt?

JM: Es war so, dass sich mein früherer Chef, Harry Gordon, wenige Monate später aus dem Geschäft zurückzog. Er siedelte nach Spanien über, und was er nicht mitnehmen wollte, verschenkte er. So kam ich in den Besitz der französischen Ausgabe von *The Americans* – ein Buch, das mein Leben verändert hat. Letztlich hat Robert Frank nicht nur den Wunsch in mir ausgelöst, selbst Bilder zu machen. Durch sein Buch hat er mir auch gezeigt, was für ein Potential in der Fotografie steckt. Ich war geradezu überwältigt.

HMK: Was genau hat Sie an dem Buch so beeindruckt?

JM: Ich begriff, dass es möglich war, fotografische Bilder mit einer ausgesprochen persönlichen Poesie auszustatten. Vielleicht war nicht jede seiner Fotografien ein wirklich großes Kunstwerk. Aber in der Summe ergab sich doch eine wundervolle Melodie.

HMK: Sie haben später viel mit Garry Winogrand zusammengearbeitet. Wie kam dieser Kontakt zustande?

JM: Nun, eines Tages ging ich – wie so oft – die Fifth Avenue hinunter und bemerkte dabei einen Mann mit lockigem Haar, der seinerseits fotografierte. Etwas später saß ich zufällig ihm gegenüber in der U-Bahn. Ich bemerkte seine Leica und sprach ihn an. Wir redeten, und er lud mich ein zu sich nach Hause. Irgendwann ging ich hin. Ein verrücktes Apartment, vollgestopft mit Fotoschachteln. Fotos überall. Ich meine: Stapel von Bildern. Er griff sich einen Packen, vielleicht 250 Fotografien, und drückte sie mir in die Hand.

HMK: Was für Bilder waren das?

JM: Bilder von der Straße. Vielleicht nicht allererste Qualität. Aber sie zeigten Energie, Neugier, Stilwillen. Als ich das sah, dachte ich: Genau das ist es, worum es in der Fotografie geht. Um Energie, den Reichtum und die Vielfalt in den Straßen.

HMK: Mit anderen Worten: Garry Winogrand und Robert Frank wurden so etwas wie Ihre inoffiziellen Lehrer?

JM: Sozusagen. Allerdings auf sehr unterschiedliche Weise. Robert Frank war disziplinierter als Garry Winogrand. Garry machte unendlich viele Bilder. Robert arbeitete überlegter, gezielter, konzeptioneller. Auch hatte er Ende der 1950er Jahre sein fotografisches Hauptwerk mehr oder minder bereits abgeschlossen.

HMK: Gab es weitere Fotografen, die Sie beeinflusst haben?

JM: Vielleicht sollte ich noch erwähnen, dass ich ungefähr zur gleichen Zeit einen jungen Fotografen traf, der soeben sein Studium in Yale beendet hatte und bei CBS als Grafikdesigner arbeitete: Tony Ray Jones. Wir begegneten uns zufällig auf der Straße. Wir kamen ins Gespräch und wurden gute Freunde. Gemeinsam gingen wir zu den Paraden und fotografierten.

HMK: In Schwarz-Weiß?

JM: Nein, in Farbe. Wir ließen die Dias am Nachmittag entwickeln, warfen sie abends an die Wand, saßen da und diskutierten unsere Resultate. Nach einiger Zeit freilich merkte ich, dass ich nichts hatte, um es – etwa Galeristen – zu zeigen. Etwas zum Anfassen, zum Blättern. Farbe zu printen, war Anfang der 1960er Jahre ziemlich teuer. Also fing ich an, schwarz-weiß zu fotografieren.

HMK: Das klingt eher nach einer Verlegenheitslösung.

JM: Mit Schwarz-Weiß, das ist meine Meinung, ist es schwieriger, die Welt in ihrer ganzen Komplexität zu erfassen. Anders gesagt, Schwarz-Weiß nimmt mir etwas weg.

HMK: Positiv gekehrt: Die Farbe ist Ihr eigentliches Medium?

JM: Ich habe mich immer als Anwalt der Farbe verstanden. Allerdings nicht im Sinne jener kommerziellen Fotografie, wie sie etwa Ernst Haas praktizierte. Hier, fand ich immer, triumphiere die Farbe über das Ereignis. Ich versuchte, sie einzusetzen wie im Kino. Mir ging es um das wahre Leben. Und nicht um bunte Augenblicke. Ich möchte alles beschreiben können, was ich sehe. Und da erschließt uns die Farbe ganz neue Dimensionen. Tatsächlich habe ich mich Anfang der 1970er Jahre definitiv von der Schwarz-Weiß-Fotografie verabschiedet und beschlossen, mich ganz auf die Farbe zu konzentrieren. Wobei ich immer versucht habe, auf Distanz zu gehen, einen Schritt zurückzutreten, um dem Bild Tiefe zu geben und das Vordergrundgeschehen in Beziehung zu einem Hintergrund zu setzen.

HMK: Es heißt, Sie hätten seinerzeit einen Band mit Ihren Schwarz-Weiß-Arbeiten geplant.

JM: Ja, *Still Going*. Was als Anspielung auf den großen Widerspruch in der amerikanischen Gesellschaft der frühen 1970er Jahre gemeint war. Das Land war damals in einer schrecklichen Verfassung. Da war einerseits der Vietnamkrieg. Was andererseits die Leute nicht davon abhielt, in die Ferien zu fahren, sich dicke Autos zu kaufen und ein lustiges Leben zu leben. Ich fragte mich: „Wie ist das möglich?" Und um das herauszufinden, fuhr ich kreuz und quer durch die USA. Als ich dann das Ergebnis verschiedenen Verlegern zeigte, hieß es nur: „Ach nein, das ist zu kompliziert."

HMK: Rückblickend sind die 1960er Jahre so etwas wie das „Goldene Zeitalter" der Street Photography. Gab es diesbezüglich ein Bewusstsein unter Fotografen wie Frank, Winogrand, Ray Jones oder Ihnen?

JM: Wir hatten keine Ahnung. Wussten nichts über die Geschichte des Mediums. Street Photography begann für uns mit Henri Cartier-Bresson. Als weiteres Problem kam hinzu, dass die Fotografie für die meisten Leute keine Kunst darstellte. Schließlich, so war regelmäßig zu hören, arbeite man ja mit einer Maschine. Ein Pinsel ist auch nichts anderes als ein Gerät, um Farbe auf die Leinwand zu bringen. Und doch bin ich es, der das Bild malt, nicht der Pinsel. Natürlich sah ich das künstlerische Potential der Fotografie. Aber damit war ich ziemlich allein.

HMK: Und die Haltung der Museen bzw. der Museumsleute?

JM: Sicher war die Berufung von John Szarkowski ans Museum of Modern Art eine entscheidende Zäsur. Er war in der Lage, in Worte zu fassen, was wir alle dachten, aber nicht artikulieren konnten. Er gab uns eine Sprache.

HMK: Hat er auch Ihre Art zu fotografieren beeinflusst?

JM: John hatte eine Leitvokabel: „Description". Die Kamera, sagte er immer wieder, beschreibt Dinge. Das habe ich mir als Idee früh zu eigen gemacht und versucht, möglichst viele Elemente im Bild unterzubringen. In die Tiefe hinein zu komponieren, ohne eine Hierarchie zu schaffen. Anders gesagt: Ich wollte, dass die Dinge im Vordergrund so wichtig sind wie die im Hintergrund. Ein schwieriges Unterfangen. Weil etwas Nahes immer wichtiger wirkt. Vielleicht ist „Ambiguität" das richtige Wort. Jedenfalls gab es einen Moment, in dem mir klar wurde, dass die Kraft der Fotografie einerseits in ihrer Genauigkeit liegt. Andererseits in ihrer Unbestimmtheit. Es gibt also Bilder, die irritieren und gleichzeitig faszinieren. Vermutlich ist es das, was die Surrealisten an der Fotografie begeistert hat.

HMK: Auch und vor allem durch seine programmatischen Ausstellungen hat Szarkowski die fotografische Welt verändert. Man denke nur an die erste Einzelausstellung von William Eggleston.

JM: Eggleston kam 1969 oder 70 nach New York, und irgend jemand schickte ihn zu mir. Er zeigte mir eine Schachtel mit Schwarz-Weiß-Aufnahmen aus dem Süden. Mittelmäßige Bilder, wie ich fand, ohne Spannung, ohne Energie. Dann zeigte ich ihm ungefähr 500 Farbarbeiten. Wir saßen da bis zum frühen Morgen. Und als er ging, murmelte er noch so etwas wie: „Color photography, that's it." Er machte dann ganz ähnliche Bilder, allerdings in Farbe. Als Millionär konnte er es sich leisten, sie zu printen. Szarkowski mochte mein Farbwerk.

Aber er sagte immer: „Ich brauche Prints. Ich brauche etwas für die Wand." Nur hatte ich nicht das Geld für Abzüge. So wurde Eggleston zum Pionier der Farbe. Aber so ist das eben in der Fotografie.

HMK: Sie haben die Ausstellung gesehen?

JM: Das Museum, so viel kann ich mit Sicherheit sagen, war für uns wie eine Schule. Jeden Tag gingen wir ins Museum of Modern Art. Garry, Tod Papageorge, Nick Nixon, wenn er in der Stadt war. Wir hatten Lunch oder tranken einen Kaffee und gingen dann durch Johns Ausstellungen. Wieder und wieder. Gut erinnere ich mich an eine Schau mit Arbeiten anonymer Fotografen. Szarkowskis Haltung war, dass selbst namenlose Fotografen in der Lage sind, Bilder zu schaffen, die unsere Wahrnehmung erweitern.

HMK: Seit Mitte der 1970er Jahre fotografieren Sie auch im Großformat. Was reizt Sie an der großen Kamera?

JM: Jedenfalls nicht die Ästhetik eines Weston oder Adams. Meine Idee war, das Großbild drahtiger zu machen, flink wie eine Kleinbildkamera. Anders gesagt, ich versuchte, die beiden Eigenschaften miteinander zu verquicken: die Schnelligkeit der Street Photography mit der Detailtreue des Großformats.

HMK: Der Leica sind Sie gleichwohl treu geblieben?

JM: Sie ist für mich die Kamera schlechthin. Erstens: Wenn ich durch den Sucher schaue, behalte ich den kompletten Überblick. Vorder- wie Hintergrund hat man perfekt im Griff. Zweitens: Bei der Leica bleibt immer ein Auge frei für die Umgebung. Während bei einer Spiegelreflexkamera das Gehäuse in der Regel das Gesicht verdeckt. Und drittens: die Art zu fokussieren. Eine Drittelumdrehung. Schneller geht es nicht. Die meisten Leute glauben, Fotografie habe etwas mit Bildern zu tun. Ich sage: Fotografie hat etwas mit Ideen zu tun. Und da ist für mich die Leica das perfekte Instrument: eine Art Verlängerung des Geistes.

HMK: Und wie stehen Sie zur Digitalfotografie?

JM: Speziell in Kriegs- und Krisengebieten hat das natürlich seine Vorteile, wenn man die Bilder via Satellit den Agenturen zuspielen kann. Das Problem ist nur, dass wir allmählich unsere Geschichte verlieren. Weil Computerplatz gebraucht wird, wird gelöscht, was auf den ersten Blick nicht verkäuflich ist. Bei der Leica habe ich meine Kontakte. Und das quasi für immer.

HMK: Im Zeitalter einer vermehrt konzeptionellen bzw. inszenierenden Fotografie: Wie sehen Sie Gegenwart und Zukunft der Gattung Street Photography?

JM: Ich sehe da ein deutlich sich erneuerndes Interesse. Gerade jetzt haben wir in New York eine stattliche Anzahl junger Fotografinnen und Fotografen, die die Straße zu ihrem Thema machen. Ich denke, es ist wie bei einem Pendel. Man hat genug von den gestellten Bildern der vergangenen Jahre und zieht wieder mit der Leica los, um dran zu sein, am Puls des Lebens.

Ein Termin bei Thomas Zander, mittlerweile in der Schönhauser Straße im Kölner Süden. Der Rhein ist nicht weit. Was Joel Meyerowitz ebenso gefallen dürfte wie die neuen Räume der hellen Galerie zu ebener Erde. Allerdings geht der Blick schnurstracks zurück in die 1970er Jahre, als die Fotografie noch immer wenig mehr war als das Findelkind der technischen Moderne. Februar 2005.

Erstveröffentlichung in Leica World, Nr. 1, 2005

„Am liebsten würde ich Träume fotografieren.
Da gibt es manchmal wirklich wundervolle Bilder.“

William Eggleston

1939 Memphis, Tennessee, USA –
Lebt in Memphis, Tennessee, USA

Ironie liegt mir fern
Ein Gespräch mit dem Fotografen und „New Color"-Pionier William Eggleston

Am 25. Mai 1976 eröffnete das Musem of Modern Art, New York, eine Ausstellung mit 75 kleinformatigen Farbarbeiten eines bis dato völlig unbekannten 26-jährigen Fotografen aus Memphis, Tennessee. Sein Name: William Eggleston. Kuratiert hatte die Schau John Szarkowski, Freund und Förderer des Neulings, zugleich wortgewandter Apologet eines Neuen Sehens in der Fotografie, „New Color" eingeschlossen. Tatsächlich war dies nach Ernst Haas (1962) die erste monografische Präsentation von Farbarbeiten in den „heiligen" Hallen des Museums. Und die Stürme des Protests, die die Ausstellung mit dem schlichten Titel Photographs by William Eggleston seinerzeit provozierte, lässt sich nur noch mit den Reaktionen auf die Auftritte von Andy Warhol in den 1960er Jahren vergleichen. Hilton Kramer etwa bezeichnete die Bilder als „perfectly boring". Und Gene Thornton verlieh der Ausstellung in der New York Times das zweifelhafte Prädikat der „most hated show of the year".

Doch was hatte Eggleston getan, außer dass er die Kritik in seltener Einigkeit zusammengeführt hatte? Nun, er hatte gleich auf mehreren Ebenen jene Vorstellung von einer „Fine Art Photography" unterlaufen, wie sie spätestens seit den Dunkelkammergrößen von Edward Weston bis Ansel Adams nicht nur das amerikanische Denken beherrschten. Erstens und vor allem natürlich, indem er ein Ausdrucksmittel benutzte, das bis dahin allein der Werbung und Amateurfotografie vorbehalten war: die Farbe. Zweitens, indem er seine Kamera auf die scheinbar banalen Dinge des Alltags richtete. Und drittens, indem er sich genau jenem „Decisive Moment" verweigerte, wie ihn kein Geringerer als Henri Cartier-Bresson gewissermaßen zum Zwölfender der fotografischen Pirsch erhoben hatte. In Egglestons Bildern, mit anderen Worten, passiert entschieden nichts. Er ist der Fotograf des „Suspense". Er löst aus, so hat es den Anschein, bevor etwas passiert – oder danach. Insgesamt ist sein Tun, und er gibt dies gerne zu, eher vom Treiben der Knipser inspiriert als vom Schaffen anerkannter Kamerameister. So gesehen ist ohne Eggleston schwerlich denkbar, was derzeit die Diskussion (und unsere Zeit-

geistmagazine) beherrscht: nämlich jene, das Alltägliche, Banale und Private fokussierende Fotografie, wie sie von Künstlern wie Nan Goldin, Wolfgang Tillmans oder Juergen Teller unter erheblicher Teilnahme einer kunstinteressierten Öffentlichkeit betrieben wird.

Walker Evans hatte die Farbe als „vulgär" abgetan, allerdings auch hinzugefügt, dass das Vulgäre nur in Farbe korrekt wiederzugeben sei. In diesem Sinne begreift William Eggleston die ihn umgebende postmoderne Alltagskultur als künstlerische Herausforderung, wobei er sich, wie er regelmäßig betont, nicht als Kritiker eines „bad taste" verstanden wissen will. Eggleston sieht sich in der Rolle des neutralen Beobachters. Mehr noch vermeidet er in seinen Bildern jegliche Hierarchisierung. Jedes Element kommt zu seinem Recht. Nichts wird in besonderer Weise hervorgehoben. Eggleston selbst nennt diese Haltung „Democratic Eye", was letztlich nichts anderes bedeutet, als dass sich der Künstler dem Kameraauge unterwirft, das ja bekanntlich alle Phänomene im Bildraum mit der gleichen Aufmerksamkeit registriert. Das Publikum der 1970er Jahre empfand dergleichen als langweilig. „Doch wenn Egglestons Bilder als derart langweilig empfunden wurden", so erst unlängst ein Rezensent, „warum waren sie dann in der Lage, eine derartige Kontroverse, einen solchen Sturm der Entrüstung zu provozieren?"

Inzwischen haben sich die Wogen geglättet. William Egglestons Arbeiten zählen zum Kernbestand internationaler Museen. Seine Dye-Transfer-Prints behaupten sich auf dem Markt für Fotokunst bei Preisen von bis zu 50 000 Dollar. Und 1998 erhielt er mit dem Hasselblad Award den höchstdotierten internationalen Fotopreis. William Eggleston – ein Genie des fotografischen Understatement. „He doesn't try to hype what he sees", hat es Richard B. Woodward einmal auf den Punkt gebracht. „He photographs what's there, what no one else would even think to look at, and, better than anyone else, he makes something out of almost nothing."

Hans-Michael Koetzle: William Eggleston, zwei Bücher, so heißt es, hätten Ihnen in den 1960er Jahren den Weg in die Fotografie gewiesen: *The Decisive Moment* von Henri Cartier-Bresson und *American Photographs* von Walker Evans. Eine Ausstellung in der Fondation Cartier zeigt nun erstmals Ihre ganz frühen Bilder – Aufnahmen in Schwarz-Weiß, die allerdings gar nichts mit Cartier-Bresson und wenig mit Walker Evans gemein haben, sondern eigentlich schon sehr fertige „Egglestons“ sind. Gab es überhaupt eine Phase, in der Sie im Sinne des einen oder anderen gearbeitet haben?

William Eggleston: Als ich anfing, gab es kaum Bücher auf dem Markt. Womöglich ist das der Grund. Ich habe *The Decisive Moment* entdeckt, Robert Frank, Walker Evans. Wohlgemerkt, das ist schon eine Weile her. In gedruckter Form gab es fast nichts, was wir als Fotokunst bezeichnen würden. Ich hatte ganz einfach keine große Auswahl.

HMK: Ende der 1960er Jahre, so wird erzählt, hätte ein Besuch in einem kommerziellen Farblabor spontan Ihr Interesse an der Farbfotografie und Ihren Wechsel in die Farbe bewirkt. Ist das so richtig?

WE: Das ist richtig. Wie soll ich es beschreiben? Auf eine Weise war es erfrischend, die schlichten Bilder von Leuten zu sehen, die alles andere als ernsthafte Fotografen sein wollten. Es war immer wieder überraschend, zu sehen, was da aus dem Printer kam. Bilder von unbekannten Leuten, fremden Orten. Keine Ahnung, wo sie die Aufnahmen gemacht hatten. Wahrscheinlich im Urlaub. Vermutlich hatten sie auch mit einer ziemlich bescheidenen Ausrüstung gearbeitet, mit Box-Kameras und so weiter. Es waren kleine Abzüge. Wunderbar. Herrlich.

HMK: 1976 hatten Sie dann Ihre erste große Ausstellung im Museum of Modern Art: ein Meilenstein der neueren Fotogeschichte und in gewisser Weise der Durchbruch für die Farbe im Museumskontext. Wie erinnern Sie die Zusammenarbeit mit John Szarkowski?

WE: Ich denke, es hat ihm Spaß gemacht, Dinge zu sehen, die damals wirklich neu waren. Farbe in einer gänzlich neuen Qualität. Wir waren seinerzeit enge Freunde und verbrachten eine Menge Zeit damit, die Bilder zu betrachten, zu studieren. Ich glaube, er hatte großen Spaß dabei.

HMK: Der die Ausstellung begleitende, inzwischen von Sammlern gesuchte Katalog hat den Titel *William Eggleston's Guide*. Was genau ist mit dem Begriff „Guide“ gemeint?

WE: Der Titel war Szarkowskis Idee. Es sollte eine Art fotografische Version des *Guide Michelin* sein.

HMK: Die Ausstellung selbst war ja alles andere als ein Erfolg bei der Kritik. Wie haben Sie selbst die zum Teil harschen Einwände gegen Ihre Arbeit aufgenommen?
WE: Ich denke, das Gros der Kritiker hat ganz einfach versucht, besonders clever zu sein und sich auf Kosten meiner Arbeit zu profilieren. Es hat mich nicht sonderlich beeindruckt. Hätten die Leute etwas Vernünftiges geschrieben, würde ich das so nicht sagen.
HMK: Sie schätzen Kandinsky. Würden Sie sagen, seine Kunst hatte in ihrer Farbästhetik einen Einfluss auf Ihre Fotografie? Oder ist das einfach jemand, den Sie schätzen?
WE: Sagen wir, das Letztere. Also eher ein Künstler, den ich mag. Einfluss? Vielleicht unbewusst. Bewusst, denke ich, hat er mich nicht geprägt.
HMK: Auch Johann Sebastian Bach soll ja zu Ihren Favoriten zählen – ein weiterer Europäer. Könnte man sagen, Sie blicken mit einem europäischen Auge auf Amerika? Oder ist das eine dumme Frage?
WE: Keine dumme Frage. Sagen wir es so: Amerika ist ein ziemlich junges Land. Da gab es einfach nichts im frühen 18. Jahrhundert.
HMK: Aber Ihr Blick auf die amerikanische Alltagskultur ist doch von Ironie bestimmt. Oder würden Sie sich eher als neutralen Beobachter bezeichnen?
WE: Ich denke eher neutral. Ironie sehe ich in meinen Bildern keine.
HMK: Wen Sie definitiv nicht mögen, ist Elvis Presley?
WE: Nein, nicht sehr.
HMK: Gleichwohl haben Sie Graceland fotografiert. Und man kann sagen: Die Aufnahmen sind zu Ikonen der neueren Fotografie geworden.
WE: Nun, dafür kann ich nichts.
HMK: Das Gros Ihrer Arbeiten ist in den USA entstanden. Sie haben aber auch im Ausland fotografiert, in Berlin zum Beispiel oder in Kyoto. Wie arbeiten Sie, wenn Sie fremdes Terrain betreten?
WE: Das weiß ich vorher nie. Manchmal beginne ich den Tag mit dem Vorsatz, viel zu fotografieren, und womöglich kommt nichts heraus dabei. Und dann gibt es Tage, an denen ich überhaupt keine Vorstellung habe, und plötzlich entstehen jede Menge Fotos. Am

liebsten würde ich allerdings Träume fotografieren. Da gibt es manchmal wirklich wundervolle Bilder. Flüchtige allerdings (lacht).

HMK: Ihre Aufnahmen sind statisch und wirken wohlkomponiert. Welche Rolle spielt der Zufall in Ihrem ästhetischen Kosmos?

WE: Er hat da durchaus seinen Platz. Aber ich denke nicht, dass er eine große Rolle spielt. Obwohl mich häufig die Bilder regelrecht anspringen. Nicht selten habe ich das Gefühl, dass da etwas Aufregendes entstanden ist, das ich so eigentlich gar nicht geplant hatte.

HMK: Die Farbarbeiten vieler zeitgenössischer Künstler haben zum Teil wandfüllende Dimensionen angenommen. Gibt es für Sie ein ideales Bildformat?

WE: Lange Jahre war für mich ein Bildformat von 16 × 20 Inch ideal. Meine frühen Arbeiten haben alle dieses Bildformat. In jüngerer Zeit und mit dem Ink-Jet-Verfahren sind meine Abzüge etwas größer geworden. Natürlich längst nicht von den Dimensionen etwa eines Andreas Gursky. Derartige Bilder sind auch schwer zu handhaben. Das sind doch Tischplatten (lacht).

HMK: Apropos: Was halten Sie von der zeitgenössischen Fotokunst, speziell den Arbeiten in Farbe?

WE: Ich denke, augenblicklich entstehen in Europa und speziell in Deutschland viele ausgezeichnete Sachen. Zwei Namen kommen mir spontan in den Sinn: Wilmar König und Manfred Willmann in Österreich.

HMK: Und was ist beispielsweise mit Cindy Sherman?

WE: Ich halte Cindy für eine wundervolle Künstlerin. Ich schätze sie sehr. Sie ist wirklich einzigartig.

HMK: Und Nan Goldin?

WE: Eine langjährige Freundin und ebenfalls eine große Künstlerin.

HMK: Abgesehen von der Farbe war und ist Ihre Arbeit auch dahingehend revolutionär, dass sie sich – und da widerspricht sie ganz und gar dem eingangs zitierten Cartier-Bresson – alles Narrative versagt. Zudem gibt es keine Hierarchie im Bild. Alles ist gleich wichtig, jedes Detail verdient Beachtung.

WE: Absolut. Ich war immer der Meinung, dass ein Bild mehr enthalten müsse als nur irgendein augenfälliges Element in der Mitte. Das genügt nicht. Alles muss zusammenspielen. Was übrigens nicht nur für die Fotografie gilt. Eigentlich für jede Form der Kunst, die Musik im Besonderen. Nichts ist öder als ein Musikstück, das nur ein Thema hat. Deshalb schätze ich die Musik von Bach besonders. Ich denke, er ist der Beste.

HMK: Auch gänzlich unromantisch, sehr mathematisch.

WE: Mehr als das. Seine Musik ist wunderschön.

HMK: Sie arbeiten bevorzugt im Dye-Transfer-Verfahren, das zwar kompliziert und teuer ist, aber ein hohes Maß an Farbkontrolle erlaubt und – im Gegensatz zum klassischen C-Print – als beständig gilt.

WE: Man sagt das, und es mag wohl stimmen. Ein Dye-Transfer, den man dunkel lagert, ist stabil. Auch wenn er natürlich nicht ewig hält. Ein Fels ist das nicht.

HMK: Wogegen Sie sich immer gewehrt haben, war, als Fotograf des Südens klassifiziert zu werden. Aber war und ist nicht das spezifische Licht des Südens wichtig für Ihre Arbeit?

WE: Ich denke schon. Es ist ein Licht, das mir vertraut ist. Aber natürlich kann ich auch unter anderen Lichtverhältnissen arbeiten. Außerhalb des Südens.

HMK: Unlängst haben Sie im Auftrag der französischen *Vogue* Mode fotografiert. Wie kam es zu diesem Auftrag?

WE: *Vogue* dachte, ebenso wie ich, das sei eine gute Idee. Es würde Spaß machen. Sehen Sie sich die Hefte an: voll mit Bildern schöner Frauen, Models und Mode. Also entstand die Idee, es einmal mit Fotos ganz in meinem Sinne zu probieren. Also ausdrücklich keine traditionellen Mode- oder Werbefotos. Wir beide hielten das für einen guten Einfall.

HMK: Grundsätzlich geben Sie Ihren Bildern keine Titel. Ist das Teil Ihrer Strategie, den Bildraum neutral zu behandeln, nichts hervorzuheben?

WE: Vielleicht. Ich war allerdings nie der Meinung, Titel würden zu irgend etwas nützen. Im Gegenteil lenken sie ab. Das Bild sagt genug. Was soll da noch eine Unterschrift? Das führt nur zu Verwirrung.

HMK: Hilft aber denen, die über Ihre Bilder schreiben.

WE: Das ist wahr. Aber das hat nichts mit Fotografie zu tun.

HMK: Sie arbeiten mit Leica?
WE: Ja. Und mit einer 6 × 9-Kamera.
HMK: Was ist für Sie der Vorteil der 35-mm-Kamera?
WE: Ich liebe das Seitenverhältnis 2:3. Das haben Sie auch bei 6 × 9. Ich benutze auch andere Kameras. Aber meine Leicas schätze ich besonders.
HMK: Gibt es eine Brennweite, die Sie bevorzugen?
WE: Üblicherweise 50 mm. Das Standardobjektiv.
HMK: Beschneiden Sie Ihre Bilder?
WE: Nein.
HMK: Es heißt, Peter Galassi, der aktuelle Direktor der Fotoabteilung am Museum of Modern Art, bereite eine große Retrospektive mit Ihnen vor.
WE: Wir haben darüber gesprochen. Wir werden sehen, was entsteht. Im Augenblick, denke ich, ist diese Ausstellung in der Fondation Cartier durchaus das, was ich unter einer wirklich wichtigen Ausstellung verstehe.

Paris liebt William Eggleston. Und Eggleston liebt Paris. Aktuell sorgt eine Ausstellung in der Fondation Cartier für Gesprächsstoff. Im Souterrain des von Jean Nouvel konzipierten gläsernen Riegels am Boulevard Raspail die breit angelegte Schau. Darüber, in einem der Büros, unser Gespräch. Der Künstler wirkt angeschlagen. Die Vernissage hallt nach. Höflich, wenn auch knapp geht er auf alle Fragen ein. November 2001.

Erstveröffentlichung in Leica World, Nr. 1, 2002

„Ich glaube, dass man Schwarz-Weiß-Fotos intensiver liest und intensiver anschaut."

Klaus Kinold

1939 Essen, Deutschland –
2021 München, Deutschland

Baumeister in Bildern
Architektur sehen, verstehen, zeigen – Anmerkungen zu Klaus Kinold

Architektur ist unumgänglich. Und das im doppelten Wortsinn. Wir brauchen sie. Und sie ist überall. Überall dort, wo sich nicht noch Reste vermeintlich unberührter Natur erhalten haben. Architektur wärmt und schützt, sie ist privates Rückzugsgebiet, Versammlungsort, Geschäftsadresse, gebauter „Schrein" für alles, was wir zum Leben nötig haben: Das buchstäbliche Dach über dem Kopf. Ob Höhle oder Zelt, Reihenhaus oder Bauschöpfung eines berühmten Architekten – menschliches Dasein ohne Architektur ist nicht denkbar. Gebäude sind nicht Teil unserer Zivilisation, sie sind die Voraussetzung.

Der Bedeutung von Architektur im zivilisatorischen Prozess entspricht ihre Präsenz im Lichtbild. Schon die allerersten Aufnahmen rückten Gebautes ins Bild. Beginnend mit Nicéphore Niépce, dessen Blick aus dem Arbeitszimmer in Le Gras auf Wirtschaftsgebäude und Stallungen (1827) als erstes Kamerabild und gleichzeitig als erstes Architekturfoto angesehen werden kann. Aber auch Daguerre oder Talbot und etwas später reisende Dokumentaristen wie Baldus, Le Gray, Mestral oder Le Secq richteten regelmäßig ihre Kamera auf Gebautes aus Historie oder unmittelbarer Gegenwart. Nicht nur, weil „Immobilien" den damals langen Belichtungszeiten entgegenkamen. Ansichten von Notre-Dame oder den Pyramiden, Rom oder den Heiligen Stätten in Jerusalem adelten gleichsam ein Medium, das sich bis heute den Vorwurf des Apparativen, Technischen, Unkünstlerischen gefallen lassen muss.

Die Geschichte der Fotografie ist die Geschichte fotografierter Architektur und umgekehrt. Wirklich angekommen im Bewusstsein einer an fotografischen Bildern interessierten Öffentlichkeit ist das nicht. In Ausstellungen, Büchern, Katalogen, im medienkritischen Diskurs dominieren Reportage, Mode, Akt, dominiert das Ereignis im weitesten Sinne – letzteres erweist sich als kompatibel mit einer dynamischen, immer schneller werdenden, nervösen und global vernetzten Welt. Aus Sicht einer sich durch den medialen Dschungel zappenden Generation ist das Architekturfoto so etwas wie die Bild gewordene Antithese: statisch, unbelebt, ereignisarm. Entsprechend rar sind überzeugende Monografien oder Anthologien zum Thema, von einer Geschichte oder Theorie des Genres nicht zu reden. Dabei erfüllt Architekturfotografie eine ungemein wichtige Aufgabe. Sie macht Gebautes transportabel und damit diskursfähig. Sie bringt verstreute Architekturen zusammen, erlaubt den Vergleich und führt am Ende dazu, dass sich die daheim Gebliebenen ein Bild machen können von unserer gebauten Welt.

Architekturfotografie ist nicht einfach Fotografie von Architektur. Gute Architekturfotografie ist das nüchterne Bemühen, eine Formensprache, nämlich die der Architektur, in eine andere Sprache, nämlich die der Fotografie „werktreu" zu übersetzen. Architekturfotografie ist Dienstleistung, und gerade die Unterordnung bleibt ihre Stärke.

Fotografie war nie objektiv, aber es gibt eine Skala zwischen Dokument und Erfindung, zwischen sachlich und subjektiv, auf der sich der Fotograf mit seinem Tun bewegt. Architekturfotografie ist Information, ist Kommunikation, und wer ein „Rauschen im Kanal" vermeiden will, nimmt sich zurück. Hier geht es nicht um „Kunst" im Sinne eines persönlichen Statements, sondern um Handwerk. Womit nicht ausgeschlossen ist, dass gerade in der Beherrschung des Handwerks die eigentliche Kunst besteht. Man könnte auch sagen: in der Rückbesinnung auf das Fotografische. „Überlassen wir die Kunst den Künstlern und versuchen wir mit den Mitteln der Fotografie Fotografien zu schaffen, die durch ihre *fotografischen* Qualitäten bestehen können, – ohne dass wir von der Kunst borgen", hatte Albert Renger-Patzsch bereits 1927 postuliert.[1] Eine Forderung, die als Motto auch über dem Lebenswerk von Klaus Kinold stehen könnte.

Klaus Kinold ist Architekt. Ein Architekt, der fotografiert, immer fotografiert hat – und zwar die Bauschöpfungen anderer. Das klingt nach „Verrat" am eigenen Stand – und ist in Wirklichkeit ein Glücksfall für die Architektur wie die Fotografie. Nicht nur, dass Klaus Kinold die Sprache seiner bauenden Kollegen spricht, was die Zusammenarbeit mit Größen der Branche mit Sicherheit erleichtert hat. Als gelernter Architekt weiß er auch um die konstruktive Syntax von Architektur. Klaus Kinold sieht und versteht einen Bau anders als der Laie und ist so in der Lage, eine plausible Übersetzung von komplexen Räumen in die Fläche zu liefern.

Skizze, Plan, Modell und Baubeschreibung sind geläufige „Medien" in der Darstellung von Architektur. Die Fotografie kommt ergänzend hinzu. Kinold weiß um ihre Grenzen, aber auch ihre Möglichkeiten in der Kommunikation von gebauter Umwelt. In den diversen Fachpublikationen, die Kinold seit vier Jahrzehnten bedient, stellt das fotografische Bild den Aufmacher. Es ist – im Wortsinn – die Attraktion, also jenes visuelle Element, das vorderhand Interesse weckt, den Leser an- und hineinzieht. Sich hier nicht „korrumpiert" haben zu lassen zugunsten „interessanter", expressiver, künstlerisch gemeinter Bilder, vielmehr nüchtern, sachlich, deskriptiv geblieben zu sein, zählt zu den eigentlichen Leistungen Klaus Kinolds, dessen Werk über vier Jahrzehnte gerade darin einer „Handschrift" folgt.

Früh, so heißt es, also schon als Schüler, habe sich Klaus Kinold für fotografische Bilder interessiert. Mit einer Rolleiflex zu Weihnachten erfüllen die Eltern nicht nur einen lang gehegten Traum des Sohnes, ungewollt stellen sie wohl auch die Weichen für seine spätere Karriere. Ende der 1960er Jahre beginnt Klaus Kinold ein Architekturstudium an der Technischen Hochschule Karlsruhe. Rudolf Büchner heißt sein Lehrer, Egon Eiermann sein Mentor. Kinold bleibt bei der Architektur, aber die Fotografie lässt ihn nicht los. Zügig avanciert er zum offiziellen Hausfotografen seiner Schule, dokumentiert Klassenfahrten, fertigt Reprodias für Unterricht und Vorträge, fotografiert Modelle oder Bauten seiner Professoren. Als „Hilfsassistent" hat er Zugriff auf die schuleigene Großbildkamera mit allen notwendigen Verstellmöglichkeiten. Wenn man so will: erste Schritte in die professionelle Architekturfotografie. Autodidaktisch eignet sich Klaus Kinold Aufnahme- und Dunkelkammertechnik an. Was aber noch wichtiger ist: Unter Anleitung von Egon Eiermann erarbeitet er sich eine Grammatik der Architekturfotografie, lernt Bauten mit den Augen eines Fotografen sehen und Fotografien mit den Augen eines Architekten lesen. 1969 schließt Kinold sein Studium ab. Schon jetzt ist klar: Er wird sein Talent in den Dienst der Architektur stellen, aber nicht als „Baumeister", sondern als Fotograf.

Aus heutiger Sicht überrascht, wie schnell Klaus Kinold zu einer fotografischen Haltung gefunden hat, die „Werktreue" über Ausdruck, Dokument über Impression, Nachvollziehbarkeit über Effekte welcher Art auch immer stellt. Wenn sich in der Arbeit von Klaus Kinold überhaupt noch etwas verändert hat, dann ist es die Qualität der Abzüge, die Perfektionierung seiner Printtechnik. Seine Auffassung von brauchbarer Architekturfotografie war von Anfang an da, auch wenn der seit Langem in München lebende Fotograf seine Vorstellungen mittlerweile gekonnter zu verbalisieren weiß.

Fotografien werden gefunden oder inszeniert, erhascht oder gestohlen, gemacht oder geschossen. Bei Klaus Kinold werden sie gebaut. Hier kommt das Denken vor dem Schauen, das Sehen vor dem Auslösen. Jedes Bild ist ein entschieden gedachtes, die Überführung einer gebauten Idee in ein Bild oder – umfassender – in eine Serie von Bildern. Dabei folgt Klaus Kinold einem klaren Regelkanon, den kein Fotograf seiner Generation so strikt, so treu, so kompromisslos definiert und angewendet hat. Sprechen könnte man von einem Atlas fotografischer Gebote – ganz im Dienste eines bildhaft zu kommunizierenden Gebäudes. Er wolle Architektur zeigen, wie sie ist, sagt Klaus Kinold. Oder, „wie ich mir vorstelle, dass der Architekt sie gesehen haben will"[2].

Als Fotograf hat Klaus Kinold einen klaren Standpunkt. Was im übertragenen Sinn seine „Philosophie" meint. Aber auch ganz konkret jenen Seh-Ort bezeichnet, von dem aus Kinold einen Bau sinnstiftend erschließt. Er ist Ausgangspunkt seiner fotografischen Recherche und alles andere als beliebig. Worum es Klaus Kinold im Grunde geht: für ein Bezugssystem perspektivischer Linien mit fotografischen Mitteln „Worte" zu finden. Kinold will Information, nicht Suggestion. Daher der entschiedene Verzicht auf extreme Blickwinkel, verzerrende Perspektiven oder Schlagschatten, bei denen doch nur Information verloren geht.

Klaus Kinold modelliert bei weichem, fast diffusem Licht. Gleichzeitig sind ihm „natürliche" Standpunkte wichtig. Standpunkte, wie sie jeder Benutzer eines Gebäudes im Prinzip einnehmen kann. Keine Leitern also oder sonstige Hilfsmittel im Dienst einer wie immer gearteten Dramatisierung, kein zusätzliches Licht, keine Menschen im Bild – bestenfalls spielende Kinder und die eigentlich auch nur da, wo sie die Funktion eines Bauwerks unterstreichen. An seinen Architekturbildern, meint Klaus Kinold, sei nichts wirklich besonders. „Aber vielleicht ist das ja schon etwas Besonderes in einer Zeit, da die Fotografie wieder einmal allzu sehr nach der Freiheit der Kunst schielt."[3] Was Kinold leitet, ist der Respekt vor dem Bau, dessen Ästhetik, Konstruktion und Materialität er in vorzugsweise schwarz-weiße Bilder überführt. „Ich glaube, dass man Schwarz-Weiß-Fotos intensiver liest und intensiver anschaut", sagt Klaus Kinold.[4]

Das ist keine Absage an die Farbe. Schließlich ist keine Architektur monochrom, und so liefert Kinold – wo nötig und sinnvoll – farbfotografische Legenden in Gestalt von Materialstudien oder Detailansichten. Störendes grenzt er aus. Das heißt nicht, dass er Gebäude dekontextualisiert. Aber in Ausschnitt und Perspektive richtet er den Blick auf das, worum es geht: den Bau, nicht die Umgebung. Kinold sieht sich als Dienstleister, als Vermittler zwischen Architekt und Publikum: Für Emotion, Kommentar oder gar Kritik ist da kein Platz. Es bleibt dem Betrachter überlassen, sich über Kinolds Aufnahmen im besten Sinne des Wortes ein Bild zu machen von einer Bau gewordenen Idee.

Genau genommen bewegt sich Klaus Kinold mit seinem Selbstverständnis in einer großen, zugleich verschütteten Tradition. Schon einmal haben bedeutende Fotografen ihr Talent in den Dienst nicht weniger bedeutender Baumeister gestellt, dies allerdings bevor das Pathos nationalsozialistischer Inszenierung, der Ruf nach „Subjektiver Fotografie" in den 1950er Jahren oder der postmoderne Wunsch nach Fotokunst das Konzept einer sachgerechten, dienenden Architekturfotografie in den Hintergrund haben treten lassen. In den 1920er und 30er Jahren waren es Fotografen wie der erwähnte Renger-Patzsch, aber auch Werner Mantz oder Hugo Schmölz, die über Jahre für Architekten wie Adolf Abel, Fritz Fuß, Erich Mendelsohn, Paul Bonatz, Wilhelm Riphahn, Clemens Holzmeister, Dominikus Böhm oder Rudolf Schwarz arbeiteten. Eine schnörkellose, „neusachliche" Fotografie traf da auf einen seinerseits funktionalen Formenkanon: ein im Prinzip kongenialer Dialog, der für Kinold immer schon Vorbildcharakter hatte. Was Schwarz für Renger, Böhm für Schmölz oder Riphahn für Mantz waren, das wurden Egon Eiermann, Herman Hertzberger oder Karljosef Schattner für Klaus Kinold: verlässliche Auftraggeber, die nicht allein Kinolds ruhige, die Dinge reflektierende Art schätzten, sondern auch und gerade seine bildnerische Sprache: so unverwechselbar wie dem Gegenstand verpflichtet. „Die Bilder Klaus Kinolds sind *seine* Bilder", bestätigt Karljosef Schattner, „für mich beschreiben sie dennoch präzise meine Architektur"[5].

Erstmals 1984 setzt sich Klaus Kinold fotografierend mit der Architektur Karljosef Schattners auseinander. Für die seit Ende der 1960er Jahre von Kinold betreute Zeitschrift *KS Neues* dokumentiert der Fotograf die von Schattner mit Kalksandstein ausgekleidete Bischofskapelle in Eichstätt. Es ist der Auftakt zu einer intensiven Zusammenarbeit über viele Jahre, in deren Folge Kinold alle Bauvorhaben des Diözesanbaumeisters als Fotograf begleitet.

Kinold erfasst „neues Bauen in alter Umgebung" mit derselben Gewissenhaftigkeit, demselben Gefühl für Situation und Proportionen, Materialien und Details, mit dem er etwa historische Bauten (Klenze, Gärtner, Semper) oder architektonische Solitäre der klassischen Moderne (Gropius, Mies van der Rohe, Le Corbusier) zu behandeln weiß. In Kinolds Werk gelangen – wie selten in der Architekturfotografie – architektonische Qualität und fotografische Exzellenz zur Deckung. Das prädestiniert seine Bilder für die Publikation in Büchern oder Zeitschriften. Sorgt aber auch dafür, dass sie sich an der Museumswand behaupten können – passepartouriert, gerahmt und vor (am liebsten) weißem Hintergrund: „Kunst", die sich dagegen wehrt, als solche aufzutreten. Klaus Kinolds Fotografie im Auftrag ist selbst gewählte „Pflicht". Dass er auch die „Kür" beherrscht – etwa in Gestalt seiner freien Panoramen – sei abschließend nicht verschweigen. Aber das ist dann ein anderes Thema.

Erstveröffentlichung in *Karljosef Schattner*,
München: Deutsche Gesellschaft für christliche Kunst 2010

„Ich wollte Geschichten erzählen.
Alles, nur nicht Fotograf sein."

Larry Clark

1943 Tulsa, Oklahoma, USA –
Lebt in Los Angeles und New York City, USA

Ich war jung und wollte die Wahrheit
Ein Gespräch mit dem Fotografen, Filmemacher und Maler Larry Clark

„Forever young" stimmt nicht ganz. Auch Larry Clark ist in die Jahre gekommen, geht leicht gebückt, vertraut auf einen knorrigen Stock, flucht über seine Knie, die operiert werden müssten. Aber künstlichen Gelenken vertraut er so wenig wie den Ärzten. Wenn er auf etwas setzt, dann auf seine Augen, seinen Verstand, seine Schaffenskraft, die auch im 72. Lebensjahr nicht nachgelassen hat. Alkohol und Drogen hat er abgeschworen. Jetzt malt er. Dreht weiterhin Filme. Reist. Und gibt geduldig Interviews, auch wenn diese immer wieder um ein Frühwerk kreisen, das vor nicht weniger als vier Jahrzehnten für Furore sorgte. Clark hat mehrere Bücher publiziert. In der Summe mehr als ein Dutzend Filme realisiert. Den Schlüssel zum Olymp der Fotokunst allerdings hält er mit einer einzigen, noch dazu vergleichsweise schmalen Publikation in Händen: Tulsa, *1971 in Ralph Gibsons kleinem Verlag Lustrum Press erschienen und seitdem immer wieder aufgelegt. Damals eine „Bombe", wie A. D. Coleman konstatiert. Das Buch habe schockiert. Vor allem, weil sich die dargestellte Jugend nicht in irgendeinem fernen Gomorra austobte, sondern unmittelbar vor der Haustür eines gesegneten Amerika: „After all", so Coleman, „it was Oklahoma, where the wind comes sweeping down the plain. And these weren't goofy, blissful hippies, but wired middle- and working-class kids who carried guns, beat each other bloody, fought with the cops, did time in jail, and sometimes died." Die amerikanische Jugendkultur der 1950er und 60er Jahre haben auch andere zum Thema gemacht. Man denke an Bruce Davidson und seine* Brooklyn Gang *oder Danny Lyon und seine* Bikeriders. *Was Clark unterschied: Er war nah dran, er war Teil der Gruppe. Die er fotografierte, waren seine Freunde, mit denen er im Zweifel nicht nur die Drogen und den Whisky teilte. Das vermittelte seinen Bildern eine erschreckende Authentizität, eine nicht gekannte Wahrhaftigkeit und machte aus der schmalen Broschur ein Kultbuch ohne Verfallsdatum. Längst zählt* Tulsa *zu den Meilensteinen der neueren Fotopublizistik. Andrew Roth rechnet es in seinem* Book of 101 Books *zu den wichtigsten Fotobüchern des 20. Jahrhunderts, ein Werk, das alles verändert habe, auch und gerade unsere*

Vorstellung von dokumentierender Fotografie, die hier nicht mehr neutral, diskret und distanziert auftrat, sondern mit Dabeisein, tatsächlicher wie emotionaler Nähe punktete. Tulsa wurde zum radikalsten Zeugnis eines subjektiven Dokumentarismus. Seit Robert Franks Americans das „bedeutendste Fotobuch“, so Gilles Mora: „An unprecedented autobiographical chronicle, without the slightest compromise, commercial posturing, or other false artistic alibi.“ Keine Frage: Larry Clark hat das Kapitel „Social Landscape“ um eine nicht unwesentliche Parzelle erweitert. Für Clark sei Fotografie gleichermaßen Therapie wie Hymnus auf das Verbotene, hat Jonathan Greene einmal gemeint: „The dark underride of the new love culture.“ Der Larry Clark von heute wirkt gebändigt, spricht bedächtig und mit einem tiefen Südstaaten-Akzent. Clark ist „trocken“, aber er raucht. Er ist älter geworden, aber hat sein Interesse an jugendbewegten Themen nicht verloren. Pubertierende Jungs sind auch das Thema seiner ersten großen Tafelbilder. Inzwischen hat er den Hintergrund entdeckt und zu einer radikal abstrahierenden Malweise gefunden. Nicht mehr Amphetamine sind es, die heute seinen Horizont erweitern sollen. Sondern Farben. Und eine endlos leere Leinwand.

Hans-Michael Koetzle: Larry Clark, Sie sind 1943 in Tulsa geboren. In Tulsa, Oklahoma, sind Sie aufgewachsen. Und *Tulsa* ist der Titel Ihres ersten Buches. Wie können wir uns das Tulsa Ihrer frühen Jahre vorstellen?
Larry Clark: Nun ja, das waren die 1950er Jahre. Eisenhower war Präsident. Und die Stimmung war sehr, sehr konservativ. Über Drogen wurde gemunkelt. Es gab alles, was es heute gibt. Aber eben im Geheimen. Meine Freunde und ich begannen mit fünfzehn, Drogen zu nehmen. Als ich ungefähr achtzehn war, fing ich an, meine Umgebung zu fotografieren und machte das dann über einen Zeitraum von zehn Jahren. Rückblickend könnte man das als visuelle Anthropologie bezeichnen.
HMK: Wozu vor allem die Tatsache gehört, dass Sie Teil des Geschehens waren.
LC: Ja, ich konnte das nur machen, weil ich einer von ihnen war. Das war dann auch der Unterschied zu allem, was bis dahin in den

USA publiziert worden war. Als das Buch 1971 herauskam, steckte Amerika mitten im Drogen-Hype. In den späten 1960er Jahren glaubten ja viele an die Bewusstsein erweiternde Kraft der Drogen. Ich ahnte schon das Gegenteil. So war mein Buch auch Ausblick auf das, was kommen würde.

HMK: Ihre Mutter, heißt es, sei Fotografin gewesen.

LC: Sie hat Babys fotografiert. Sie fing damit an, als ich etwa zwölf war, eine Art Familienunternehmen. Mein Vater war ursprünglich Handelsvertreter und jetzt daheim. Gemeinsam hatten sie die Idee, Kleinkinder zu fotografieren. Meine Mutter zog los, klopfte bei den Nachbarn an der Tür und fotografierte die Neugeborenen zu Hause. Sie hatte einen Hintergrund dabei, eine Rolleiflex mit Blitz und einen Aufheller auf Stativ, so dass die Fotos aussahen wie im Studio gemacht. Eine Woche später brachte sie eine Auswahl im Format 13 × 18 cm vorbei. So mit fünfzehn musste ich mitarbeiten. Ich fuhr durch Oklahoma und fotografierte Babys. Furchtbar. Ich habe das gehasst.

HMK: Immerhin war die Fotografie früh Teil ihrer Existenz.

LC: Ich würde das nicht als Fotografie bezeichnen. Es waren Kinderbilder. Ich hatte doch keine Ahnung, dass man die Kamera auch noch für etwas anderes benutzen konnte. Mit achtzehn habe ich dann angefangen, meine Freunde zu fotografieren. Ich betrieb das ernsthaft, und alles wurde anders.

HMK: Sie haben die Layton School of Art besucht?

LC: Ja, aber das war eine Schule für kommerzielle Fotografie. Untergebracht waren wir im Untergeschoss einer Kunstschule. Meine Freunde waren Maler und Bildhauer, auch meine erste Freundin. Das gab mir die Idee, die Fotografie eher als persönliches Ausdrucksmittel einzusetzen. Ich wollte Maler sein oder Bildhauer oder Filmemacher. Ich wollte Geschichten erzählen. Alles, nur nicht Fotograf sein. Es ging mir um Menschen. Und darum, sie über eine längere Zeit zu begleiten. So fing das alles an.

HMK: Sie sprachen von „visueller Anthropologie“. Das klingt sehr akademisch. Gab es ein Konzept, sind Sie mit einem Plan an die Sache herangegangen?

LC: Überhaupt nicht. Das war intuitiv. Ganz natürlich und normal. Ich war mit meinen Freunden zusammen und hatte immer meine Kamera dabei. Ich dachte noch nicht einmal daran, diese Bilder zu veröffentlichen. Es war reichlich unschuldig. Kein Gedanke, das öffentlich zu machen.
HMK: Wie könnte man das Milieu beschreiben, in dem Sie sich bewegten?
LC: Zunächst waren es meine Freunde. Ich würde sagen: untere Mittelklasse. Und alle stammten aus schwierigen Verhältnissen. Meine Kindheit war auch nicht gerade glücklich. Wie gesagt, das lief alles im Verborgenen ab. Diese Art von Jugendkultur war kein Thema. Höchstens ab und zu bei der Polizei.
HMK: Es war ja auch die Zeit des amerikanischen Engagements in Vietnam. Sie waren dort Soldat?
LC: Ich wurde Ende 1963 eingezogen. Meine ersten Monate bei der Army fielen in die Zeit des Tonkin-Zwischenfalls. Bis heute ist ja nicht klar, was genau da vorgefallen ist. Für Präsident Johnson jedenfalls war das der Anlass, in den Krieg einzusteigen.
HMK: Und hatte dieses Vietnam-Erlebnis irgendeinen Einfluss auf ihre fotografische Arbeit?
LC: Gute Frage. Aber ich glaube nicht. Natürlich war ich gereift. Und hatte etwas präzisere Vorstellungen, was den Krieg und die Politik betrifft.
HMK: Ergebnis Ihrer frühen Fotografie war *Tulsa*, 1971 von Ralph Gibson verlegt. Wie kam es zum Zusammentreffen mit ihm?
LC: Ich traf Ralph Gibson in New York, ich denke 1967. Er kam aus Kalifornien. Und ich kam aus Oklahoma. Wir trafen uns und wurden Freunde. Er hatte eine Buchidee, fand aber keinen Verleger. So beschaffte er sich 3 000 Dollar und druckte selbst. So fing das alles an.
HMK: In seinem Verlag Lustrum Press kam dann, wie gesagt, *Tulsa* heraus. Hatten Sie eine konkretere Buchidee oder war das zunächst nur eine Schachtel mit Bildern?
LC: Es gab durchaus ein Konzept. Ich hatte ja all die Bilder von 1962, 1963, 1968 und stellte sie zusammen.
HMK: Wie war die Reaktion?

LC: Die Leute waren geschockt. Junkies allerdings mochten das Buch. Ärzte mochten es. Sie lasen es als eine Art Geschichte des Drogenkonsums.
HMK: Und die Kunstwelt – gab es aus dieser Ecke Reaktionen?
LC: Ich denke, das Buch hatte einigen Einfluss auf die Kunst selbst. Auf Maler, Bildhauer, Filmemacher, Fotografen. So etwas hatten die Leute noch nicht gesehen. Da waren doch all diese Regeln und Grenzen und Tabus. Natürlich brachte *Life* regelmäßig diese wunderbaren Reportagen. Aber Leute wie Eugene Smith, die kämpften doch alle mit Bandagen. Ich kannte keine Grenzen. Ich wollte ein Stück Wirklichkeit zeigen. Ich war jung und wollte die Wahrheit, nichts als die Wahrheit.
HMK: Interessant ist ja das Layout des Buches, man könnte sagen: die Montagetechnik.
LC: Eigentlich wäre ich gern Filmemacher geworden. Und wenn Sie sich das Buch genau ansehen, es ist wie ein Film. Es gibt einen Anfang, einen großen Bogen und ein Ende.
HMK: Sie erwähnten Eugene Smith, den Sie auch einmal porträtiert haben. Häufig werden Sie im Zusammenhang mit Robert Frank erwähnt. Haben Smith oder Frank Sie beeinflusst?
LC: Smith vielleicht. Vor allem seine Art, lang an einem Thema zu arbeiten, um zum Kern einer Sache vorzustoßen. Das war natürlich schwierig bei einem wöchentlichen Magazin wie *Life*. Roberts Arbeit kannte ich damals nicht. Vielleicht das eine oder andere Bild eines seiner vielen Epigonen. Die meisten Fotografen haben ja von ihm gelernt. Es war ja auch die Zeit eines Garry Winogrand. Sie alle waren ziemlich sauer. Da kam einer über Nacht mit einem Buch und stahl ihnen die Show. Letztlich verdanken wir Robert Frank viel.
HMK: In seiner kritischen Geschichte der amerikanischen Fotografie hat Sie Jonathan Greene als „photographic primitive" bezeichnet. Welche Rolle spielt die fotografische Technik für Sie?
LC: Als ich noch Babys fotografierte, musste ich natürlich dafür sorgen, dass sie gut aussahen. Wenn man das nicht schaffte, wurde man die Bilder nicht los. Ich war also durchaus fähig, den entscheidenden Augenblick zu erfassen. Ich konnte Leute wie Filmstars ausse-

hen lassen. Gleichzeitig war ich in der Lage, meine persönliche Sicht einzubringen. Vor allem das Licht spielt eine große Rolle. Licht und Emotion. Heute ist das anders. Da wird geblitzt, fürchterlich.

HMK: Das heißt, Sie vertrauen auf verfügbares Licht, eine natürliche Atmosphäre, um einen sozialen Kosmos zu ergründen.

LC: Worum es mir geht, ist, diese Leute als menschliche Wesen darzustellen. So soll sie der Betrachter sehen. Sie sind anders, vielleicht. Nicht Leute, wie man sie für gewöhnlich kennt. Aber doch Menschen und keine Freaks. Heutzutage fotografiert man Junkies möglichst hässlich. Da kann man dann hinsehen und sich sagen, das hat nichts mit mir zu tun. Ich zwinge die Leute, diese Menschen als Menschen wahrzunehmen.

HMK: Ihr zweites Buch *Teenage Lust* kam rund zehn Jahre später heraus. Eine lange Zeit. Was haben Sie dazwischen gemacht?

LC: Nun, ich habe fotografiert. Bin mit dem Gesetz in Konflikt geraten. Und habe am Ende *Teenage Lust* konzipiert. Eher eine Art Scrapbook mit Bildern auch aus Tulsa, die aber nicht in *Tulsa* veröffentlicht worden waren. Der Grund: Ich wollte in *Tulsa* keine Bilder haben, in denen Leute in die Kamera schauen. Das Buch ist ja wie ein Film. Und wenn da plötzlich jemand in die Kamera schaut, geht die Illusion von Film verloren.

HMK: Bei *Teenage Lust* wurden Sie zum Selbstverleger. Warum?

LC: Das hatte mit der Zensur zu tun. Zunächst wollte Aperture das Buch verlegen. Ein berühmter Anwalt, der übrigens auch für den *Playboy* arbeitete, ging das Buch Punkt für Punkt durch. Am Ende blieb ein kritisches Foto übrig. Sie sagten: „Nimm das Foto raus, und wir verlegen das Buch." Ich sagte: „Fuck you. Nichts wird herausgenommen." Und dann machte ich es selbst.

HMK: Sie haben hoffentlich einen guten Vorrat an diesen heute gesuchten Titeln.

LC: Überhaupt nicht. Ich habe nichts.

HMK: Was lässt sich zur Auflage sagen?

LC: Die erste Paperback-Ausgabe von *Tulsa* bewegte sich um 2 700 Exemplare. Die gebundene Version zehn Jahre später kam auf 3 000 Exemplare. Auch *Teenage Lust* lag bei 3 000. Dieses Buch habe ich dann aber nicht mehr aufgelegt. Ich wollte mich nicht auf meinen Lorbeeren ausruhen. Ich schaue nach vorn. Habe Filme gemacht, male. Ich lebe in der Gegenwart.

HMK: Ein drittes wichtiges Buch erschien dann 1993 bei Scalo. Haben Sie *The Perfect Childhood* mit Walter Keller gemeinsam konzipiert?

LC: Nein, das war mein Werk. Ursprünglich sollte das ein Buch mit Collagen werden. Irgendwie ist es dann das geworden, was es ist. Es ist nicht unbedingt mein liebstes Buch.

HMK: Fotografie, Malerei, Film – würden Sie widersprechen, wenn man Sie als multimedial interessierten Künstler bezeichnen würde?

LC: Keineswegs. Ich verstehe mich als Künstler. Als es für mich darum ging, in New York eine Galerie zu finden, habe ich mich von Anfang an gegen die Idee einer Fotogalerie gewehrt. Ich möchte mit anderen Künstlern, mit Malern, mit Bildhauern zusammensein. Ich gehöre auch nicht zu denen, die mit anderen Fotografen herumhängen und über Fotografie reden.

HMK: Und das Filmemachen, wann haben Sie damit angefangen?

LC: Meinen ersten Film *Kids* habe ich 1994 gemacht. Das hat so lange gedauert, weil man doch einiges an Geld braucht, um einen Film zu drehen.

HMK: Und was lässt sich inhaltlich über den Film sagen?

LC: Alles, was ich bis dahin gemacht hatte, war mehr oder weniger autobiografisch. Jetzt wollte ich einen Film machen über eine Welt, die ich nicht kannte. Skateboarders fand ich aufregend, ein bisschen wie Punk. Ziemlich wütend, aggressiv. Das Skateboard ist ein Medium, um sich zu wehren. Am Leben zu bleiben. Ein Ausdrucksmittel. Viele dieser jungen Leute kommen aus prekären Verhältnissen. Also, ich fand das faszinierend. Ich fand Zugang zu den Kids. Ich lernte Skateboard-Fahren, was mit 48 keine leichte Sache ist. Aber einen Film über Skaters kann man nicht aus dem Stand drehen. Also lernte ich zu skaten und dabei auch noch eine Kamera zu halten.

HMK: Wie viele Filme haben Sie gemacht?

LC: Insgesamt neun Features und vier oder fünf Kurzfilme. Der aktuelle mit dem Titel *The Smell of Us* hat in diesen Tagen Deutschlandpremiere.

HMK: Darüber hinaus stellen Sie Tafelbilder aus. Wann haben Sie zu malen begonnen?
LC: Ich wollte immer schon malen. Ich habe mir nur nie Zeit dafür genommen. Aber nach dem Film 2013 brauchte ich eine Auszeit. Das Filmemachen geht wirklich an die Substanz. Ich habe es mit Meditation versucht. Aber das ist nichts für mich. Also verstehe ich das Malen als eine Art Meditation. Die weiße Leinwand als ein großes Nichts, in das man eine ganze Welt packen kann. Begonnen habe ich mit Porträts. Und dann entdeckte ich den Hintergrund. Aus den Hintergründen wurden Abstraktionen. Ich mag das. Für mich ein ganz natürlicher Prozess.

Um uns herum: Fotografie und Malerei aus vier Jahrzehnten. Galerist Karl Pfefferle hatte gerade eine vielbeachtete Ausstellung mit Arbeiten von Larry Clark eröffnet und nun dankenswerterweise seine Räume im Münchner Glockenbachviertel für das Gespräch zur Verfügung gestellt. Danach noch zwei, drei Fotos, stehend vor den Werken. Mai 2015.

Erstveröffentlichung in *Photo International*, Nr. 4, 2015

„Gemessen an dem, was Modefotografie bis dahin beinhaltet hatte, war das Ergebnis ein Schock und zugleich eine Offenbarung."
Thierry-Maxime Loriot über Peter Lindbergh

Peter Lindbergh

1944 Lissa, Polen –
2019 Paris, Frankreich

Ein anderer Blick auf die Mode
Peter Lindbergh in München

Zugespitzt könnte man formulieren: Peter Lindbergh hat weniger Mode fotografiert, als Lebensgefühl auf Film gebannt. In der Summe ist sein Werk eine große Erzählung, die nicht von Nähten und Knöpfen handelt, sondern von Emotionen, von Stimmungen, von einer großen Lust auf Welt. Ab Mitte April [2017] *hat ihm die Kunsthalle der Hypo-Kulturstiftung in München eine umfangreiche Werkschau eingerichtet.*

Wir schreiben 1988 und denken uns an den Strand von Malibu, Kalifornien, USA. Sechs junge Frauen hat Fotograf Peter Lindbergh – umgangssprachlich könnte man sagen: zusammengetrommelt, aber das trifft es natürlich nicht. Korrekt müsste es lauten: für teuer Geld einfliegen lassen, um „White Shirts" zu inszenieren. Weiße Männerhemden hätte man auch billiger haben können. Und dass die späteren Supermodels nicht wirklich frisiert, geschminkt, gestylt auftreten, ist ebenfalls nicht die Norm. Wohlgemerkt: Wir sprechen von Estelle Lefébure, Karen Alexander, Rachel Williams, Linda Evangelista, Tatjana Patitz und Christy Turlington. Vom Strand von Malibu sieht man auf dem entstehenden Foto praktisch nichts. Erinnern wir uns. Hoyningen-Huene hatte für sein berühmtes Bademodenbild von 1930 ein schlichtes Brett aufgelegt und der Studiowand einen womöglich grauen Strich verordnet. So geht es natürlich auch, wenn man Schwimmern eine am Art Déco geschulte kühle Eleganz verordnen will.

Aber kühle Eleganz ist nicht das Ziel des Fotografen Peter Lindbergh. Was er sucht und übermitteln will, ist unbeschwerte Lebensfreude, ist Spaß, ist Spiel, gewürzt mit einem Hauch Erotik. Und da braucht es dann vielleicht doch den Strand, das Salz, die leichte Brise. Eher eine Nebenrolle spielt die Mode, aber das ist der Witz: Indem er sie zurücknimmt, betont Peter Lindbergh ihre Prominenz. Ja, sagt uns das Bild: So ein Männerhemd will ich auch, weil ich ungezwungen sein, genießen, leben will.

„Don't bite the hand that feeds you", war so etwas wie der Leitspruch Helmut Newtons, „Man beißt nicht die Hand, die einen füttert." Helmut Newton, soviel ist bekannt, war kein Modefotograf aus Leidenschaft. Aufgeblüht ist er in seinen freien Arbeiten, da wo er seine Models im Nachklapp noch rasch für seine erotischen Phantasien nutzen konnte. Erst als er berühmt genug war, um auch seinen Auftragsarbeiten einen Schuss Frivolität zu verordnen, fühlte er sich halbwegs wohl. Und das ist denn auch der Unterschied. Peter Lindbergh ist von Anfang an kompromisslos einen eigenen Weg gegangen. Freilich, und da hinkt der Vergleich mit Helmut Newton: Newton kam aus einer anderen Zeit. Newton hatte im Exil wichtige Jahre verloren. Mit etwas Verspätung betrat er die internationale Bühne, und jetzt musste es schnell gehen, Zugeständnisse inbegriffen. Lindbergh war da entspannter. Man könnte sagen: Schlendernd begab sich der Weltenbummler, der gelernte Schaufenstergestalter, Maler und Van-Gogh-Verehrer auf das Terrain der Modeinterpretation. Eine Art Novize, ein klassischer Amateur, der einiges falsch gemacht und genau deshalb den Nerv der Dekade getroffen hat – ein Genie, mit allerdings etwas Zeitversatz erkannt.

Schock und Offenbarung

Tatsächlich hat die Geschichte mit den Männerhemden einen Vor- und einen Nachspann, den uns Thierry-Maxime Loriot in dem wunderbaren Taschen-Band *A Different Vision on Fashion Photography* nicht vorenthält: Im Januar 1988 sei Peter Lindbergh mit Linda Evangelista, Karen Alexander, Christy Turlington und den anderen Models an den Strand von Santa Monica gefahren. „Die Moderedakteurin Carlyne Cerf de Dudzeele sollte auf seinen Wunsch hin nur weiße Hemden mitbringen, keine Mode mit Wiedererkennungswert. Gemessen an dem, was Modefotografie bis dahin beinhaltet hatte, war das Ergebnis ein Schock und zugleich eine Offenbarung." Denn, so Loriot, „das Bild zeigte die Models (die damals einer größeren Öffentlichkeit noch kaum bekannt waren) kichernd am Strand, alle in weißen Hemden und praktisch ungeschminkt, und das Foto war in der Nachbearbeitung nicht retuschiert worden. Von der amerikanischen *Vogue* wurde das Bild zunächst abgelehnt, da man meinte, es spiegele die damalige Ausrichtung des Magazins nicht wider." Also reichte Peter Lindbergh die Aufnahme an die britische *Vogue* unter Liz Tilberis weiter, damals Chefredakteurin des mutigeren Schwesterblatts, die die Aufnahme für die Oktobernummer buchte. Rückblickend war dies so etwas wie der eigentliche Beginn der Karriere des nicht mehr ganz jungen Peter Lindbergh. Der hatte bereits im *Stern* 1978 veröffentlicht und etwas früher noch in der von Willy Fleckhaus gestalterisch verantworteten Zeitschrift *Mode und Wohnen*. Aber *White Shirts*, auf dem Feld der Mode längst als „wichtigstes Bild der 1980er Jahre" anerkannt, war dann doch der wirkliche Startschuss zu einer Weltkarriere und, kulturgeschichtlich gesehen, Auftakt zu einer neuen Sicht auf Mode und Schönheit.

A Different Vision on Fashion Photography. Ja, der Titel der jüngst erschienenen Taschen-Monografie trifft es perfekt. Von Anfang an und ohne Zugeständnisse zu machen, ist Peter Lindbergh einer anderen, seiner persönlichen Vision gefolgt. Dass er dabei seine Wiege nicht geleugnet hat, zählt zu den weiteren Besonderheiten dieses Fotografen, der wie wenige den Spagat zwischen Auftrag und Autorenschaft bewältigt hat. Lindbergh blieb immer Lindbergh, in besonderer Weise inspiriert vom Expressionismus, jener gern auch düsteren deutschen Avantgarde um 1930. „Ich begann, die Film- und Kunstavantgarde zu entdecken", rekapituliert Lindbergh seine Berliner Zeit ab 1962. „Filme wie Fritz Langs *Metropolis* und Josef von Sternbergs *Blauer Engel* mit Marlene Dietrich, das Berlin der 1920er und 30er Jahre. Die Beschäftigung mit Stücken von Bertolt Brecht und der Musik von Kurt Weill, aber auch mit Malern wie Max Beckmann, George Grosz und Otto Dix, Kurt Schwitters und den Dadaisten, hinterließ einen tiefen Eindruck in mir."

Unverfälschte Schönheit

Metropolis war schwarz-weiß. *Der blaue Engel* war schwarz-weiß. Das Kino der 1920er Jahre war schwarz-weiß. Und auch die Modefotografie von Peter Lindbergh ist – von Ausnahmen abgesehen – konsequent schwarz-weiß geblieben. Dies im Verein mit einer nonchalanten Inszenierungskunst und dem Beharren auf einem neuen Frauenbild macht das Besondere der Fotografie von Peter Lindbergh aus. Noch einmal Thierry-Maxime Loriot: „Er bevorzugt kaum geschminkte Gesichter und schlichtes Haarstyling, alles so zurückgenommen, dass die Authentizität und natürliche Schönheit der Frauen, die er fotografiert, dadurch unterstrichen werden. In verschiedenen Fotostrecken wie *Supermodels Supernatural* (2009) und *Stars Without Make-Up* (2009) fängt er die unverfälschte Schönheit seiner Models ohne jeden Kunstgriff ein. In der Überzeugung, dass Spuren des Alters ein Gesicht interessanter machen, veränderte er die in der Modefotografie zu Zeiten exzessiver Retusche gültigen Standards drastisch."

Längst zählt der 1944 in Lissa geborene, in Duisburg aufgewachsene, heute in Paris, New York und im südlichen Arles lebende Peter Lindbergh zu den weltweit führenden Modeinterpreten, und mit Sicherheit ist er neben Paolo Roversi der interessanteste und eigenwilligste. Wie kein Zweiter hat er in den letzten vier Jahrzehnten sowohl das Genre wie auch das durch die Medien vermittelte Frauenbild revolutioniert. Es heißt, er habe das Supermodel erfunden. Zugleich hat er der Vorstellung von Schönheit oder Aura eine neue Richtung gewiesen. Sieht man die Gattung Modefotografie in einem zivilisationsgeschichtlichen Kontext, ist er vielleicht der wichtigste Modefotograf der zweiten Hälfte des 20. Jahrhunderts mit zahllosen Auftritten in praktisch der gesamten Modepresse. Dass seine Bildfindungen dann auch noch im Buch oder an der Museumswand bestehen, ohne im Repetitiv zu langweilen oder zu ermüden, unterstreicht die fast schon zeitlose Qualität seiner Bilder. Modefotos – natürlich und zugleich nicht ohne Glamour, sinnlich und nicht ohne Witz, mitunter geheimnisvoll und frech zugleich, dichter am Leben als an dem, was man Mode nennt: Das muss man erst mal hinbekommen.

Anlässlich der Ausstellung *Peter Lindbergh – From Fashion to Reality* vom 13. April bis 27. August 2017 in der Kunsthalle der Hypo-Kulturstiftung, München. Erstveröffentlichung in *Photo International* Nr. 3, 2017

„Unschärfe ist ein Stück Freiheit mehr. Was scharf abgebildet ist, wird deswegen nicht unbedingt präziser wahrgenommen."

Paolo Roversi

1947, Ravenna, Italien –
Lebt in Paris, Frankreich

Ich liebe den Zufall

Ein Gespräch mit Paolo Roversi, italienischer Modefotograf mit Studio in Paris

Natürlich lebt und arbeitet er in Paris. Natürlich, möchte man sagen. Obwohl das gar nicht so selbstverständlich ist für jemanden aus der italienischen Provinz, der ohne Beziehungen an die Seine wechselt, ausgerüstet allenfalls mit der vagen Vorstellung, sein Glück in der Fotografie zu suchen. Mittlerweile zählt Paolo Roversi zu den „etablierten", zugleich innovativsten Modeinterpreten unserer Zeit. Müßig, die Namen seiner zahllosen Kunden in Editorial und Werbung aufzuzählen: Von Elle bis Marie Claire, von Christian Dior bis Yohji Yamamoto. Die US-Vogue vielleicht ausgenommen. Für sie soll Roversi – einige Jahre ist das her – Wäsche fotografieren. In New York wartet man dringend auf die Sendung aus Paris. Als diese endlich eintrifft, findet sich in dem Umschlag lediglich eine Musikkassette und ein knapper Brief des Fotografen an die Chefredakteurin, Anna Wintour. Die ganze Nacht in der Dunkelkammer, so die entschuldigenden Zeilen, habe er diese italienische Lautenmusik gehört und am Ende festgestellt, dass sie entschieden besser sei als seine Bilder. Daher in der Anlage „the tape, with the hopes that she would like it as much as him." Roversi, hat Modekenner Martin Harrison es einmal auf den Punkt gebracht, könne schwierig sein. „But you can't be as good as he is without being deeply committed to your art."

Hans-Michael Koetzle: Paolo Roversi, können Sie zunächst etwas über Ihre fotografischen Anfänge sagen? Es heißt, Michelangelo Antonionis legendärer Film *Blow up* hätte Sie für das Medium begeistert.

Paolo Roversi: *Blow up* war sicher wichtig, aber nicht alles. Es gab Freundschaften. Wichtige Freundschaften. Etwa mit einem Postbeamten in meiner Heimatstadt Ravenna. Ein leidenschaftlicher Fotograf, der mir regelmäßig seine Bilder zeigte. Er suchte einen Raum, um sich ein Labor einzurichten. Ich bot ihm meinen Keller an, wo wir dann gemeinsam unsere Vergrößerungen machten. Ich habe viel von ihm gelernt.

HMK: Sie selbst haben was fotografiert?
PR: Ich erinnere mich an eine Spanien-Reise. Ein Onkel hatte mir seine Leica geliehen. Auf dieser Reise sind viele Bilder entstanden. Daheim wurden sie dann entwickelt und vergrößert. Also, es war eine Reihe von Dingen, die mich zur Fotografie gebracht haben. Auch Bücher gehörten dazu. Eines der ersten Fotobücher, die ich für mich entdeckte, war *Un Paese* von Paul Strand und Cesare Zavattini. Irving Penn war wichtig mit seinem Buch *Momenti*. Ich entdeckte David Hamilton, damals einer der großen und viel publizierten Fotografen. Ein ziemlicher Schock waren die Arbeiten von Diane Arbus. Auch die Bilder von Henri Cartier-Bresson habe ich mir damals angesehen.
HMK: Und der Einfluss von Zeitschriften?
PR: Richtig. Da waren zum Beispiel *twen* oder die englische Zeitschrift *Nova*. Ich habe alle möglichen Zeitschriften gelesen. Das hat mich anfangs stark beeinflusst. Was ich an Bildern sah, an neuen Techniken entdeckte, wurde sofort erprobt. Da war ich wie vermutlich alle jungen Fotografen.
HMK: Und Einflüsse der italienischen Malerei, gab es die?
PR: Absolut. Allerdings bin ich mir dieser Tatsache erst sehr viel später bewusst geworden. Mein Hang zu vergleichsweise schlichten Kompositionen, einfachen Hintergründen, zu Klarheit und Ausgewogenheit, das verdanke ich zweifellos der klassisch-religiösen Ikonografie.
HMK: Sie erwähnten Irving Penn als Vorbild. Heißt das, dass Sie schon früh die Idee verfolgten, einmal Modefotograf zu werden?
PR: Überhaupt nicht. Mein Ideal war Magnum mit Fotografen wie Capa, Bischof oder Chim. Tatsächlich habe ich ja auch als Bildjournalist begonnen. Als ich 1973 nach Paris kam, arbeitete ich zunächst für eine Fotoagentur. Leider nicht Magnum, sondern Hupert, eine kleine Agentur, die ein paar Jahre später eingegangen ist. Für sie habe ich kleinere Ereignisse oder Prominente aus Film oder Politik fotografiert. Zur Mode bin ich eher zufällig gekommen – obwohl, wie gesagt, Blow up meine erste prägende Begegnung mit der Fotografie gewesen ist.

HMK: Für Paris haben Sie sich entschieden, weil die Stadt als „Hauptstadt der Fotografie" gilt?
PR: Freunde hatten mir von Paris vorgeschwärmt, und was soll ich sagen: Als junger Italiener aus der Provinz nach Paris zu kommen, das ist schon ein Traum. Ich fand Arbeit, machte wichtige Bekanntschaften, hatte großes Glück. Und so bin ich geblieben. Paris ist mir zur zweiten Heimat geworden.
HMK: Und wie sind Sie nun zur Modefotografie gekommen?
PR: Ich kannte Stylisten, Leute aus der Modeszene. Über sie lernte ich den damals sehr gefragten englischen Modefotografen Laurence Sackman kennen und wurde dessen Assistent. So läuft das ja meistens: Man wird Assistent bei einem großen Fotografen und bleibt im Milieu.
HMK: Aber der Wechsel vom Fotojournalismus zur Modefotografie – ist das nicht ein etwas heftiger Bruch?
PR: Ich bin nicht der Meinung, dass es in der Fotografie klare Gattungsgrenzen gibt. Ich denke, seine Art zu arbeiten kann man hier wie dort einsetzen. Worauf es ankommt, ist der Blick. Natürlich wird man sich spezialisieren. Aber seine Art, sich auszudrücken, wird man deswegen nicht verleugnen müssen.
HMK: Und doch gibt es Unterschiede zwischen Fashion und Reportage.
PR: Es gibt viele Unterschiede. Modefotografie entsteht im Team. Der Fotojournalist arbeitet allein. Modefotos werden im Studio gemacht, wobei „draußen" ja auch nichts anderes als eine Art von Studio ist. Modefotos sind inszeniert, während sich der Bildjournalist bemüht, möglichst wenig zu intervenieren. Modefotografie ist immer Auftragsfotografie. Kommerziell ist nicht das Wort, denn auch ein journalistisches Foto, das über Agenturen an die Presse geht, ist kommerziell. Der wesentliche Unterschied liegt in der Konstruktion: Das Modefoto ist Theater, das Ergebnis einer Imagination. Das journalistische Foto hingegen reagiert auf die Realität. Wobei zu sagen wäre, dass häufig im Theater mehr Wahrheit aufgehoben ist als in der Wirklichkeit.
HMK: Ihre ersten Modefotos sind wo erschienen?

PR: Mein erstes Modefoto hatte ich in *Dépêche mode*. Danach in *Elle* und 20 *ans*. Zunächst also in französischen Zeitschriften.
HMK: Ist es wichtig, um in der Modefotografie Fuß zu fassen, rasch zu einem unverwechselbaren Bildstil zu gelangen?
PR: Stil ist keine Sache, die man programmieren kann. Man geht nicht hin und sagt: Ab jetzt werde ich so und so fotografieren. Als junger Fotograf sollte man sein Medium zunächst als sehr persönliches Ausdrucksmittel begreifen. Man sollte so spontan und ehrlich wie möglich agieren. Sich seinen Phantasien, Erinnerungen, Träumen hingeben. Dann kommt der Stil ganz allein.
HMK: Nun ist die Modefotografie, wie gesagt, Fotografie im Auftrag mit häufig präzisen Forderungen. So hatte Lillian Bassman in den 1940er und 50er Jahren die klare Weisung, Nähte und Knöpfe möglichst präzise abzubilden. Mit anderen Worten: Welche Freiheiten hat der Modefotograf heute?
PR: Seit Lillian Bassman sind ja nun doch einige Jahre vergangen, und die Modefotografie hat sich ohne Frage weiterentwickelt. Damals war das Modefoto dabei, die Zeichnung zu ersetzen, mit der Kundinnen zum Schneider gingen, um bestimmte Modelle nacharbeiten zu lassen. Inzwischen haben Fotografen wie Guy Bourdin, Helmut Newton, Avedon oder Penn der Modefotografie neue Dimensionen eröffnet. Es geht gar nicht mehr in erster Linie um die Kleidung. Es geht um Frauen, die die Mode tragen. Um Ausstrahlung, einen bestimmten „Look". Mode kann heute alles sein. In diesem Zusammenhang hat sich auch die Modefotografie in gewisser Weise befreit.
HMK: Und ist selbst, mehr denn je, „Mode" geworden.
PR: Sehr richtig. Das Schlimmste, was einem Modefotografen heute passieren kann, ist, aus der Mode zu kommen: sozusagen das Gegenteil vom Ziel der Operation. Noch in den 1940er und 50er Jahren konnte man ein und denselben „Look" über längere Zeit durchhalten. Heute braucht es alle drei Monate neue Gesichter, neue Frisuren, ein neues Make-up. Anderenfalls heißt es: Ach, das gab es doch schon, das kennen wir doch schon etc.
HMK: Sie erwähnten Avedon und Penn, die ja sehr enge Beziehun-

gen zu ihren jeweiligen Art Directors hatte... Gab oder gibt es für Sie eine ähnlich wichtige und fruchtbare Zusammenarbeit?
PR: Vielleicht nicht mit einem einzigen Art Director. Aber ich hatte doch mehrere wichtige Begegnungen, die mir weitergeholfen haben. Es ist immer schwierig für einen Fotografen, seine eigene Arbeit richtig einzuschätzen. Deshalb ist Kritik von außen ungeheuer wichtig.
HMK: Wie würden Sie selbst Ihren Ansatz, Ihre Ästhetik, Ihren Platz in der gegenwärtigen Modefotografie bescheiben?
PR: Von anderen werde ich gelegentlich als Paradox beschrieben: als im Grunde klassisch arbeitender Fotograf, der sich unentwegt auf die Suche nach dem Neuen macht. Ich selbst halte mich für eine romantische Natur, zugleich dem Experiment gegenüber aufgeschlossen. Mitunter werde ich mit Erwin Blumenfeld verglichen, was natürlich schmeichelt. Ich selber tue mir schwer, eine griffige Definition finden.
HMK: Sie sagen ein „klassischer Fotograf", was ja wohl auch für Ihr Handwerkszeug gilt.
PR: Absolut. Ich liebe die Leica M. Im Kleinbildbereich ist sie meine Kamera. Daneben besitze ich eine Rolleiflex 6 × 6. Eine Linhof 9 × 12. Und eine ältere Holzkamera für das Großbild. Auch was das Licht betrifft, bin ich eher klassisch orientiert. Seit 20, 25 Jahren benutze ich ausschließlich Warmstrahler oder Tageslicht. Wobei ich hier sehr undogmatisch, also gar nicht „klassisch" arbeite.
HMK: Das heißt?
PR: Ich liebe den Zufall, das Unvorhergesehene. Ich glaube an das Mystische in der Fotografie. Dass die Kamera vieles enthüllen kann, was man sieht oder nicht, was da ist oder nicht. Deshalb arbeite ich grundsätzlich mit offener Blende und langen Belichtungszeiten. Bei der Leica zwischen 1 und 1/15 Sekunde, was kein Problem ist, weil sie gut in der Hand liegt und erschütterungsfrei auslöst. Ich sage immer: Lange Zeiten geben der Seele Gelegenheit, sich einzufinden.
HMK: Und die Großbildkamera?
PR: Benutze ich wie die Leica. Schnell und spontan. Am liebsten würde ich aus der Hand fotografieren. Aber dazu ist sie zu schwer.

Aber es bleibt bei einem leichten Stativ, das mir zügiges Arbeiten erlaubt.

HMK: Wann und wie entscheiden Sie, welche Kamera Sie benutzen?

PR: Da gibt es keine wirkliche Logik. Es ist wie in der Kunst. Mal hat man Lust, mit dem Pinsel zu arbeiten, mal mit Kreide oder Pastell. Das hat viel mit Gefühlen zu tun, mit Stimmungen. Wie gesagt: Ich liebe das Spontane.

HMK: Die Unschärfe: Welche Rolle spielt sie in Ihrem ästhetischen Kosmos?

PR: Oh, eine ganz erhebliche. Sie ist Teil der von mir gewollten Abwesenheit von Logik, Präzision, von Regeln aller Art. Schärfe ist nicht wichtig. Im Gegenteil finde ich: Unschärfe ist ein Stück Freiheit mehr. Was scharf abgebildet ist, wird deswegen nicht unbedingt präziser wahrgenommen. Außerdem transportiert die Unschärfe wesentlich besser Emotionen. Sie hat mehr Sinnlichkeit, mehr Parfum. Das ist die reine Poesie.

HMK: Ihre Leica benutzen Sie auch im Studio?

PR: Ja, auch im Studio.

HMK: Und dort arbeiten Sie mit welchen Objektiven?

PR: Ich schätze das 35-mm-SUMMILUX-M sehr. Aber ich arbeite selten mit dem Weitwinkel. Ich versuche, meine Sujets eng zu fassen. Im Studio sind daher das 50-mm-NOCTILUX-M und das 75-mm-SUMMILUX-M die Brennweiten meiner Wahl.

HMK: Sie verwenden gern Polaroid-Material?

PR: Viel, ja. Vor allem beim Großbild. Aber auch bei meiner Leica benutze ich Polaroid-Kleinbildfilm. Außerdem Schwarz-Weiß- und Farbnegativmaterial.

HMK: Ihr neues, demnächst erscheinendes Buch trägt den Titel *Studio*. Was darf man erwarten?

PR: Also, sicher keine Retrospektive im engeren Sinne. Es ist eher eine lockere Sammlung von Arbeiten aus den letzten Jahren. Bilder und Gedanken kreisen um das Thema Studio – nicht zuletzt der Ort, an dem ich die meiste Zeit verbringe.

Weit ist es nicht von der Métrostation zu Paolo Roversis Pariser Studio „Luce" in der rue Paul Fort. Ein aufgeräumter Vorraum bildet die Kulisse für ein ausführliches Interview. Vielleicht ist ja der gebürtige Italiener der Intellektuelle unter den zeitgenössischen Modefotografen, jedenfalls einer, der Fotobücher nicht nur sammelt, sondern das Gesehene und Gelesene auch fortwährend reflektiert. Februar 2003.

Erstveröffentlichung in *Leica World*, Nr. 1, 2003

„Im Grunde hat uns die Prägung durch die Klassiker auf die Spur gebracht."

Rudi Meisel

1949 Wilhelmshaven, Deutschland –
Lebt in Berlin, Deutschland

Landsleute eben
Zum Deutschland-Bild des Fotografen Rudi Meisel

Immer wieder im Jahrzehnt vor dem Fall der Berliner Mauer war Rudi Meisel in der DDR. Stets im Auftrag des wöchentlichen ZEIT-*magazins*. Stets mit begrenztem Zeitbudget – eine Woche bis zehn Tage. Und immer in Begleitung der Wortjournalistin Marlies Menge, die für den flankierenden Text zu sorgen hatte. Meisel durfte sich sicher sein: Seine Bilder würden gedruckt, die Geschichten gelesen, seine Aufnahmen buchstäblich ein Millionenpublikum erreichen. Gleichzeitig konnte der fotografierende Autor nicht zufrieden sein. Nicht mit der finalen Bildauswahl, auf die er keinen Einfluss hatte. Nicht mit dem Layout der Geschichten. Vor allem die konkurrierenden, über die Seiten verteilten Anzeigen, mal ganzseitig, mal halbseitig oder spaltenbreit, traten in bisweilen zynische Konkurrenz zu seinen Bildern, deren mitunter subtile Botschaft sich gegen die vollmundigen Sprüche der Reklame zu behaupten hatten.

Keine Frage: Der *Stern* oder das 1976 mit Aplomb aus der Taufe gehobene, viel beachtete, apfelgrüne *Geo* hätten seine visuelle Ernte mit mehr Respekt behandelt. Wenn schon, dann groß, großzügig, besser gedruckt, näher am Portfolio als am bebilderten Reisebericht. Aber hätten die Dickschiffe unter den westdeutschen Magazinen ihren freien Mitarbeiter über ein Jahrzehnt immer wieder in den Osten geschickt? In lockerer Folge und über die Jahre verteilt seine bewusst inaktuellen, dem tagespolitischen Diskurs entzogenen An- und Einsichten publiziert? Sicher ist: Auf geradezu paradoxe Weise haben Verlag und Redaktion der *Zeit* bzw. ihres Magazins einen Schatz gehoben und ihn gleichzeitig versenkt.

Rudi Meisel sollte fotografieren. Aber seine Bilder wurden nicht als Bilder gesehen, sondern als Illustrationen missverstanden, als visuelle Begleitmusik zu einem Text, der einem westdeutschen Publikum ein anderes Deutschland näher bringen sollte. Aber vielleicht war die Zeit noch nicht reif für eine Lektüre der anderen Art, die DDR noch zu lebendig und präsent. Und Meisels Blick auf das ebenso nahe wie ferne Land zu subtil, um in seiner formalen wie geschichtshaltigen Qualität dechiffriert zu werden.

Von Rudi Meisel, 1949 in Wilhelmshaven geboren, in Osnabrück aufgewachsen, geistig im Ruhrgebiet zu Hause, könnte man sagen, er sei ein unterschätzter Fotograf. Gewiss, er hat viel publiziert. Lang ist die Liste der auch internationalen Zeitschriften und Magazine, in denen er veröffentlicht hat. *Spiegel, Stern, Merian, Newsweek, Time, Economist* oder *Wirtschaftswoche* gehörten ebenso zu seinen Kunden wie mittlerweile eingestellte, immerhin engagiert gemachte Blätter wie *Publik* oder *Kontraste*. Meisel hat, zusammen mit Gerd Ludwig und André Gelpke, *Visum* gegründet – Deutschlands dienstälteste Agentur oder sollte man besser sagen: Fotografen-Kooperative. Er war an wichtigen Gruppenausstellungen beteiligt. Erinnert sei an die von Ute Eskildsen kuratierte Ausstellung *Endlich so wie überall? Bilder und Texte aus dem Ruhrgebiet.*[1] Oder die von Thilo Koenig ebenfalls für das Museum Folkwang besorgte Schau *Otto Steinert und Schüler. Fotografie und Ausbildung 1948 bis 1978* mit Namen wie Kilian Breier, Wolfgang Haut, Arno Jansen, Guido Mangold, Timm Rautert oder Walter Vogel.[2]

Und schließlich: Meisel hat Bücher gemacht. Eines über den *Reichstag und seine Verwandlung*[3], das aber letztlich ebenso wenig die Gnade des selbstkritischen Autors fand wie ein 1979 im Münchner Hanser Verlag erschienener Titel mit Bildern aus der DDR. Immerhin enthielt *Städte, die keiner mehr kennt. Reportagen aus der DDR*[4] einige seiner wichtigeren Motive, auch wenn man die Bilder in Farbe und Schwarz-Weiß mehr oder minder willkürlich über die Seiten verteilt hatte und das Ganze eher wie ein Reader wirkte. Also kein wirklich durchdachtes Fotobuch. Kein visuelles Statement. Nicht das gedruckte Credo eines selbstbewussten Autors. Wer seinerzeit das Buch im Buchhandel gesucht hat, dürfte unter „Geografie", „Reisen" oder „Osteuropa" fündig geworden sein. Immerhin, um die Sache positiv zu kehren, hatte die Magazinarbeit Rudi Meisel in die Lage versetzt, auf annähernd subversive Weise das zu praktizieren, was schon Henri Cartier-Bresson getan hatte: Nämlich den Auftrag zum Selbstauftrag zu machen. Für die Zeitschrift zu fotografieren, aber eigentlich für sich selbst. Das Foto als Bild zu denken und die Bilder insgesamt als Statement, auch wenn zunächst nicht klar war, worauf das Ganze hinauslaufen würde.

Rudi Meisel ist kein konzeptioneller Fotograf, wenn damit gemeint sein soll, dass sich jemand eine Agenda zurechtlegt, um diese dann sklavisch abzuarbeiten. Meisel folgt dem Prinzip des klassischen Flaneurs. Immer wach. Immer neugierig und auf dem Quivive. Das klingt nicht wirklich zielorientiert im Sinne eines künstlerischen Plans. Aber man täusche sich nicht. Rudi Meisel hat früh seinen Standpunkt gefunden, der auch und vor allem ein geistiger war, also eine Haltung, eine Vorstellung, wie der Wirklichkeit zu begegnen, wie sie auf Film zu bannen sei.

Technische Parameter, also ein klares Bekenntnis zum Kleinbild, zu mittleren bis kurzen Brennweiten, zu Schwarz-Weiß als traditionellem Ausdrucksmittel spielen eine Rolle. Aber wichtiger ist ein konsequenter und konsequent durchgehaltener Verzicht auf alle Spekulation, auf den Zufall als Geburtshelfer einer vordergründigen Ästhetik. Verzicht auch auf gesuchte Standpunkte, verzerrende Perspektiven, taumelnde Horizonte. Verzicht auf eine am Schnappschuss geschulte Unzulänglichkeit, wie sie dann vor allem in den 1980er Jahren Mode geworden ist. Stattdessen klar gebaute, gestaltete Bilder. Entscheidende Augenblicke? In jedem Fall Aufnahmen, die das Karussell kurz und im entscheidenden Moment zum Stehen bringen.

Sich selbst versteht Rudi Meisel als Geschichtenerzähler. Geprägt sei er vom jüdischen Erzählkino Hollywoods. Aber seine Geschichten sind eher in einem subtilen Dazwischen angesiedelt. Was Meisel interessiert, ist nicht das Ereignis, sondern dessen Vorspann oder Nachhall. Leben bei ihm ist nicht Abenteuer, sondern Dasein – eine entschleunigte Welt. Im Übrigen liebt Rudi Meisel Fotografien, die ein Geheimnis bergen. Seine Aufnahmen sind nicht im engeren Sinne enigmatisch, aber doch so angelegt, dass man in ihnen auf Entdeckungsreise gehen kann. Auf den ersten Blick ist alles im Lot. Aber ist es das wirklich? Rudi Meisel geht es um Atmosphäre, um Strukturen, die sich immer wieder als unwirtlich, womöglich inhuman erweisen, um gebautes, institutionalisiertes Frösteln, wozu auch ein Möbel oder das Stragula am Boden zählen kann. Beim HO-Hotel *Fridolin* in Lauscha muss man ja nicht gleich an Republikflucht denken – ein entvölkertes Land. Es ist diese brav aufgestuhlte Tristesse, die unseren Blick fesselt, die nachhallt und letztlich dafür sorgt, dass ein spontan erfasstes, schlichtes Foto auch als Bild besteht.

Nicht die Ausnahme provoziert Rudi Meisels Aufmerksamkeit, sondern die Regel. Was seine Bilder definitiv nicht sind: offensichtlich. Und offensichtlich „künstlerisch“. Meisel entzieht sich auf entschiedene Weise allem, was die fotografische Postmoderne zelebriert. Seine Bilder, zumindest die seiner Wahl, folgen nicht dem allgemeinen Ruf nach „New Color“. Sie sind nicht inszeniert. Nicht selbstreflexiv oder medienkritisch im Sinne einer Kamerakunst, die mehr über sich selbst nachdenkt als über den Lauf der Welt. Und – sie sind nicht beschnitten, collagiert, wie auch immer manipuliert. Von wegen Photoshop.

Wohlgemerkt: Noch befinden wir uns im analogen Zeitalter, was auch einen eher überlegten und sparsamen Umgang mit dem Material bedeutet. Bei Meisel ist jedes Bild überlegt gebaut, im Sucher präzise komponiert. Meisel führt uns zurück zu einer Fotografie, die nicht zuletzt an den dokumentarischen Kern des Mediums glaubt. Die die Kamera gemäß ihrer technischen Qualitäten nutzt. Neugierig ist auf Leben. Das eigene Ego drosselt, um etwas über die Gesellschaft an ihren Rändern zu erzählen. Fotografie als Fotografie. Als Fotograf ist der heute in Berlin lebende Rudi Meisel konsequent einen, sagen wir, traditionellen Weg gegangen. Das heißt nicht, dass er stehengeblieben wäre. Er hat nur früh zu seiner Position gefunden.

„Art photography was on a pretty stringent diet for its first century and a half“, schreibt Vicki Goldberg in der Einleitung zu ihrem Essayband *Light Matters*, „but in the last quarter oft the twentieth century, photographs ate the art world, and then had trouble digesting it.“[5] Nüchterner formuliert: Die ersten beiden Drittel des 20. Jahrhunderts gehörten den Handwerkern. Das letzte den Künstlern oder jenen, die sich dafür hielten. Wer wie Rudi Meisel Mitte der 1970er Jahre als Fotostudent seinen Abschluss machte, stand vor einem Dilemma. Sollte man sich – ungeachtet der nicht mehr zu leugnenden Krise der Gattung – bildjournalistisch betätigen? Oder sollte man sich auf das Feld einer wie auch immer gearteten „Fotokunst" begeben?

So seltsam es klingt, Otto Steinert, nach dem Krieg maßgeblicher Vertreter einer subjektiven, also ästhetisch interessierten Fotografie und seit 1959 Professor an der Folkwangschule, scheint da keine Orientierung geboten zu haben. Er war Lehrer, aber er hat keine Schule begründet wie etwas später Bernd Becher im nahen Düsseldorf. Von 1969 bis 1975 studierte Rudi Meisel in Essen. Die Zeit erinnert er als hart. Anspruchsvoll die meist reportagehaften Themen. Eng der Zeitrahmen. Und dann eine eher apodiktische als erklärende Bildkritik. Nie habe man mit Steinert darüber gesprochen, warum ein Bild gelungen sei. „Er sagte nichts oder gut."[6] Rat und Orientierung holte man sich bei den Kommilitonen. Und bei einer – verglichen mit heute – bescheidenen Fotoliteratur.

Bereits als Schüler in Osnabrück hatte Karl Paweks *Weltausstellung der Photographie* bzw. der begleitende Katalog Eindruck auf Rudi Meisel gemacht.[7] Die von L. Fritz Gruber für die Kölner photokina besorgten Bilderschauen blieben nicht unbemerkt. Ebensowenig die von Otto Steinert für das Museum Folkwang organisierten Ausstellungen. Vor allem drei früh entdeckte und für teuer Geld gekaufte Bücher waren es, die Rudi Meisel zeigten, dass es neben der Reportage eine Art von subjektiver Reportage gab – „Personal Documentary", wie wir heute sagen würden. In diesem Sinne wegweisend wurden für Rudi Meisel Henri Cartier-Bresson und sein Bildband *Meine Welt*[8], Robert Frank und sein Buch *The Lines of My Hand*[9] und schließlich Bruce Davidson und sein Essay *East 100th Street*.[10] „Im Grunde", sagt Rudi Meisel, „hat uns die Prägung durch die Klassiker auf die Spur gebracht."[11]

Die späten 1960er und frühen 70er Jahre waren auch fotografisch eine Zeit des Umbruchs. Mehr und mehr öffneten die Museen dem Medium ihre Tore. Mit den Rencontres d'Arles machte ab 1970 das erste Fotofestival von sich reden.[12] Galerien begannen, sich auf Fotografie zu spezialisieren und streuten Begriffe wie „Vintage" oder „Modern Print". Die Schweizer Zeitschrift *Camera* unter ihrem Chefredakteur Allan Porter machte mit internationalen, vor allem amerikanischen Trends bekannt, bot daneben aber auch europäischen bzw. deutschen Fotografen wie Michael Schmidt oder André Gelpke eine Plattform.

Bereits 1967 hatten Bernd und Hilla Becher in der Münchner Neuen Sammlung ihre erste große Ausstellung – die Idee des „Grid", sprich eine am Raster geschulte Hängung war geboren. Künstler wie der Tageslicht und Blitz kombinierende Mark Cohen bescherten der Gattung „Street Photography" eine neue Dimension. Auch diesseits des Atlantiks lernte man Namen wie Joel Meyerowitz, Stephen Shore, vor allem William Eggleston zu buchstabieren. Dessen erste große Einzelausstellung im Museum of Modern Art mag 1976 noch ein Skandal gewesen sein. Mittelfristig hatte damit die Farbe ihren Hautgout verloren und konnte so zu einem ernstzunehmenden künstlerischen Medium avancieren. Mit einem Mal war alles neu: die Farbe (*New Color*), die Landschaft (*New Topographics*), der Blick auf die urbane Wirklichkeit (*New Documents*). Und spätestens nachdem Klaus Honnef seine am Kino geschulte Idee des Autorenfotografen[13] in die Welt gesetzt hatte, war klar, wohin die Reise gehen würde: Fotografie als selbstbestimmte künstlerische Praxis.

Rudi Meisel ist ein wacher, belesener, vielseitig interessierter Zeitgenosse. Die fotografischen Entwicklungen seiner Zeit hat er mit Sicherheit wahrgenommen. Für die eigene persönliche Arbeit relevant wurden sie nicht. Nicht das Ausdrucksmittel Farbe, das immer noch zu wenig Möglichkeiten der Steuerung bot – vom mäßigen Druck in den Magazinen nicht zu reden. Nicht der wachsende Hang vieler Künstler zu einer konzeptionellen Kamerapraxis, die den Akzent des Machens in Richtung einer Medienreflexion verschob. Und auch nicht die nonchalante, materialintensive und letztlich aufs spätere Editing verlagerte Form der Street Photography, wie sie in den 1960er und 70er Jahren Gary Winogrand prominent vertrat. Auch Rudi Meisel fotografiert regelmäßig draußen, auf der

Straße. Als Street Photographer sieht er sich trotzdem nicht. Sein Interesse ist breiter angelegt, zielt auf gesellschaftliche Phänomene, wie sie nicht nur auf der Straße, sondern auch im Straßencafé, auf dem Fußballplatz oder im Büro des Bürgermeisters von Friedland auszumachen sind, letzteres mit wehender Gardine, Leninbüste, obligatorischem Honecker-Porträt und leidlich aufgeräumtem Schreibtisch ausgestattet.

Zeitgeschichtliche Verweise sind also erlaubt, entwickeln bei Meisel aber nicht die Bedeutungsschwere wie etwa bei dem Schweizer René Burri. Der hatte Anfang der 1950er Jahre begonnen, sich mit Deutschland und den Deutschen auseinanderzusetzen, wobei regelmäßig gebaute Historie unübersehbar ins Bild rückt – die Berliner Siegessäule, das Brandenburger Tor, die Ruine der Kaiser-Wilhelm-Gedächtniskirche, das Sowjetische Ehrenmal in Treptow: Deutschland als Schauplatz einer zwischen Triumph und Absturz oszillierenden Geschichte.

Rudi Meisel kannte René Burris Arbeit. Auch die von Leonard Freed, dessen Buch *Made in Germany* (1970) ebenso Eindruck machte wie, natürlich, Robert Franks Klassiker *Les Américains* – so etwas wie die Bibel für alle, die seit den 1960er Jahren nach einem Weg suchten, der nicht Reportage bzw. Fotojournalismus hieß. Meisel geht es um etwas anderes, und schon der Titel – *Landsleute* – belegt: Da wird nicht mit großer Geste (*Die Deutschen, Die Amerikaner* usw.) eine Nation auf den Prüfstand gehoben, sondern Identitätstiftendes dort gesucht, wo es die wenigsten vermuten. In den Niederungen eines vermeintlich banalen Alltags. In kleinen Gesten, Regungen, der Art wie Menschen sich im öffentlichen Raum bewegen.

Mit sicherem Blick präsentiert uns Meisel eine soziale Choreografie. Er kann das, weil er nicht auf Distanz geht, von oben herab auf die Leute blickt. Meisel zeigt, wie man draußen Kaffee trinkt. Wie man sich sonnt oder schaut oder einfach mit den Nachbarn ein paar Worte wechselt. Soziale Kompetenz – das ist es, was Rudi Meisel mit seismografischer Genauigkeit erfasst, wissend, dass nicht nur das Design unserer geliebten Autos Veränderungen unterworfen ist. In der Summe stiftet Rudi Meisels Fotografie eine Grammatik der Nebensächlichkeiten, die mit zeitlichem Abstand eine selten erzählte Zivilgeschichte dieses Landes formt.

Und schon ist von „einem" Land die Rede. Dabei konnte, als Rudi Meisel begann, im Eigenauftrag im Ruhrgebiet und etwas später in der DDR zu fotografieren, von „einem" Deutschland nicht die Rede sein. Was es gab, was permanent zitiert und verhandelt wurde, war allenfalls die „Deutsche Frage", wenngleich die nicht erst seit 1945 auf der Agenda stand. Wo soll man sie beginnen lassen? Bei den Napoleonischen Kriegen? Der gescheiterten Revolution von 1848? Dem Mauerbau? Sicher ist, um Christian Graf von Krockow zu zitieren: „Es hat die siegreiche Revolution nicht gegeben, wie in Frankreich 1789, die die moderne Nation stiftete [...], auch keinen Gründungsmythos vom Kampf für Unabhängigkeit und Freiheit, wie in der Schweiz oder in den Niederlanden."[14]

Über fast 200 Jahre war Deutschland mit seinen vielen Grenzen nach außen, seiner Kleinstaaterei und damit verbunden seinem gestörten Selbstwertgefühlt ein unsicherer Kantonist. Womöglich ist dies auch die Erklärung, warum sich so viele Fotografen bzw. fotografierende Künstler auf den Weg gemacht haben, dieses Deutschland mit der Kamera zu erkunden. Beginnend mit August Sander, dessen *Antlitz der Zeit. 60 Fotos deutscher Menschen* mittlerweile „zu den wichtigsten und einflussreichsten Fotobüchern überhaupt" gerechnet wird.[15] Oder Erna Lendvai-Dircksen, deren problematischer, pseudo-rassekundlicher Ansatz ebenso zum Thema gehört wie Hans Retzlaffs unter völkischem Vorzeichen aufgenommene Porträts.

Nach dem Krieg waren es zunächst Magnum-Mitglieder wie René Burri, Leonard Freed, Henri Cartier-Bresson oder Erich Lessing, die sich intensiv mit Deutschland auseinandergesetzt haben. Stefan Moses (*Deutsche*) gilt es zu erwähnen, Henry Maitek (*Deutschland ins Gesicht geschaut*), Fred Stein (*Deutsche Porträts*) oder Otto Steinert (*Deutsche Nobelpreisträger*). Und was ist mit Ernst Haas (*In Deutschland*)? Mit Derek Bennett (*Porträts von Deutschen*)? Mit Timm Rautert (*Deutsche in Uniform*)? Mit Herlinde Koelbl (*Das deutsche Wohnzimmer*)? Mit Helmut und Gabriele Nothhelfer (*Zwischenräume*)? Mit Barbara

Klemm (*Unsere Jahre*)? Mit Dirk Reinartz (*Kein schöner Land*)? Mit Robert Lebeck (*Deutschland im März*)? Mit Andreas Herzau (*Deutschland*), Peter Bialobrzeski (*Heimat*) oder Eva Leitolf (*Deutschlandbilder*)? Die Liste ließe sich problemlos fortschreiben.

Rudi Meisel hatte nie ein Deutschland-Buch im Sinn, als er Mitte der 1970er Jahre vor die Türe trat, um sich fotografierend dem Ruhrgebiet zu nähern. Aber er hatte eine klare Vorstellung davon, wie er die Kamera einsetzen würde: Behutsam im Belichten von Film. Direkt und konzentriert im Blick auf seine Umgebung. Offen für die kleinen Dinge. Geleitet von Respekt für die, die zu fotografieren er sich vorgenommen hatte. Rudi Meisel ist ein Schalk. Und nichts ist ihm weniger fremd als Ironie. Gleichzeitig hatte Zynismus in dem sich fügenden Sittengemälde keinen Platz. Das galt und gilt vor allem für seine Wahrnehmung der DDR, die als gescheitertes Experiment zu schildern leicht gewesen wäre. Nichts kurioser und entlarvender als die politischen Losungen vor bröckelndem Putz. Da ist Schenkelklopfen garantiert. Rudi Meisel hat es sich und uns erspart. Also keine Schrift im Bild – höchstens ausnahmsweise.

Noch am ehesten könnte man Rudi Meisels Arbeit mit der von Thomas Höpker vergleichen.[16] Von 1974 bis 1976 war Höpker als *Stern*-Korrespondent in der DDR. Meisel kannte Höpkers Arbeit, bewundert sie bis heute. Der Unterschied: Höpker setzte stärker auf das Ausdrucksmittel Farbe. Er positionierte sich deutlicher als Journalist, das heißt, er zeigte sich entschiedener am Politischen interessiert, wenngleich auch bei ihm die Wahrnehmung des Alltags eine große Rolle spielt. Meisel dimmt das Thema noch einmal herunter. Sein Blick zielt konsequent auf den Basso continuo des Lebens, das eben nur ausnahmsweise aufgeregt, ereignisreich, wirklich tragisch oder komisch ist. Dafür – jedenfalls in unserer Hemisphäre – in geordneten Bahnen verläuft, was man auch mit Langeweile übersetzen könnte. Oder Gewohnheit. Oder Trott.

Wenn die Kowalskis zwei Tage nach ihrer Goldenen Hochzeit Suppe löffeln, ist das wahrlich kein Ereignis. Roland Barthes hätte Probleme, hier ein „Punctum“ auszumachen. Höchstens die Maggi-Flasche nicht ganz mittig auf dem Tisch. Aber was für ein „Studium“, was für eine Fülle an sprechenden Gegenständen, erzählenden Details: Nicht weniger als eine Ding gewordene Soziologie des Alltags wird da ausgebreitet. Von der Gardine bis zum – vermutlich abwaschbaren – Tischtuch. Vielleicht sind sie ja nicht wirklich temperamentvoll, sinnlich, empathisch, geistreiche Genießer diese Deutschen. Praktisch in der Bewältigung des Alltags sind sie allemal.

Und noch etwas kommt bei Rudi Meisel hinzu: Der komparatistische Ansatz, der sich quasi nebenbei ergeben hat. Früh, wie gesagt, hatte Meisel im Ruhrgebiet zu fotografieren begonnen. Anfang der 1980er Jahre und ausgestattet mit einem Stipendium war er dann noch einmal durchs Ruhrgebiet gereist. Parallel besuchte er im Auftrag des ZEIT*magazins* Städte in der DDR: Zittau und Lauscha, Neuruppin und Güstrow, Ahrenshoop und Wittenberg. Erstmals in diesem Buch finden nun die beiden Zyklen zusammen – nach Maßgabe einer strengen Auswahl, versteht sich.

Was sie verbindet, ist der nüchterne, unaufgeregte Blick. Der konsequente Verzicht auf formale Mätzchen. Ein waches Interesse am vermeintlich Banalen. Und Mut, der Anekdote auszuweichen, sich stattdessen mit der Essenz des Lebens zu beschäftigen, die deshalb von vielen übersehen wird, weil sie immer da, allgegenwärtig ist. Und dann, wie gesagt, eine klare, überlegte Bildsprache. Keine Frage: Da hatte einer früh zu seiner Handschrift gefunden, zu einer Signatur, die sich simpel gibt und in Wirklichkeit ein Füllhorn an Details ausschüttet. Aber es braucht wohl die historische Distanz, vielleicht auch als Kontrast das mediale Rauschen unserer Tage, um die künstlerische Qualität dieser eher stillen, melancholisch angehauchten Arbeit zu erkennen. Ihre Stärke auszumachen, die nicht zuletzt in einer großen Überraschung liegt.

Denkt man sie sich weg, die Trabants oder Käfer: Es wird nicht selten schwierig zu entscheiden, ob man nun auf Deutschland West oder Ost blickt. Was Meisel souverän herausgearbeitet hat, sind gesamtdeutsche Phänomene jenseits aller Tagespolitik. Der Stammtisch. Die geblümte Küchenschürze. Das Immergrün daheim am Fenster. Kantine. Kleinstadt. Mief und Langeweile. Eine schnelle Bratwurst irgendwo oder so etwas wie Warten – auch das Teil unserer deutsch-deutschen Existenz. Gewartet wird auch anderswo. Aber nicht in solchen Sandalen. Im Schatten von Döblin. Und so, dass dem Alexanderplatz das „D“ abhanden kommt. Ein Diptychon, wenn man so will. Sinnbild für die deutsche Teilung?

Mit dem Fall der Mauer, so viel ist sicher, mit der Wiedervereinigung, die bekanntlich keine „Wiedervereinigung“ war, fand Rudi Meisels bis heute persönlichstes Projekt zu einem schnellen Ende. An einer Leichenschau der DDR wollte er sich nicht mehr beteiligen. Die leidlich bekannten Schattenseiten mit Spitzelwesen, Mangelwirtschaft, Luftverschmutzung mochten andere aufarbeiten. Rudi Meisels Thema war ein anderes. Bis dato weitgehend unbemerkt zeigt er auf, wie nah sich die beiden Staaten letztlich immer waren, in der Gestaltung von Arbeit und Freizeit, in der Art der Menschen sich zu geben, zu kleiden, miteinander umzugehen, Ruhe zu bewahren, manchmal Feste zu feiern, aber meistens ein Leben in bescheidenen Bahnen zu gestalten. Landsleute eben.

Erstveröffentlichung in *Rudi Meisel – Landsleute 1977–1987*,
Heidelberg: Kehrer Verlag 2017

„Was ich hasse, ist diese Ghettoisierung der Fotografie. Gute Fotografie sollte überall sein."

Martin Parr

1952 Epsom, England –
Lebt in Bristol, England

Das Triviale interessiert mich sehr

Ein Gespräch mit dem Magnum-Fotografen und passionierten Fotobuchsammler Martin Parr

Vielleicht ist er ja so eine Art postmoderne „Verlängerung" jenes Andy Warhol, der das Triviale zur Kunst erhoben und damit in Anlehnung an Duchamp endgültig die Grenzen zwischen Hoch- und Alltagskultur verwischt hat: Martin Parr, 1952 in Epsom geborener Kamerakünstler und derzeit fraglos meistdiskutierter Vertreter dessen, was längst als „New British Photography" Eingang in die Annalen der Fotografie gefunden hat. Mit staunenswerter Konsequenz richtet Parr seit Mitte der 1980er Jahre den kritischen Blick auf eine von Globalisierung, Vermassung und Standardisierung der Geschmäcker geprägte Welt, wobei – im krassen Gegensatz zur neueren deutschen Farbfotografie – ein gehöriges Quantum Ironie mitschwingt. Das macht seine oft bitterbösen, nicht selten hart an der Grenze zum Ekel angesiedelten Bildfindungen erträglich und überdies attraktiv für eine Werbung, die im unerbittlichen Kampf um Aufmerksamkeit längst die schrille Bilderwelt eines Martin Parr für sich entdeckt hat. Parr, mit anderen Worten, ist ein Grenzgänger zwischen den Disziplinen, der mit ungeheurem Erfolg die Brücke von der freien zur angewandten Fotografie (und umgekehrt) beschreitet. Seit Mitte der 1990er Jahre ist er zudem Mitglied der Agentur Magnum. Was Puristen überraschen mag. Andererseits den Aufbruch dieser altehrwürdigen „Institution" unterstreicht, die weiß, dass sie allein mit humanem Fotojournalismus nicht wird überleben können. Common Sense heißt Martin Parrs jüngster Zyklus – eine ebenso erschreckende wie komische Nahsicht auf neuzeitliche Esskultur, mit der sich der Brite den in diesem Jahr [1999] erstmals ausgeschriebenen und mit 10 000 Mark dotierten Wilkens Photography Award sichern konnte. Die Preisverleihung fand am 28. September in der Kunsthalle Bremen statt.

Hans-Michael Koetzle: Martin Parr, Sie sind Preisträger des 1999 erstmals ausgelobten Wilkens Photography Award. Hat Sie der Preis überrascht? Schließlich handelt es sich bei dem Stifter um einen traditionsreichen Hersteller hochwertiger Silberwaren und Bestecke?

Martin Parr: Offen gestanden, was die Firma herstellt, war mir gar nicht klar. Im Übrigen gehöre ich nicht zu denen, die Preise gewinnen. Überrascht hat es mich also in jedem Fall. Und natürlich sehr gefreut.

HMK: Vielleicht zunächst ein paar Worte zu Ihrer – nennen wir es – fotografischen Sozialisation. Sie haben am Manchester Polytechnic studiert?

MP: Ja, zwischen 1970 und 1973. Die Ausbildung damals war sehr verschieden von der Art, wie Fotografie heute gelehrt wird. Alles lief auf eine Karriere in der Werbung hinaus. Die vielzitierten „Swinging Sixties" lagen ja noch nicht allzu weit zurück. Und allenthalben war der Einfluss der großen Drei – Bailey, Duffy, Donovan – noch spürbar. Ich denke, ich gehörte mit zu jener ersten Generation, die dagegen rebelliert hat. Wir begannen, eigene Konzepte zu entwickeln, und dachten sehr intensiv darüber nach, wie wir dem bloßen Kommerz entgehen könnten.

HMK: Gab es in diesem Zusammenhang Fotografen, die in positiver Weise Vorbild waren oder wurden?

MP: Ich denke, Bill Jay, damals Chefredakteur der Zeitschrift *Creative Camera*, wäre in diesem Zusammenhang zu nennen. Er spielte mit Blick auf die Renaissance der britischen Fotografie zweifellos eine zentrale Rolle. Er machte uns bekannt mit den Arbeiten von David Hurn, Ian Berry oder Tony Ray Jones, der mich vielleicht am meisten beeinflusst hat. Es war eine Offenbarung. An der Hochschule hatten wir davon allerdings nichts mitbekommen.

HMK: Nun sprachen Sie von der traurigen Perspektive kommerzieller Fotografie. Was wäre denn damals die Alternative gewesen?

MP: Eigentlich gab es keine. Ein Fotomarkt war ja praktisch inexistent. Wenn man in einer der wenigen Galerien eine Ausstellung hatte, war man schon glücklich, seine Kosten irgendwie gedeckt zu bekommen. Wer kaufte schon Fotos? Was mich betrifft, so habe ich mich nach dem College zunächst mit Stipendien durchgeschlagen. Die nächsten anderthalb Jahrzehnte war ich als Lehrer tätig. Werbung kam für mich nicht in Frage. Dies um so mehr, als man damals fast ausschließlich im Studio arbeitete. Und das hat mich nun gar nicht gereizt. Die Ironie ist, dass ich heute zu den kommerziell sehr erfolgreichen Fotografen gehöre. Dabei allerdings ganz meinem Stil und meinen Vorstellungen folgen kann.

HMK: Der von Ihnen zitierte Tony Ray Jones war ja ein ausgesprochener Schwarz-Weiß-Fotograf. Ihr Name steht für schrille Farben und ein knallbuntes Interesse am Trivialen. Was hat Sie zur Farbfotografie gebracht?

MP: Da gab es mehrere Einflüsse. Zunächst einmal die amerikanische Farbfotografie der 1970er Jahre. Die Eggleston-Ausstellung im Museum of Modern Art 1976 hat sicher ganz wesentlich dazu beigetragen, die Farbe im Kunstkontext durchzusetzen. Und dann wäre noch der Einfluss von Kitschpostkarten zu nennen, die ich damals zu sammeln begann. Diese Karten waren in ausgesprochen satten Farben gedruckt. Ich denke, das hat mich auch in meiner Kunst geprägt. Als ich dann 1982 von Irland zurückkam, wandte ich mich ganz der Farbe zu. *The Last resort* war das erste Projekt, das ich ausschließlich in Farbe fotografiert habe.

HMK: Was hat Sie nach Irland geführt?

MP: Meine Frau hatte dort beruflich zu tun. Ich nahm einen Lehrauftrag in Dublin an. Und habe nebenher fotografiert. In dieser Zeit entstand ein Buch über Irland mit dem Titel *A Fair Day*. Allerdings war das noch ganz in Schwarz-Weiß.

HMK: Sie erwähnten Ihre Affinität zu Kitschpostkarten. Könnte man sagen, dass ein ausgeprägtes Interesse an der „Alltagskultur" so etwas wie der gemeinsame Nenner aller Ihrer Zyklen ist?

MP: Zweifellos. Das Alltägliche, „Gemeine" halte ich für ausgesprochen interessant – und für in der Regel unterschätzt. Für mich ist das Triviale zugleich Quelle der Inspiration und Rohmaterial meiner Arbeit. Das Gewöhnliche in den Rang des Außergewöhnlichen zu erheben – so würde ich meine Aufgabe beschreiben.

HMK: Das heißt, die Bilderwelt außerhalb der akzeptierten Fotografie- und Kunstgeschichte ist es, die Sie in besonderer Weise inspiriert.

MP: So ist es. Wesentliche Impulse kommen aus einem Bereich, den die „seriöse" Kunstgeschichte übersieht. Diese Bilderwelten mache ich mir zu eigen. Das bedeutet allerdings auch – anerkannter Fotograf, der ich mittlerweile bin –, dass durch meine Arbeit ein Diskurs über das Triviale in Gang kommt. Ein, wie ich meine, wichtiger Nebeneffekt. Schließlich sind wir regelrecht umzingelt von Plakaten, Anzeigen, kurz: Werbebotschaften unterschiedlichster Art.

HMK: Der Begriff „Zyklus" ist schon gefallen. Kann man sagen, dass Sie sich letztlich weniger für gelungene Einzelbilder interessieren als für großangelegte Bildserien oder Zyklen?

MP: In der Regel läuft jedes Projekt auf eine größere Serie hinaus. Daraus entsteht dann meist ein Buch, eine Ausstellung. Für mich ist dies die schlüssigste Art, ein Thema in den Griff zu kriegen.

HMK: Um auf Ihr jüngstes Projekt – *Common Sense* – zu kommen: Gab es hier so etwas wie ein Schlüsselerlebnis, das Sie auf dieses Thema gebracht hat?

MP: Es fing damit an, dass ich Mitte der 1990er Jahre eine für mich neue Technik ausprobierte: die Kombination von Makrolinse und Ringblitz. Die Bildergebnisse haben mich überzeugt, und so entstand die Idee einer größeren Arbeit über Food, Fast Food, Junk Food und so weiter.

HMK: *Common Sense* – der Titel weist darauf hin, dass wir es quasi mit einer Globalisierung von – sagen wir – Ess-Unkultur zu tun haben?

MP: Ich glaube nicht, dass das Buch eine eindimensionale Botschaft verfolgt. Ganz bewusst haben wir auf ein Vorwort verzichtet. Es sollte ein „offenes" Buch werden, das individuell gelesen und verstanden werden kann. Andererseits will ich einen gewissen Kulturpessimismus nicht verhehlen. Auch wenn ich auf der anderen Seite zugeben muss, dass wir nicht schlecht leben und es uns gut geht. Ich würde behaupten, dass beide Elemente in dem Zyklus aufgehoben sind.

HMK: Stichwort Humor: Von einem spezifisch britischen ist die Rede. Welche Rolle spielt für Sie der Bildwitz?

MP: Oh, eine beträchtliche. Von Anfang an habe ich mich mit dem Phänomen auseinandergesetzt. Comics waren mir immer schon ein wichtiges Studienobjekt. Trotzdem würde ich mich als ernsthafte Natur bezeichnen. Ich sehe die Welt kritisch und zugleich mit einem

Lachen. Das ist für mich der einzig gangbare Weg. Anderenfalls können wir uns gleich aus dem Fenster stürzen.

HMK: Also doch eine gewisse Trauer über den Verlust von Kultur. Tatsächlich überschreiten die Bilder von *Common Sense* ja nicht selten die Grenze zum Ekel.

MP: Mag sein. Aber ich will nicht ins Predigen verfallen. Ich sage zum Beispiel nicht: Hamburger sind scheußlich. Ich genehmige mir selbst hin und wieder einen. Das Leben ist nun einmal nicht nur schwarz und weiß. Dass Leute mein Werk als zynisch oder negativ missverstehen, kann ich natürlich nicht verhindern. Ich meine, ich versuche mich an einer ausgewogenen Deutung. Schließlich liebe ich das Leben.

HMK: Seit 1994 sind Sie Vollmitglied bei der Agentur Magnum – einer Kooperative, die für das steht, was man als „humanen Bildjournalismus" zu bezeichnen pflegt. Was hat Sie bewogen, die Nähe zu Magnum zu suchen?

MP: Im Grunde meines Herzens bin ich Populist. Das heißt, ich möchte meine Bildideen verbreitet sehen. Und da Magnum als Agentur recht erfolgreich und effizient arbeitet, lag es für mich nahe, hier Kontakt zu suchen. Allerdings stieß ich mit meinen Arbeiten auf erheblichen Widerstand. Am Ende entschied buchstäblich eine Stimme über meine Aufnahme. Heute kann ich mich glücklich schätzen, dazuzugehören und mein Werk international verbreitet zu sehen.

HMK: Sie kombinieren Tageslicht und Blitz, arbeiten in Farbe, treten erkennbar auf als Fotograf – Ihr Ansatz ist so ziemlich das Gegenteil von Cartier-Bressons Idee einer „Candid Camera". Kam aus dieser Ecke Widerstand?

MP: Um es klar zu sagen: Wir können nicht ewig auf der Idee eines humanen Bildjournalismus herumreiten. Wir als Fotografen müssen auf die veränderten Verhältnisse in der Welt eine plausible Antwort finden. Das Schöne an Magnum ist, dass ich mich mit meinen 47 Jahren noch zu den Jungen rechnen darf. In diesem Sinne zähle ich mich zu denen, die für einen überlebenswichtigen Wandel der Organisation stehen.

HMK: Sie machen Bücher und Kataloge, bestreiten Ausstellungen und haben mit Ihrer Bildsprache höchst erfolgreich den Sprung in die Werbung geschafft. Sehen Sie darin einen Widerspruch?
MP: Keineswegs. Das Faszinierende an der Fotografie heute ist ja eben, dass die klassischen Grenzen aufgehoben sind. Und ich gehöre zu jenen, die das bis zum Exzess auskosten. Ich genieße die Tatsache, dass meine Bilder in einer Galerie hängen, sorgfältig gerahmt und passepartouriert, und zeitgleich auf billigem Zeitungspapier gedruckt erscheinen. Ich halte das für eine der ganz großen Qualitäten des Mediums.
HMK: Zu *Common Sense* gab es simultan an über vierzig Orten Ausstellungen, wobei die Motive als Farbkopien gezeigt und angeboten wurden. Ein triviales Medium als Träger trivialer Gehalte – hat Sie das gereizt?
MP: Ich denke, ja. Wobei ich diese Form der Präsentation aus Japan mitgebracht habe. Wie ich insgesamt sehr von der japanischen Kultur beeinflusst bin. Dort sind Ausstellungen mit Farbkopien gang und gäbe. Es ist also nicht meine Erfindung. Aber ich habe sie gern aufgegriffen.
HMK: Können Sie etwas zu Ihrer Arbeitsweise sagen? Wo finden Sie bevorzugt Ihre Motive? Oder inszenieren Sie gelegentlich?
MP: Nein, hier ist nichts inszeniert. Und was meine Motive betrifft: Die finde ich überall und jederzeit. Ich gehe herum. Manchmal relaxed. Manchmal getrieben. Es fällt mir schwer, meine Arbeitsweise zu beschreiben. Das ist etwas, das sich mit den Jahren entwickelt hat.
HMK: Wir sprachen von Zeitungen, Zeitschriften. Cartier-Bresson pflegt ja bis heute den unbeschnittenen Print. Wie ist Ihr Verhältnis zu den Redaktionen, den Art Directors im Besonderen?
MP: Ich nehme da keinerlei Einfluss. Ich mache meine Bilder, liefere sie ab und rechne in der Regel mit einer Enttäuschung. Ausnahmsweise kommt es vor, dass ich positiv überrascht werde. Aber wissen Sie, die Welt der Zeitschriften ist flüchtig. Bei Büchern ist das etwas anderes. Da überlasse ich nichts dem Zufall.
HMK: Gibt es Zeitschriften, wo Sie sagen würden, die positiven Überraschungen überwiegen die Enttäuschungen?

MP: Zwei, die mir spontan einfallen, sind W *Magazine* in den USA und *Amica* in Italien. Mit letzterer pflege ich eine besonders intensive Zusammenarbeit in den Bereichen Editorial und Fashion.
HMK: Wenn Sie jetzt Werbung machen: Heißt das, Sie übertragen Ihre spezifische Bildsprache auf den angewandten Bereich?
MP: Genau dafür werde ich bezahlt, und das nicht schlecht. Was ich hasse, ist diese Ghettoisierung der Fotografie. Gute Fotografie sollte überall sein. Nicht nur in Kunstgalerien oder Fotomagazinen. Ich will, dass man spannende, aufregende, interessante Fotografie immer und überall zu sehen bekommt.
HMK: Magnum sorgt, hatten Sie gesagt, für die internationale Distribution Ihrer Arbeiten. Aber wird Ihre Form des Humors und der Ironie auch überall verstanden?
MP: Ich glaube schon. Vielleicht, dass ich in Amerika nicht so gut ankomme. Dafür schätzen die Franzosen meine Bilder umso mehr. Was mit meinem kritischen Blick auf die Briten zu tun haben mag. Wenn es darum geht, den Briten eins auszuwischen, sind ja die Franzosen stets die ersten. Die Deutschen sehen das etwas gelassener. Insgesamt verstehe ich mich als Europäer, als europäischer Künstler.
HMK: Ihr Werk wird in der Regel unter dem Label „New British Photography" gehandelt. Fühlen Sie sich als Teil dieser Bewegung?
MP: Ich halte es nicht für meine Aufgabe, hier Bewertungen vorzunehmen. Vermutlich bin ich Teil dieses Aufbruchs, aber das zu analysieren ist die Aufgabe von anderen. Ich halte mich an die Fotografie.
HMK: Sie haben auch Fernsehproduktionen gemacht?
MP: Ja. Wissen Sie, wenn Sie jahrelang so fotografieren wie ich, geraten Sie an die unglaublichsten Leute und in die verrücktesten Gespräche. Ich fand, es sei an der Zeit, diese Narrative mit der visuellen Ebene zu verknüpfen. Zur Zeit haben wir ziemlich gutes Fernsehen in Großbritannien mit neuen Redakteuren, die neuen Ideen aufgeschlossen gegenüberstehen. So habe ich vor zwei, drei Jahren angefangen Fernsehen zu machen.
HMK: Das Sprengel Museum Hannover zeigte unlängst eine Arbeit mit dem Titel *Benidorm*. Was hat es mit diesem Zyklus auf sich?
MP: Ursprünglich war *Benidorm* Teil einer größeren Arbeit über euro-

päische Klischees. Das Ganze sollte 1998 im Rahmen des Jahres der Fotografie in Großbritannien gezeigt werden. Und Benidorm, der größte Badeort in Spanien, war gedacht als mein spanisches Klischee. Ich hatte den Flug noch nicht gebucht, als eine Schweizer Agentur bei mir anrief und fragte, ob ich nicht für einen geplanten Smart-Prospekt fotografieren könne. Sie wissen schon, dieser kleine Mercedes. Die einzige Auflage war, dass in den Bildern die Farben Schwarz, Rot und Gelb – die Farben des Smart – besonders häufig vorkämen. Ein wundervoll offenes Briefing. Ich fuhr also nach Benidorm und fotografierte. Einige Bilder wurden im Smart-Prospekt gedruckt, einige in Magazinen in England. *Benidorm* ist ein gutes Beispiel für meine Arbeitsweise, die in die unterschiedlichsten Ergebnisse münden kann: ein Künstlerbuch, Werbung, Veröffentlichungen in Magazinen oder eben jetzt diese Ausstellung im Sprengel Museum.

HMK: Seit etwa zwei Jahren haben Sie sich in besonderer Weise mit der Modefotografie auseinandergesetzt. Was reizt Sie an diesem Anwendungsgebiet?

MP: Die Möglichkeit zu arrangieren, zu inszenieren. Wobei ich hier versuche, erprobte Strategien zu übertragen: Also das Makro und den Ringblitz, wenn es darum geht, Accessoires – Schuhe oder Taschen – zu interpretieren. Auch versuche ich, die Models in reale Situationen zu integrieren. Ich denke, da sind noch allerhand Möglichkeiten offen.

HMK: Würden Sie sich als postmodernen Fotografen definieren in dem Sinne, dass die Globalisierung der Alltagskultur Ihr großes Thema ist?

MP: Wenn dies Ihre Beschreibung von Postmoderne ist, bin ich einverstanden. Trotzdem würde ich mich nicht als „postmodernen Fotografen" präsentieren. Das klingt mir zu prätentiös. Ich bin ganz einfach Fotograf.

Ein später Vormittag in Hannover. Martin Parr sitzt auf der Kante seines Hotelbetts. Ein schlichtes Zimmer, aber hell und ruhig. Eigentlich ein idealer Ort für ein Gespräch. Außerdem hat er es eilig. Was ihn treibt? Die lokalen Antiquariate. Demnächst soll The Photobook: A History *erscheinen. Also medias in res. Juli 1999.*

Erstveröffentlichung in *Leica World*, Nr. 1, 2000

„Paris, das einst eine Idee war, Mythos und Modell, wird nur noch zum Objekt."

Marcel Cornu

Regisseure eines Mythos

Bilder, Bücher, Buchkonzepte – Fotografen sehen Paris

Als Ursula von Kardorff, Journalistin, langjährige Mitarbeiterin der *Süddeutschen Zeitung*, Frankreich-Kennerin und als Nichte des Architekten Mies van der Rohe in besonderer Weise für gebaute Umwelt sensibilisiert, Anfang der 1970er Jahre zu Recherchezwecken nach Paris zurückkehrte, zeigte sie sich traurig bis schockiert über eine Stadt – ihre Stadt – im Wandel. Paris, stellt sie gleich zum Auftakt ihres bei Kindler verlegten Buches *Adieu Paris* mit Entschiedenheit fest, Paris habe sich zwischen 1964 und 1974 mehr verändert als in den letzten hundert Jahren. „Was es dabei an Modernität und Komfort gewann, verlor es an Charme, Originalität und Schönheit."[1] Nicht nur hatten Großprojekte mit klingenden Namen wie „Opération Belleville", „Opération Place d'Italie", „Front de Seine" oder „La Défense" die Stadt an markanten Punkten verändert, um nicht zu sagen entstellt.

Auch in für nicht Eingeweihte kaum merklichen Details gingen Paris gewachsene Orte, Adressen mit Geschichte unwiederbringlich verloren. Wo etwa war das kleine, Chez Rosalie getaufte Restaurant in der Rue Campagne-Première Nummer 3 geblieben, wo in den 1920er Jahren die Maler Modigliani, Utrillo und Foujita für wenige Sous gegessen und sich über Kunst gestritten hatten? Wo das zugegeben ärmliche Atelier des malenden Zöllners Henri Rousseau in der Rue de la Gaîté Nummer 14. Und warum musste das Studio des holländischen Avantgarde-Künstlers Piet Mondrian in der Rue du Départ verschwinden? Neue Wahrzeichen wie der Montparnasse-Turm, die Seine-Uferstraße oder das trotzig in die Tiefe gestaffelte Forum des Halles geben eine, wenn auch wenig befriedigende Antwort. „Paris, das einst eine Idee war, Mythos und Modell, wird nur noch zum Objekt", hatte bereits der Stadtverordnete Marcel Cornu kritisiert.[2] Profit und Kommerz hießen die neuen Heiligen, befand Kardorff und nahm schreibend Abschied „von einer vielgeliebten Stadt". Paris trete in eine neue Ära, werde aus dem neunzehnten in das einundzwanzigste Jahrhundert katapultiert, „den Blick starr auf ‚Das Jahr Zweitausend' gerichtet"[3].

Inzwischen schreiben wir 2011 und weitere, nicht nur bauliche Veränderungen gilt es zu konstatieren, neben denen sich etwa das von Brassaï Ende der 1920er Jahre registrierte Verschwinden der Vatermörder, Pferdekutschen, Straßenbahnen oder Gaslaternen[4] ausnimmt wie eine kulturgeschichtliche Randnotiz.

Paris, wie jede Metropole, verändert sich – zugleich bleibt sich die Stadt auf bemerkenswerte Weise treu – jedenfalls in der globalen Wahrnehmung. Nicht die von immerhin demokratisch gewählten Staatspräsidenten auf den Weg gebrachten „Grands Projets", von der Louvre-Pyramide bis zur Bibliothèque nationale de France, von der Opéra Bastille bis zum Musée Quai Branly, sind es, die das Image der Stadt bestimmen, ihren Ruf und Mythos in die Welt tragen, sondern ein gesetzter Kanon unverbrüchlicher Topoi, zu dem der Eiffelturm, die Seine, Notre-Dame, der Louvre oder die Opéra Garnier ebenso gehören wie Phänomene der Alltagskultur wie das Bistro, die feine Küche, die leichte Liebe oder ganz einfach ein „Flair", an dem sich Generationen von Autoren schreibend abgearbeitet haben.

Schon Heine fühlte sich in Paris „wie ein Fisch im Wasser"[5], für Hebbel war Paris „keine Stadt, sondern eine Welt"[6], Joyce nannte sie die „letzte der menschlichen"[7] Städte, und für Ernest Hemingway war Paris nicht weniger als „ein Fest fürs Leben"[8]. Von Paris als „Hauptstadt des französischen Europa" schwärmte einst Janet Flanner als Korrespondentin des *New Yorker*[9], während sich Fritz Stahl, nüchterner im Ton und in der Rolle des Kunsthistorikers, mit Paris als „großem Gewordenem" auseinandersetzte: „eine Stadt als Kunstwerk"[10]. Am intensivsten und unter dem Vorzeichen einer marxistischen Geschichtsbetrachtung hat sich bekanntlich Walter Benjamin mit Paris beschäftigt, jener „Hauptstadt des 19. Jahrhunderts", die in New York, London und neuerdings Shanghai, Peking oder Dubai Konkurrenz bekommen haben mag und doch nichts von ihrer globalen Ausstrahlung verloren hat. Als Metapher ist Paris erstaunlich stabil, vielleicht auch, weil sich vor eine Lebenswirklichkeit – zu der auch Fastfoodketten, Busspuren, Polizisten auf Sporträdern oder Inlineskates, in jüngerer Zeit wieder Straßenbahnen sowie ein enormer Individualverkehr gehören – eine mächtige Ikonografie geschoben hat, eine Art Vorhang aus Fotografien, der den Blick auf eine deutlich nüchternere Realität verstellt.

Ein Kanon bildwürdiger Monumente

Paris gilt als Wiege der Fotografie, als glanzvoller Ausgangspunkt des neuen Mediums. Hier wurde das Lichtbild in Gestalt der Daguerreotypie Mitte August 1839 bekannt gemacht und patentfrei einer staunenden Weltöffentlichkeit übergeben. Ein Datum, das nicht weniger als den Beginn des fotografischen Zeitalters markiert. Nicht zufällig spricht der Fotograf und Historiker Jean Claude Gautrand von einer „Liebesgeschichte zwischen Paris und der Fotografie“[11], was sich sowohl auf die Vielzahl von Chemikern, Optikern, Künstlern beziehen dürfte, die sich sogleich forschend oder praktizierend des neuen Mediums annahmen, wie auf die Tatsache, dass Paris selbst zügig und privilegiert zum Bildgegenstand avancierte. Was lag näher, als die noch klobige Holzkamera auf die unmittelbare Umgebung zu richten, die Notre-Dame, Pont Neuf, Tour Saint Jacques oder Boulevard des Capucines heißen konnte. Rasch, so viel steht fest, bildete sich ein Kanon bildwürdiger Monumente, zu denen sich der panoramatische Blick über die Île de la Cité oder nach dem Stadtumbau durch Haussmann der über die Grands boulevards mit ihren überlegten, eindrucksvollen Fluchtpunkten gesellte. „Kaum war ihr Prinzip entdeckt, ihr Verfahren erfunden“, so Urs Stahel über die frühe Fotografie, „wurde hier etwas fotografiert, um es dort zu zeigen.“[12] In diesem Sinne galt es, Paris in seinen städtebaulichen Koordinaten zu erfassen, wobei sich die Fotografen an einer „hierarchie des sujets urbains acceptables“[13], also einem Ranking im doppelten Wortsinn herausragender Gebäude orientierten, wie es bereits Generationen von Vedutenmalern definiert hatten. Verglichen mit Pinsel und Palette war die Kamera allerdings schneller, preiswerter, und sie zeichnete sich durch vermeintliche Objektivität aus sowie einen für die Zeitgenossen staunenswerten Detailreichtum. „Wir haben die großen Denkmäler von Paris auf diese Weise reproduziert gesehen", bilanzierte etwa der Kunstkritiker Jules Janin 1839 seine erste Begegnung mit der Daguerreotypie, „von Paris, das nun wirklich die Ewige Stadt werden wird. Wir haben den Louvre gesehen, das Institut, die Tuilerien, den Pont Neuf, Notre-Dame; wir haben das Pflaster des Grève-Platzes, die Wasser der Seine, den Himmel über Sainte-Geneviève gesehen, und jedes dieser Meisterwerke zeichnete die gleiche Perfektion aus."[14]

Fotografien haben den Blick auf die Welt demokratisiert, aber auch gelenkt, standardisiert, normiert. Wer nicht reisen konnte oder wollte, griff im Zweifel auf Fotografien zurück, um sich eine allerdings geführte Anschauung von der Ferne zu verschaffen. Noch nicht unbedingt die Daguerreotypie mit ihrem Unikatcharakter, umso mehr dann aber Salzpapier- und Albuminabzüge auf der Basis der von Talbot vorformulierten Negativ-Positiv-Idee haben für eine zügige Verbreitung bestimmter und immer wiederkehrender Stadtansichten gesorgt. Namen wie Édouard-Denis Baldus, Henri Le Secq, Louis-Désiré Blanquard-Évrard oder Charles Soulier gilt es in diesem Zusammenhang zu erwähnen. Sie zählen zu den Wegbereitern einer fotografischen Paris-Ikonografie, erschließen Perspektiven, definieren Standpunkte, auf die sich auch spätere Kamerakünstler immer wieder eingelassen haben. Noch konnte man Fotografien nicht oder nur über den Umweg des Stahl- oder Holzstichs drucken, weshalb ihre konzentrierten Bildfindungen über meist aufkaschierte Originalabzüge ein eher überschaubares Publikum erreichten.

Kolorierte Zimmerreise an die Seine

Ab Mitte des 19. Jahrhunderts kamen neue, schlichtere, dafür billigere Distributionsformen dazu. Visit- und Cabinetkarte fanden zwar im Porträt ihre größte Verbreitung, aber auch Stadtansichten lassen sich nachweisen, was in deutlich größerem Umfang für die ab etwa 1850 verfügbare Stereokarte gilt. Bisweilen als Kino des 19. Jahrhunderts apostrophiert, gestattete sie – unter anderem – das Erlebnis einer räumlich erlebten, gern auch kolorierten „Zimmerreise" an die Seine. Eine regelrechte Revolution, zumindest in quantitativem Sinne, bahnte sich mit der 1870 postalisch zugelassenen Correspondenzkarte an, die erst im digitalen Zeitalter, der Kommunikation über Rechner oder Handy, ihre einstige Stellung als populäres Bildmittel verloren hat.[15]

Noch 1957 wusste die Schriftstellerin Marguerite Duras von täglich 21 000 Ansichtskarten vom Eiffelturm zu berichten, die in New York, Helsinki, München oder Florenz landeten. Die *Mona Lisa* und die *Krönung Napoleons* I. kämen in der Statistik gleich danach. „Dann ‚die Nackten', so sagt man uns, ohne diese Kategorie genauer zu präzisieren, alle Nackten, dicht gefolgt von der Nike von Samothrake und der Avenue de l'Opéra."[16]

Mit der um 1880 erfundenen Halbtontechnik, also der Möglichkeit fotografische Bilder zu rastern und ohne händischen Eingriff zu drucken, bahnte sich der eigentliche Paradigmenwechsel an, der neben der illustrierten Zeitschrift vor allem dem – nennen wir es schlicht – Fotobuch den Weg geebnet hat. Mappenwerke, Portfolios mit Originalaufnahmen oder illustrierte Bücher, die von eingeklebten oder grafisch umgesetzten Fotografien profitierten, hat es von Anfang an gegeben. Schon Talbots Anfang der 1840er Jahre in mehreren Lieferungen edierter *Pencil of Nature* hatte ja das Modell einer mit Fotografien illustrierten Publikation vorweggenommen. Doch was von ihm noch in mühevoller Laborarbeit geprintet und von Hand aufkaschiert werden musste, lief nun über rotierende Zylinder, was hohe Auflagen bei geringen Stückpreisen ermöglichte, aber auch ein grundsätzliches Nachdenken über die künstlerischen Chancen des Mediums Fotobuch in Gang setzte. Das zwanzigste Jahrhundert war das Jahrhundert der illustrierten Zeitschriften, nachhaltiger aber noch das fotografisch illustrierter Bücher, über die das Gros der „großen stillen Bilder", um einen Begriff des Medienwissenschaftlers Norbert Bolz[17] aufzugreifen, den Weg in unser kollektives Gedächtnis gefunden hat. Nicht die Museumswand, nicht die Galerie hat schwarz-weißen Ikonen wie Robert Doisneaus *Baiser de l'Hôtel de Ville*, Édouard Boubats *Jardin du Luxembourg* oder

Henri Cartier-Bressons *Rue Mouffetard* eine breite Rezeptionsschiene eröffnet, sondern der repetitive Abdruck in Monografien oder Anthologien.

Ort der Lithografen, Drucker und Verleger

Ungeachtet einer, wie Bertrand Eveno betont, „tradition culturelle française privilégiant l'écrit", einem Primat des Literarischen vor dem Visuellen[18], hatte auch Frankreich und speziell Paris einen entscheidenden Anteil an der sich ab den 1920er Jahren international darstellenden Fotobuchkultur. Die Gründe liegen auf der Hand: Nicht nur konzentrierten sich in Paris erfahrene Lithografen, Drucker und Verleger wie Firmin-Didot, Deberny & Peignot, Draeger, Henri Jonquières, Plon, Grasset, die Éditions Tel oder Paul Hartmann Éditeur, zu denen sich konstruktivistisch inspirierte Gebrauchsgrafiker, Typografen und Art Directors gesellten, etwa Jean Carlu, A. M. Cassandre, Ana Marsan oder nach dem Krieg Roger Excoffon, Pierre Foucheux und Robert Massin. Auch eine eindrucksvolle Riege an professionellen Fotografen hatte sich an der Seine versammelt, von denen nicht wenige, wie etwa der erwähnte Henri Cartier-Bresson früh die Möglichkeiten des Fotobuchs erkannten. Es gebe, schrieb Cartier-Bresson, auch „andere Wege, unsere Fotos zu vermitteln als die Publikation in Zeitschriften. Ausstellungen zum Beispiel; oder die Form des Buches, das ein wenig den Charakter einer ständigen Ausstellung hat"[19].

Folgt man Timm Starl, dann ist unter Fotobuch „eine Sammlung von fotografischen Reproduktionen" zu verstehen, „die in gebundener Form zusammengefasst werden und den Großteil eines Buches ausmachen"[20]. Damit ist freilich noch nichts gesagt über das Verhältnis von Bild und Text, die Qualität der Bildfindungen, die Originalität ihrer Zusammenstellung, nichts über Typografie, Gestaltung, Wertigkeit der Materialien, Druck, Auflage etc. Immerhin wird der Blick auf ein Medium gelenkt, das allzu lange und in den Augen vieler wenig mehr als ein wohlfeiler Speicher für fotografische Bilder war, eine Art Archiv in der Vertikalen. Wenige, wie der erwähnte

Walter Benjamin, die sich früh in Rezensionen mit dem Fotobuch beschäftigt haben. Oder Susan Sontag, die in ihrem viel zitierten Essayband *On Photography* auf eine oft übersehene Qualität des Fotobuchs hingewiesen hat. „Die Fotografie in einem Buch ist ganz offensichtlich das Abbild eines Abbilds", schreibt sie. „Aber da das fotografische Bild nun einmal ein gedrucktes Objekt mit glatter Oberfläche ist, verliert es von seiner eigentlichen Qualität weniger, wenn es in einem Buch reproduziert wird, als ein Gemälde."[21] Ähnliches meint Rolf Sachsse, wenn er davon spricht, dass beim Transfer vom Print zum gedruckten Buch der „Reproduktionsverlust"[22] geringer sei – mit eine Voraussetzung dafür, dass das Fotobuch als „Behälter" für Fotografien funktioniert und im Idealfall seinerseits zum stimmigen Werk mutieren kann.

In jüngerer Zeit ist ein deutlicher Stimmungswandel auszumachen. Michael Ponstingl spricht von einer regelrechten „Konjunktur"[23], die das Fotobuch erfasst habe. Nicht allein unter Sammlern sorgt es für Gesprächsstoff, mehr und mehr setzen sich Symposien, ganze Festivals, die Fachpresse mit dem Fotobuch auseinander, gefolgt von der Wissenschaft, die das Fotobuch durch die Schaffung eigener Lehrstühle nobilitiert. Vorreiter hier sind einmal mehr die Niederlande, die überhaupt ein besonders ausgeprägtes Verhältnis zum Fotobuch besitzen. Das gilt nicht nur für eine seit dem Zweiten Weltkrieg überaus reiche Produktion an wegweisenden Publikationen, sondern auch für die museale bzw. akademische Rezeption. *Foto in omslag/Photography between covers* (1989) war zwar nicht der erste Anlauf, sich mit dem Fotobuch als eigenständigem Medium zu beschäftigen. Schon einmal, 1978, hatte man in der Ausstellung *Photography in the Netherlands* das Augenmerk auf die nationale Fotobuchkultur gelenkt.

Und doch markiert *Foto in omslag* so etwas wie einen Paradigmenwechsel hin zu einer vertiefenden Auseinandersetzung mit dem Thema. „Little attention so far has been paid to the subject in other countries", heißt es selbstbewusst im Vorwort des zweisprachigen Kataloges. Im Übrigen seien Fotobücher bis dato eher aufmerksam betrachtet als eingehender Analyse unterzogen worden.[24]

Gegen Ende der 1990er Jahre intensivierte sich der historisch-kritische Blick auf ein Jahrhundert internationaler Fotobuchkultur. Speziell *Fotografía Pública*, als Ausstellung von Horacio Fernández für die Reina Sofía (Madrid) kuratiert und von dem Grafikdesigner Fernando Gutiérrez kongenial zwischen zwei Buchdeckeln inszeniert, wirkte wie ein „Katalysator", um einen Begriff von Thomas Honickel aufzugreifen: „Diese Schau hat uns klar gemacht, dass es nicht die Fotoausstellungen waren, sondern die Magazine und Bücher, die unser Sehen geschult und unser Urteil gefestigt haben."[25] Zwar konzentrierte sich das Projekt auf die Zeit zwischen den Weltkriegen, andererseits zeigte man sich offen auch für Zeitschriften oder Werbemittel – und lieferte in der gestalterischen Aufbereitung eine Art von Augenkitzel, von dem zahlreiche Titel in der Folge lernen sollten. Verkleinert wiedergegebene Cover bzw. Schutzumschläge, ausgewählte Doppelseiten, ein das Objekthafte des Mediums Fotobuch unterstreichender Schatten gehören seither zu den Standards, wenn Bildbände reproduziert und verhandelt werden.

Allen voran der New Yorker Rare Book Dealer Andrew Roth hatte die Zeichen der Zeit erkannt und mit seinem 2001 erschienenen *Book of* 101 *Books* eine Art Wegweiser zum beispielhaften Fotobuch auf den Markt gebracht, dessen Wirkung auf die Rezeption bzw. Wahrnehmung des Mediums kaum überschätzt werden kann. Weniger der mögliche Erkenntnisgewinn macht diesen Titel in unserem Zusammenhang so wichtig, als vielmehr die selbstbewusste Geste, mit der hier das Fotobuch als Option geadelt wird. Für Aufmerksamkeit sorgten wenig später Martin Parr und Gerry Badger mit ihrer bis heute gut 25 000-mal verkauften zweibändigen Geschichte des Fotobuchs, die – ihrerseits als Kaufempfehlung missverstanden – den Markt für sogenannnte „Vintage Books" kräftig angeschoben hat.

Dem Sonderthema Firmenschrift widmete sich die Kunsthistorikerin Mirelle Thijssen mit ihrem Band *Het Bedrijfsfotoboek* 1945–1965 (2002). Mit dem Akt im Fotobuch setzte sich der Sammler und Filmemacher Alessandro Bertolotti in seinem *Livres de nus* (2007) auseinander, während ein Team um Rachel Stuhlman mit *Imagining*

Paradise (2007) die reichen Fotobuchbestände des George Eastman House (Rochester, N. Y.) einer kritischen Revision unterzogen hat. Auch das Thema Stadt wurde mit Wien (*Wien im Bild*, 2008) und Köln (*Köln und seine Fotobücher*, 2010) bereits näher untersucht. Arbeiten zu Berlin, New York oder London dürften folgen.
Was alle Titel verbindet, so unterschiedlich sie sich im akademischen Anliegen geben mögen, ist der unbedingte Anspruch, das Fotobuch aus den Fußnoten zu holen und aufs Podium zu heben. Das Fotobuch nicht mehr nur als „reference book" oder „support material"[26], sondern als eigenständiges, interdisziplinäres Ausdrucksmittel – ein bisschen wie ein Film, auf den Ralph Prins bereits 1969 in einem Gespräch mit Cas Orthuys hingewiesen hatte: „A photobook", so seine Definition, „is an autonomous art form, comparable with a piece of sculpture, a play or a film. The photographs lose their own photographic character as things ‚in themselves' and become parts, translated into printing ink, of a dramatic event called a book."[27] „Only the sequencing counts like ... in a movie"[28], bestätigt der Fotograf und Filmemacher William Klein, während David Campany noch weiter geht und das Aufkommen illustrierter Fotobücher insgesamt mit der Erfindung des Kinos in Verbindung bringt: „Cinema's elastic construction of space, time and movement prompted a fundamental reconfiguration of the page."[29]

Die 1920er und 30er Jahre markieren, vor allem in Europa und hier in besonderer Weise angeschoben durch die Ideenwelt der Konstruktivisten, eine erste Blüte des Fotobuchs, das sich nicht mehr nur als Sammlung von Bildern eines oder mehrerer Autoren verstand, sondern als schlüssiges Zusammenspiel unterschiedlicher Faktoren, zu denen fotografische Exzellenz, Typo und Design ebenso gehören wie ein konzeptionelles Rückgrat im Verein mit einer sich über Papier, Druck und Bindung definierenden handwerklichen Qualität. Das Buch als Gesamtkunstwerk mit – im Idealfall – einem Künstler oder Regisseur, der für alle Aspekte und Etappen steht: Autorenkino sozusagen, mit dem Unterschied zum Film, dass das Fotobuch keine gerichtete Lektüre vorschreibt. Oder, um den Philosophen Hubert Damisch zu zitieren: „Das Buch ist ein Phänomen mit zwei Eingängen. In seiner Gesamtheit funktioniert es zum einen auf einer Zeitachse als Abfolge von Texten oder Zeichen. Und es funktioniert synchron als Ensemble, in das man nach Lust und Laune, an jeder beliebigen Stelle eintreten kann."[30]

Begegnung mit gedruckten Rara

Wo Fülle herrscht, sind Rankings gefragt. Der Frage nach einem internationalen Kanon wegweisender Fotobücher hatte sich erstmals 1984 auf Anregung von Kodak-Pressechef Karl Steinorth die Kölner photokina gestellt, wobei eine hochkarätig besetzte Jury bestehend aus Helmut Gernsheim, L. Fritz Gruber, Margaret Harker, Frank Heidtmann, Fritz Kempe, Rolf H. Krauss, Beaumont Newhall, Allan Porter, Robert A. Sobieszek, Albert Schug, Anne Tucker, Steven Yates sowie Steinorth selbst den Weg zu einer Auswahl wies, die in Beantwortung der Frage, welche Bücher „den größten Einfluss auf die Weiterentwicklung des Mediums" gehabt hätten, auch frühe technische Schriften oder Gebrauchsanweisungen berücksichtigte.[31] Ganz im Alleingang und vor dem Hintergrund seiner Praxis als Antiquar versuchte sich zwei Jahrzehnte später der bereits zitierte Andrew Roth an einem Kanon internationaler Spitzentitel. In seinem opulenten *Book of 101 Books* hob er ganz auf die handwerklichen und ästhetischen Qualitäten der Gattung ab, auf „bibliophile Meilensteine", während ihn die massenmedialen oder alltagskulturellen Aspekte des Mediums Fotobuch weniger bis gar nicht interessierten. Nach Roth besitzen Titel den Rang von Kunstwerken, wenn sie überlegt produziert sind und in Gehalt, Layout, Papier, Druck, Text, Typo, Bindung, Schutzumschlag und Format ein in sich stimmiges Ganzes bilden. Hinzu kommt die Qualität der Fotografien selbst, ein am Buch als Medium interessierter Autor sowie ein speziell mit Blick auf das Druckwerk produzierter Zyklus. Nicht einfach eine Auswahl von Bildern sei gefragt, „but books whose images were destined to be seen in ink and bound between covers"[32].

Sowohl Roth wie Martin Parr und Gerry Badger wurden für ihre Auswahl kritisiert. Weiter noch ging Herbert Molderings, der selbst dem Referenzstatus beanspruchenden Werk von Parr und Badger „jeglichen wissenschaftlichen Erkenntniswert" absprach.[33] Andererseits wirkten ihre Bücher gleichsam wie Geschmacksverstärker. Erst sie haben den Boom rund um das „Rare Books" wirklich angeheizt – und quasi en passant einen neuen Buchtyp etabliert: das Fotobuch im Fotobuch. Was ihre reich illustrierten Titel boten, war ohne Zweifel ein sinnliches Erlebnis, eine nicht zuletzt digitaler Repro-Technik geschuldete authentische Begegnung mit gedruckten Rara und Rarissima. Ihr Ranking war merkfähig, stellte im Wesentlichen ab auf eingeführte Namen und bestätigte – quasi nebenbei – allerhand Stereotypen bzw. Vorurteile. Paris als Hauptstadt der Fotografie: Wer mochte noch an diesem Anspruch zweifeln angesichts der Bildbände von Atget, Moï Ver, Brassaï, Kertész, Doisneau oder Ed van der Elsken, die Roth in seinem insgesamt äußerst restriktiven Pantheon berücksichtigt hatte. Nur drei Titel zu New York waren ihm aufgefallen. Zu London einer und keiner zu Berlin, zu Rom, Madrid etc.

Sein Selbstverständnis als Welthauptstadt der Fotografie hat Paris immer wieder unterstrichen. Als Titel von Anthologien wie *Paris – Capitale de la photographie*[34], als Motto von Ausstellungen wie *Paris – Capitale photographique*[35] oder als publikumswirksamer Heftschwerpunkt von Magazinen wie im Fall der Zeitschrift *Photo*, die im November 2010 ein Special zum Thema „Paris – Capitale de la photo"[36] ankündigte, taucht das Label immer wieder auf – nicht unwidersprochen von New York, wo man 2002 mit der Ausstellung *New York – Capital of Photography* konterte. Jenseits aller Superlative und Prioritätsansprüche bleibt die führende Rolle von Paris unbestritten, der unerhörte Beitrag der Stadt zu Theorie und Praxis, Kunst und Populärkultur des Mediums. Und zu einer Buchkultur, die schon Walter Benjamin bewundert hatte. „Unter allen Städten ist keine, die sich inniger mit dem Buche verband als Paris", hatte der einst notiert und die Stadt mit einem großen Bibliothekssaal verglichen, der „von der Seine umschwärmt" sei.[37] Benjamin, der in seiner *Kleinen Geschichte der Photographie* Atget ausdrücklich erwähnt und den von Berenice Abbott herausgegebenen Band als „hervorragend schön"[38] bezeichnet hatte, wird bei seiner Einlassung kaum in erster Linie das Fotobuch gemeint haben, wenngleich Fotobücher nicht unerheblich zur Konstitution einer virtuellen Bibliothek mit Paris-Bezug beigetragen haben. Keine Stadt, meint Jean Cocteau, habe „sich selbst so viel gepriesen und besungen" wie Paris.[39] Eine Erkenntnis, die sich mühelos in Richtung Fotografie bzw. Fotobuch erweitern lässt. Mit Sicherheit kein Ort war so häufig Gegenstand mehr oder minder überlegt gemachter Fotobände wie die französische Hauptstadt, beflügelt selbstredend von einem touristischen Interesse, möglich gemacht durch ein leistungsfähiges reprografisches Gewerbe und ästhetisch aufgewertet durch eine hochmotivierte Künstlerschar, zu der eben nicht nur Kreative mit französischem Pass zu rechnen sind. Im Gegenteil verdankt sich das in die Welt getragene Paris-Bild ganz wesentlich einem Blick von außen, der nicht selten neugieriger, kritischer, entdeckungsfreudiger, radikaler, enthusiastischer war als der vieler Franzosen, für die Paris zunächst einmal ein Ort war, der vor der Haustür lag. Dass viele Immigranten nicht unbedingt freiwillig kamen, liegt auf der Hand. Und doch adoptierten sie die Stadt schnell als ihre neue Heimat und stifteten Paris ein programmatisches Fotobuch – die gebürtigen Ungarn Kertész oder Brassaï sind die bekanntesten.

Bibliotheken als Orte des Vergessens

Für Alain Fleig, der sich bereits in den frühen 1980er Jahren mit dem Medium Fotobuch auseinandergesetzt hat[40], steht Atget am Anfang. Dessen streng dokumentarische Arbeitsweise ebenso wie sein Buch hätten einen paradoxen Einfluss auf den von Nostalgie geleiteten Blick vor allem fotografierender Flaneure gehabt „und dienten als Orientierung für eine stattliche Zahl von Titeln zum gleichen Thema"[41]. Tatsächlich kam bei Atget alles zusammen: Der Kamerakünstler als Flaneur bzw. umgekehrt der Spaziergänger als Fotograf, dessen selektives Interesse allein Paris verpflichtet ist, der konzeptionell bzw. in Zyklen denkt und sein Werk idealerweise im Buch aufgehoben sieht. Zugegeben: Atgets Paris-Monografie erschien posthum und auf Betreiben von Berenice Abbott. Ansonsten war er es, der einen Paradigmenwechsel etabliert hat, dem bewusst oder unbewusst zahllose Fotografen im 20. Jahrhundert folgten. Sei es, dass sie „Paris benutzten, um die Fotografie zu erkunden oder die Fotografie benutzten, um Paris zu erkunden."[42] Was sich so über gut einhundert Jahre formte, ist eine eindrucksvolle Bibliothek, eine virtuelle Kollektion von Büchern, die vorderhand dreierlei verbindet: Fotografien bilden das konzeptionelle Rückgrat, sämtlich kreisen sie um Paris als Stadt, als Mythos, als Legende und jedenfalls in einem Teil von ihnen kommt eine fotografische Haltung zum Ausdruck, die wahlweise einem dokumentarischen, narrativen oder experimentellen Interesse folgt.

Erstaunlicherweise hat sich mit diesem überbordenden Schatzhaus, das ja nicht nur fotohistorische bzw. -ästhetische Fragestellungen gestattet, sondern auch kultur- und zeitgeschichtliche, noch niemand ernsthaft auseinandergesetzt. Zwar stellt Thomas Michael Gunther in Michel Frizots *Neuer Geschichte der Photographie* klar: „Paris schien als Stadt die Fotografen und Verleger offensichtlich ebenso zu faszinieren wie die Liebhaber der Bildbände" und nennt als Beleg Monografien von Germaine Krull, André Kertész, Brassaï, René-Jacques, Emmanuel Boudot-Lamotte, Marc Foucault, Willy Ronis, Emmanuel Sougez, Robert Doisneau, Cas Oorthuys, Nico Jesse, Ed van der Elsken und Johan van der Keuken sowie den Sammelband *Voyage dans Paris* von 1945.[43] Zwar hat Christian Bouqueret dem Phänomen in seinem Standardwerk über die französische Fotografie der Zwischenkriegszeit eine längere Passage gewidmet, spricht von Paris als einer wahren „Fundgrube für Verleger und Fotografen" und meint, eine regelrechte Bibliothek (oder fast) sei zum Thema Paris erschienen, „und zwar speziell in der zweiten Hälfte der 30er Jahre"[44]. Zwar spielt das Buch als didaktischer Fluchtpunkt auch in Ausstellungen und Katalogen eine immer stärkere Rolle, so 2006 in dem von der Bibliothèque nationale (Site Richelieu) verantworteten Überblick über die „Photographie Humaniste", der die französische Fotografie der 1940er bis 60er Jahre erstmals vor dem Hintergrund wichtiger zeitgenössischer Publikationen diskutierte.[45]

Gegenstand einer vertiefenden Betrachtung oder gar Museumsschau war das Thema „Paris im Fotobuch“ bis dato nicht.

Bibliotheken stiften Erinnerung. Sie können aber auch für das Gegenteil verantwortlich gemacht werden. So sei das Archiv, wie Bernd Stiegler bemerkt, „nicht allein der Ort des Bewahrens, sondern auch der Ort des Vergessens, des Vergessenmachens, des Verschwindenlassens“[46]. Erinnert wird in diesem Zusammenhang an Oliver Wendell Holmes, Jurist, Essayist und 1861 Erfinder eines preiswerten Handstereoskops[47], der bereits Mitte des 19. Jahrhunderts eine „Bibliothek mit fotografischen Aufnahmen“ imaginiert hatte, die die Wirklichkeit ersetzen, sie zum Verschwinden bringen könne, „da durch die Aufbewahrung der materiellen Spur des Gegenstandes dieser überflüssig geworden sei. Hat man erst einmal hinreichend Bilder gesammelt und archiviert, so ist der Gegenstand nicht mehr erforderlich, er kann verschwinden.“[48] Auch würde ein entsprechendes „Archiv der Bilder“ das Reisen überflüssig machen, und auch die mit der Ortsveränderung verbundenen Strapazen gehörten der Vergangenheit an. Eines Tages, so die Vision von Wendell Holmes, „sollte die sichtbare Welt insgesamt in Bilder gebannt und dem Betrachter zugänglich gemacht werden können.“[49] Die Fotografie als Surrogat: Bemerkenswert, dass Wendell Holmes seine Phantasie vorderhand auf das Reisen, eine fotografisch zu erfassende Ferne richtet. Ähnlich äußert sich zeitgleich Louis de Comenin, der seinerseits für eine Bibliothek fotografischer Aufnahmen plädiert, über die „man nun eine behagliche Zimmerreise antreten könne, um die Wunder ferner Länder in originalen Aufnahmen betrachten und erkunden zu können“[50].

Annähernd Wirklichkeit geworden ist die Utopie im 20. Jahrhundert, wobei neben eine Reihe populärer Foto-Ikonen bzw. global verstandener Schlüsselbilder ein ebenso reiches wie facettenreiches Angebot an fotografisch illustrierten Büchern tritt, das die Reise ersetzt, die Sehnsucht stimuliert, den Blick lenkt, die Vorstellungen prägt. Sich ein Bild von Paris machen, heißt jetzt nicht mehr unbedingt, den Koffer zu packen, sondern – möglicherweise – ein Buch zur Hand zu nehmen, es aufzuschlagen und in ihm zu blättern.

Nicht allein foto- bzw. drucktechnische Fortschritte hatten der Gattung den Weg bereitet. Mindestens ebenso wichtig war die Bereitschaft eines bildungsbürgerlichen Publikums, die fotografische Narration, den visuellen Flow zwischen zwei Buchdeckeln als plausiblen Blick auf die Stadt und schlüssigen Ortswechsel in Papier zu akzeptieren. Ein Gang durch die fotografisch illustrierte Paris-Literatur im 20. Jahrhundert kann sich folglich nicht allein an Kategorien orientieren, wie sie unter dem Eindruck des aktuellen Kunst- und Sammlermarkts Andrew Roth, Gerry Badger oder – in der Folge viel zitiert – der Fotograf und Bibliomane John Gossage definiert haben. Zuallererst, hatte der konstatiert, müsse ein gutes Fotobuch ein großes Werk enthalten. „Secondly, it should make that work function as a concise world within the book itself. Thirdly, it should have a design that complements what is being dealt with. And finally, it should deal with content that sustains an ongoing interest."[51]

In unserem Fall galt es, vor dem Hintergrund kulturgeschichtlicher Fragestellungen, den Radius zu erweitern, ohne in einer kaum noch zu überblickenden virtuellen Bibliothek die Orientierung zu verlieren. Rund 130 Titel aus gut 100 Jahren Fotobuchgeschichte markieren – bezüglich Kunst und Handwerk – zum einen die Höhepunkte eines Mediums, das sich seit den 1920er Jahren als kongeniales Transportmittel für fotografische Bilder erwiesen hat. Zum anderen und ganz bewusst werden aber auch – beispielhaft, versteht sich – Randbereiche oder Nischen diskutiert, Kuriosa in Augenschein genommen oder Titel erfasst, die neuerdings unter dem Begriff „Vernacular" gehandelt werden. Den Kern oder das Rückgrat unserer Auswahl bilden Titel, die die Druckerpresse durchlaufen haben, also illustrierte Bildbände ab etwa 1890. Darüber hinaus sollte jedem Buch so etwas wie eine fotografische Strategie zugrunde liegen. Es sollte eine fotografische Haltung spiegeln, ein Thema plausibel bündeln, eine Botschaft formen. Claude Nori, Fotograf, Publizist und Verleger (*Contrejour*), hatte für entsprechende Werke den Begriff „live synopsis" gefunden. Es zwinge den Kamerakünstler, den Akt des Fotografierens mit der Buchproduktion in Einklang zu bringen, „während ihm das *livre archive* gestattet, auf bereits vorhandenes Material zurückzugreifen, das dann den Kern eines künftigen Buches stellt“[52].

Hohes Maß an Authentizität

Zugegeben: Nicht jedes der in der Folge vorgestellten Bücher genügt dem Ideal künstlerischer oder handwerklicher Exzellenz. Aber jedes steht für den Geist eines Moments – und für ein Stück Fotografie-, Kultur- und Zeitgeschichte. Papier, Druck, Bindung verweisen auf die haptische Seite eines Buches, wobei – unter umgekehrtem Vorzeichen – auch das schnell und schlecht gedruckte Werk eine Position markieren kann. So mögen die unmittelbar nach der Befreiung erschienenen, die Libération feiernden Titel mit ihren grob gerasterten Bildern und dem billigen Papier alles andere als Höhepunkte französischer Buchkultur gewesen sein. Aber gerade die Armut im Verein mit einem temporeichen, hoch emotionalen Bildprogramm verleiht den Büchern ein hohes Maß an Authentizität. Titel wie diese gehören ebenso zu einer Bibliografie der Stadt wie ein illustrierter, karitativ gemeinter Tischkalender, ein Architekturführer im Geist des Art Déco, eine bildhafte Polemik gegen den Abriss der Hallen oder eine illustrierte Firmenschrift, die auf Paris als bedeutenden Industriestandort verweist. Fotografie im Auftrag mündet hier immer wieder und unter dem Diktat meist nicht genannter Art Directors oder Typografen in staunenswerte Publikationen im Geist einer konstruktivistischen Moderne.

Jede Auswahl ist subjektiv, keine vollkommen, jede angreifbar. Keinesfalls konnte es darum gehen, im Sinne eines falsch verstandenen Positivismus möglichst viele Titel in möglichst vielen Varianten aufzubieten. Einerseits galt es – über die vom Kunstmarkt definierten Standards hinaus – den Blick zu weiten. Andererseits eine strenge Auswahl zu treffen, Paradigmen zu definieren, Bücher aufs Tapet zu heben, die beispielhaft für bestimmte Möglichkeiten stehen, Paris zu sehen, zu beschreiben, zu erzählen. In einem solchen Rund hat das couragierte Erstlingswerk eines jungen Immigranten – wie im Fall des Amerikaners Louis Stettner – ebenso seinen

Platz wie das Reisealbum eines anonymen Knipsers – zugegeben kein Fotobuch im engeren Sinne, dafür Beleg für eine nicht unbedeutende private Erinnerungskultur. Das Künstlerbuch in Kleinauflage galt es ebenso zu berücksichtigen wie den unter touristischem Vorzeichen konzipierten Tafelband, dessen Bildprogramm unsere Vorstellung von Paris im Zweifel nachhaltiger beeinflusst und geprägt hat als die von fotografierenden Autoren vorgetragene subjektive Wahrnehmung der Stadt. Yvon, eigentlich Pierre Petit, mag kein innovativer Bildermacher gewesen sein. Aber seine – hier zum Buch aufgebundenen – Stadtansichten im Postkartenformat haben das globale Image der Stadt vermutlich stärker geprägt als die couragierten Bildfindungen einer fotografischen Avantgarde. Auch Buchentwürfe als Titel in Wartestellung sind beispielhaft berücksichtigt und selbstredend die reiche, am Straßenalltag interessierte Literatur der 1950er Jahre, die auf besonders merkfähige Weise Pariser Leben im globalen Denken bildhaft verankert hat. Mit anderen Worten, unsere Auswahl vermittelt ganz bewusst zwischen „High" and „Low", Kommerz und Avantgarde, Alltagskultur und Kunstanspruch. Was alle Titel verbindet, ist die zeitliche Nähe von Aufnahme und Buch, der monografische Charakter der Publikationen (Anthologien wurden eher ausnahmsweise berücksichtigt), die erkennbare Handschrift eines (bisweilen anonymen) Autors, der beispielhafte Charakter eines zum Buch aufgebundenen Bildprogramms sowie eine wie auch immer geartete, dem Geist eines historischen Augenblicks verpflichtete Idee.

Der Blick auf Paris als Blick von außen

Zahllose Fotografinnen und Fotografen haben Paris fotografiert, vor allem in der ersten Hälfte des 20. Jahrhunderts erlebte die Seinemetropole einen beispiellosen Zulauf an Talenten, von denen sich praktisch jedes die Stadt über die Kamera angeeignet hat. Oftmals entstanden umfangreiche Werkgruppen bzw. über Jahre gepflegte Langzeitprojekte, ohne dass das Material zeitnah in ein Fotobuch Eingang gefunden hätte. Ilse Bing, Florence Henri, Lisette Model,

Gisèle Freund, Paul Almasy, George Hoyningen-Huene, Horst P. Horst, Man Ray, Marianne Breslauer, Ré Soupault, Robert Capa, François Kollar, Martin Munkácsi, Erwin Blumenfeld zählen zu jenen, die sich fotografierend mehr oder minder intensiv mit Paris auseinandergesetzt und es doch nie zu einem eigenständigen, programmatischen Paris-Bildband gebracht haben.[53] Auch für die Nachkriegszeit lassen sich allerhand große Namen finden, man denke an Henri Cartier-Bresson oder Marc Riboud, deren Bildfindungen *Derrière la gare Saint-Lazare* (1932) bzw. *Le peintre de la Tour Eiffel* (1953) einem unwillkürlich in den Sinn kommen, wenn von Paris die Rede ist. Einen in sich geschlossenen, überzeugenden, den Geist der Zeit atmenden Fotoband zu Paris hat keiner von beiden publiziert. Eine Geschichte des Fotobuchs unter dem Vorzeichen „Paris" muss folglich auf eine Reihe großer Namen verzichten. Umgekehrt kommen vergessene oder übersehene Kamerakünstler ins Spiel wie Jerôme Doucet, Marius Gravot, André Vigneau oder Emmanuel Boudot-Lamotte, der Ende der 1930er Jahre einen der erfolgreichsten Bildbände überhaupt veröffentlicht hat und doch zu den großen Unbekannten der Fotografie gerechnet werden muss. Zu ihnen gesellen sich internationale Fotoprofis oder engagierte Amateure wie der Japaner Shinzo Fukuhara, der Tscheche Josef Prosek oder der Deutsche Peter Cornelius, dessen Name für den ersten, formal-ästhetisch überzeugenden Paris-Bildband in Farbe steht.

Der Blick auf Paris, und das macht die Betrachtung in besonderer Weise lohnend, war – wenigstens im 20. Jahrhundert – vor allem ein Blick von außen, und das heißt auch, ein weniger affirmativer denn ein skeptischer, prüfender, forschender, suchender Blick mit immer wieder überraschenden Resultaten. Die ambitionierten Bücher dieser internationalen Künstler, zu denen sich auch Amerikaner, Skandinavier, Italiener oder Schweizer gesellen – erschienen in den USA, in West- und Osteuropa. Paris im Fotobuch ist – so gesehen – ein in mehrfacher Hinsicht grenzüberschreitendes Thema, was die Herkunft der Künstler, die Internationalität ihres Blicks auf die Stadt, aber auch das kommerzielle Interesse eines weltweiten Verlagswesens betrifft.

Ideales Transportmittel für Bilder

Die Fotografie ist ein Medium auf Papier. Das macht das Buch, seinerseits ein dem Papier geschuldetes Objekt, zum idealen Transportmittel für fotografische Bilder. Auch ist die Fotografie – sieht man ab von den raumgreifenden Inszenierungskünsten der Postmoderne – ein intimes Medium, das im vergleichsweise kleinformatigen Buch seinen idealen Partner findet. „Photography remains essentially a printed-page medium"[54], und das meint neben der Illustrierten vor allem das Buch. Es trifft eine Auswahl, orchestriert ein Werk, strukturiert einen Zyklus. Fotobücher definieren eine Abfolge, kreieren eine Dramaturgie mit einem Anfang, einer Klimax, einem Schluss, wobei die Doppelseite – „the spread" – für die kleinste grammatikalische Einheit steht. Alle möglichen Fragen lassen sich an das Fotobuch stellen. Womit beginnt eine Bildfolge? Welches Foto steht am Schluss? Und welche Art von Geschichte wird dazwischen erzählt? Wie stehen die Bilder auf den Seiten? Wie kommunizieren sie miteinander? Inwiefern stiften sie eine stimmige Narration? Was lässt sich mit Blick auf die Typografie, das Schriftbild sagen? Und wie steht es um das (quantitative wie qualitative) Verhältnis von Bild und Text? Kein Fotobuch kommt ohne Text aus. Allerdings kann er das Bildprogramm begleiten oder aber er fungiert als zentrales Element, das die Fotografien zur bloßen Illustration degradiert.

Bis in die 1960er Jahre war ein Paris-Band ohne literarischen Flankenschutz undenkbar. Francis Carco, Jean Cocteau, Georges Duhamel, Léon-Paul Fargue, André Maurois, Paul Morand, Pierre Mac Orlan sowie etwas später Blaise Cendrars und immer wieder Jacques Prévert hießen die „Edelfedern", deren verkaufsfördernde Namen nicht selten über dem des Fotografen auf dem Buchcover rangierten. Bei Ed van der Elsken sind Text und Bild verschränkt im Sinne eines Fotoromans. Ganz auf Text verzichtet Johan van der Keuken bei seinem 1963 erschienenen Buch *Paris mortel*. Damit ist die Wende zum ganz auf die bildhafte Narration vertrauenden Fotoband vollzogen. Es bleibe die Erkenntnis, konstatiert Autor Thomas

Honickel, „dass ein echtes Fotobuch letztlich keinen gut geschriebenen Text benötigt. Es muss vielmehr als optischer Solitär funktionieren."[55] Tatsächlich werden selbst die Titel von Izis oder der in enger Zusammenarbeit mit Blaise Cendrars erarbeitete Bucherstling *La Banlieue de Paris* des damals 37-jährigen Robert Doisneau vorrangig auf der Ebene der Bilder gelesen. Sie waren und sind es, die unsere Vorstellung von Paris geprägt, unsere Sehnsucht geleitet, unser Schaulust befriedigt und schließlich das globale Image der Stadt geformt haben.

Das 20. Jahrhundert hat Paris als fotografisches Thema nicht erfunden, aber über das Medium Buch entschieden popularisiert. Noch für die Kunstfotografie der Jahrhundertwende, die sich vorzugsweise über großformatige, edel gerahmte Abzüge und dicht gehängte Ausstellungen definierte, war das Buch kein wirklich akzeptiertes Medium der Selbstdarstellung. Eine Ausnahme bildet der Amerikaner Alvin Langdon Coburn, der neben heute gesuchten Titeln zu *London* (1909) und *New York* (1910) allerdings kein Buch über Paris hinterlassen hat, obwohl er immer wieder fotografierend in der Hauptstadt war, wie etwa die Motive *Paris Rooftops from Notre-Dame* (1904), *Notre-Dame* (1908) oder *Roofs* (1913) belegen.[56] Einzig der Japaner Shinzo Fukuhara hat uns mit *Paris et la Seine* (1922) das plausible Beispiel eines Paris-Buches im Geist des Piktorialismus gestiftet, in kleiner Auflage und mit großem Aufwand produziert und damit wiederum näher am Portfolio und Mappenwerk des 19. Jahrhunderts als am modernen Metropolenbuch. Eine Zäsur bedeutete der Erste Weltkrieg, dessen politische und soziale Folgen sich in Deutschland stärker bemerkbar machten als in Frankreich und nicht zuletzt die bildenden Künste mit Konstruktivismus, Dada und Neuem Sehen radikalisierten. So gesehen ist es kein Zufall, dass mit *Paris* von Mario von Bucovich das erste Metropolenbuch modernerer Machart in Berlin erschien. Zwar wirkt der in der populären Reihe *Das Gesicht der Städte* edierte Band mit seinen ganzseitigen, auf Mitte gesetzten Tafeln im Verein mit dem bräunlichen Kupfertiefdruck auf den ersten Blick noch recht konventionell. Bei näherem Hinsehen überrascht das Buch jedoch mit einem reichen

Bildprogramm, das sowohl bildnerisch wie thematisch immer wieder neue Wege geht, ungewöhnliche Perspektiven wagt und sich auch Phänomenen der Alltagskultur bzw. modernen Zivilisation gegenüber aufgeschlossen zeigt. Nicht zu vergessen die hohe Auflage und internationale Verbreitung des Titels mit einer französischen und amerikanischen Lizenzausgabe. Auch das gehört – im Unterschied zum Album oder Tafelwerk – zum illustrierten Städteband modernen Zuschnitts.

Die Neue Sachlichkeit, konstatiert Christian Bouqueret, sei in Frankreich nie wirklich angekommen. „Es ist eine ganz und gar deutsche Schule, geprägt von der Rückkehr zu einem pedantischen bis aggressiven Realismus als Reaktion auf den Expressionismus der Brücke und die abstrahierende Kunst des Blauen Reiter."[57] Was für die bildende Kunst gelten mag, gilt sicher nicht für die Kamerakunst der 1920er und 30er Jahre. Fotografen wie Emmanuel Sougez, André Vigneau, Daniel Masclet, François Kollar oder René Zuber, der einige Monate an der Hochschule für Grafik und Buchkunst in Leipzig studiert hatte, standen sehr wohl einer fotografischen Neuen Sachlichkeit nahe. Schöne Beispiele ihres mediengerechten Umgangs mit der Kamera sind das *Notre-Dame*-Album von Sougez, das Mappenwerk zu Versailles von André Vigneau oder eine vorzüglich gedruckte Firmenschrift von René Zuber, die Einflüsse von Albert Renger-Patzsch erkennen lässt.[58] Ein Paris-Buch mit künstlerisch-programmatischer Ausrichtung hat keiner von ihnen publiziert. Es sollte dauern, bis sich in Frankreich die Idee eines mit Fotografien illustrierten Buches durchsetzen konnte. Noch Anfang der 1920er Jahre, konstatiert Bouqueret, sei das Fotobuch „un produit rare", und wenn uns heute das Buch als ideales Transportmittel für Fotografien erscheine, so sei dies damals keineswegs Konsens gewesen.[59] Publikationen wie *Malerei Photographie Film* (László Moholy-Nagy, 1925), *Urformen der Kunst* (Karl Blossfeldt, 1928) oder *Die Welt ist schön* (Albert Renger-Patzsch, 1928) blieben jenseits des Rheins nicht unbemerkt und mögen den Weg gewiesen haben. Gegen Ende des Jahrzehnts jedenfalls erscheint auch in Frankreich eine Reihe fotogeschichtlich bedeutender Titel, die nicht zuletzt in der Wahrnehmung von Paris neue Wege gehen. Immigranten wie Brassaï, Moï Ver oder der fotografierende Dichter Ilja Ehrenburg nutzen das visuelle Angebot der Stadt, um Bücher zu edieren, die Paris mindestens ebenso sehr zum Thema haben wie das Medium selbst, dessen gestalterische Möglichkeiten hier im Extrem ausgelotet werden. „La photographie fonde véritablement une pédagogie du regard", meint Alain Fleig, eine wirkliche „Schule des Blicks" sei da begründet worden.[60] Sei es, dass man Paris bei Nacht erkundet (wie Brassaï), Paris von unten zeigt (wie Ilja Ehrenburg) oder Paris als moderne, temporeiche, Schwindel erregende Großstadt inszeniert wie der Bauhaus-Schüler Moï Ver, dessen 1931 erschienenes, schlicht *Paris* überschriebenes Werk die wohl radikalste Position markiert: „une rupture totale"[61].

Ganz neue Lektüre der Straße

Schon 1927 hatte die seit einem Jahr in Paris lebende Germaine Krull mit einem gedruckten Portfolio für Gesprächsstoff gesorgt, das seinerseits als Wendepunkt, als Manifest eines Neuen Sehens und „model of Machinist photography"[62] verstanden und begrüßt wurde. Zwar ist *Métal* im engeren Sinne kein Buch über Paris, den Blick auf die Stadt, speziell den auf das neue Wahrzeichen der Metropole hat es gleichwohl verändert: Generationen von Kamerakünstlern haben den Eiffelturm seitdem neu und anders gesehen. Ebenfalls zur Pariser Moderne um 1930 gehört die Entdeckung von Atget, bezeichnenderweise durch die Amerikanerin Berenice Abbott, die wesentlich die internationale Rezeption dieses fotografierenden Sonderlings, die Indienstnahme seiner eigentlich dem 19. Jahrhundert verpflichteten Arbeit durch die moderne Kunst befördert hat. Einem weiteren Einzelgänger begegnen wir in dem gebürtigen Ungarn André Kertész, dessen auf die Zeit zwischen 1926 und 1936 zu datierendes Hauptwerk ebenfalls in Paris entstanden, mehr noch ohne Paris nicht denkbar ist. „J'écris avec la lumière et la lumière de Paris est ma bonne copine", hat er einmal gesagt: „Ich schreibe mit Licht, und das Pariser Licht ist meine beste Freundin."[63] Rückblickend gilt Kertész als der eigentliche Poet unter den Kamerakünstlern der Zwischenkriegszeit, ein, wie Walter Benjamin es ausdrückt, Flaneur, „der auf dem Asphalt botanisieren geht“[64]. Als solcher erschließt er eine urbane Metaphorik, die sich über die kleinen, bescheidenen, oft übersehenen Dinge im Alltag definiert. Es sei dies, wie Herbert Molderings bemerkt, eine ganz neue „Lektüre der Straße“, die sich hier ankündige, wobei „Menschengesichter, Auslagen, Schaufenster, Ladenschilder, Café-Terrassen, Treppen, Brücken, Häuser und Bäume zu lauter gleichberechtigten Buchstaben werden, die zusammen neue Worte, Sätze und Seiten des großen ‚Paris-Buches' ergeben, an dem seit dem späten 18. Jahrhundert Schriftsteller, Maler, Zeichner und Fotografen schreiben.“[65] Auch die typischen Pariser Parkbänke, die gern Schatten werfenden Stühle im Jardin du Luxembourg oder in den Tuilerien, das noch omnipräsente Kopfsteinpflaster, Brandmauern, Treppen, Plakatwände, Straßenlaternen oder die „Vespasiennes“ genannten eisernen Bedürfnisanstalten gehören in diesen Zusammenhang. Hier formt sich eine alternative Paris-Ikonografie, die nicht nur kommende Fotografen nachhaltig inspirieren wird, sondern auch – wie Herbert Molderings betont – die touristische Wahrnehmung der Stadt prägen sollte. „Wie sehr sich die Touristenwege nach dem Ersten Weltkrieg von den altehrwürdigen historischen Denkmälern entfernt und zu den weniger noblen, aber umso lebendigeren volkstümlichen Orten hinbewegt hatten, verrät Florent Fels' Vorwort zu dem von Germaine Krull bebilderten Städtebildband *100 × Paris*. Statt der Besichtigung der Kathedrale Notre-Dame empfiehlt er dem Paris-Besucher die Erkundung der Straßen der Prostitution, einen Besuch der Nachtbars der kleinen Gauner oder einen Blick auf die Treffpunkte der Lesben und Homosexuellen ...“[66]

Mit dem Beginn des Zweiten Weltkriegs, dem Einmarsch deutscher Truppen in Paris am 14. Juni 1940 endeten die experimentierfreudigen „Années Folles“, die verrückten Pariser Jahre. André Kertész hatte, gelockt durch einen Vertrag mit der Agentur Keystone, bereits 1936 die Stadt in Richtung New York verlassen. Horst P. Horst packte 1939 seine Koffer. Man Ray verließ im Jahr darauf Europa und kehrte in die USA zurück. Germaine Krull ging nach Brasilien. Erwin Blumenfeld und Josef Breitenbach wurden als feindliche Ausländer interniert, während Izis und Willy Ronis im Süden Frankreichs untertauchten. Wer in Paris geblieben war, französische Kamerakünstler wie Emmanuel Sougez, Laure Albin Guillot oder Jean Roubier – allesamt führende Vertreter eines „Classicisme français", also einer eher konservativen Auffassung –, sah sich mit einer in vielerlei Hinsicht prekären Situation konfrontiert. Lebensmittelrationierung, Sperrstunden, Verdunklungsvorschriften, Ersatzkaffee bestimmten das Leben ebenso wie eine eingeschränkte Mobilität: „Paris wurde eine Stadt der Radfahrer und Fußgänger."[67]

Illustrierte wie VU (1938), *Regards* (1939) oder die für die Moderne der Fotografie in Frankreich so wichtigen *Photographie*-Sonderhefte der Zeitschrift *Arts et Métiers Graphiques* (1941) stellten ihr Erscheinen ein. Immer schwieriger wurde es, Filme zu bekommen, von Kameras nicht zu reden. Zudem verbot ein Gesetz vom 16. September 1940 das Fotografieren auf offener Straße. Bildjournalisten benötigten einen „Laissez-passer" bzw. eine Akkreditierung, die es immer wieder zu erneuern galt. Alles Bildmaterial unterlag der Zensur. Zuständig hierfür war die im luxuriösen Hotel Majestic residierende Propaganda-Staffel. Bereits der Kontakt mit deutschen Stellen konnte als erster Schritt in Richtung Kollaboration ausgelegt werden, dem schnell ein zweiter folgen mochte, wenn man sein Talent – wie etwa André Zucca[68] – in den Dienst der deutschen Presse stellte. Auch während der Zeit der Okkupation gab es eine beachtliche künstlerische Produktion in Literatur (Sartre), bildender Kunst (Picasso) oder Film, der freilich die Fotografie nichts entgegenzusetzen hatte. Schon die „Daumenschraube der Papierzuteilung"[69] wird das Erscheinen anspruchsvoller Fotobücher verhindert haben. Die wenigen Titel, die tatsächlich auf den Markt gelangten, wandten sich in erster Linie an die kaufkräftigen Besatzer, darunter ein im Verlag der deutschen Arbeitsfront publizierter, auch in Leder mit Goldprägung überlieferter Band mit Aufnahmen von Emmanuel Boudot-Lamotte (1942) oder ein von Roger Schall verantwortetes großformatiges (nicht datiertes) Werk, dessen deutschsprachige

Bildunterschriften ein Erscheinen nach 1940/41 wahrscheinlich machen. Das interessanteste Buch aus der Zeit der Besatzung stammt ausgerechnet von einem nicht weiter bekannten deutschen Offizier, der in seinem 1941 veröffentlichten kleinen Buch *Reflets de Paris* ein zwar bedrohliches, eher düster-machtvolles Paris-Bild zeichnet, das sich aber gerade damit als stimmig erweist – ein plausibles Kind seiner Zeit.

Ein Jahrzehnt humanistischer Fotografie

Der Befreiung von Paris im August 1944 folgt auf dem Fuß eine bemerkenswerte Zahl von Publikationen, die – bescheiden in Ausstattung und Druck – die Momente der Libération bildhaft Revue passieren lassen oder noch einmal die Zeit der Besatzung rekapitulieren wie Roger Schalls weit verbreiteter Bildband *À Paris sous la botte des Nazis*, ein grafisch-typografisch anspruchsvolles Werk, das bereits Ende 1944 auf den Markt kam, also wohl „à chaud" und mit Blick auf ein breites nationales Interesse gedruckt worden war. Zu zeitgeschichtlich hochinteressanten Titeln wie diesen gesellen sich zügig Mappen oder Tafelwerke, die sich rückblickend wie eine Renaissance französischer Buchkunst lesen, wobei man sich weniger an der Avantgarde der 1920er Jahre als an klassischem Handwerk orientiert. Bereits 1946 wartet Rémy Duval auf mit einem großformatigen Band, der sich in Ausstattung, Druck und einer verträumten, ganz der Île Saint Louis verpflichteten Fotografie liest wie ein publizistischer Gegenentwurf zur Misere der unmittelbaren Nachkriegszeit, die ja für Frankreich zunächst eher eine Verschlechterung der materiellen Lage gebracht hatte. Einzig Pierre Jahan schafft mit *La Mort et les statues* (1946) den Spagat zwischen fotografischer Innovation und handwerklicher Tradition, Ästhetik und politischer Brisanz. Sein von Jean Cocteau initiiertes Buch zählt zu den ungewöhnlichsten Titeln der 1940er Jahre. Die wohl wichtigste Neuerscheinung des Jahrzehnts wird 1949 vorgestellt. Kommerziell ist das Werk ein Misserfolg. Immerhin leitet Robert Doisneau mit seinem Bucherstling *La Banlieue de Paris* ein Jahrzehnt „humanistischer Fotografie" ein – ein Etikett, das so verbreitet wie umstritten ist. Schon die zeitliche Abgrenzung bereitet Schwierigkeiten. Denn versteht man unter „Photographie Humaniste" eine Haltung, „qui s'intéresse aux hommes autant qu'au décor", wie Laure Beaumont-Maillet formuliert, dann folgt die Fotografie im Grunde vom Moment ihrer Erfindung an einem „humanistischen" Interesse[70].

Was 1945 anders ist, ist der verheerende Zweite Weltkrieg, der als Erfahrung in besonderer Weise das Handeln französischer Fotografen prägen und sie dazu bringen sollte, sich für eine Fotografie zu interessieren, „die den Menschen, seine Würde, seine Wurzeln in einem bestimmten Milieu in den Vordergrund rückt"[71]. Cartier-Bresson, Doisneau, Ronis gelten als Begründer einer „photographie qu'on appelle humaniste." Sie hätten eine völlig neue Art des Bildermachens auf den Weg gebracht, „unprätentiös, oft zärtlich, mitunter ironisch und auf halbem Weg zwischen schwärmerischer Empathie und nüchterner Schilderung angesiedelt"[72].

Henri Cartier-Bressons 1952 erschienenes programmatisches Buch *Images à la sauvette*, aber auch der 1955 zur gleichnamigen Ausstellung im Museum of Modern Art erschienene Katalog *The Family of Man* (darin immerhin 25 Arbeiten französischer Nachkriegsfotografen[73]), trafen den Nerv der Dekade. Beide Titel wirkten stilbildend und prägten – zusammen mit programmatischen Bildbänden von Izis, Willy Ronis oder den späteren, durchaus erfolgreichen Monografien von Robert Doisneau – die globale Vorstellung von Paris als Bühne eines immerwährenden Straßentheaters, dessen Personal aus einer globalen Erinnerung nicht mehr wegzudenken ist. Küssende Liebespaare, Angler, Bouquinisten gehören ebenso dazu wie dösende Clochards, Maiglöckchenverkäufer, Straßenmaler, die ewige Concierge, der feiste Patron, die Nonnen, die Nutten oder die „Hirondelles" genannten Polizisten, die bereits Mario von Bucovich prominent auf das Cover seiner Paris-Monografie gehoben hatte.

Édouard Boubat, Brassaï, Robert Doisneau sowie die zeitweise in Paris lebenden jungen Kamerakünstler Rune Hassner, Tore Johnson oder Louis Stettner waren auch Teil der zwischen 1951 und 1958 von dem Deutschen Otto Steinert in Saarbrücken und Köln veranstalteten Ausstellungen *subjektiver fotografie*, obwohl die informelle Bewegung im Kern andere Ziele verfolgte. Ästhetisch suchten Steinert und seine westdeutschen Mitstreiter – unter ihnen Peter Keetman und Toni Schneiders – den Anschluss an die experimentelle Moderne der 1920er Jahre. Nicht der Mensch mit seinen Freuden und Nöten stand im Mittelpunkt, sondern – vor dem Hintergrund der zeitgenössischen informellen Kunst – die „Schaffung eigenwertiger künstlerischer Produkte".[74] Negativdruck, Solarisation, Strukturbild, Abstraktion hießen die probaten Mittel auf dem Weg zu autonomen Bildschöpfungen, die letztlich als eine Art Antithese zur französischen Fotografie der 1950er Jahre, auch zum italienischen Neorealismus gesehen werden können. Wurden Steinerts Aktivitäten in Frankreich kaum rezipiert, blickte umgekehrt die europäische Fotoszene mit Beginn der 1950er Jahre wieder verstärkt auf Paris, das sich spätestens mit Gründung der Magnum-Gruppe (1947) erneut als Mekka der Fotografie ins Gespräch gebracht hatte. Stettner, Johnson, Hassner, Christer Strömholm pilgerten nach Paris, lauschten den Erzählungen des bewunderten Brassaï, ließen sich inspirieren von der Stadt und ihrer reichen Kultur, bildeten Gruppen und Zirkel und fotografierten – nicht zuletzt mit Blick auf ein erstes eigenes Buch. Auch Steinert war zwischen 1949 und 1952 wiederholt in der Hauptstadt, um Material für seine Ausstellungen zusammenzutragen und seinerseits „Pariser Formen" nachzustellen. Ein noch zu Lebzeiten geplanter Fotoband wurde allerdings erst posthum Wirklichkeit[75].

Recycling bildhafter Klischees

Mit dem Mai 1968 lassen die Fotohistoriker die sogenannte „humanistische Fotografie" ausklingen, auch wenn deren Hauptvertreter noch bis in die 1980er Jahre tätig waren. Zweifellos hat sich mit der studentischen Revolte einiges verändert, nicht zuletzt unser Blick auf die Fotografie und der Umgang mit ihr. Bewegungen, Schulen, Trends sind von nun an schwieriger auszumachen. Die Medienpraxis individualisiert sich, zugleich tritt der selbstbewusste Autor auf, der das Thema Buch deutlich konzeptioneller denkt, sich in allen Stadien der Produktion stärker einbringt und im Zweifel zum Selbstverleger wird. Ed van der Elskens *Liebe in Saint Germain des Prés* (1956) als prominentester Ausdruck einer „post-war counter culture“[76], Romain Urhausens Buch über die Hallen (1961) oder Johan van der Keukens *Paris mortel* (1963) sind die Vorboten eines Trends, dem in den späten 1960er und frühen 70er Jahren Jean Claude Gautrand, Birgit Hvidkjær oder Christer Strömholm folgen werden. Paris bleibt ein Thema der Fotografen und ihrer Bücher, aber der Ton radikalisiert sich. Der lyrische Gestus, das Augenzwinkern scheinen überholt. Noch in den 1940er und 50er Jahren hatten Fotografen schon im Buchtitel die Pracht der Stadt gefeiert, ihrer Liebe zu Paris Ausdruck gegeben oder versprochen, seine Geheimnisse zu lüften. Jetzt ist von Mord an Baltard die Rede, Paris muss ohne seinen Eiffelturm auskommen, und schon in Headlines wie *Paris noir* kündigt sich ein finsterer Blick auf die Hauptstadt an. Mehr denn je interessieren sich Kamerakünstler heute für die theoretische Seite ihres Mediums und stellen – vor dem Hintergrund der digitalen Revolution, die allerdings auch Verunsicherung bedeutet – den dokumentarischen Kern der Fotografie in Frage, ihre vermeintliche Objektivität. Entsprechend kann die Annäherung an Paris als Mythos mit seinem Inventar an Wahrzeichen, Symbolen, Monumenten keine beschreibende oder dokumentierende mehr sein, von feierlich ganz zu schweigen. Skepsis hat die Gewissheit ersetzt, Ironie die Bewunderung, ein frecher Ton das Pathos der Vergangenheit. Und wo doch noch gesammelt wird und archiviert, geschieht dies – wie bei Hans Peter Feldmann – in Gestalt einer postmodernen „Appropriation Art“, als Recycling bildhafter Klischees.

Jede Generation schaut aufs Neue und mit einem neuen, frischen Auge auf Paris, das sich seinerseits verändert hat. Zeitgenössische Kamerakünstler wie der Amerikaner Jarret Schecter verweigern sich der wie immer gearteten Legende und setzen ihr ein aus aktuellem Erleben gespeistes Paris-Bild entgegen. Das große Ganze hat an Charme verloren. Dafür huldigen die Fotografen dem Detail. Was für Emmanuel Sougez Notre-Dame war, sind für Thomas

Zacharias die Lumpen entlang der Pariser Bordsteine. Krasser könnte ein Richtungswechsel nicht ausfallen. Und dennoch: Beide Künstler fühlen sich Paris verpflichtet. In der Chronologie der Titel von etwa 1890 bis in unsere Tage wird der Wandel der Interessen, die Verlagerung der Akzente, der Knick in der Wahrnehmung besonders deutlich. Das frühe Paris war menschenleer, die Musterstadt triumphierte über ihre Nutzer. Die Fotografie der Jahrhundertmitte entdeckt und kultiviert den „kleinen Mann", den Menschen im Alltag, auf der Straße. Der zeitgenössischen Fotografie ist er wieder abhanden gekommen, was auch mit dem neuerdings in Frankreich besonders restriktiv gehandhabten Recht am eigenen Bild zu tun haben mag. Entvölkert, kühl, verlassen präsentiert sich ein morgendliches Paris bei Geoffrey James. Noch weiter geht der heute in Berlin lebende Nicolas Moulin, der unter Zuhilfenahme neuester Computertechnik Paris leerräumt, evakuiert, alle Zeichen und Symbole entfernt, um schließlich die Eingänge der Wohnhäuser und Geschäfte zu versiegeln. Mit Moulins apokalyptischer, dem Hollywoodkino entlehnter Vision scheint die Paris-Ikonografie an ihrem Ende angelangt zu sein. Moulin projiziert seine Arbeiten, unterlegt sie mit Sound, nutzt alle Möglichkeiten moderner, raumbezogener Projektion. Gleichzeitig huldigt er dem Buch, in dem er eine nach wie vor plausible Form der visuellen Mitteilung erkennt. „Bücher sind und bleiben Startrampen für Ideen", schreibt Virginia Swanson, „mementos of civilization, and harbigers of change."[77] In diesem Sinne erfährt das traditionelle (analoge) Fotobuch auch und gerade im Zeitalter von Internet und digitalen Medien eine staunenswerte Renaissance. Die lange, innige und so fruchtbare Beziehung zwischen Paris und dem Fotobuch kann somit in die nächste Runde gehen.

Erstveröffentlichung in *Eyes on Paris. Paris im Fotobuch 1890 bis heute*,
München: Hirmer Verlag 2011

Anhang

Behutsam fasst sie die Dinge an, die ihre Augen sehen
Anmerkungen zum Reprint von *Aenne Biermann*: 60 Fotos
S. 18–29

1 Otto Bettmann: „Die ‚Fifo' in Stuttgart", in: *Börsenblatt für den Deutschen Buchhandel*, Nr. 124, 1. 6. 1929, S. 594 f.
2 Ausführlich hierzu vgl. Hans-Michael Koetzle: „Auftritt der Doppelgänger. Reprints berühmter Fotobücher", in: *Foto-Magazin*, Nr. 7, Juli 2005, S. 18–23.
3 Zit. nach Manfred Heiting/Roland Jaeger (Hg.): *Autopsie. Deutschsprachige Fotobücher 1918 bis 1945*, Band 1, Göttingen 2012, S. 342.
4 Ebd.
5 Franz Roh: „Moholy-Nagy und die neue Fotografie", in: L. *Moholy-Nagy*: 60 *Fotos*, Berlin 1930, S. 3–5.
6 *Thilo Schoder*, Berlin 1929, Taf. 35.
7 Walter Müller-Wulckow: *Die Deutsche Wohnung der Gegenwart*, Königstein im Taunus und Leipzig 1930, S. 123.
8 Aenne Biermann: „Von der photographischen Darstellung im Allgemeinen und vom photographischen Unterricht im Besonderen", in: *Thüringen. Eine Monatsschrift für alte und neue Kultur*, Nr. 5, 1929, S. 81.
9 Franz Roh: „Photos von Änne Biermann", in: *Das Kunstblatt*, Oktober 1928, S. 306–308.
10 Vgl. Dr. W. Warstat: „Neue Wege in der Photographie", in: *Photographische Korrespondenz*, Nr. 11, 1930, S. 294–299.
11 Vgl. *Das Atelier des Photographen*, Nr. 5, 1932, S. 40.
12 Ausführlich hierzu vgl. Rainer Stamm: „‚eine neue Art des Sehens'. Fotografie der Neuen Sachlichkeit im Landesmuseum Oldenburg", in: *Oldenburger Jahrbuch* 2014, Oldenburg 2014, S. 169–182.
13 Zit. nach Frank Rüdiger: „Möglichkeiten der Darstellung – Anmerkungen zu Aenne Biermann", in: *... der Sachlichkeit verpflichtet. Aenne Biermann. Fotografien 1926 bis 1932*, Gera 2018, S. 15.
14 Schreiben Herbert Biermann an Martin Engels, Ende Juni 1947, Archiv Magdalene Engels, Prien am Chiemsee.

Aufträge mit tieferem Hintergrund interessieren ihn am meisten
Der Fotokünstler Herbert List in den gedruckten Medien der Nachkriegszeit
S. 38–49

1 Stefan Moses: „Er war der geheime Mittelpunkt Schwabings", in: *Süddeutsche Zeitung*, 8. Mai 1995, S. 13.
2 Wolfgang Hildesheimer: „Über Herbert List", in: *Du*, Nr. 7, 1973, S. 5 f.
3 *Herbert List – Photographien 1930–1970. Mit einem Text von Günter Metken*, München 1976, Ausst.-Kat. Die Neue Sammlung, München, 1976, S. 7.
4 „Ein deutscher Weltmann – Herbert List", in: *Leica-Fotografie*, Nr. 6, 1960, S. 40.
5 *Herbert List – Photographies 1930–1960*, Paris 1983, S. 8.
6 Ulrich Pohlmann: „Jedem seine Wirklichkeit. Zu den Photographien von Herbert List", in: *Max Scheler*/ (Hg.): *Herbert List. Die Monographie*, München 2000, S. 26.

7 Rudolf Knapmann: „Herbert List und sein Schaffen", in: *Foto Prisma*, Nr. 10, 1952, S. 404.
8 Boris von Brauchitsch: *Das Magische im Vorübergehen. Herbert List und die Fotografie*, Münster/Hamburg 1992, S. 26.
9 Wolf Strache (Hg.): *Das Deutsche Lichtbild 1958*, Stuttgart 1957, S. 33.
10 Jürgen Wilke (Hrsg): *Mediengeschichte der Bundesrepublik Deutschland*, Bonn 1999, S. 16.
11 Birgit Bödeker: *Amerikanische Zeitschriften in deutscher Sprache*, 1945–1952, Frankfurt am Main 1993, S. 37.
12 Ebd., S. 94.
13 Gleichwohl steht eine fundierte Betrachtung der Zeitschrift bis heute aus. Vgl. Marion Krammer: *Rasender Stillstand oder Stunde Null? Österreichische PressefotografInnen* 1945–1955, Göttingen 2022, S. 52.
14 *Heute*, Nr. 152, 19. Dezember 1951, S. 4.
15 Lothar Rübelt, Schreiben an Heinz Norden, Redaktion *Heute*, 14. September 1947, Nachlass Rübelt, Bildarchiv ÖNB/Wien, Ordner 22, Korrespondenz 1947.
16 Bis Nr. 6 (1946) 31,0 × 23,5 cm; ab Nr. 7 (1946) 36,3 × 27,0 cm.
17 Wie Anm. 11, S. 94.
18 Allerdings scheint Lohse kein Parteimitglied gewesen zu sein. Vgl. Schreiben Bundesarchiv Berlin an den Autor vom 17. Januar 2022.
19 Ausführlich hierzu Iris Lauterbach: „Die NSDAP-Kartei: ‚Kunstwerk an neuzeitlicher Organisation'", in: Wolfgang Augustyn und Iris Lauterbach (Hrsg.): *Rondo. Beiträge für Peter Diemer zum* 65. Geburtstag, München 2010, S. 234–243.
20 Ludger Derenthal: *Bilder der Trümmer- und Aufbaujahre. Fotografie im sich teilenden Deutschland*, Marburg 1999, S. 199.
21 Wie Anm. 7, S. 404.
22 Helmut Kindler: *Zum Abschied ein Fest. Die Autobiographie eines deutschen Verlegers*, München 1991, S. 390–392.
23 David Streiff: *Manuel Gasser. Biografie*, Zürich 2016, S. 19.
24 L. Fritz Gruber: „Lieber Herbert List", in: *Zoom* (1978).
25 Gasser verbrachte im März 1973 drei Tage in München. – David Streiff 2016 (wie Anm. 23), S. 644.
26 Emanuel Eckardt: *Hamburger Köpfe – Herbert List*, Hamburg 2003, S. 76.
27 Russell Miller: *Magnum. Fifty Years at the Front Line of History*, London 1997, S. 70.
28 Als Fotograf und Vertreter der „New Color"-Fotografie war Peter Schub u. a. vertreten in: Dr. Kurt Herberts & Co. (Hrsg.): *Eine Welt voller Farben*, Wuppertal 1966.
29 Freundlicher Hinweis von Michael Friedel, 17. Januar 2022.
30 Wie Anm. 1, S. 13.
31 Roger Fritz: *Boulevard der Eitelkeiten*, München 2022, S. 10–13.
32 Ausführlich hierzu Hans-Michael Koetzle und Carsten M. Wolff: *Fleckhaus. Deutschlands erster Art Director*, München 1997, S. 36 f.
33 Herbert List: „Auf geht's zur Wies'n!", in: *Bleib im Bild*, Nr. 12, 1957.
34 Anonym: Bleib im Bild, in: *Der Spiegel*, Nr. 27, 1957, S. 14.
35 Ein Erscheinungsdatum ist dem Heft selbst nicht zu entnehmen. Immerhin gibt eine ganzseitige Anzeige in der Zeitschrift *magnum* (April 1960) einen Hinweis. So dürfte die erste *Vagabund*-Nummer im Mai 1960 erschienen sein.

36 Rolph Gail (Text) und Herbert List (Fotos): „Das Karibische Meer – Ziel unserer Sehnsucht", in: *Vagabund*, o. J. [1960].
37 Gustav René Hocke (Text) und Herbert List (Fotos): „Die Ewige Stadt verjüngt sich – Olympia 1960", in: *Vagabund*, o. J. [1960].
38 Hans Habe: *Ich stelle mich. Meine Lebensgeschichte*, München u. a. 1954, S. 499.
39 W. E. Süskind: „Statt einer Todesanzeige", in: *Süddeutsche Zeitung*, Nr. 24, 29./30. Januar 1955, S. 3.
40 Vgl. *NZ-Wochenschau* Nr. 1, 1950; Nr. 18, 1950; Nr. 18, 1951.
41 Dr. [Karl] Steinorth: „In Memoriam Herbert List", in: *Foto Magazin*, Nr. 7, 1975, S. 74.
42 Gespräch Hans-Michael Koetzle mit Klaus-Jürgen Sembach im Januar 2015 in München.

Ein übersehener Avantgardist
Zur internationalen Rezeption des Fotografen Francesc Català-Roca
S. 126–135

1 *Barcelona*, Barcelona 1954. – *Guía de Madrid*, Barcelona 1954.
2 Vgl. Juan Manuel Bonet: *Una lectura del Català-Roca fifties*, in: *Català-Roca. Barcelona/Madrid. Años Cincuenta*, Madrid 2003, S. 25 (Englisch S. 245).
3 Vgl. Horacio Fernandez: *Cuenca hacia 1956. La versión de Francesc Català-Roca*, Madrid 2008, Klappentext.
4 Vgl. Ulf Erdmann Ziegler: *Preface/Vorwort/Préface*, in: *Contemporary German Photography*, Köln 1997, S. 4.
5 Jörg Krichbaum: *Lexikon der Fotografen*, Frankfurt am Main 1981.
6 Michèle und Michel Auer: *Encyclopédie Internationale des Photographes de 1839 à nos jours*, Hermance 1985.
7 Martin Marix Evans (Hg.): *Contemporary Photographers*, 3. Auflage, Detroit 1995.
8 Carole Naggar: *Dictionnaire des photographes*. Paris 1982.
9 Turner Brown/Elaine Partnow: *MacMillan Biographical Encyclopedia of Photographic Artists and Innovators*, New York/London 1983.
10 Jean-Philippe Breuille: *Dictionnaire de la photo*, Paris 1996.
11 Gloria S. McDarrah/Fred W. McDarrah/Timothy S. McDarrah: *The Photography Encyclopedia*, New York 1999.
12 Reinhold Mißelbeck (Hg.): *Prestel-Lexikon der Fotografen. Von den Anfängen 1839 bis zur Gegenwart*, München 2002.
13 Besonders *Toreo de salón* von Oriol Maspons (1963) sowie *Izas, rabizas y colipoterras* von Juan Colom (1964) haben in jüngerer Zeit den Beifall der Fachwelt gefunden. Vgl. Martin Parr/Gerry Badger: *The Photobook: A History volume* I, London 2004, S. 220 f.
14 Einzige Ausnahme bildet das spanischsprachige Lexikon *Diccionario de historia de la fotografía* von Marie-Loup Sougez und Helena Pérez Gallardo, Madrid 2003.
15 Vgl. Andrew Roth: *The Open Book*, Göteborg 2004.
16 Otto Steinert: *Subjektive Fotografie. Ein Bildband moderner europäischer Fotografie*, Bonn 1952.
17 *Life* Nr. 15 vom 19. April 1951. – Vgl. auch Bodo von Dewitz/Robert Lebeck: *Kiosk. Eine Geschichte der Fotoreportage 1839–1973*, Göttingen 2001, S. 256 f.

18 Vgl. Margit Kern (Hg.): *Das Spanienbild im Fotobuch/España a través de la cámara*, Leipzig 2008, S. 16.
19 Wie Anm. 2, S. 14 (Englisch S. 242).
20 Vgl. auch Thilo Koenig: *„Subjektive Fotografie" in den fünfziger Jahren*, Berlin 1988, S. 9.
21 Wie Anm. 2, S. 68–69. In seinem Bildband Barcelona von 1954 lautet die Bildunterschrift auf S. 92 „Terrazas en la Plaza de Calvo Soleto".
22 Vgl. Enrica Viganò: *NeoRealismo. La nueva imagen en Italia. 1932–1960*, Madrid 2007.
23 Ausführlich hierzu vgl. Jane Livingston: *The New York School*, New York 1992.
24 Wie Anm. 2, S. 9 (Englisch S. 241).
25 Ebd., S. 7 (Englisch S. 241).
26 Ebd., S. 198 (Englisch S. 251).
27 Wolfgang Weber: *Barcelona*, Berlin 1928.
28 Wie Anm. 2, S. 196–198 (Englisch S. 251).
29 Ebd., S. 13 (Englisch S. 242).
30 Wolfgang Jean Stock: *„In tiefer Nacht, in bleierner Zeit: Städteporträts aus Spanien"*, in: *Süddeutsche Zeitung*, Nr. 182, 9./10. August 2003, S. 14.
31 Vgl. Claude Nori: *Les Fantômes travestis de l'Espagne*, in: *Camera International*, Nr. 25, Mai–Juin 1990.
32 *Photographies Magazine*, Nr. 90, Décembre 1997/Janvier 1998, S. 60–69. Der Beitrag erschien anlässlich einer Ausstellung im Pariser Institut Cervantes vom 6. bis 27. November 1997.

Photographer with a hobby

Fotografie im Selbstauftrag – zum persönlichen Werk des Fotografen Elliott Erwitt
S. 192–199

1 Chris Boot (Hg.): *Magnum Stories*, London 2004, S. 138.
2 Elliott Erwitt: *Unter Hunden*, Zürich 1992, S. 7.
3 Vicki Goldberg: Elliott Erwitt, in: *Contemporary Photographers*, 3. Auflage, Detroit 1995, S. 303.
4 Wie Anm. 1.
5 Ebd.
6 Elliott Erwitt: *Fotografien 1946–1988*, Lausanne 1988, S. 14.
7 Gespräch Hans-Michael Koetzle mit Elliott Erwitt am 12. Juni 2012 in Wien.
8 Ebd.
9 Wie Anm. 6, S. 20.
10 Wie Anm. 1.
11 Ebd.
12 Wie Anm. 6, S. 20.
13 Ebd., S. 19.
14 Wie Anm. 1.
15 Wie Anm. 3, S. 302.
16 Wie Anm. 6, S. 15.
17 Ebda., S. 20.

Wanderer zwischen den Welten
Peter Knapp als Art Director
S. 210–221

1 „Mir ging es nicht um einen Stil" [Peter Knapp im Gespräch mit Hans-Michael Koetzle und Horst Moser], in: *Leica World*, Nr. 1, 1998, S. 20–27.
2 Zur Geschichte der *Elle* vgl.: Anne-Marie Périer/Jean-Dominique Bauby: *Nos cinquante premières années*, Paris 1995.
3 Vgl. Gespräch Hans-Michael Koetzle mit Peter Knapp am 10. Juni 2007 in Cergy-Village.
4 Ausführlich hierzu: Martin Parr/Gerry Badger: *The Photobook. A History volume* I, London 2004, S. 245.
5 Vgl. Gespräch Hans-Michael Koetzle mit Peter Knapp am 10. Juni 2007 in Cergy-Village.
6 Ebd.
7 Zu Mehemed Fehmy Agha vgl.: Horst Moser: „Der Mann, der zu viel wusste", in: *Leica World*, Nr. 1, 2006, S. 16–23.
8 Vgl. Gespräch Hans-Michael Koetzle mit Peter Knapp am 10. Juni 2007 in Cergy-Village.
9 *Leica World*, Nr. 1, 1998, S. 22.
10 Ebd.
11 Telefongespräch Hans-Michael Koetzle mit Peter Knapp am 11. Juni 2007.
12 Vgl. Gespräch Hans-Michael Koetzle mit Peter Knapp am 10. Juni 2007 in Cergy-Village.
13 Ebd.
14 Vgl. „Double Coeur – Le Roman de Patricia Blondal" [illustriert von Roman Cieslewicz], in: *Elle*, Nr. 999, 11. Februar 1966.
15 *Leica World*, Nr. 1, 1998, S. 24.
16 Ebd., S. 22.
17 Ebd.
18 Vgl. Gespräch Hans-Michael Koetzle mit Peter Knapp am 10. Juni 2007 in Cergy-Village.
19 Die hochformatige Schwarz-Weiß-Aufnahme von Richard Avedon fand Aufnahme in dessen Buch *Observations* (New York 1959). Kerry William Purcell (*Alexey Brodovitch*, London 2002) präsentiert es auf S. 178.
20 *Leica World*, Nr. 1, 1998, S. 26.
21 Ebd.
22 Ausführlich zu Willy Fleckhaus vgl.: Hans-Michael Koetzle/Carsten M. Wolff: *Fleckhaus. Deutschlands erster Art Director*, München 1997.
Zu *twen*: Hans-Michael Koetzle: *twen – Revision einer Legende*, München 1995.
23 Vgl. Gespräch Hans-Michael Koetzle mit Peter Knapp am 10. Juni 2007 in Cergy-Village.
24 Ebd.
25 *Leica World*, Nr. 1, 1998, S. 24.
26 David Hillman/Harri Peccinotti: *Nova* 1965–1975 , London 1993, S. 35.
27 *Leica World*, Nr. 1, 1998, S. 26.

28 Vgl. Gespräch Hans-Michael Koetzle mit Peter Knapp am 10. Juni 2007 in Cergy-Village.
29 Ebd.
30 Die Ausgabe vom 20. November 1970 nennt Peter Knapp erstmals als „Beratenden Art Director". Als solcher wird er im Impressum bis 25. Dezember 1970 geführt.
31 Ausführlich zu *Fortune* vgl.: Horst Moser: „United Artists", in: *Leica World*, Nr. 2, 2001, S. 18–25.
32 Vgl. Gespräch Hans-Michael Koetzle mit Peter Knapp am 10. Juni 2007 in Cergy-Village.

Unter der Oberfläche lauert die Geschichte
Zu den Berlin- und Deutschland-Bildern des Fotografen René Burri
S. 222–233

1 „Vernünftiger, friedlicher, sensibler – Was ist Deutschland? Wer sind die Deutschen? Der Historiker Joachim Radkau über Geisteseliten und die nationale Frage im letzten Kaiserreich", in: *Die Welt*, 20. März 2006, S. 29.
2 Ebda.
3 Ebda.
4 Hierzu auch: Michel Frizot/Cédric de Veigy (Hg.): VU – *Le magazine photographique* 1928–1940, Paris 2009.
5 Wie Anm. 1.
6 Vgl. P. [= Hans Georg Puttnies]: „Diese Bilder haben eine merkwürdige Geschichte", in: *René Burri – Die Deutschen. Eine Ausstellung von Photographien aus den sechziger Jahren. 13. Juni bis 16. August 1961*, Köln (Galerie Rudolf Kicken) 1981, S. 5.
7 Gespräch Hans-Michael Koetzle mit René Burri am 26. Oktober 2012 in Paris.
8 Vgl. Max Frisch: *Werkausgabe*. Band 4. Frankfurt am Main 1976, S. 697.
9 *Frankfurter Allgemeine Zeitung*, 23. Mai 1963.
10 Wie Anm. 6.
11 René Burri: *Die Deutschen. Photographien* 1957–1964. *Mit zeitgenössischen Texten von Hans Magnus Enzensberger*, München 1986.
12 René Burri: Die Deutschen. Photographien aus einem geteilten Land 1957–1964, München 1990. – *René Burri: Die Deutschen. Photographien* 1957–1997. *Mit einer Einführung von Hans-Michael Koetzle und Gedichten von Hans Magnus Enzensberger*, München 1999.
13 Martin Parr/Gerry Badger: *The Photobook: A History. Volume I*, London 2004.
14 Andrew Roth: *The Open Book*, Göteborg 2004.
15 Peter Pfrunder (Hg.): *Schweizer Fotobücher 1927 bis heute. Eine andere Geschichte der Fotografie*, Baden 2012.
16 Wie Anm. 6, S. 6.
17 Gespräch Hans-Michael Koetzle mit René Burri am 26. Oktober 2012 in Paris.
18 Ausführlich hierzu vgl. Hans-Michael Koetzle (Hg.): *René Burri – Fotografien*. Berlin 2004, S. 22.
19 Wie Anm. 6, S. 5 f.
20 Gespräch Hans-Michael Koetzle mit René Burri am 26. Oktober 2012 in Paris.
21 Wie Anm. 18, S. 22.
22 Wie Anm. 15, S. 246–250.

23 Vgl. Du, September 1962, S. 22.
24 Wie Anm. 6, S. 6.
25 Vgl. Ute Eskildsen: *Formen des Portraits. Bilder aus der Bundesrepublik*, in: Goethe-Institut (Hg.): *Portraits aus Nachkriegsdeutschland*, München 1982, S. 4.
26 Wie Anm. 6, S. 6.

Baumeister in Bildern
Architektur sehen, verstehen, zeigen – Anmerkungen zu Klaus Kinold
S. 278–285

1 Albert Renger-Patzsch: *Ziele*, zit. nach: Wolfgang Kemp: *Theorie der Fotografie* II. 1912–1945, München 1979, S. 74.
2 Gespräch Hans-Michael Koetzle mit Klaus Kinold am 5. Februar 2009.
3 Vgl. Ulrich Weisner (Hg.): *‚Ich will Architektur zeigen, wie sie ist'. Klaus Kinold, Fotograf*, Bielefeld 1993, S. 11.
4 Wie Anm. 2.
5 Wie Anm. 3, S. 23.

Landsleute eben
Zum Deutschlandbild des Fotografen Rudi Meisel
S. 310–321

1 *Endlich so wie überall? Bilder und Texte aus dem Ruhrgebiet*, Essen 1987.
2 *Otto Steinert und Schüler. Fotografie und Ausbildung 1948 bis 1978*, Essen 1990.
3 Anja Lösel/Rudi Meisel: *Die Kuppel der Nation. Der Reichstag und seine Verwandlung*, Hamburg 1999.
4 Marlies Menge/Rudi Meisel: *Städte, die keiner mehr kennt. Reportagen aus der DDR*, München 1979.
5 Vicki Goldberg: *Light Matters: Writings on Photography*, New York 2005, S. 9.
6 Gespräch Hans-Michael Koetzle mit Rudi Meisel am 13. Mai 2015.
7 Karl Pawek: *Weltausstellung der Photographie*, Hamburg 1964.
8 Henri Cartier-Bresson: *Meine Welt*, Zürich 1968.
9 Robert Frank: *The Lines of My Hand*, Tokyo 1972.
10 Bruce Davidson: *East 100th Street*, Cambridge 1970.
11 Wie Anm. 6.
12 Jean-Claude Gautrand: *Avoir 30 ans*, Arles 1999.
13 Klaus Honnef: *In Deutschland. Aspekte gegenwärtiger Dokumentarfotografie*, Bonn 1979.
14 Christian Graf von Krockow: „Deutschland – ein Bildermärchen", in: Dirk Reinartz: *Kein schöner Land*, Göttingen 1989, o. P.
15 Manfred Heiting/Thomas Wiegand: *Deutschland im Fotobuch*, Göttingen 2011, S. 122.
16 Vgl. Thomas Höpker/Eva Windmöller: *Leben in der DDR*, Hamburg 1977 sowie Thomas Höpker: *DDR Ansichten*, Ostfildern 2011.

Regisseure eines Mythos
Bilder, Bücher, Buchkonzepte – Fotografen sehen Paris
S. 332–361

1 Ursula von Kardorff: *Adieu Paris. Mit 16 Bildseiten von Helga Sittl*, München 1974, S. 7.
2 Marcel Cornu: *La Conquête de Paris*, Paris 1972.
3 Wie Anm. 1, S. 7.
4 Brassaï: *Henry Miller in Paris*, Frankfurt am Main 1981, S. 11.
5 Vgl. Gerhard Höhn/Christian Liedke: *Auf der Spitze der Welt*, Hamburg 2010, S. 7.
6 Vgl. Herbert Günther: *Deutsche Dichter erleben Paris*, Pfullingen 1979, S. 13.
7 Vgl. Mary Ellen Jordan Haight: *Spaziergänge durch Gertrude Steins Paris*, Zürich 1989, S. 55.
8 Ernest Hemingway: *Paris – ein Fest fürs Leben. Gesammelte Werke*, Band 9, Reinbek bei Hamburg 1977.
9 Janet Flanner: *Pariser Tagebuch 1945–1965*, Düsseldorf 1967, S. 21.
10 Fritz Stahl: Paris. *Eine Stadt als Kunstwerk*, Berlin 1928.
11 Vgl. Jean Claude Gautrand: *Paris der Photographen*, Freiburg/Basel/Wien 1989, S. 23.
12 Vgl. Urs Stahel: *Ja, was ist sie denn, die Fotografie?*, Zürich 2003, S. 8.
13 Françoise Reynaud: *Paris et le Daguerréotype*, Paris 1989, S. 18.
14 Vgl. Wolfgang Kemp: *Theorie der Fotografie I*, München 1980, S. 48.
15 Vgl. Heidi Siefert: „Revolution in Farbe. Ansichtskarte vor dem Aus?“, in: *Münchner Merkur*, Nr. 116, 22./23./24. Mai 2010.
16 Vgl. Marguerite Duras: Tourismus in Paris 1957, in: *Paris. Eine literarische Einladung*, Berlin 2007, S. 133.
17 Vgl. Norbert Bolz/Ulrich Rüffer (Hg.): *Das große stille Bild*, München 1996.
18 Vgl. Bertrand Eveno: *Willy Ronis*, Paris 1983, S. 95.
19 Zit. nach Anton Holzer: „Fotobücher im 20. Jahrhundert“, in: *Fotogeschichte*, Nr. 116, 2010, S. 6.
20 Vgl. Timm Starl: „Die Bildbände der Reihe ‚Die Blauen Bücher‘. Zur Entstehungs- und Entwicklungsgeschichte eine Bildbandreihe. Bibliographie 1907-1944“, in: *Fotogeschichte. Beiträge zur Geschichte und Ästhetik der Fotografie*, H. 1, 1981, S. 77.
21 Susan Sontag: *On photography*, New York 1977, S. 4.
22 Rolf Sachsse: *Die Atombombe im Komposthaufen*, Aachen 1988, S. 13.
23 Vgl. Michael Ponstingl: Wien *im Bild. Fotobildbände des 20. Jahrhunderts*, Wien 2008, S. 10.
24 *Foto in omslag/Photography beween covers*, Amsterdam 1989, S. 5.
25 Vgl. Thomas Honickel: „Kampf mit dem Falz“, in: *Photonews*, H. 5, 2008, S. 8.
26 Vgl. Andrew Roth: *The Open Book*, Göteborg/Göttingen 2004, S. 9.
27 Wie Anm. 24, S. 12.
28 Zit. nach David Campany: *Photography and Cinema*, London 2008, S. 76.
29 Ebd., S. 62.
30 Vgl. Hubert Damisch: „Crossed Lines“, in: Geoffrey James: *Paris*, Paris 2001.
31 Vgl. *Das Gedruckte Photo*, Köln 1984, S. 36.
32 Vgl. Andrew Roth: *The Book of 101 Books. Seminal Photographic Books of the Twentieth Century*, New York 2001, S. 1.

33 Ausführlich hierzu vgl. Christoph Schaden: „Eine Frage bis heute", in: *Photonews*, H. 5, 2008, S. 7.
34 Vgl. Sylviane De Decker Heftler: *Paris – Capitale de la photographie*, Paris 1998.
35 Die Ausstellung im Hôtel de Sully von Februar bis Mai 2005 mit dem Titel *Paris – Capitale photographique* 1920/1940 war der Privatsammlung des Fotohistorikers Christian Bouqueret gewidmet.
36 *Photo*, Nr. 474, 10. November 2010.
37 Vgl. Walter Benjamin: *Gesammelte Schriften* IV, Frankfurt am Main 1982, S. 356.
38 Vgl. Walter Benjamin: *Das Kunstwerk im Zeitalter seiner technischen Reproduzierbarkeit*, Frankfurt am Main 1966, S. 56.
39 Vgl. Jean Cocteau: „Die Unbegreifliche", in: *Merian*, 7. Jg., H. 5, S. 35.
40 Vgl. Alain Fleig: „Le livre photographique: original ou reproductions?", in: Les Cahiers de le Photographie. Les espaces photographiques. Le livre, H. 6, 1982, S. 19–22.
41 Alain Fleig: „La photographie et le livre en France entre les deux guerres", in: Michelle Debat (Hg.): *La photographie et le livre*, Paris 2003, S. 93 f.
42 Wie Anm. 28, S. 32.
43 Thomas Michael Gunther: „Die Verbreitung der Fotografie. Presse, Werbung und Verlagswesen", in: Michel Frizot (Hg.): *Neue Geschichte der Fotografie*, Köln 1998, S. 573.
44 Vgl. Christian Bouqueret: *Des années folles aux années noires*, Paris 1997, S. 149.
45 Vgl. Laure Beaumont-Maillet/Dominique Versavel: *La photographie humaniste. Autour d'Izis, Boubat, Brassaï, Doisneau, Ronis et les autres*, Paris 2006.
46 Bernd Stiegler: *Bilder der Photographie. Ein Album photographischer Metaphern*, Frankfurt am Main 2006, S. 21.
47 Vgl. Helmut Gernsheim: *Geschichte der Photographie. Die ersten hundert Jahre*, Berlin 1983, S. 311.
48 Wie Anm. 46, S. 21.
49 Ebd.
50 Ebd., S. 55.
51 Martin Parr/Gerry Badger: *The Photobook. A History Volume* I, London 2004, S. 7.
52 Claude Nori: „Ivre d'images. Livre de photos", wie Anm. 40, S. 15.
53 Ausführlich zur Immigration vgl. Horacio Fernández: *Fotografía Pública*, Madrid 1999, S. 34.
54 Wie Anm. 51, S. 7.
55 Vgl. Thomas Honickel: „‚Ich war als Fotograf immer Amateur'. Lothar-Günther Buchheim und das Photobuch", in: *frame # 3. Jahrbuch der Deutschen Gesellschaft für Photographie*, Göttingen 2010, S. 103.
56 Abgebildet in Karl Steinorth (Hg.): *Alvin Langdon Coburn. Fotografien 1900–1924*, Thalwil/Zürich 1998, S. 60–63.
57 Wie Anm. 44, S. 57.
58 Ebd.
59 Ebd., S. 146.
60 Wie Anm. 41, S. 86.
61 Wie Anm. 44, S. 151.
62 Vgl. wie Anm. 53, S. 24
63 Zit. nach André Kertész: *J'aime Paris. Photographies des Années Vingt*, Paris 1974, S. 5.
64 Vgl. Walter Benjamin: *Gesammelte Schriften I/2. Werkausgabe Band 2*, Frankfurt am Main 1974, S. 538.

65 Vgl. Herbert Molderings: *Die Moderne der Fotografie,* [illegible]burg 2008, S. 230.
66 Ebda.
67 Vgl. Gabriele Kalmbach (Hg.): *Paris 1940–1944. Die dunklen Jahre der Ville Lumière,* Berlin 1993, S. 54.
68 Vgl. den von Jean Baronnet herausgegebenen Katalog zur Ausstellung in der Bibliothèque historique de la Ville de Paris: *Les Parisiens sous l'Occupation. Photographies d'André Zucca,* Paris 2008.
69 Vgl. Gerhard Heller: *In einem besetzten Land. NS-Kulturpolitik in Frankreich. Erinnerungen 1940–1944,* Köln 1982, S. 22.
70 Laure Beaumont-Maillet: „Cette photographie qu'on appelle humaniste", in: Laure Beaumont-Maillet/Françoise Denoyelle/Dominique Versavel: *La photographie humaniste, 1945–1968. Autour d'Izis, Boubat, Brassaï, Doisneau, Ronis ...* Paris 2006, S. 11.
71 Ebd.
72 Ebd., S. 11 f.
73 Vgl. Katalog *The Family of Man,* New York 1955. Dort sind mit Abbildungen vertreten Édouard Boubat (1 Arbeit), Brassaï (5), Henri Cartier-Bresson (8), Robert Doisneau (5), Nora Dumas (1), Izis (1), François Tuefferd (1), Vero (1), Sabine Weiss (2).
74 Vgl. J. A. Schmoll gen. Eisenwerth: *‚subjektive fotografie'. Der deutsche Beitrag 1948–1963,* Stuttgart 1989, S. 6.
75 *Otto Steinert – Pariser Formen,* Göttingen 2008.
76 Wie Anm. 28, S. 79.
77 Vgl. Darius D. Himes/Mary Virginia Swanson: *Publish Your Photography Book,* New York 2011, S. 13.

Hans-Michael Koetzle | Bibliografie

1985
Das Aktfoto. Ästhetik – Geschichte – Ideologie (Mit Michael Köhler)
München: C. J. Bucher Verlag

1987
Bertolt Brecht beim Photographen
Siegen: Verlag Affholderbach und Strohmann

1990
Robert Doisneau: Renault – Die Dreißiger Jahre
Berlin: Verlag Dirk Nishen

1991
Objekt + Objektiv = Objektivität? Fotografie an der Hochschule für Gestaltung Ulm 1953–1968 (Mit Thilo Koenig und Christiane Wachsmann)
Ulm: HfG-Archiv

1994
1000 Nudes. Uwe Scheid Collection
Köln: Benedikt Taschen Verlag

1995
Die Zeitschrift twen – Revision einer Legende
München: Verlag Klinkhardt & Biermann

1996–2007
Leica World
Chefredaktion der jährlich zweimal erscheinenden Fachzeitschrift

1997
Das Foto: Kunst- und Sammelobjekt
München: Augustus Verlag

Fleckhaus: Deutschlands erster Art Director (Mit Carsten Wolff)
München: Klinkhardt & Biermann
Ellen Auerbach, Anton Stankowski – Zeitgenossen
München: Vereinte Versicherungen

1998
Die Fünfziger Jahre: Heimat, Glaube, Glanz – Der Stil eines Jahrzehnts
(Mit Klaus-Jürgen Sembach und Klaus Schölzel)
München: Callwey Verlag
René Burri
Paris: Éditions Nathan (= Photo Poche Nr. 79)

1999
Robert Lebeck: Vis-à-vis
Göttingen: Steidl Verlag
René Burri: Die Deutschen (Erweiterte Neuausgabe)
München: Schirmer/Mosel Verlag

2001
Schupmann Collection. Fotografie in Deutschland nach 1945
Braunschweig: Museum für Photographie

2002
Dieter Leistner (Mit Hilmar Hoffmann, Dirk Meyhöfer,
Falk Jäger u. a.)
Wiesbaden: Verlag H. M. Nelte

2003
Das Lexikon der Fotografen 1900 bis heute
München: Droemersche Verlagsanstalt Th. Knaur
Photo Icons
Köln: Benedikt Taschen Verlag
(Auch in englischer, französischer, spanischer, italienischer,
tschechischer und polnischer Sprache)

2004

René Burri: Fotografien
(Auch in englischer, französischer, spanischer und italienischer Sprache)
London: Phaidon Press Ltd.

2005

René Burri: Mostra Picasso 1956
Milano: Palazzo Reale

2007

Bilder im Kopf
Düsseldorf: NRW-Forum Kultur und Wirtschaft
Münchner Kreise: Der Fotograf Theodor Hilsdorf 1868–1944
(Mit Ulrich Pohlmann)
Bielefeld: Kerber Verlag
Diccionario de Fotógrafos del Siglo Veinte
Madrid: Consorcio del Circulo de Bellas Artes

2008

Peter Knapp (Mit Gabriel Bauret)
Paris: Éditions du Chêne
F.C. Gundlach: Das fotografische Werk (Mit Klaus Honnef, Sebastian Lux und Ulrich Rüter)
Göttingen: Steidl Verlag
Andréas Lang: Éclipse
München: Deutsche Gesellschaft für Christliche Kunst
Antje Hanebeck: Sonic
Salzburg: Edition Fotohof

2009

Stefan Moses: Zeitspuren
München: Prestel Verlag
Ulrich Mack: Ruhrgebiet
München: Moser Verlag

René Burri: Blackout New York
München: Moser Verlag
Herlinde Koelbl: Mein Blick (Mitarbeit)
Göttingen: Steidl Verlag
Lillian Bassman/Paul Himmel (Mitarbeit)
Heidelberg: Kehrer Verlag

2010
Català-Roca – Obras Maestras (Mitarbeit)
Madrid: La Fabrica
Karljosef Schattner
München: Gesellschaft für christliche Kunst

2011
Fotografen A–Z
Köln: Taschen GmbH
Eyes on Paris – Paris im Fotobuch 1890 bis heute
München: Hirmer Verlag

2013
René Burri – Impossible Reminiscences
London: Phaidon
Ulrich Mack: Kennedy in Berlin
München: Hirmer Verlag
Louis Stettner: Photographe (Mitarbeit)
Paris: Bibliothèque nationale

2014
Bruce Gilden
Arles: Actes Sud (= Photo Poche Nr. 148)
Augen auf! 100 Jahre Leica
Heidelberg: Kehrer Verlag

2015
Mack – Reporter
München: Hirmer Verlag
René Burri – Mouvements
Zürich: Diogenes Verlag

2016
Klaus Kinold: Carlo Scarpa – La Tomba Brion
München: Hirmer Verlag
Willy Fleckhaus – Design, Revolte Regenbogen (Mit Carsten Wolff)
Köln: MAKK

2017
Sehnsucht/Anhelo – Die Sammlung Michael Horbach
Heidelberg: Kehrer Verlag

2018
René Groebli – Color Work
Zürich: Sturm & Drang
René Groebli – Werkverzeichnis
Zürich: Sturm & Drang

2019
Dr. Paul Wolff & Tritschler. Licht und Schatten – Fotografien 1920 bis 1950
Heidelberg: Kehrer Verlag
Andréas Lang: Éclipse (Mitarbeit)
Berlin: Verlag Hatje Cantz
Wien. Porträt einer Stadt (Mit Christian Brandstätter und Andreas J. Hirsch)
Köln: Taschen
Aenne Biermann: 60 Fotos (Mitarbeit)
München: Klinkhardt & Biermann

2020
László Moholy-Nagy
München: Klinkhardt & Biermann
Sehnsucht 2. Sammlung Michael Horbach
Köln: Privatdruck
Toni Schneiders – Schaut her! (Mitarbeit)
Göttingen: Steidl Verlag

2021
Ruth Bernhard: Meditations on the Beauty (Mitarbeit)
Berlin: Galerie Susanne Albrecht/Wasmuth Verlag
Herbert Döring-Spengler: Egal, wie du es siehst, ich sehe es anders (Mitarbeit)
Heidelberg: Kehrer Verlag
Vertrauliche Distanz. Fotografien von Barbara Niggl *Radloff* 1958–2004 (Mitarbeit)
München: Schirmer/Mosel Verlag
Steffen Diemer: haruka ushiro (Mitarbeit)
Berlin: Galerie Susanne Albrecht

2022
Charlotte March – Fotografin (Mitarbeit)
Hamburg/Berlin: Deichtorhallen/Hatje-Cantz
Herbert List – Das magische Auge (Mitarbeit)
München: Hirmer Verlag
George E. Todd – Nearby and Far Away (Mitarbeit)
Berlin: Edition Braus
Toni Schneiders – Sardinien 1956. Der Zauber des Lichts (Mitarbeit)
Nuoro: Ilisso Edizioni

2023
Apropos Visionär. Der Fotograf Horst H. Baumann
Göttingen: Steidl Verlag
Anke Bleicken (Hg.): Bleicke Bleicken – Mein Sylt (Mitarbeit)
Heidelberg: Kehrer Verlag

1985
Das Aktfoto. Ästhetik – Geschichte – Ideologie (Mitarbeit)
München: Stadtmuseum

1987
Bertolt Brecht beim Photographen. Porträtaufnahmen von Konrad Ressler
Goethe Institut Brüssel
Stadttheater Augsburg

1990
Robert Doisneau: Renault – Die Dreißiger Jahre
München: Fotomuseum im Münchner Stadtmuseum
Nürnberg: Centrum Industriekultur
Speyer: Automobilmuseum

1991
Objekt + Objektiv = Objektivität? Fotografie an der HfG Ulm
Ulm: HfG-Archiv
Berlin: Bauhaus Archiv

1993
Mario Algaze: Portfolio Latinoamericano
Internationale Fototage Herten

1995
Die Zeitschrift twen – Revision einer Legende
München: Stadtmuseum
Hamburg: Kunsthaus
Frankfurt am Main: Fotografie Forum
Velbert: Schlossmuseum Hardenberg
Madrid: Biblioteca Nacional

1999
René Burri: Die Deutschen
Frankfurt am Main: Fotografie Forum
Burghausen: Fotomuseum
Velbert: Schlossmuseum Hardenberg
Mannheim: Alte Feuerwache

2004
René Burri: Retrospektive
Paris: Maison européenne de la photographie
Berlin: C/O Berlin
Lausanne: Musée de l'Elysée
Mailand: Palazzo Reale
Manchester: Manchester Art Gallery
Zürich: Museum für Gestaltung
Lateinamerika: Havanna, Mexico City, Buenos Aires, Caracas, Bogotá
Rotterdam: Kunsthal
Köln: Museum für Angewandte Kunst Köln
Wien: Kunst Haus Wien

2007
Bilder im Kopf
Düsseldorf: NRW-Forum Kultur und Wirtschaft
Münchner Kreise: Der Fotograf Theodor Hilsdorf 1868–1944
München: Fotomuseum im Münchner Stadtmuseum

2008
F.C. *Gundlach: Retrospektive* (Mit Klaus Honnef, Sebastian Lux und Ulrich Rüter)
Hamburg: Deichtorhallen
Berlin: Martin-Gropius-Bau
Nürnberg: Neues Museum Nürnberg

2011
Eyes on Paris – Paris im Fotobuch 1890 bis heute
Hamburg: Deichtorhallen
Münster: Kunstmuseum Pablo Picasso

2013
Ulrich Mack – Kennedy in Berlin
Berlin: Willy-Brandt-Haus
München: Alte Rotation
Lübeck: Willy-Brandt-Haus

2014
René Burri – Mouvements
Paris: Maison européenne de la photographie

2014–2018
Augen auf! 100 Jahre Leica Fotografie
Hamburg: Deichtorhallen
Frankfurt am Main: Fotografie Forum
Berlin: C/O Berlin
Wien: WestLicht – OstLicht
München: Kunstfoyer Versicherungskammer
Weitere Stationen: Gent, Porto, Madrid, Rom, Wetzlar

2016–2017
Willy Fleckhaus – Design, Revolte, Regenbogen
Köln: Museum für Angewandte Kunst Köln
Hamburg: Museum für Kunst und Gewerbe
München: Museum Villa Stuck

2017–2022
Sehnsucht/Anhelo: Sammlung Michael Horbach
Köln: Kunsträume der Michael Horbach Stiftung
Innsbruck: FoKus
Berlin: Willy-Brandt-Haus
Iserlohn: Städtische Galerie

2019
Dr. Paul Wolff & Tritschler – Licht und Schatten. Fotografien 1920 bis 1950
Wetzlar: Ernst Leitz Museum

2020
Sehnsucht 2: Sammlung Michael Horbach
Köln: Kunsträume der Michael Horbach Stiftung

2021
Ruth Bernhard: Meditations on the Beauty
Berlin: Galerie Susanne Albrecht

2023
Apropos Visionär: Der Fotograf Horst H. Baumann
Mannheim: Reiss-Engelhorn-Museen
Köln: Museum für Angewandte Kunst Köln

2024
Paul Wolff (1887–1951): L'homme au Leica (Mitarbeit)
Montpellier: Pavillon Populaire

Der Autor

Hans-Michael Koetzle – 1953 in Ulm geboren. Studium der Germanistik und Geschichte. Tätig als Kurator und Publizist mit Schwerpunkt Fotografie. Ausstellungen zur Fotografie an der Ulmer HfG (1991), zu *twen* (1995), zu Paris im Fotobuch (2011), zur Kulturgeschichte der Leica (2014) sowie zum Schaffen des Grafikdesigners Willy Fleckhaus (2017). Retrospektiven zu René Burri, F.C. Gundlach, Paul Wolff & Tritschler und zuletzt Horst H. Baumann. Daneben Essays zu Aenne Biermann, Herbert List, Louis Stettner, Ulrich Mack, Barbara Klemm und Herlinde Koelbl. International beachtet sein *Lexikon der Fotografen* (2002) sowie der Sammelband Photo Icons (2003). Seit 1981 Beiträge in *Zoom*, *Fotogeschichte*, *Photo International* und *European Photography*. 1996–2007 Chefredakteur der Zeitschrift *Leica World*. 2022 Kulturpreis der DGPh. Lebt in München.

Der Herausgeber

Andreas J. Hirsch – 1961 in Wien geboren. Studium der Rechtswissenschaften. Tätig als Autor, künstlerischer Fotograf und Kurator. 2009–2014 Kurator am Kunst Haus Wien, Ausstellungen zu Fotografie unter anderem von Tina Modotti, Henri Cartier-Bresson und Linda McCartney. Bücher über Pablo Picasso, Ludwig van Beethoven, Tina Modotti, Friedensreich Hundertwasser und HR Giger, die Geschichte der Ars Electronica sowie der Band *Wien – Porträt einer Stadt* (gemeinsam mit Hans-Michael Koetzle und Christian Brandstätter). Ausstellungen eigener fotografischer Arbeiten unter anderem im Traklhaus Salzburg, Museo Casa Manno Alghero, Sardinien, sowie beim Ars Electronica Festival Linz. Fotobuch *Beethoven in Wien* (2019, Edition Lammerhuber, Baden). Honorable Mention bei 15th Julia Margaret Cameron Award 2020. Lebt in Wien.

Die Texte in diesem Buch stammen aus unterschiedlichen publizistischen Kontexten sowie aus gut vier Jahrzehnten, in denen sich so manche Konvention geändert hat. Autor, Herausgeber und Verlag haben sich bemüht, die Texte in eine einheitliche und möglichst aktuelle Form zu bringen, ohne sie des Charakteristischen ihrer Entstehungszeit zu berauben.

Das Erscheinen dieses Buches wurde von der
Klaus Kinold-Stiftung Architektur + Fotografie ermöglicht.

Dank für freundliche Unterstützung geht an:
Deutsche Gesellschaft für Photographie (DGPh) e.V.
Leica Camera AG
The PhotoBookMuseum gGmbH

2. Auflage

Herausgeber: Andreas J. Hirsch
Projektmanagement: Kehrer Verlag (Sylvia Ballhause)
Texte: Hans-Michael Koetzle
Endredaktion: Julia M. Nauhaus

Gestaltung: Kehrer Design (Laura Pecoroni)
Bildbearbeitung: Kehrer Design (René Henoch)
Herstellung: Kehrer Design (Tom Streicher)

Bibliografische Information der Deutschen Nationalbibliothek
Die Deutsche Nationalbibliothek verzeichnet diese Publikation in der Deutschen Nationalbibliografie; detaillierte bibliografische Daten sind im Internet über http://dnb.dnb.de abrufbar.

ISBN 978-3-96900-100-4

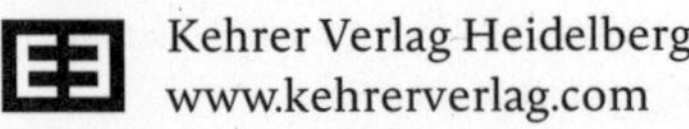
Kehrer Verlag Heidelberg
www.kehrerverlag.com